新世纪高等学校教材
历史学系列教材

普通高等教育"十一五"国家级规划教材

U0659628

世界中古史

（第4版）

SHIJIE
ZHONGGUSHI

孔祥民◎主　编

北京师范大学出版集团
BEIJING NORMAL UNIVERSITY PUBLISHING GROUP
北京师范大学出版社

图书在版编目（CIP）数据

世界中古史/孔祥民主编. —4 版. —北京：北京师范大学出版社，2016.6（2024.7 重印）

历史学基础课系列教材

ISBN 978-7-303-18718-8

Ⅰ. ①世… Ⅱ. ①孔… Ⅲ. ①世界史－中古史－高等学校－教材 Ⅳ. ①K13

中国版本图书馆 CIP 数据核字（2015）第 049194 号

营销中心电话 010-58808006

SHIJIE ZHONGGUSHI

出版发行：北京师范大学出版社 www.bnupg.com

北京市西城区新街口外大街 12-3 号

邮政编码：100088

印　　刷：保定市中画美凯印刷有限公司

经　　销：全国新华书店

开　　本：730 mm×980 mm　1/16

印　　张：20.75

字　　数：360 千字

版　　次：2016 年 6 月第 4 版

印　　次：2024 年 7 月第 17 次印刷

审 图 号：GS（2009）181 号

定　　价：45.00 元

策划编辑：李雪洁　刘东明　刘松弢　责任编辑：曹欣欣

美术编辑：李向昕　　　　　　　　　装帧设计：李向昕

责任校对：陈　民　　　　　　　　　责任印制：马　洁　赵　龙

前　言

世界中古史的内容和分期

　　世界中古史，国内外学术界有人又称之为"世界中世纪史"。"中世纪"一词，最初出现在西方的文艺复兴时代，专指从西罗马帝国灭亡到文艺复兴之间那段时间，大约相当于公元 5 世纪到 15 世纪。意大利著名的考古学家和人文主义史学家弗拉维奥·比翁多（1388—1463 年）在他的 30 卷巨著《罗马帝国衰亡后的历史》里，专门论述了从 472 年到 1440 年间的历史，第一次把"中世纪"作为一个独立的时期进行了系统的研究。可是，他的观点没有引起人们的注意。1725 年，具有天才思想闪光的意大利杰出的历史哲学家贾巴斯蒂塔·维科（1668—1744 年）在他的名著《论民族共同性的新科学原理》（简称《新科学》）中，把人类的历史分为神的时代、英雄时代和人的时代，周而复始。在维科看来，所谓中世纪主要指新一轮神的时代，即从西罗马帝国灭亡到但丁所处的时代。18 世纪法国启蒙学家伏尔泰和孟德斯鸠等人，从法律和政治制度方面考察了中世纪的封建制度，奠定了西方研究中世纪史的基础。西方学者研究中世纪史历来以西欧为对象，不包括东欧的拜占庭和俄国，更不包括阿拉伯及其以东地区，所以并不是严格意义上的世界中世纪史。他们往往贬低中世纪的意义，有的甚至认为那是一个黑暗时代，没有多少成就可言。

　　马克思、恩格斯和列宁在《共产党宣言》《反杜林论》《社会主义从空想到科学的发展》《家庭、私有制和国家的起源》和《论国家》等著作中也使用"中世纪"一词，但赋予了它新的科学内容——专指封建社会。与此同时，马克思主义经典作家也反对把中世纪仅仅看成是黑暗时代或野蛮时代的非历史观点，指出它的巨大进步。事实也是如此。封建社会在物质生产和精神文明方面比原始社会和奴隶社会前进了一大步，是人类社会发展的一个重要阶段。15 世纪以前，中国、印度、伊朗、阿拉伯帝国等东方国家，在政治、经济和文化方面走在世界的前列，影响很大。许多富有生命力的民族和国家，如德国、法国、英国、意大利、荷兰和俄国等，开始登上历史舞台。美洲的印第安人创造了灿烂的文化。14、15世纪以降，西欧的技术进步巨大，许多国家和地区出现了资本主义生产的萌芽，以至从16世纪起开始了资本主义生产的时代。文艺复兴和宗教改革极大地解放了人们的思想，震撼了天主教会和封建制度，为近代欧洲奠定了基础。新航路开辟和世界市场的初步形成，促进了世界范围内的经济和文化交流，一些地区如美洲在吸收外来文化的基础上形成了独具一格的文化圈。当然，新航路开辟也引起了殖民掠夺，亚洲、非洲、美洲许多地方开始沦为殖民地或半殖民地，使那里的社会发展走着曲折的道路。

世界中古史是研究世界范围内封建社会发生、发展和衰亡的历史。但是，世界各国封建社会的发展很不平衡，要划定一个适合所有国家封建社会的起止年代是困难的。拿封建社会的发生来说，就有"中国式""西欧式"（或"综合式"）和"跨越式"等多种形式，年代相差千余年。多数学者认为，中国是在奴隶制社会崩溃的基础上，经过长期的阶级斗争，在春秋战国之际（公元前475年）进入封建社会的。西欧是在西罗马帝国末期，由于奴隶、隶农的暴动和日耳曼人的入侵，共同推翻了西罗马帝国（476年）。在西罗马帝国领土上所建立的日耳曼人王国里，罗马因素和日耳曼因素互相影响综合，渐渐发展为封建制度。跨越式即直接过渡式，指原始社会解体以后越过奴隶制社会阶段直接过渡到封建社会。英国、德国和罗斯国家（9世纪）等属于这种形式。各国封建社会的衰亡也是千差万别，有"革命式""改良式"等种种形式。革命式可以尼德兰、英国和法国为代表，他们各自通过1566年、1640年和1789年爆发的资产阶级革命，推翻封建制度，过渡到资本主义社会。改良式可以德国、俄国和日本为代表，他们通过18、19世纪的改良和改革，极其缓慢地向资本主义过渡。至于广大殖民地和半殖民地，一般没有经历资本主义社会阶段。

在中国，一般以476年西罗马帝国的灭亡作为世界中古史的开端，而以17世纪中叶英国资产阶级革命爆发为终结。学者们对此还有不同意见：有的认为世界中古史的开端应是公元前475年中国进入封建社会的时候，有的主张其结束应在文艺复兴和宗教改革之前，近年来国内外还有人主张应结束在16世纪尼德兰资产阶级革命爆发前夕。欧美和西方国家的史学家一般以15世纪末为世界中古史的下限。有不同意见是正常的，它有利于矛盾的展开和研究的深入。本书仍然采用传统的分期法。我们之所以这样做，并不是认为传统的分期法完美无缺，而是觉得根据目前的研究水平和其他种种情况，讲授起来比较方便，比较有利于同学学习和掌握系统的知识。

关于世界中古史内部的分期，我国史学界曾经采用过三分法，即分为早期（5—11世纪）、中期（11—15世纪）和晚期（16世纪至17世纪中叶），以与封建社会的发生、发展和衰亡相适应。这种分期法对于西欧也许是合适的，但缺点是烦琐，把亚洲、非洲等许多国家硬套进这个模式里是没有道理的。我们主张以15世纪末为界限，即以开辟新航路和初步形成世界市场为标志，分世界中古史为上升和下降（没落）两个阶段。原因是：当一种生产方式还是正常的、能够适合生产力发展的时候，尽管有劳动群众的反抗斗争，它还是处在上升阶段；而当它妨碍生产力的发展，新经济因素出现，其后继者已经在敲门的时候，则已是没落阶段了。15世纪末的西欧，大致是封建社会上升阶段和没落阶段的分水岭。这种分期法，对亚洲、非洲、美洲许多第三世界国家也是有意义的，是他们沦为殖民地、半殖民地和反抗殖民统治、争取民族解放斗争的开端。当然，15世纪末不是所有国家封建社会上升和没落阶段的分界线，可以根据情况灵活掌握，不必受它的限制。

封建生产方式的基本特征

尽管世界各国的封建社会千差万别，但还是有共同规律可循的。揭示这个共同规律或特征，丰富对整个人类社会发展规律的认识，是世界中古史研究的一项重要任务。马克思、恩格斯和列宁在《德意志意识形态》《资本论》《反杜林论》和《俄国资本主义的发展》等著作中，阐明了封建生产方式的基本特征。这些特征概括起来有以下几方面。

第一，自然经济占统治地位。在世界各国的封建社会里，都盛行个体性小生产，生产规模狭小、效能低。这一点与资本主义生产很不相同，生产者主要是为自己和家庭的直接消费，被地主剥削去的部分也主要供他们直接消费，不是为了出卖。只有在生产的东西满足消费后还有剩余的时候才拿去出卖，所以商品经济还处于形成过程中，自然经济占统治地位。中国等东方国家的封建社会，虽然与西方一样，都是自然经济占统治地位，但各有其特点。在东方的封建社会里，一开始工商业就比较发达，但多官办（供皇室和贵族消费），生产者大多不是自由劳动者，城市主要是政治或军事中心。西方起初工商业不发达，但后来发展快，多民办，生产者主要是自由劳动者，城市主要是经济中心，市民在社会上的影响较大。

第二，封建主阶级（集体或个人）占有主要生产资料——土地；农民没有或只有少量土地，被束缚在土地上。这里讲的是生产资料所有制问题，即土地主要归封建主阶级所有，然后分成小块，由农民耕种和向地主缴纳地租。封建主阶级占有土地的形式也有不同。西欧盛行领主制，国王和大封建主层层分封土地，彼此结成以土地为纽带的阶梯式的封主、封臣关系，而且土地所有权和统治权（行政司法）结合，封建主往往领有对农民的统治权。城市和商品经济发展以后，庄园解体，领主制被地主制取代。东方有无领主制说法不一，但主要盛行土地国有制，国王和天子代表封建主阶级集体掌握着灌溉系统以及占有和分封土地的权力，别人无权分封。在土地国有制下，往往同时存在贵族和寺院的土地私有制。农民没有或只有少量土地，被束缚在土地上，是封建土地所有制的另一方面。农民在自己的小块土地上或租来的土地上，用自己的工具进行个体性的小生产，无论西欧或者东方都是如此。在西欧庄园经济解体后有一段时期自耕农的数量还显著增多。农民的个体性生产要求生产资料和产品归农民个人所有，因而同占有主要生产资料和产品的封建主之间形成尖锐的矛盾。这种矛盾表现在阶级关系上就是封建主和农民阶级之间的阶级矛盾，即封建社会的基本矛盾。封建主阶级占有农民劳动或劳动产品的形式有地租、国税和什一税等。在西欧，封建地租大致有劳役、实物和货币三种形式。在东方，有劳役（修筑水利工程和堡垒），但一般无劳役地租，实物地租大致是占支配地位的地租形式。在多数情况下，地租和国税合二为一。东方农民相对地说比西欧农奴制下的农民有较多的自由。

农民对地主的人身依附，即超经济强制，就是不同程度地被地主占有，是保证封建剥削实现的必要条件。所谓超经济强制，即指用经济以外的手段强制，如用政治手段，去控制农民的人身。过去有一种说法叫"不完全占有"，意思不大明确，似乎不如"不同程度地占有"明确。至于控制农民人身的形式，则多种多样，有接近奴隶制的农奴制，也有在不同程度上依附于地主的依附农民。马克思形象地说：在中世纪"在这里，我们看到的，不再是一个独立的人了，人都是互相依赖的：农奴和领主，陪臣和诸侯，俗人和牧师。物质生产的社会关系以及建立在这种生产的基础上的生活领域，都是以人身依附为特征的"①。当然，农奴与领主之间的依附关系与封臣和诸侯之间的依附关系有本质的不同。农民是个体性的小生产者，如果没有超经济强制，他们是不会将其劳动或劳动产品交给封建主支配的，这是实现封建剥削的重要前提。资本主义则不同，一般说来资本家可以用经济手段保证剥削的实现。

第三，技术的极端低下和停滞。千百年来，封建社会里的农民都是一

---

① 《马克思恩格斯全集》，2版，第44卷，94～95页，北京，人民出版社，2001。

家一户，几乎使用同样简单的工具进行生产，一遇天灾人祸，如死了一头牛，连简单再生产也很难维持，大有破产的危险。所以，在封建社会里，生产技术极端低下甚至处于停滞状态，经济发展非常缓慢。到 14、15 世纪以后，西欧的技术进步才比较快，开始出现资本主义萌芽，逐渐以资本主义的大生产取代农民的小生产。

以上几点，就是封建生产方式的基本特征。有些特点，如自然经济占统治地位和技术的极端低下，也是奴隶制生产和封建制生产方式的共同特征，不仅仅是封建制生产所特有的。

封建社会的阶级斗争

封建社会里生产力与生产关系的矛盾，主要表现为封建主阶级与农民阶级之间的矛盾，所以农民反抗封建主阶级的斗争贯穿于封建社会的始终。逃亡是农民经常采取的反抗形式，无论在东方或是西欧都是如此。① 有时则发展成公开的武装起义。中国的农民战争规模之大和次数之多，在世界历史上是罕见的。阿拉伯帝国爆发过大规模的穆堪那起义、巴贝克起义和黑奴起义。朝鲜高丽末期爆发席卷全国的农民大起义，奴隶和贱民纷纷参加。

在中古初期的西欧，农民起义的规模小，只是地方性的，目标是反对农奴化。城市兴起以后，市民运动蓬勃发展。市民为取得自治权，首先展开反对封建主的斗争，接着又爆发行会反对城市贵族和平民反对城市上层的斗争。在西欧，天主教会是最有势力的封建主，垄断着文化教育和意识形态。在这种情况下，对宗教神学的批判是其他一切批判的前提。所以，农民和市民的斗争往往以"异端"的形式出现。12、13 世纪，在法国南部和意大利北部出现的阿尔比派"异端"，要求按照原始基督教的模样建立廉价的教会，是市民"异端"的最初表现。13 世纪末意大利的多尔奇诺起义，则是农民、平民"异端"的最初代表。14 世纪的法国和英国，发生了大规模的农民战争。在英国出现了以宗教改革家约翰·威克利夫为代表的市民"异端"，而农民、平民"异端"的著名代表约翰·保尔则成了农民战争的领袖。15 世纪的捷克则爆发了以农民起义为主体的民族大起义，即胡斯战争。16 世纪德国的宗教改革和农民战争是欧洲资产阶级反对封建制度的第一次大决战，但由于资产阶级的叛卖和农民的地方狭隘性，不幸以失败告

---

① 西欧的农民除逃往边远未开发的地方外，还可以逃往城市成为市民。

终。尼德兰革命是人类历史上第一次成功的资产阶级革命，人民群众在资产阶级和贵族的领导下，推翻了西班牙的反动统治，创立了荷兰共和国。

16 世纪以降，亚洲、非洲、美洲的农民运动，往往与各国的反对殖民统治和维护民族独立的斗争相结合，汇集成一支不可抗拒的洪流。

封建国家和宗教文化

在封建社会里，封建主阶级是经济上最强大的阶级，所以封建国家照例是封建主阶级的国家，是封建主剥削和镇压农民反抗的机关。至于封建国家的政体，即政权形式，则各式各样，有君主制，也有共和制，但君主制占多数。西欧在封建社会初期，各地之间经济联系薄弱，政治上分裂，割据占支配地位，王权微弱。查理大帝的帝国是暂时的军事行政联合，基础不牢，很快解体。城市兴起以后，各地经济联系增多，新兴的市民阶级与王权结成联盟反对割据势力，从而帮助王权取得胜利，实现国家统一。13、14 世纪的英国和法国，出现了全国性的代表机关议会和三级会议，形成"议会君主制"（又称"等级君主制"）。15 世纪末以降，由于相互斗争的资产阶级和贵族势均力敌，国家暂时获得相对于两个阶级的一定独立性，英法两国又形成君主专权，即"绝对君主制"。在西班牙和俄国，反对阿拉伯和蒙古贵族的斗争，加速了中央集权国家的形成。中央集权国家有利于抵挡外族入侵和民族经济文化的发展。德国和意大利则相反，那里王权极其微弱或者根本没有王权，一直处于分裂割据状态，大小诸侯和独立的城市国家为所欲为，有时成为外国侵略者角逐的战场，十分不利于民族经济文化的发展。

亚洲一些国家，如中国、朝鲜和日本，长期实行中央集权和君主专制，市民力量薄弱，难以形成与贵族抗衡的力量。

在许多国家的封建社会里，其文化往往渗透着宗教影响。基督教、伊斯兰教和佛教，在中古时期盛极一时。尽管它们在促进封建制的形成，或在促进国家统一、保存和发扬文化方面起过一定的作用，但总的来说都是为维护和巩固封建制度服务的。以天主教为例，它不仅是西欧最大的封建主，一般占有各国土地的三分之一或者更多，垄断着意识形态，而且还有自己的行政系统、税收和法律制度，有自己的军队（如十字军东侵时的骑士团）和监狱，俨然如国中之国；有些西方教会史家称之为"教会国家"。有时教皇甚至可以废黜国王，将其国土转赠别人。1465 年，波希米亚国王乔治·波迪布罗德被教皇保罗二世以异端罪废黜，剥夺臣民对他的效忠誓言，并将其国土赠给匈牙利国王。1511 年，那瓦尔国土也遭到类似的命运。① 恩格斯说得好，罗马天主教会是西欧"封建制度的巨大的国际中心"，"它把整个封建的西欧联合为一个大的政治体系，同闹分裂的希腊正教徒和伊斯兰教的国家相对抗。它给封建制度绕上一圈神圣的灵光"。②

文艺复兴运动的大师们，搜集和研究古代希腊和罗马的作品，从中吸取有用的养料，并继承和发扬中古民间文学、城市文学和唯名论斗争的传统，在文学、艺术、历史、政治思想、自然科学和哲学各个领域里，向天主教神学和封建制度猛烈开火，沉重地打击它们鼓吹的禁欲主义、来世主义和蒙昧主义。宗教改革则打破了天主教会的一统天下，在西欧许多地方建立了不受罗马控制的新教组织。新教主张人靠信仰可以直接与上帝交往，即所谓"唯信称义"，把神职人员的神权和复杂的圣礼都变成无用的废品。亨利希·海涅说得好："这个宗教本身变成另一种宗教了；印度的诺斯替教的因素从这里消失了，我们看到，犹太教的自然神论的因素又在其中抬头了。福音主义的基督教产生了。"③

伊斯兰教主要流传于西亚、北非和东南欧，《古兰经》至今在有些国家都具有法律效力。佛教广泛流行于中国、朝鲜、日本及东南亚各国，被有些国家定为国教。我国除少数地区外，没有占统治地位的宗教，更没有像西欧那样发生长期的宗教冲突，这一点是十分清楚的。儒家不讲彼岸世界，子不语怪、力、乱、神，强调礼和仁，实际上是西欧文艺复兴时期才出现的理性，恐怕不能算是一种宗教。

学习世界中古史的意义

马克思主义认为，人类社会的发展是有规律的、从低级到高级的发展过程。封建社会是社会发展的一个重要阶段，不管从今天看来它如何荒谬，我们应当对它进行历史的分析，给予恰如其分的评价。封建社会终究比原

---

①　［英］托马斯·林赛：《宗教改革史》，上册，11 页，北京，商务印书馆，1992。

②　恩格斯：《社会主义从空想到科学的发展·英文版导言》，见《马克思恩格斯选集》，2 版，第 3 卷，705 页，北京，人民出版社，1995。

③　［德］亨利希·海涅：《论德国》，232 页，北京，商务印书馆，1980。诺斯替教认为物质和灵魂皆罪恶，只有真理（诺斯，Gnosis）才能使人得救。自然神论者认为，理性是判断信仰正确与否的标准。

始社会进了一步，它的成就和进步为资本主义的产生创造了条件。可以说，没有封建主义就没有资本主义。

有了历史知识，包括世界中古史的历史知识，可以深入总结历史上的经验教训，批判继承外国的优秀文化遗产和培养爱国主义与国际主义精神，必要时还可以揭露伪造历史的人。恩格斯在这方面给我们树立了光辉的榜样。1848年革命失败的原因很多，但一个重要原因是无产阶级没能把农民争取过来，从而处于孤立无援的境地。这次革命失败以后，马克思主义有一个重大发展，那就是提出光辉的工农联盟思想。1850年夏，恩格斯在伦敦写成著名的《德国农民战争》，通过对16世纪德国农民战争的论述指明，农民只有同无产阶级结成巩固的同盟，才能取得革命的胜利和农民阶级的解放。这是总结历史经验、古为今用的典范。

在今天的世界上，封建主义远未根除，封建思想、小生产者的思想仍然根深蒂固，它们有时以社会主义思想的面貌出现，以假乱真，危害甚大。所以，反对封建主义，特别是小生产者的习惯势力和影响，仍然是一项重要的任务。

世界中古史是人类文明史上承上启下的重要阶段，既奠定了现代世界文明的大格局，也见证了欧亚大陆"丝绸之路"的形成和发展，奠定了近现代世界文明的大格局。习近平总书记指出，"当今世界正经历百年未有之大变局"①。如何正确应对此大变局，既关系到实现中华民族伟大复兴之大业，也关乎构建人类命运共同体的全球治理方案。要实现这些宏伟蓝图，有必要以史为鉴，通古察今，充分汲取世界文明优秀的历史智慧。

学习世界中古史必须以马克思列宁主义为指导，认真学习经典作家的论断，特别是学习他们的辩证唯物主义和历史唯物主义的世界观和方法论，力争完整而准确的理解。要尽可能多地掌握历史文献和资料，用马克思列宁主义的立场、观点和方法进行认真而细致的分析，然后得出自己的结论。要学习史学史，吸收前人有价值的研究成果，避免重新踏上走过的弯路。要勤于思考、善于思考，对于问题要想想为什么，是否真有道理，不要人云亦云。资产阶级学者积累了大量的资料，对历史人物和事件进行了一定的研究，有些看法可能是精辟的，但因阶级的局限，整个说来不可能科学地解释封建社会。对于他们的研究成果，应当实事求是地加以分析和鉴别，绝不能兼容并蓄。

---

① 习近平：《加强政党合作 共谋人民幸福——在中国共产党与世界政党领导人峰会上的主旨讲话》，2页，北京，人民出版社，2021。

目　　录

第九章　宗教改革与德国农民战争 /213

第一章　西欧封建制度的产生

公元 476 年，雇佣兵统帅日耳曼人奥多亚塞（Odoacer，约 434—493 年）举兵推翻末代皇帝罗慕路斯·奥古斯都，西罗马帝国正式灭亡。这件事在历史上具有重要意义，是西欧开始过渡到封建社会的标志。然而，西欧向封建社会的过渡有不同的途径。一种称"综合式"，是在罗马生产力的影响下，西罗马帝国瓦解时孕育的封建因素（即罗马因素）与日耳曼人农村公社瓦解时产生的私有制和阶级因素（即日耳曼因素）相互发生作用的结果。"综合式"发生在原西罗马帝国版图范围内所建立的日耳曼人王国里，如西哥特、东哥特、勃艮第和法兰克等，以法兰克王国为代表。另一种称"跨越式"，是在日耳曼人农村公社瓦解的基础上，越过奴隶制社会阶段，直接过渡到封建社会。"跨越式"主要发生在原西罗马帝国版图范围外所建立的日耳曼人王国里，如英国和德国。在那里，罗马的经济和文化影响极少，根本没有所谓罗马因素。本章所要研究的西欧封建制度的产生，实际上仅限于法兰克王国，至于英国和德国封建制度的产生则留给第三章。考虑到世界上古史已经系统地介绍了西罗马帝国的衰亡和封建因素的产生，我们的研究拟从日耳曼人的大迁徙和建国开始。

第一节　民族大迁徙和日耳曼人的建国

一、古日耳曼人的社会和生活

日耳曼人是使用铁器的北欧人与使用青铜器、操印欧语的波罗的海南岸居民混合而成，时间约在公元前 6 世纪中叶。后来，他们逐渐扩散到多瑙河、莱茵河、维斯拉河和北海之间的广大地区，并不断向南推进，与凯尔特人①和罗马人发生冲突。起初，凯尔特人和罗马人称最先渡莱茵河侵犯高卢的佟古累人为"日耳曼人"，意思是"令人生畏的战士"；后为恫吓高卢人，以至把"日耳曼人"这个名称加在全部落的身上。②

关于日耳曼人的最早文字记载，是古希腊作家皮提亚斯的旅行记。约公元前325年，他从当时的希腊殖民地马西里亚出发，航行到北方的琥珀海岸，报道了住在那里的古顿人和条顿人，即毫无疑问的日耳曼人的情况。③

公元前2世纪起，日耳曼人与罗马人之间的接触日益频繁。原住日德兰半岛的条顿人和森布里人，因农业歉收被迫横穿海克伦堡和沿奥得河南下，在波希米亚被那里的凯尔特族波伊尔人击败，然后转向高卢，多次战胜罗马军队。公元前102年和前101年，这两支日耳曼人先后被马略统率的罗马军队歼灭于普罗旺斯的艾克斯和意大利北部的韦尔切利。

公元前58年和前55年，恺撒两次带兵击败高卢的日耳曼人。约公元前49年，恺撒写出《高卢战记》，这是详细记载日耳曼人状况的第一部著作。

公元9年，日耳曼人在首领阿尔米纽斯领导下，几乎全歼司令官瓦鲁斯率领的罗马军队于威悉河与爱姆斯河一带，瓦鲁斯自杀。罗马为之震动。恩格斯写道："同瓦鲁斯的会战，是历史上最有决定意义的转折点之一。这次会战使德意志永远摆脱罗马而取得了独立。"④

公元98年，罗马历史学家塔西陀完成名著《日耳曼尼亚志》。它和《高卢战记》都是研究古日耳曼人历史的宝贵资料。

根据恺撒的描写，公元前1世纪中叶，日耳曼人的生产力相当低下；连与罗马人接触较多的苏维汇人也是以畜牧和打猎为生，农业不重要，仍采用刀耕火种的方法，大概一块地收获几次以后就得丢弃掉，换种新的土地。"他们中间没有私有的、划开的土地，也不允许停留在一个地方居住一年以上。他们不大吃粮食，生活大部分都依靠乳类和家畜，特别着重打猎。"⑤恺

① 凯尔特人也操印欧语，比日耳曼人更早出现在欧洲，罗马人称之为"高卢人"。

② ［古罗马］塔西陀：《阿古利可拉传·日耳曼尼亚志》，56页，北京，商务印书馆，1959。

③ 恩格斯：《论德意志人的古代历史》，见《马克思恩格斯全集》，2版，第25卷，197页，北京，人民出版社，2001。琥珀海岸可能指盛产琥珀的北海沿岸。马西里亚即马赛，当时是希腊福凯亚城的殖民地，至今马赛人还喜欢称自己为福凯亚人。

④ 恩格斯：《论德意志人的古代历史》，见《马克思恩格斯全集》，2版，第25卷，222页，北京，人民出版社，2001。

⑤ ［古罗马］恺撒：《高卢战记》，79页，北京，商务印书馆，1979。

撒还指出：日耳曼人的土地还没有成为私有财产，而是分配给氏族集体使用；"首领们每年都把他们认为大小适当、地点合宜的田地，分配给集居一起的氏族和亲属"①。那时，日耳曼人还没有定居，没有奴隶，由氏族首领主持公务，战争时期则选出握有生杀大权的军事首长，显然还是十分完整的氏族社会。

150 年后，到塔西陀写《日耳曼尼亚志》的时候，日耳曼人已经发生了很大变化。他们停止流动，出现定居和村落，知道用木头盖房子，屋里涂以油亮的黏土，挖有藏东西的地窖。农业比恺撒时代进步，但只种谷物，还没有菜园和果园。畜牧业仍占重要地位，他们常以畜群的多寡相夸耀。以兽皮为衣，但妇女已能穿上带有紫边的亚麻布衣裳。有轻便的铁制武器。在靠近帝国的地方，使用罗马货币进行交换。

塔西陀写道："土地是由公社共有的，公社土地的多少，以耕者口数为准；公社之内，再按贵贱分给各人。"②可见耕地仍然属公社共有，但已经不是平均分配了。按贵贱分给各人，研究者认为指的是分给"大家庭公社"③。大家庭公社包括几代人，耕种一定的土地，使用四周荒地，是母权制共产制家庭到现代小家庭之间的过渡形式。森林和荒地仍属公社共有，没有分配。耕畜和住宅已经归各家私有，不再是公共财产；尤其是耕畜，是他们钟爱的财产，犯了轻罪可用它抵偿。很久以后的农村公社（马尔克），就是从这种大家庭公社发展起来的。

公元 1 世纪时，日耳曼人已经开始阶级分化，出现奴隶。他们喜欢赌博，输急了往往拿人身自由为赌注，情愿当奴隶；然而赢家也觉得不光彩，总是把这种奴隶再转卖出去。据塔西陀说，日耳曼人的奴隶都有一所房屋和家庭，像罗马的隶农一样，主人只索取一定数量的谷物、牛和衣服，主人的孩子和奴隶的孩子可以在一块玩耍打滚。恩格斯称之为一种"比较温和的隶属形式"④。与此同时，扈从队制（即亲兵制、侍从制）也发展起来。由于战争的频繁，军事首长及其扈从变成固定职业，彼此结成与氏族关系根

① ［古罗马］恺撒：《高卢战记》，143 页，北京，商务印书馆，1979。

② ［古罗马］塔西陀：《阿古利可拉传·日耳曼尼亚志》，68 页，北京，商务印书馆，1959。

③ 恩格斯：《家庭、私有制和国家的起源》，见《马克思恩格斯选集》，2 版，第 4 卷，142 页，北京，人民出版社，1995。

④ 恩格斯：《家庭、私有制和国家的起源》，见《马克思恩格斯选集》，2 版，第 4 卷，157 页，北京，人民出版社，1995。

本不同的个人效忠关系。扈从不从事生产，专门打仗，本族无仗可打就去有战争的部落参战，其生活和战马、长矛均由首长供给。保卫首长、将军功献给首长，才是精忠的表现。如果首长战死而自己生还，那是极大的耻辱。恩格斯称扈从队是"一种独立自主地从事战争的私人团体"，"成为古代的人民自由走向衰落的开端"①。

这时日耳曼人军事首长的权力不是无限的，所以军事首长并不是真正的国王。他靠才能当选，与世系无关。他只能以英勇善战和身先士卒来影响别人，不能一意孤行。贵族议事会处理一般事务，军事首长不过是其中的一个成员。真正的权力集中在民众大会，它有权决定和与战，判处死刑，但不进行讨论，人们以挥舞武器表示赞同，以叹息表示反对。这种政治制度被称为"军事民主制"，已经处在国家诞生的前夕。

日耳曼人的宗教信仰有许多与北欧居民相同。例如，他们都崇拜战神奥丁(Odin，又名沃丹Woden，也是人类和文化艺术的创造者，旅行的向导)。塔西陀说奥丁是他们最尊崇的神，甚至可以杀人祭奠。奥丁神之妻弗列亚，是婚姻和家庭的保护神。敦那尔是雷电之神(北欧人称托尔神，Thor)；据塔西陀说，出征前首先要对敦那尔神唱赞歌。这些神的名称一直保存在对星期的称呼中。② 至于基督教崇拜，那是公元3世纪的事。在日耳曼人中还流行对死者的崇拜，他们实行火化并将骨灰装入坛子里埋掉。

从塔西陀到民族大迁徙前，日耳曼人的进步尤快，惜无文字记载。考古发掘表明，他们与罗马的贸易一度繁荣。他们用家畜、奴隶和琥珀换取罗马的武器、纺织品和金银制品。与此同时，农牧业、金属加工、纺织和造船业得到进一步发展，人口急剧增加，终于汇成民族大迁徙的汹涌洪流。

二、民族大迁徙和日耳曼人的建国

公元4—6世纪，一批又一批的日耳曼人(也有斯拉夫人、匈奴人等)向罗马帝国境内迁移，史称"民族大迁徙"。处于军事民主制阶段的日耳曼人

---

① 恩格斯：《家庭、私有制和国家的起源》，见《马克思恩格斯选集》，2版，第4卷，145页，北京，人民出版社，1995。

② 星期三是奥丁神之日，英语称Wednesday。星期四是敦那尔神之日，德语称Donnerstag，瑞典语称Torsdag，英语称Thursday。星期五是弗列亚神之日，德语称Freitag，瑞典语称Fredag，英语称Friday。

内部，出现了私有制和阶级的萌芽；强有力的军事首长及其扈从，渴望向外扩张，掠夺土地和财富。罗马奴隶制帝国早已没落，奴隶、隶农不断起义，并把日耳曼人视为救星。原住我国北方的匈奴人，自从被汉朝击败后分裂为二，一部分经中亚辗转进抵黑海北岸，于公元 375 年进攻住在那里的哥特人并迫使其迁移，是为民族大迁徙的开端。

哥特人原住维斯瓦河河口，后迁往黑海北岸，公元 4 世纪时形成东哥特和西哥特两个部落联盟，分别活动在第聂伯河下游和德涅斯特河一带。375 年，匈奴击败东哥特人，迫使西哥特人西迁。376 年，西哥特人得到罗马皇帝的允诺，并在罗马人的帮助下，渡过多瑙河，以同盟者的身份定居色雷斯。然而，贪婪的罗马官吏却乘人缺粮之机，企图把他们卖为奴隶，甚至公开捕人。西哥特人忍无可忍，终于在阿拉维夫和夫利提吉尔恩领导下发动起义，夺取罗马人的武器武装自己。大批奴隶和隶农，甚至罗马士兵，纷纷加入起义队伍。378 年，西哥特人与起义群众在亚得里亚堡歼灭前来镇压的罗马精锐部队，击毙皇帝本人。从此，起义烈火燃遍巴尔干半岛，沉重打击了罗马帝国。5 世纪初，西哥特人在领袖阿拉里克率领下出现在意大利北方，并于 410 年在数万起义奴隶配合下攻陷首都罗马，大劫三日。躲在拉文那的西罗马帝国①皇帝惶惶不可终日，西罗马奴隶制帝国的灭亡指日可待。419 年，西哥特人进入高卢南部和西班牙，建立了以图卢兹为中心的西哥特王国。

在民族大迁徙浪潮的推动下，原住奥得河畔的汪达尔人，经潘诺尼亚（今匈牙利）、高卢和西班牙进入北非。439 年，汪达尔人在起义奴隶、隶农的支援下攻陷迦太基城，建立汪达尔王国。455 年，汪达尔人渡海攻入罗马，大肆烧杀抢掠。从此，"汪达尔主义"成了野蛮行为的同义语。534 年，汪达尔王国为拜占庭所灭。

5 世纪中叶，在高卢东南部出现了一个勃艮第国家。勃艮第人原居奥得河口，5 世纪初进抵沃尔姆斯，后南下罗讷河一带，于 457 年②建立以里昂为中心的勃艮第王国。6 世纪初，勃艮第王国为法兰克王国所灭。

5 世纪中叶，西罗马帝国同时受到匈奴人的蹂躏。451 年，匈奴首领阿提拉率领大军，从潘诺尼亚出发直逼高卢，进抵卢瓦尔河畔。西罗马名将阿

---

　　①　公元 395 年皇帝提奥多西死后，罗马帝国分裂为东西两部。东部是东罗马帝国（又称"拜占庭帝国"），都于君士坦丁堡；西部是西罗马帝国，都于罗马。

　　②　勃艮第建国年代说法不一，还有 430 年、443 年之说。

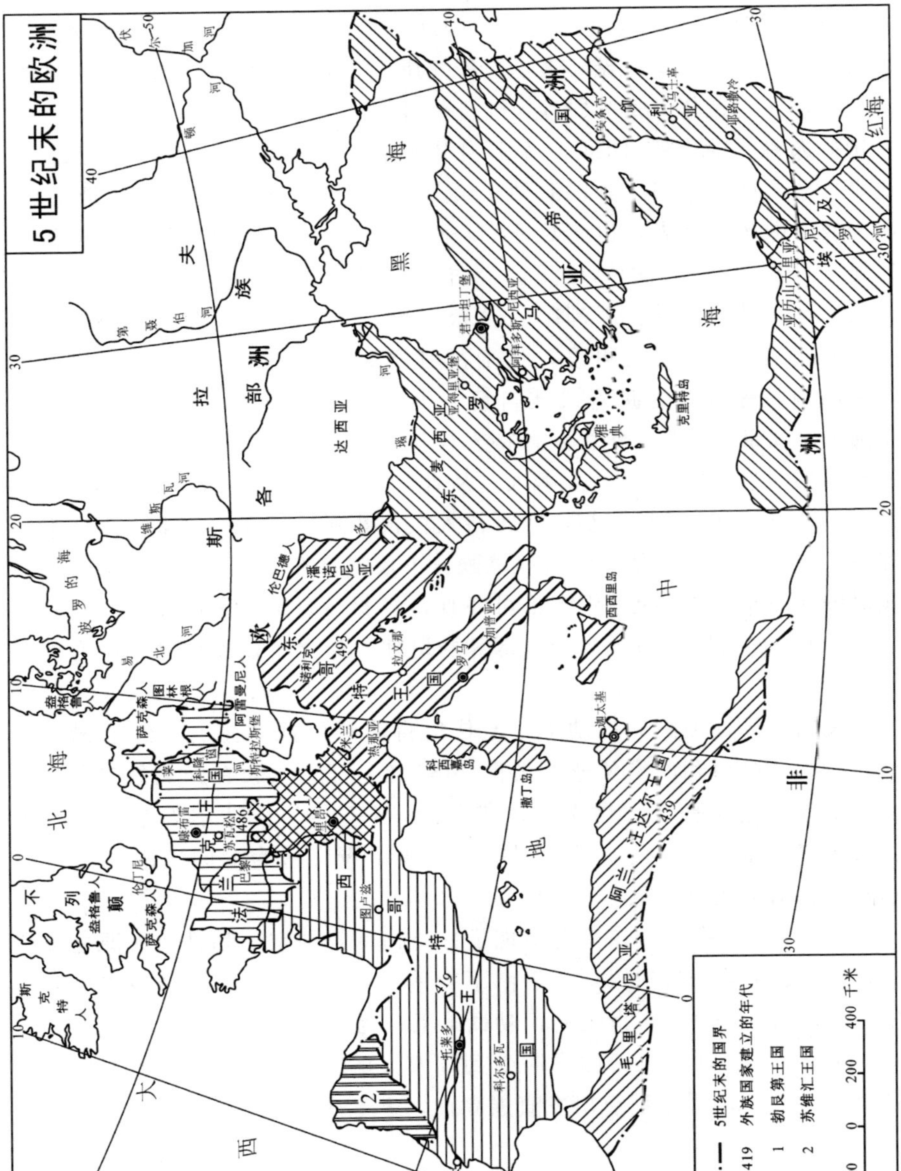
5世纪末的欧洲
北海
大西洋
不列颠
斯克特人
盎格鲁人
萨克森人
伦丁尼
法兰克王国
苏瓦松
486
巴黎
西哥特王国
图卢兹
419
托莱多
科尔多瓦
里斯本
东哥特王国
493
拉文那
罗马
米兰
热那亚
科西嘉岛
撒丁岛
西西里岛
汪达尔王国
439
迦太基
毛里塔尼亚
非洲
地中海
东罗马帝国
君士坦丁堡
雅典
克里特岛
黑海
斯拉夫各部族
欧洲
亚洲
埃及
亚历山大里亚
红海
耶路撒冷
潘诺尼亚
伦巴德人
达西亚
波罗的海
萨克森人
图林根人
阿雷曼尼人
易北河
维斯瓦河
第聂伯河
伏尔加河
顿河
多瑙河
5世纪末的国界
419 外族国家建立的年代
1 勃艮第王国
2 苏维汇王国
200 0 200 400 千米

图1-1　5世纪末的欧洲

提乌斯联合西哥特人、勃艮第人和法兰克人迎战。卡塔洛尼（在今法国特鲁瓦附近）一仗阿提拉败北，被迫撤军。453年，阿提拉病死，匈奴瓦解。

差不多同时，住在日德兰半岛和今德国北方的盎格鲁、撒克逊和朱特人渡海进入不列颠，建立许多小王国。部分不列颠人避居高卢西北方的阿摩利克半岛，后来该地便称"布列塔尼"。829年，威塞克斯王爱格伯特统一诸王国，始称"英格兰"。

476年，西罗马末代皇帝被雇佣兵统帅、日耳曼人奥多亚塞废黜，西罗马帝国正式寿终正寝。西罗马帝国的灭亡是一个逐渐的过程，实际早已开始，奥多亚塞政权的建立标志着这个过程的最终完结。西罗马的灭亡，引起拜占庭的震惊。拜占庭唆使东哥特王狄奥多里克带兵攻入意大利。493年，狄奥多里克军占领拉文那，并在一次宴会上诱杀奥多亚塞，在意大利北部和中部建立东哥特王国。553年，东哥特被拜占庭灭亡。

486年，法兰克王克洛维率军大败罗马军队于苏瓦松，奠定了法兰克王国的基础。

568年，伦巴德人攻入意大利北部建立伦巴德王国，这是民族大迁徙的最后一幕。伦巴德人原住易北河口，后迁至潘诺尼亚。他们在首领阿尔波音率领下占领波河流域，建立以拉文那为中心的伦巴德王国。从此，那里被称为"伦巴第"。伦巴德人无情镇压罗马贵族的反抗，声称这是上帝的惩罚。阿尔波音死后，伦巴德王国衰落，774年被法兰克灭亡。

连绵200年的民族大迁徙，虽然对生产有过破坏，但它毕竟与轰轰烈烈的奴隶、隶农起义相配合，推翻了垂死的西罗马奴隶制帝国，使社会继续向前发展，在历史上具有进步意义。在新建的日耳曼人王国里，许多罗马贵族被杀，土地被没收；但也有部分人保持住了自己的权势，与日耳曼新贵共同组成新的封建主阶级。与此同时，奴隶和隶农的地位有所改善，小农人数因农村公社的存在而有所增加。后来，奴隶彻底消失，隶农和因兵役负担而纷纷破产的小农共同组成新的农奴阶级。换句话说，封建化过程完成了。封建化过程的研究以对法兰克王国的研究较为充分。

第二节　法兰克王国和加洛林帝国

一、克洛维和法兰克王国的建立

法兰克人是日耳曼人的一支。公元1世纪，即塔西陀时代，尚无法兰克人的名称。《日耳曼尼亚志》里提到的伊斯泰窝内斯人（即易斯卡伏南人，西干布尔人是其中的一支）、巴达维人、卡狄人、卡马维人、卜莪克特累人，均是法兰克人的祖先，都以勇敢著称。[①] 3世纪中叶，一个强大的法兰克[②]部落联盟出现在莱茵河下游。他们不断冲进莱茵河左岸的罗马帝国境内，大肆屠杀，蹂躏肥沃的地区，甚至一再抢掠科隆和特里尔，带着战利品扬长而去；有些则在高卢东北部定居，或充当罗马的雇佣兵。4、5世纪时法兰克人分为两支：一支是海滨法兰克人，或称萨利克法兰克人，住在莱茵河口附近和索姆河流域；另一支是河滨法兰克人，或称里普阿尔法兰克人，住在以科隆为中心的莱茵河两岸到默兹河之间的地方。

　　5世纪前期，在高卢南部和东南部已经先后建立西哥特和勃艮第两个日耳曼人国家，而卢瓦尔河以北直到法兰克人居住的索姆河、默兹河流域之间的广大地区，包括巴黎在内，则由西罗马帝国大将西阿格里乌斯统治，但与意大利的联系早被切断，实际独立。486年，一支萨利克法兰克人在首领克洛维（481—511年在位）率领下越过阿登森林（今比利时境内）南下，并联合住在康布雷的另一支萨利克法兰克人，在苏瓦松击败西阿格里乌斯的军队。西阿格里乌斯南逃图卢兹，西哥特人把他套上镣铐送交克洛维。克洛维接着占领巴黎和卢瓦尔河以北的土地，声威大震，奠定了法兰克王国的基础，而他本人则从一个部落联盟的军事首领变成真正的国王，开始了以其祖父墨洛温命名的墨洛温王朝（486—751年）。[③]

　　建国以前法兰克人虽然处于原始社会末期，已有私有制和阶级的萌芽，但法兰克王国的建国不同于雅典和罗马，在建国前没有出现平民与贵族之间长期而激烈的斗争。法兰克王国"是直接从征服广大外国领土中产生的"[④]，并且为时势所迫，氏族制度的机关迅速转化为国家机关，军事首领的权力迅速转化为国王的权力。因为法兰克人难以把大量被征服的罗马人都吸收进氏族团体里来，也不能用氏族组织去统治他们，所以必须迅速建

---

① ［古罗马］塔西陀：《阿古利可拉传·日耳曼尼亚志》，56、69、71页，北京，商务印书馆，1959。

② 最早出现"法兰克"名称的时间，有240年和257年两种说法。"法兰克"的意思是"自由"。

③ 墨洛温曾率部参加过451年击败匈奴人的卡塔拉翁战役，其子希尔德里克（即克洛维的父亲）曾帮助罗马人击退西哥特人的进攻。

④ 恩格斯：《家庭、私有制和国家的起源》，见《马克思恩格斯选集》，2版，第4卷，170页，北京，人民出版社，1995。

立王权和国家机关。苏瓦松之战以后克洛维个人权力的迅速增长，就是这一过程的反映。克洛维的部下曾抢走兰斯教堂里的一个美丽的广口瓶，主教派人去见克洛维请求归还。克洛维说要在苏瓦松分配战利品。他说："如果我抽签抽中了那只瓶子的话，我一定满足主教的愿望。"后来，当克洛维提出还要那只瓶子时，一个战士忽然举起战斧向瓶子砍去，并大声说："除了你自己抽中的那份东西以外，这只瓶子你一点也拿不到手！"①克洛维只好装出一副温和忍耐的面孔，然后将瓶子交给主教派来的人。次年 3 月，克洛维乘检阅军队之机，借口要砍瓶子的那位战士的武器保管不当，举起战斧劈进他的头颅，众人十分畏惧。苏瓦松之瓶的故事说明克洛维初步具有了国王的权力，虽然当时的法兰克社会还保存着氏族制度的遗风。

　　496 年，克洛维击退阿雷曼尼人②的进攻，并采取一个重大的政治措施——改信基督教。据说，这次战斗之所以转败为胜在于耶稣的帮助，于是克洛维在兰斯主教的主持下带领 3000 亲兵隆重领洗，接受罗马基督教。③当时，大多数日耳曼人信奉阿里乌斯派基督教。阿里乌斯（约 250—336 年）系利比亚人，曾任亚历山大主教，因反对三位一体和教会占有大量财富被325 年召开的尼西亚会议斥为异端，但其主张在下层群众和日耳曼人中广泛传播。克洛维改信罗马基督教标志着法兰克新贵和高卢罗马教会的进一步勾结：法兰克新贵把后者当作实行统治和向外扩张的有用工具，高卢罗马教会则视前者为保护教会财产、反对下层群众和其他日耳曼人的靠山。从此，罗马基督教在法兰克国家的政治生活中发挥重要作用，拉丁语成了官方通用语言。507—510 年克洛维反对西哥特的战争就是在罗马教会支持下打着反对异端的旗帜进行的。他对部下说："这些信奉阿里乌斯教派的人占据着一部分高卢土地，使我深感厌烦。那么，让我们向那里前进，凭着上帝的帮助，把这块地方拿过来置于我们的管辖之下。"④伏伊耶原野（普瓦提埃郊外）之战，克洛维击败西哥特人，连陷波尔多和图卢兹，把西哥特人逼进西班牙。

---

　　①　［法兰克］格雷戈里：《法兰克人史》，82 页，北京，商务印书馆，1981。

　　②　"阿雷曼尼"的意思是"联合""融合"。公元 3 世纪初，塞姆诺内斯人来到莱希河以西和美因河以南一带，与其他部落联合，形成阿雷曼尼部落联盟。至今在法语中仍称德意志人为阿雷曼尼人，阿尔萨斯一名也与阿雷曼尼人有关。这次战斗的地点，一说在斯特拉斯堡附近，另说在科隆附近的如尔庇希。

　　③　［法兰克］格雷戈里：《法兰克人史》，85～87 页，北京，商务印书馆，1981。

　　④　［法兰克］格雷戈里：《法兰克人史》，94 页，北京，商务印书馆，1981。

接着，克洛维用阴谋手段消灭曾与他并肩战斗过的其他萨利克和里普阿尔法兰克人首领，几乎占领整个高卢。① 东罗马皇帝颁布敕书，封克洛维为执政官。克洛维回到图尔，穿上紫袍，披上披肩，头戴王冠，不久正式定都巴黎。

克洛维死后，根据法兰克人的继承习惯，由他的 4 个儿子平分国土，他们分别称梅斯王、奥尔良王、巴黎王和苏瓦松王。531 年，梅斯三和苏瓦松王派兵攻入图林根，在翁什特鲁特河畔大获全胜，夺取该河南岸的图林根土地。534 年，苏瓦松王、巴黎王伙同梅斯王，夺取勃艮第。法兰克诸王之间以及他们与丹麦人、西哥特人、东哥特人之间的冲突连绵不断。苏瓦松王洛塔尔一世（511—561 年在位）一度统一法兰克王国（558—561 年统一），但为时短暂，他死后也由四个儿子平分国土，他们分别称巴黎王、勃艮第王、苏瓦松王和奥斯特拉西亚王。② 567 年，巴黎王死后无嗣，三兄弟瓜分其国土，渐渐形成纽斯特里亚、奥斯特拉西亚和勃艮第三王国鼎立之势。约 593 年，奥斯特拉西亚王希尔德贝尔特二世兼并勃艮第。613 年，纽斯特里亚王洛塔尔二世（584—629 年在位）再度统一法兰克王国（613—629 年统一）。但达戈贝尔特王（629—639 年在位）死后，墨洛温王朝彻底衰落，大权旁落于宫相手中，国王不视政事，开始了长达一百多年的所谓"懒王时期"。

二、《萨利克法典》和法兰克社会的封建化

墨洛温王朝衰落的根本原因是随着封建化的进展割据一方的大地主势力的不断增长。

《萨利克法典》③是研究 5 世纪末 6 世纪初甚至更晚的法兰克人社会状况的宝贵资料，是研究法兰克封建化起点的重要文献。然而，它只适用于萨

①　例如，克洛维唆使里普阿尔法兰克人王子西吉贝尔特杀父篡位，然后又派人杀死王子，兼并其国。克洛维还杀死他疑心会篡位的近亲，并表面后悔，以"察看是否还能另外发现什么新的亲属供他杀戮"。见［法兰克］格雷戈里：《法兰克人史》，99～101 页，北京，商务印书馆，1981。

②　苏瓦松又称"纽斯特里亚"，原指高卢西北部，后包括巴黎，大多是原高卢罗马人居住的经济比较发达的地区。奥斯特拉西亚指高卢东北部和德意志人居住的地方，比较落后。勃艮第是勃艮第人居住的地方，经济发展水平接近纽斯特里亚。

③　《萨利克法典》是萨利克法兰克人的习惯法，克洛维统治末年编定，后来又有增补。

利克法兰克人，不适用于原高卢罗马居民，而法兰克人仅占高卢居民中的少数①，所以我们不能仅凭它去研究法兰克社会封建化的全过程。

封建制度是一种社会经济形态，是人类社会发展的一个阶段。所谓封建化主要指封建生产关系及其主要代表封建主阶级和农民阶级的形成过程，换句话说，就是非封建的生产关系和阶级关系转化为封建的生产关系和阶级关系的过程。法兰克社会的封建化是罗马因素和日耳曼因素在罗马生产力影响下错综复杂综合的结果：一方面，法兰克新贵和部分罗马贵族等共同组成新的封建主阶级；另一方面，奴隶消失，隶农与其他依附农（这是主要的）同沦落为依附农的法兰克自由农（这是次要的）共同组成新的农民阶级。法兰克封建化过程持续数百年之久，大致到 9 世纪时完成。

从《萨利克法典》可以看出，5、6 世纪时农业是主要经济部门；畜牧、园艺、果艺和葡萄种植也很普遍；人们已广泛使用铁制农具，知道施肥、除草；二田制逐渐代替休耕制，并且出现三田制。与此同时，存在着农村公社和王室地主两种土地所有制形式。

有些西方学者认为当时法兰克人社会盛行土地私有制，否认农村公社的存在，这是不正确的。《萨利克法典》第 45 章"关于迁移"的规定，说明农村公社（即马尔克）确实存在。若有人想迁入其他村庄，有一人反对就不能迁入；如不顾再三警告强行迁入，罚款 30 金币；只有住满 12 个月无人反对者，才享有居住权。② 这些规定说明，氏族联系虽然存在，但村子里已有外来移民居住。这是生产和交换发展以及长期迁徙和征战的必然结果，说明血缘关系逐渐被以地域关系为主的农村公社取代。在农村公社里，动产如牲畜、奴隶、粮食等的私有制相当发达，住宅和宅旁园地已成为私有财产，侵犯则罚款。法典里关于这类罚款的规定，比比皆是。耕地属公社所有，由社员世代耕种，不再重新分配。法典第 59 章明文规定：土地无论如何不得传给妇女，而应全部传给男性，即兄弟。③ 其目的就是防止土地转让。由此可见，社员对土地的支配权是有限的；土地不是自由的私有财产，公社

---

① 一般估计仅占 5% 左右，但也有人认为在法兰克王国罗马人和日耳曼人"势均力敌"。见［美］汤普逊：《中世纪经济社会史（300—1300 年）》，上册，251 页，北京，商务印书馆，1984。

② 北京师范大学历史系世界古代史教研室：《世界古代及中古史资料选集》，322～323 页，北京，北京师范大学出版社，1999。

③ 北京师范大学历史系世界古代史教研室：《世界古代及中古史资料选集》，328 页，北京，北京师范大学出版社，1999。

只是把它交给社员耕种，除不再重新分配外，其他权利一点也没有放弃。法典规定：收获以后，耕地上的篱笆必须拆除，成为公共牧场；至于森林、牧场、河流、荒地等都是公社的集体财产。然而，在当时情况下，土地向私有方向发展是不可避免的。到希尔佩里克（561—584年在位）统治时期，女子已经获得对土地的继承权。他颁布敕令，明文规定：“如果儿子都死了，而女儿尚存，可同儿子一样得到这些土地。”①女子享有土地继承权的实质是承认土地可以变相转让，是对土地公有制的进一步破坏。7世纪初，土地可以自由买卖，成为自主地，即成为对农村公社负有一定义务（如收割后成为公共牧场）的私有财产。恩格斯说：“从自主地——可以自由出让的地产，这一作为商品的地产产生的时候起，大地产的产生便仅仅是一个时间问题了。”②

生活在农村公社里的是自由的法兰克人，不过血缘关系还起着重要作用，还保留有许多氏族时代的遗风。例如，法典第44章规定：寡妇再嫁，其外甥、外孙、舅父比前夫亲属享有取得聘礼的优先权。第58章“关于一把土”的规定说：若杀人犯交不起罚款，经过确认和一定的手续，其父母两系近亲有义务代为缴纳。法兰克人中的阶级分化也很明显，已经出现穷人、还不起债务的人和有钱人，他们经过一定的手续可以脱离亲属关系。法典规定：杀死一个自由法兰克人罚款200金币，杀死半自由人和罗马农民罚款100金币，杀害贵族罚款300到600金币，而盗走一个奴隶同盗走一匹马或役畜一样仅罚款30金币。③

法兰克国家一开始就有王室地主土地所有制。法兰克国王把罗马国有地、荒地变成王室财产，然后赠给扈从（亲兵）、教会和亲信，形成一批以国王为首的大土地所有者。这些情况，《萨利克法典》基本没有反映。一些高卢罗马地主也保住了自己的财产和特权，他们甚至有资格“与国王共桌”（法典第41章），偿命金高达300金币，远远高于普通法兰克人。他们与法兰克新贵一起组成新的封建主阶级。

---

① ［苏］格拉琴斯基、斯卡兹金：《中世纪史文献》，俄文版，第1卷，121页，莫斯科，1953。

② 恩格斯：《法兰克时代》，见《马克思恩格斯全集》，2版，第25卷，259页，北京，人民出版社，2001。

③ 关于《萨利克法典》，参见北京师范大学历史系世界古代史教研室：《世界古代及中古史资料选集》，303～330页，北京，北京师范大学出版社，1999。

从 6 世纪末起，村社成员的财富分化加剧，特别是苛捐杂税、天灾战乱和沉重的兵役负担，使许多人贫困破产。[①] 他们不得不投靠地主和教会，将人身或土地献给他们以乞求保护，久而久之便丧失土地和人身自由，沦为农奴。7 世纪，高卢教会已是大地主，约占有全部土地的 1/3。村社成员的大量破产，加强了大地主特别是教会的政治经济实力，使中央的税收和兵源受到严重影响，自然出现王权衰落和宫相专权。这就是墨洛温王朝末期的情况。希尔佩里克王曾哀叹道："你们看！我们的国库一向是多么贫乏。你们看！教堂是怎样地把我们的财富给汲干了。说实在的，除了那些主教以外，根本没有人在统治。"[②]

三、查理·马特的采邑改革

墨洛温王朝末期，王权衰落，宫相掌握实权。宫相原是王室的财产总管，后独揽军政大权，成为事实上的掌权者。国王被称为"懒王"，不理朝政。史书记载当时的情况道：国王"满足于他的空洞称号"；"他披着长发，垂着长须，惯于坐在宝座上面，扮演着统治者的角色，他倾听来自任何地方的使节的陈词，在他们离去的时候，向他们说一说别人教给他或者命令他回答的辞句，好像是出于自己的意旨似的。这就是他所执行的唯一职务"。[③]

687 年，奥斯特拉西亚宫相赫里斯塔尔·丕平歼灭群雄，成为全法兰克王国的唯一宫相。但他一死(714 年)，争夺最高权力的斗争立即展开。丕平妻普赖克特鲁狄斯，监禁查理(丕平另妻所生，即后来的查理·马特)，在科隆执政。纽斯特里亚和勃艮第拒绝服从，出兵击败普赖克特鲁狄斯于贝比涅。然而，查理成功出逃，并在奥斯特拉西亚贵族支持下粉碎纽斯特里亚的进攻，收复科隆；717 年初更兵临康布雷，直逼巴黎。这时，阿奎丹和弗里斯兰独立，萨克森人和阿雷曼尼人发动新的进攻。720 年，查理平定各

---

① 墨洛温王朝向群众征收人头税、土地税和各种间接税。当时灾荒很多，如 585 年整个高卢闹灾荒，粮价飞涨，许多人因吃青草、麦秸周身肿胀而死([法兰克]格雷戈里：《法兰克人史》，381 页，北京，商务印书馆，1981)。每个自由人均须自备武装和给养参军打仗，有人估计当时装备一名战士的费用相当于 45 头牛的价值。

② [法兰克]格雷戈里：《法兰克人史》，333 页，北京，商务印书馆，1981。

③ [法兰克]艾因哈德：《查理大帝传》，5 页，北京，商务印书馆，1985。

地叛乱，成为法兰克王国实际统治者，仍称宫相。732年，查理在普瓦提埃粉碎阿拉伯人的进攻，维护了法兰克国家的独立，从此声威大震，被称为"马特"（锤子）。

查理·马特（715—741任宫相）是封建统治阶级中有远见的政治家。他认为，仅仅通过镇压内乱、驱逐外敌，并不能达到长治久安的目的，必须根本改变墨洛温王朝无条件封赠土地的制度，实行有条件的分封，将豪绅显贵跟王室紧密联系起来，才能加强中央权力。因此，他开始进行采邑（benefice）改革。查理将国家掌握的土地、没收叛乱贵族的土地和部分没收教会的土地分封给官员和将领，条件是必须服兵役和履行臣民义务（如缴纳租税、交出盗匪），只限终生，不得世袭。受封者不履行义务，则收回采邑。封主或封臣一方死亡，也收回采邑，分封关系终止；继承人如愿继续以前的关系，必须重新进行分封。

查理·马特的采邑改革影响重大。中央把土地作为采邑封给大封建主，大封建主再把它封给自己的臣下为采邑，层层分封，层层结成主从关系，形成像阶梯似的等级制。这是西欧封建土地所有制的基本特征。封主有责任保护封臣，封臣必须忠于封主，封建主阶级内部的联系加强了。并且，封臣得到采邑时同时获得了领地上农民的管辖权，对劳动者的控制也加强了。采邑改革后，骑兵逐渐代替步兵，奠定了西欧骑士制度的基础，也为日后加洛林王朝的强盛创造了条件。737年，墨洛温王朝末王死，查理不设新王，自己直接统治。查理为缓和与教会的关系，积极支持传教活动。740年，格雷戈里三世封他罗马贵族称号，赠以圣彼得墓钥匙。查理还答应帮助教皇反对伦巴德人，但查理不幸于741年逝世，没能实现这个愿望。

747年，查理之子矮子丕平（741—751年任宫相，751—768年为国王）独自执政，图谋篡夺早已名存实亡的王位。751年，他遣使晋见教皇札哈里亚斯说："法兰克国王虽属王族和称王，可除在公文上签名外实际没有任何权力。换言之，他们无权，只会照宫相的吩咐办事。"教皇心领神会，同时为换取法兰克的支持以反对伦巴德人的威胁，便回答道：他认为"有实权的人应当国王和称王，比徒有国王虚名的人当王称王更好更有利"①。丕平在苏瓦松召开大会，隆重宣布教皇"决定"，篡位称王，开始了加洛林王朝

---

① James Harvey Robinson, *Readings in European History*, Vol. 1, Boston: Ginn, 1904, p. 121.

(751—887年)① 的统治。大主教博尼费斯为丕平涂膏油、戴王冠，将墨洛温朝末代国王希尔德里克三世削发为僧，贬入修道院。753年，伦巴德人威胁罗马，新教皇斯蒂芬亲往基尔西向丕平救援。754和756年，丕平两次出兵意大利打败伦巴德人，将夺得的拉文那到罗马之间的"五城区"② 赠给教皇。这件事被称为"丕平献土"。丕平献土奠定了教皇国的基础。与此同时，教皇为掩盖其领土野心，伪造所谓"君士坦丁赠礼"，诡称罗马帝国皇帝君士坦丁为感谢罗马主教西尔维斯特治好他的病，将罗马和帝国西部的统治权赠给他和他的继承人，自己迁到君士坦丁堡去。15世纪，意大利人文主义者洛伦佐·瓦拉用考证的方法彻底揭穿了这个谎言。

四、加洛林帝国

768年，矮子丕平死，按传统由他的两个儿子查理和卡洛曼平分国土。771年，卡洛曼早死，由查理独揽大权。在查理（768—814年是法兰克国王，800—814年为皇帝）统治时期，加洛林王朝臻于极盛。他在位46年，进行50多次战争，戎马倥偬，南征北战，将法兰克国家的版图几乎扩充一倍，成为一个囊括西欧大部分地区的庞大帝国（即加洛林帝国），本人也被称为"查理大帝"（或音译"查理曼"）。

查理继续他父亲发动的阿奎丹战争，769年占领阿奎丹和加斯康尼。773—774年，他应教皇之请，出兵击败伦巴德人并迫使其投降，立次子丕平为意大利王。778—801年，查理两次出兵西班牙，但初战不利，长官罗兰③丧生。查理最终夺得包括巴塞罗那在内的埃布罗河以北土地，建立西班牙马尔克（边区）。787年，查理还亲自带兵从罗马南下卡普亚，迫使本内文图姆公国不战而降。

从772年到804年，查理对萨克森进行了旷日持久的战争。战争十分激烈。艾因哈德哀叹道："没有一次战争比萨克森战争更持久、更残酷，没有

---

① 新王朝最著名的统治者是查理大帝。"查理"拉丁文读"加洛鲁斯"，故称"加洛林王朝"。

② 拉文那和"五城区"系伦巴德人夺自拜占庭。拜占庭派使见丕平请求归还，遭到拒绝。

③ 由此演化出后来法国的著名史诗《罗兰之歌》。

一次战争需要法兰克人付出更大的力量。"① 3 世纪时在莱茵河下游与易北河之间形成了部落联盟。他们知道，如果被法兰克人征服就意味着沦为农奴，于是进行坚决的抵抗。782 年，他们掀起大规模起义，击溃法兰克军队，杀死传教士。但由于贵族背叛和力量过于悬殊，起义最终失败。查理将易北河畔约 1 万居民，连同妻子儿女，迁往他处。他还颁布《萨克森敕令》，实行恐怖统治。凡稍微对国王或教会不忠者，如拒绝领洗或斋日吃肉，一律处死刑，并强迫居民缴纳什一税。②

在进行萨克森战争的同时，查理还对东方的巴伐利亚和阿瓦尔汗国进行了远征。巴伐利亚因巴伐尔人居住而得名（6 世纪），一度臣服于墨洛温王朝，7 世纪中叶独立。787 年，查理陈兵莱希河畔，巴伐利亚公爵屈服，其地沦为法兰克国家的伯爵区。阿瓦尔汗国位于潘诺尼亚，是巴伐利亚的盟友。查理征服巴伐利亚后，便与阿瓦尔汗国发生冲突，经过 8 年战争终于将其征服。查理的军队在巴伐利亚和阿瓦尔汗国烧杀抢掠，使那里一片荒凉、渺无人迹。

查理终于建立了一个强大的帝国，版图从易北河畔到比利牛斯山南麓，从北海到本内文图姆，大致与原西罗马帝国的欧洲版图相当。公元 800 年圣诞节，当查理在罗马圣彼得教堂做弥撒时，教皇突然把一顶金冠戴在他的头上。③ 一旁群众三次高呼："查理奥古斯都万寿无疆，永远胜利，上帝为伟大的、缔造和平的罗马人皇帝加冕！"④ 这样，在西罗马帝国灭亡 300 多年后西欧又出现一个罗马帝国，法兰克王查理竟成了罗马帝国皇统的合法继承人。查理大帝与苏格兰、阿斯都里亚和阿拔斯王朝哈里发都建立了友好关系，后来拜占庭皇帝也不得不承认其皇帝地位。

---

① ［法兰克］艾因哈德：《查理大帝传》，11 页，北京，商务印书馆，1985。萨克森的意思是"大刀"，因为萨克森人有佩刀的习惯。见［德］韦杜金德：《萨克森大事记》，俄文版，128 页，莫斯科，1975。

② 郭守田：《世界通史资料选辑·中古部分》，34 页，北京，商务印书馆，1985。

③ 据艾因哈德介绍，查理虽然接受教皇加冕和皇帝称号，但"他最初非常不喜欢这种称号，他肯定地说，假如他当初能够预见到教皇的意图，他那天是不会进教堂的，尽管那天是教堂的重要节日"。看来，查理对由教皇加冕是不满的，因为这意味着教权高于皇权。813 年，其子路易在亚琛加冕，查理自己把皇冠戴在儿子头上。见［法兰克］艾因哈德：《查理大帝传》，30 页，北京，商务印书馆，1985。

④ Brian Pullan, *Sources for the History of Medieval Europe*, Oxford：Basil Blackwell, 1971, pp. 12-13.

查理大帝是法兰克国家杰出的政治家。为了统治庞大的帝国，他设立中央和地方行政机构，并派巡按使出巡以监视地方。他常驻亚琛，直接处理政务。他还注重立法，支持文化教育，聘请知名学者讲学，为巩固新兴的封建统治做出了重大贡献，并对后来西欧的封建社会产生了很大影响。

五、封建制确立和帝国的瓦解

在查理大帝及其子虔诚者路易统治时期，法兰克的封建化基本完成。几十年连绵不断的征战，使自由农大量破产。为了逃避兵役负担，以勇敢著称的法兰克人宁愿将土地和自由献给教会或豪绅显贵，自己沦为依附农或农奴，只求不上前线。马克思说："兵役大大加速了罗马平民的没落，它也是查理大帝大力促使自由的德意志农民转化为依附农和农奴的一个主要手段。"[1] 奴隶的实际地位已大大改变，他们大多被分给土地，有自己的家庭和独立经济，只是负担较重而已，与农奴的界限逐渐消失。采邑已变成封土，即世袭领地。不仅国家官吏如公爵、伯爵，而且连同主教、修道院长，都从国王那里得到封土，成为他的封臣，并向国王行臣服礼和宣誓效忠。[2] 大封建主在自己的世袭领地里拥有行政、司法、财政等种种特权，即"特恩权"，形成独霸一方的势力。

从9世纪起，法兰克盛行庄园制。庄园是封建主剥削农奴的基本组织[3]，其特点是将耕地分成领主自营地和农奴份地两部分。农奴除耕种自己份地外，还须自带工具无偿地耕种领主自营地，每周3～5天，农忙时增加天数，且须先完成自营地的生产和收获，是为劳役地租。份地上产品归己，自营地上产品归领主。农奴的必要劳动和剩余劳动一目了然。农奴还得向封建主献纳贡物，如鸡蛋、家禽和酒；交纳各种捐税，如结婚税、死手捐（继承税）、什一税等；做各种杂役，如修桥、筑路、盖房和运输。庄园处于自给自足的自然经济状态。农奴生产是为满足自己家庭需要和为封建主提供消费资料，而不是为了交换。

---

① 《马克思恩格斯全集》，2 版，第 44 卷，835 页注 211，北京，人民出版社，2001。

② 行臣服礼时，封臣必须跪下，不带武器，合掌置于封君手中。臣服礼后再举行宣誓效忠仪式，即封臣站着，把手放在《圣经》或圣物上，宣誓忠于封主。

③ 有一种意见认为庄园是生产的基本组织。

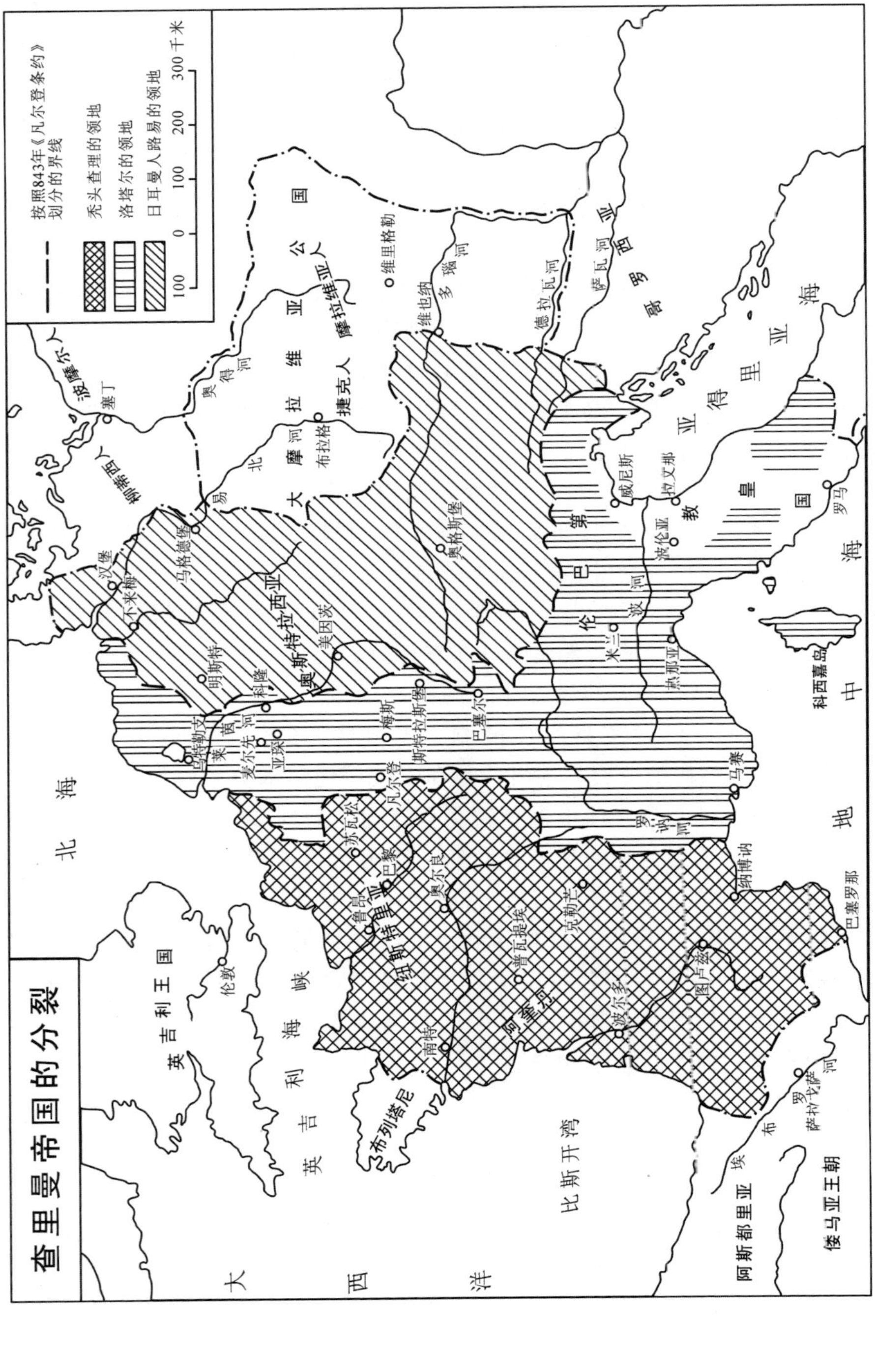

图1-2 查里曼帝国的分裂

不堪剥削压迫的广大农奴经常逃亡，或者掀起大规模起义。841—842年，萨克森爆发的农民起义提出"照往昔一样生活"的口号，要求恢复古老的农村公社。这次起义又称"斯特林加"（意为"古法之子"）起义。848年和866年，美因茨发生新的农民起义。这些起义沉重地打击了封建统治，迫使封建主把剥削限制在一定的不许超过的限度，有利于生产力的提高。查理帝国是靠征服暂时联合在一起的，基础不牢固。帝国境内除法兰克人、罗马人外，还有其他日耳曼人和少数西斯拉夫人，他们语言不同、社会发展水平各异，缺乏经济和文化联系。并且封建化过程已经完成，采邑成为世袭领地，大封建主的独立性增长。再加上查理的帝国本来就缺乏有效的行政系统和赋税制度，没有常备军和统一的法律，更无长子继承制概念。814年，查理大帝死，享年72岁，葬于亚琛，由其子路易继承帝位。路易（814—840年在位）非常迷信，优柔寡断，被称为"虔诚者"或"软弱者"。817年，他认为自己行将就木，把帝国分给三个儿子：长子洛塔尔得到意大利，次子丕平分得阿奎丹，幼子日耳曼人路易分到巴伐利亚。这次分封立即引起意大利和奥尔良封建主的反抗。不久，路易想给他后妻之子秃头查理一块封地，遭到三个儿子的武装反抗，一度被囚禁。838年和840年，丕平和虔诚者路易先后逝世，由洛塔尔袭帝位，日耳曼人路易和秃头查理联合起来反对。841年方特奈莱斯一仗，洛塔尔败北。842年2月，日耳曼人路易和秃头查理在斯特拉斯堡会晤，发誓密切联合，是为"斯特拉斯堡誓约"。由于双方部下听不懂对方语言，誓约用两种语言即罗曼语和条顿语分别宣读，它们后来分别演化为法语和德语。

843年8月，三兄弟达成谅解并签订《凡尔登条约》，正式瓜分帝国。高卢和斯海尔德河、默兹河以西归秃头查理，称西法兰克王国，后来演变成法国。莱茵河以东，包括莱茵河西岸的沃尔姆斯、美因茨和斯拜伊尔归日耳曼人路易，称东法兰克王国，后来演变成德国。介于东西法兰克之间、北起北海南至意大利中部的地区分给洛塔尔，称中法兰克王国。855年，洛塔尔死，洛塔尔二世据北方称洛林王国。870年，两兄弟签订《墨尔森条约》，大致以默兹河和索恩河为界，瓜分洛林王国。洛林南部后来形成意大利国家。《凡尔登条约》大致奠定了今法、德、意三国之间的疆界，所以马克思说："查理曼的帝国是现代法兰西、德意志和意大利奠基的先导。"[1]

---

① 马克思：《十八世纪外交史内幕》，见《马克思恩格斯全集》，1版，第44卷，307页，北京，人民出版社，1982。

复习思考题

1. 试述法兰克王国形成的特点。
2. 怎样正确理解西欧的封建化过程？

第二章　西欧城市的兴起和十字军东侵

第一节　中古西欧的城市

一、城市的兴起

"城市"是一个历史范畴，它的出现标志着人类社会开始步入文明时代。因为，"物质劳动和精神劳动的最大的一次分工，就是城市和乡村的分离。城乡之间的对立是随着野蛮向文明的过渡、部落制度向国家的过渡、地域局限性向民族的过渡而开始的，它贯穿着文明的全部历史直至现在（反谷物法同盟）"①。在人类文明发展史上，最初的城市是随着原始公社制的瓦解以及私有制、阶级和国家的出现而产生的，是刚刚产生的国家机关的所在地，也是政治、宗教和文化的中心。直到更高的社会阶段，城市才真正发展成为经济中心。

公元 3—5 世纪，由于奴隶制危机和日耳曼"蛮族"入侵，罗马帝国社会生产力遭到了极大破坏，许多人烟稠密的城市变得一片荒凉。中古时代早期，在日耳曼人统治的最初几个世纪里，自然经济在西欧基督教国家中占主导地位，那里的商品经济还没有发展起来，城市依然处于衰落的状态。然而，就是在这个时候，也不能认为所有的古罗马城市已经全部消失了。当时，许多被保留下来的城市虽然大多是主教的驻节地、领主设防的堡垒和国家的政治中心，但其中也不乏工商业活动。6 世纪，巴黎就有经营装饰品和贵重物品的店铺；马赛则是地中海区域重要的商品集散地，犹太商人和叙利亚商人运来大批的油脂、名酒、埃及的纸草和东方的丝绸，然后转

---

① 马克思、恩格斯：《德意志意识形态》，见《马克思恩格斯选集》，2 版，第 1 卷，104 页，北京，人民出版社，1995。

销欧陆内地。同样，波尔多、奥尔良、南特、特里尔、帕维亚、米兰等城市都有工商业活动。①

关于西欧城市的起源问题，西方学术界一直存在着"罗马派"与"日耳曼派"的争议。前者认为，中古之初仍然有一定数量的古罗马时期留下来的城市；后者则坚持认为，古罗马城市已经全部被摧毁，西欧城市都是后来重新兴起的。无论如何，笔者认为，有一点是可以肯定的，就是中世纪西欧的城市主要有两个来源：一是幸存的罗马城市，二是新兴的日耳曼城市。如果从词源学上考察，罗马城市通常具有国家、政府的管理职能，拉丁文 civitas 一词就含有"国家""公民权"和"城市"三个意思。与 civitas 同词根的英文词汇 city 则表明，有部分中世纪城市起源于罗马文明。另外，town 和 borough 这两个英文词汇均有"堡垒""要塞"和"设防"的意思，表明还有部分中世纪城市起源于具有军事意义的设防之地，它们是由获得自由的农奴建立的，是西欧封建社会经济复苏和发展的重要标志。

10 世纪以后，随着农业经济的恢复、手工业和贸易的发展，西欧城市开始勃兴。农业是前资本主义社会国民经济的基础，它在获得相应发展的基础上，可以向城市提供足够的余粮，并向手工业生产提供充分的原料。这样，手工业生产在农业进步的前提下向专业化方向发展，逐渐成为脱离农业而独立的生产部门。首先从农业中独立出来的是与人民生活关系密切、市场前景广阔的手工业行业部门，如纺织、建筑、冶金等。起初，手工业者还没有脱离农业，他们只是偶尔去市场出售自己的劳动产品，后来随着销售的经常化，便日益发展成为市场而生产的专业手工业者。

手工业的独立发展刺激了商业的发展。手工业者和商人往往聚集到交通便利、安全可靠和条件优越的地方，在渡口、海湾、城堡、寺院、教堂等地点形成了脱离乡村并与乡村相对立的城市，像（美因河上的）法兰克福、奥格斯堡、特里尔、伦敦等城市就是如此。有些城市则主要是靠商业和对外贸易兴起的，如威尼斯、热那亚、那不勒斯、米兰等意大利城市和根特、布鲁日等尼德兰城市。

在城市兴起的过程中，西欧社会的阶级冲突与阶级斗争起了重要的推

① 戚国淦：《〈法兰克人史〉书中的高卢社会》，见中国世界中世纪研究会理事会：《学术论文集》，54、55 页，西宁，青海人民出版社，1982；马克垚：《西欧封建经济形态研究》，289～291 页，北京，人民出版社，1985。

动作用。西欧城市多是"由获得自由的农奴重新建立起来的"①。遭受压迫的农奴经常采取逃亡的方式反抗领主。特别是逃亡农奴中的手艺人，他们逃进城里只要住满一年零一天，就可以摆脱领主的追捕，成为一个自由人。德国谚语说得好："城市的空气使人自由。"所谓"农奴身份的一切痕迹在城市的墙垣之内消失"，就是这个道理。

从产生的时间和地区上来看，最早的城市出现在意大利北部和法国南部，这些地方在 9 世纪或者更早已经有了城市，其他地区则稍晚。10—11 世纪，法国北部、尼德兰、莱茵河流域以及邻近地中海和北海、波罗的海两大贸易区一带的城市纷纷兴起。14—15 世纪以后，一些西欧的城市逐渐由政治、宗教和文化中心发展成地区性的经济中心，其中少数则成为全国性的经济中心或国际大都市。

从类型上看，新兴的西欧城市因历史条件不同而区分为三种形式。其一，大多数是为满足地方市场需要而生产的中小城市，其经济活动受到地方市场供求关系的制约。其二，以生产和经营特种专业产品为主的城市，它们一开始为出口而生产，其经济、政治发展很大程度上依赖于国际贸易状况。其中，意大利的佛罗伦萨最具代表性，它所产的毛纺织品享誉欧洲，奠定了繁荣的基础。其三，主要从事中介性国际贸易的城市，它们所生产的手工业品不是贸易的主要对象，如意大利的威尼斯、热那亚、阿马尔非和德国北方的汉堡、吕贝克等都属于这类城市。

从人口数量上看，西欧的城市一般规模都不大，许多小城市只有不到 1000 人，而拥有数千人到 1 万人的城市就属于中等规模了。14 世纪时，英国的伦敦和德国的科隆均有 4 万人左右，就算得上是大城市了。当时，巴黎约有 8 万人。意大利的城市规模最大，14 世纪的威尼斯、米兰、佛罗伦萨和那不勒斯的人口都超过 5 万。15 世纪末，威尼斯有 11 万多人，是少有的大城市。

从市民身份及城市环境上看，除手工业者和商人外，城市居民还有大封建主、高级教士和为数相当多的下层群众（平民）。城市街道狭窄，居住条件差，经常闹传染病。城市一般筑有城墙，上有塔楼，并围以壕沟，靠吊桥与外界相通，拉起吊桥就是一座防御敌人袭击的堡垒。在冷兵器时代，这确是"一夫当关，万夫莫开"。

---

① 马克思、恩格斯：《德意志意识形态》，见《马克思恩格斯选集》，2 版，第 1 卷，105 页，北京，人民出版社，1995。

二、城市争取自治权的斗争

中古西欧城市兴起之初，政治环境相当恶劣，那时各国的王权一般较弱，大贵族往往称霸一方。加之城市主要兴起于教会或封建主的土地之上，僧俗封建主享有复杂的领主权，他们就像对待自己的庄园和从属于自己的农奴一样对待城市及其居民。中世纪的领主权大致包括征发劳役和军役、征收实物或货币、垄断产品专卖权、委派官吏治理城市、享有城市的司法审判权，甚至可以任意处理城市，如转让、瓜分、继承等。所以，西欧城市从诞生之日起，就展开了反对领主权、争取自治和自由的斗争。根据比利时历史学家皮雷纳的分析，城市自由的内容主要包括三个方面。第一，人身自由。确保商人和工匠自由来往、自由居住，并可使他们及其子女的人身摆脱对领主权的依附。第二，一定程度的司法自由。通过创立市民自己的法庭，使他们得以摆脱其所属的审判管辖区域的繁复手续和束缚。第三，政治自由。通过制定刑法以确保城市的和平与安全，废除与从事工商业活动及占有和获得土地最不相容的赋税，并实现地方自治。

在城市争取自治权的斗争中，市民往往利用国王同大封建主以及封建主阶级内部不同集团之间的矛盾，获得关于自治权和其他好处的特权证书。在反对封建主的斗争中，市民阶级拥有一件有力的武器，那就是货币。他们往往先用赎买的方法摆脱某些封建义务，如果这样还不能解决问题，那就举行武装起义。11 世纪，意大利伦巴第地区掀起了城市公社运动，反对僧俗封建主的统治；米兰市民发动起义，赶走大主教和封建主的军队，成立了城市公社，并选举出新的市政官员。11、12 世纪，法国的城市公社运动逐渐高涨，如 1077 年康布雷城首先成立公社，但琅城公社运动尤其典型。琅城是著名的毛纺织生产中心，曾经用钱从主教手里买得成立公社的权利。但主教把钱用光后又来勒索，扬言不给钱就取消公社。市民们在忍无可忍的情况下决定起义，并活捉了这位贪婪的主教。经过反复斗争，1128 年琅城终于恢复了公社的权利，但它避免使用公社一词，而称"和平机构"。13 世纪，德国科隆市民也多次举行反对大主教统治的武装起义，最终成为自由城市。

西欧城市争得的自治权利程度不一。有些城市只享有不完全的自治权，法国的巴黎、奥尔良、南特等大抵如此。英国因王权相对强大，没有出现欧洲大陆那样的城市公社运动，像伦敦、剑桥、林肯等城市，通常是每年向王室缴纳一笔款项，通过"特许状"的形式，获得财政和司法等自治权。对于绝大多数小城市而言，它们仍处在领主的统治之下，没有任何自治权，德国的诸侯城市就属于这一类。而德国的"帝国城市"，如（美因河上的）法兰克福、奥格斯堡、纽伦堡和亚琛等，以及"自由城市"，如沃尔姆斯、美因茨等，都拥有独立的行政、司法和财政大权，可以铸造货币、自行宣战媾和、选举法官和产生市政会，市政会推举的市长是城市的最高行政长官。有些城市不仅获得自治，而且争取到对周围农村甚至边远地区的统治权，在此基础上建立独立的城市共和国，如意大利的威尼斯、热那亚和佛罗伦萨等。城市共和国的市民们一般享有人身自由，在市场经营中有人身安全保障，不得被随意传唤出庭受审，受审前不得被监禁，不得被强制逮捕，而且在城市以外不受审判等。

三、手工业行会

在大多数情况下，城市反对封建主斗争的胜利果实，往往落入富商巨贾、高利贷者、房产主和地主的手中。他们属于城市上层分子，有钱又有势，还竭力模仿乡村贵族的生活方式，故有"城市贵族"之称。他们操纵市政会和审判团，充当政府首脑，控制着城市的立法、行政、财政和军事大权，严重损害了广大手工业者和下层群众的利益。于是，13—14世纪，西欧许多城市爆发了行会手工业者反对城市贵族的斗争，有的学者称之为"行会革命"。结果，佛罗伦萨、科隆、奥格斯堡等城市的行会组织取得了胜利。1396年，科隆建立起行会操纵下的政权。根据共同纲领《社团盟约》规定，新的市政会掌握了很大的权力，除了少数特别重大的问题外，它有权决定一切问题。[①] 但是，在一些商业发达城市，由于城市贵族势力强大，行会斗争往往以失败而告终，如汉堡、吕贝克等汉萨同盟城市和意大利的威尼斯和热那亚等就是这样。

11—12世纪，行会几乎与城市同时产生。城市初兴，由于生产力水平的限制，手工业还不可能完全脱离农业而独立。在规模狭小的作坊里，作坊主（手工业者）及其家庭成员和一两个帮工、学徒一样，共同从事手工劳动，制造同一产品。作坊内部不存在劳动分工，每个劳动者都必须熟悉

---

① 北京师范大学历史系世界古代史教研室：《世界古代及中古史资料选集》，471~477页，北京，北京师范大学出版社，1999。

主要的生产工序。为了对付封建势力的侵扰，捍卫同业者的共同利益，保护辛苦学得的手艺免遭逃亡农奴的竞争，手工业者纭成了本行业的特殊联盟——行会（guild，音译"基尔特"），由作坊主组成的行会成员被称为"匠师"或"师傅"。这种手工业组织是"由于直接的需要，由于对保护财产、增加各成员的生产资料和防卫手段的关心"① 而产生的。除法国南部的一些城市外，几乎所有的西欧城市都有依据行业分工组织起来的行会。

从生产经营的角度来看，行会具有两个鲜明的特点。一方面，行会追求对本行业生产和经营的垄断，不鼓励其成员追逐利润、互相竞争，而是帮助他们保护市场，促进产品销售，以保障他们的生存条件。另一方面，为了消除内部竞争，行会章程明确规定每个作坊拥有工具的数量、产品的数量和质量以及帮工、学徒的数目；师傅必须遵守日出而作、日落而息的行规，不准延长劳动时间，不得上晚班、加夜班。违反行会章程者，要受到严厉的处罚（如罚款），甚至剥夺从事本行业劳动的权利等。② 这种经济上的平均主义，是中世纪时期市场和销路狭小造成的。

像基督教会的慈善机构一样，行会具有部分社会保障的职能。它对其成员提供生活上的帮助，会费和罚款用以救济鳏寡孤独、婚嫁丧葬，以及修建公共会所等。行会还组织义勇军，保卫城市安全。行会促进了不同行业之间的社会分工，有利于劳动经验的积累和产品质量的提高。随着生产力的发展和市场的扩大，有些作坊主开始通过供给原料或半成品、收购制成品的方式控制小师傅。这样，有的行会就演变为有钱有势的大行会，有的则日渐沦落下去，如佛罗伦萨、伦敦、巴黎和巴塞尔等城市就有大小行会之分。大行会往往掌握市政大权或参与市政管理，小行会则受控制、受剥削。但是，由于行会所实行的平均主义原则，它越来越无法适应因交换频繁和市场扩大而形成的竞争形势；又由于墨守成规，故步自封，不思改革，反对扩大生产规模，它必然同生产力的进一步发展相矛盾，最后不得不走向衰落。

与此同时，行会内部的分化已经深入作坊，帮工和学徒的处境明显地恶化了。受雇于师傅的帮工每天工作时间长，夏季可达 12～15 个小时。原

① 马克思、恩格斯：《德意志意识形态》，见《马克思恩格斯选集》，2 版，第 1 卷，106 页，北京，人民出版社，1995。
② 北京师范大学历史系世界古代史教研室：《世界古代及中古史资料选集》，448～464 页，北京，北京师范大学出版社，1999。

来，学徒交纳学艺费后，经过一定期限的学徒阶段，如 1～2 年、7～8 年或者更长的时间，可以申请开业，加入同业行会，成为独立的师傅。但是，后来有些大行会竭力延长学习期限，长者可达 10～20 年，使帮工和学徒升为师傅的机会越来越少。许多人成了"永久帮工"，即事实上的雇佣工人。而作坊主的儿子、女婿或近亲，却可不经考核即成为独立开业的师傅。更有甚者，师傅出卖学徒的事情也时有发生。有剥削、有压迫，就有反抗。中世纪晚期，帮工、学徒开始联合起来保卫自己的利益，他们组成"兄弟会""伙伴社"等组织，提出诸如缩短学徒期、缩短工时、提高工资待遇等经济要求。为了改善日益恶化的处境和争取自身的权利，这种斗争相当尖锐，有时采取同盟罢工和武装起义的激烈方式。1481 年，科隆爆发了反对行会上层统治的起义，后来市政当局残酷地处死了起义领导人。

就阶级结构而言，中世纪西欧存在着领主、市民和农民这三个社会等级。在反对封建领主和城市贵族（城市上层）的斗争中，市民阶级逐渐形成。"市民"最初仅指全体城市居民，后随着城市的发展和市民的分化，城市中出现了富裕的商人和富有的手工业者与平民的差别。后者指城市下层，包括帮工、学徒、日工、奴仆、破产手工业者和其他下层群众。14—15 世纪，"市民"（townspeople）一词已经失去从前的含义，仅指城市中的富裕市民，即资产阶级前身。在民族国家形成和专制王权加强的过程中，市民阶级起了积极的推动作用。

四、市场、市集和贸易区

手工业与农业的分离、城乡差别的出现、地区之间交换的发展，使经常性的商业贸易应运而生。市场（market）和市集（fair）是商人活动的主要场所，通常都要持有国王或当地封建主颁发的许可执照才能开办①，而且接受市政府的直接管理，包括负责开办、征税和维持治安。

"市场"是规模较小的贸易集市，它是城市与周围农村进行商品交换的媒介。在这里交换的产品，主要是当地的手工业品、农产品、畜产品。市场交换一般采取零售的方式进行，通常每周一次、二次或两周一次，经营活动一般限于当天结束，类似于我国乡村中盛行的"逢集"。这种地方性市场规模较小，大部分交易由小生产者直接进行，不需要专业商人作为媒介。

---

① 12—13 世纪，英国国王授予或批准了大约 2500 个市场特许状。

　　"市集"一般设于城市，是一种规模较大或很大的贸易集市。它们不仅是区域性的，而且有时是国际性的贸易交换场所。一般每年举办一次或几次。每次时间长短不一，通常1～2周，短者3～5天，长者则可达2～3周或几个月，形式上类似于我国的民间庙会。市集开业的批准权往往掌握在国王或诸侯手里，地方中小封建主无权过问。国三和诸侯对它们采取特别的保护措施，以保障交易者和交易货物的安全。中世纪西欧有许多著名的市集，如法国的香槟市集、里昂市集，佛兰德尔的布鲁日市集、安特卫普市集，日内瓦市集，英国的圣爱弗斯市集和斯密思菲尔德的圣巴托罗缪市集。

　　随着地区性和国际性贸易的发展，南北两大贸易区在欧洲逐渐形成。南方的地中海贸易区主要经营丝绸、瓷器、宝石、象牙、明矾等奢侈品，其中香料贸易占有突出地位。意大利商人在地中海贸易区的东西方国际贸易中起主导作用，法国南部的马赛、蒙彼利埃和纳博讷，西班牙的巴塞罗那也在一定程度上参加了东西方贸易。北海和波罗的海贸易区主要从事北欧和东欧的转运贸易，经营范围是粮食、木材、矿产品、纺织品（亚麻）、盐、毛皮、蜂蜜、鱼类等生产和生活用品。这个北方贸易区把北海和波罗的海沿岸国家联结了起来，东欧的罗斯国家也通过诺夫哥罗德参加到贸易活动中来。

　　由于欧洲商人经常到某个城市出售从远方运来的商品，再购买往回转运的商品，于是在繁荣的国际贸易交换中心形成了定期集市。12世纪初，佛兰德尔的定期集市很有名。13世纪，法国的香槟市集则取而代之，成为沟通南北方两大贸易区的重要枢纽。香槟位于巴黎东南方香槟伯爵领地内，地处佛兰德尔通往意大利的商路上。香槟集市上云集着各国的商人，不仅有西欧商人，还有埃及、叙利亚、希腊、犹太商人。东方来的香料、丝绸奢侈品以及染料等，经意大利人之手，翻越阿尔卑斯山，运往香槟市集交易，然后转销西欧各地。佛兰德尔的呢绒、西班牙的武器和制革、法国的酒类等，则由意大利人转售到东方。

　　其实，香槟市集不只是一个市集，而是包括该地区四个城市的六个大市集。每年从1月持续到10月，依次在拉革尼、奥布河岸的巴尔、普罗旺斯和特鲁瓦举行，每次16～20天，其中普罗旺斯和特鲁瓦一年举行两次。香槟市集之所以成为西欧最大、最重要的国际贸易交流中心，主要原因有以下几点。首先，地理位置优越，水陆交通便利。香槟地区的城市，沿塞纳河而下可抵巴黎、英吉利海峡和伦敦，通过马斯河可到达尼德兰和北海，顺卢瓦尔河可进入大西洋，通过索恩河、罗讷河可进入地中海，穿越阿尔卑斯山口可抵达亚平宁半岛。其次，物产丰富。该地区盛产谷物、葡萄、羊毛和各种牲畜，手工业也很发达。普罗旺斯共有 5000 多居民，其中 3/5 从事纺织业。最后，国王和香槟伯爵向该地区提供保护。他们颁发开业特许状，加强监督，维护秩序，并提供必要的设备，如房屋、货栈、旅店等。

约 12 世纪初，香槟市集始见于文献记载，13 世纪臻于鼎盛。1286 年，香槟伯爵女继承人嫁给法王菲利普四世，伯爵领地随之并入王室领地之中，被法王勒索大量钱财。随着旷日持久的百年战争的影响，尤其是在新航路开辟、国际商路从地中海转移到大西洋以后，香槟市集日益失去繁荣，南北两大贸易区也开始衰落。

五、城市同盟

11 世纪，德国城市初兴于多瑙河上游和莱茵河畔，主要有科隆、特里尔、美因茨、斯特拉斯堡、巴塞尔、雷根斯堡等。萨克森王朝初建时，德国城市不超过 30 座，1125 年时已达 150 座。[①] 到 15 世纪末，德国共有各类城市达到 2300 座。由于政治上处于分裂状态，德国王权有名无实，工商业发展受到了严重制约。为了求生存、求发展，许多城市结成同盟，以对付封建主的干扰和破坏。其中重要的有莱茵同盟、士瓦本同盟和汉萨同盟。

1226 年，莱茵河流域城市成立以美因茨为首的莱茵同盟，包括科隆、沃尔姆斯、斯拜伊尔、斯特拉斯堡、巴塞尔等近 60 个城市。1254 年，该同盟发表宣言，规定每个城市应选出代表四人组成同盟大会，大会每年召开四次，决定有关事项；如无同盟的首肯，盟员不得采取军事行动，不得给予共同的敌人以武器或贷款。同盟还设有仲裁法庭，以解决盟员之间的纠纷。1239 年，莱茵同盟解散，1254 年又重新恢复，不久再告瓦解。1331 年 10 月，包括奥格斯堡、乌尔姆、门明根、康斯坦茨、苏黎世等在内的南德和瑞士的 22 个城市结盟，但两年后宣告瓦解，1351—1353 年又再度恢复。为了反对封建主的贪求，1376 年 7 月 4 日，南德 14 个城市建立士瓦本同盟，相约维护和平、保持独立。1378 年，加盟城市曾达到 84 个，但在与封建主斗争中遭到失败，1389 年被迫解散。

12 世纪，为了和英格兰、俄罗斯等国进行贸易，德意志北部诸城市的

---

① ［美］汤普逊：《中世纪经济社会史（300—1300 年）》，上册，374 页，北京，商务印书馆，1984。

一些商人结成商业组织，这是汉萨同盟的雏形。13世纪，来往于哥特兰岛、尼德兰和英格兰的德国商人开始把为保护自身利益而成立的组织称为"汉萨"，也把向当地交纳的税称为"汉萨"。"汉萨"（Hansa）一词系哥特语，原意为"人群"，转意为"商人同业公会"。1241年，吕贝克与汉堡缔结协定，相互保护贸易，共同抵御盗匪掠夺。1252年，吕贝克、汉堡又与布鲁日缔结类似的协定。1260年，同盟在维斯马召开会议，通过第一个同盟条例，宣布每个加盟城市"应全力以赴地保卫海洋，反对海盗和其他为非作歹之徒，使海上商人能够自由地进行贸易"①。

作为德意志城市的联合体，汉萨同盟是最重要的城市同盟，它的正式名称是"全德商人公会"。14世纪，同盟进入鼎盛阶段，有80～90个城市加盟，有人认为大概在100个以上。② 除了吕贝克、汉堡外，还有不来梅、科隆、爱尔福特、马德堡、柏林等北德城市，甚至还包括立窝尼亚的里加、列维尔、塔林、柯尼斯堡，瑞典的维斯比，波兰的格但斯克、克拉科夫，尼德兰的格罗宁根、乌特勒支等。同盟通过美因河上的法兰克福，与奥格斯堡等南德城市保持着商业联系；在俄国的诺夫哥罗德（圣彼得大院）、普斯科夫，在挪威的卑尔根，在尼德兰的布鲁日（德商办事处），在英国的伦敦（钢铁大院），在塞纳河口的贝叶，同盟均设有商馆。汉萨商人主要在波罗的海、北海及其周围地区从事中介贸易，经营的主要商品有挪威的木材，中欧的粮食和锡、铁、铜、银等金属，法国和北德的盐，波罗的海的青鱼，瑞典的鲜鱼，佛兰德尔和英国的纺织品，俄国的毛皮和蜂蜡等。后来，粮食和牛成为这个贸易区的重要商品。

汉萨同盟的政治中心在吕贝克，盟员代表大会的当然主席则是吕贝克市长。入盟者必须先向他提交申请书，再由盟员代表大会多数赞成通过，最后加盖吕贝克印章生效。盟员代表大会一般每三年举行一次，1363—1550年间共召开过53次，开会时间称为"汉萨日"。但是，这个同盟既没有共同的金库和统一的法律，也没有执行机构和军队，因而始终未形成一个政治实体，对于不服从决议者只能听之任之。而且，同盟内部矛盾很多，像科隆那样的盟员并不尊重吕贝克的盟主地位。所以，汉萨同盟实际上不

---

① 北京师范大学历史系世界古代史教研室：《世界古代及中古史资料选集》，439页，北京，北京师范大学出版社，1999。

② ［法］P. 布瓦松纳：《中世纪欧洲生活和劳动（五至十五世纪）》，291～292页、296页，北京，商务印书馆，1985。

过是神圣罗马帝国内部的一个松散的城市联盟，它本身就是帝国自身的一个缩影。然而，如此之大的城市同盟，其影响是不可忽视的。1375 年，神圣罗马帝国皇帝查理四世正式承认它的合法地位。汉萨商人不仅在许多国家拥有商栈，而且在北海、波罗的海沿岸国家享有经商特权，一般可免除关税。1368 年，汉萨商人与瑞典结盟攻陷哥本哈根，迫使丹麦承认同盟的贸易特权。

15 世纪以降，随着新航路开辟和欧洲国际贸易中心的转移，随着以专制王权为支柱的欧洲民族国家的形成，汉萨同盟的势力日益衰落。1494 年，同盟关闭在诺夫哥罗德的商馆。同盟在布鲁日的商馆因交不起税，被迫于 1553 年迁到安特卫普。1598 年，英国女王伊丽莎白一世把汉萨商人赶出了伦敦。16 世纪中叶，荷兰人控制了北海和波罗的海的贸易。1669 年，汉萨同盟正式解散。

六、城市兴起的影响

城市在中世纪西欧兴起，因与乡村不同，是一件具有重要影响的大事。乡村意味着"隔绝和分散"，而城市本身"表明了人口、生产工具、资本、享受和需求的集中"[1]，形成新的经济、政治和文化的中心，从而使封建社会发展到顶点。

从经济方面来看，城市和商品经济的发展，冲击着农村的自然经济。从 13 世纪起，货币地租逐渐取代劳役地租和实物地租，英国的货币地租甚至占据了支配地位。此后，农民虽然还向土地所有者提供无偿的劳动，但他们所提供的是劳动产品的价格，而不是产品本身或直接劳动。正因为如此，农民必须出卖一部分劳动产品，这意味着他们必须为了销售而生产，即从事商品生产。封建主为了获得更多的货币，便把庄园内的自营地几乎全部出租，结果导致领主制渐渐被地主制代替，庄园制度解体。这样，封建主和农奴之间的关系也逐渐变成了单纯的货币关系。农奴制消失了，有的农奴甚至变成了不仅拥有工具和动产，甚至拥有土地所有权的自耕农。在商品货币关系的影响下，自由农民必然走向两极分化，表现为少数人富裕，多数人贫穷破产，阶级矛盾趋于激化。最明显的例证就是，14 世纪的

---

① 马克思、恩格斯：《德意志意识形态》，见《马克思恩格斯选集》，2 版，第 1 卷，104 页，人民出版社，1995。

意大利、英国和法国都发生了大规模的农民战争。

从政治方面来看，城市兴起的影响是相当巨大的。为了使工商业发展具有有利的条件，市民反对封建割据，反对领主特权，因而与王权之间保持暂时的结盟关系，支持国家统一和王权强化。13—14 世纪，英国和法国先后产生了议会君主制，即所谓"等级君主制"，逐渐形成了以强大王权为基础的民族国家。

从思想文化方面来看，城市的兴起和繁荣，促进了代表市民利益的世俗文化的大发展。大学教育制度的建立，唯名论哲学的传播和罗马法研究的复兴，冲击着传统的教权主义、普世主义与禁欲主义的桎梏，为文艺复兴和宗教改革的兴起创造了有利的条件。

第二节　十字军东侵

一、十字军东侵的背景

十字军东侵是罗马教廷、西欧封建主和意大利城市借口反对异教徒（伊斯兰教），打着"圣战"的旗号，对东部地中海各国发动的一场持续两个世纪之久的侵略战争。罗马教廷称之为"宗教战争"，即所谓基督徒反对穆斯林、十字架反对弯月的战争。① 包括骑士、农民、小手工业者在内，出征者每个人的胸前和臂上都佩有"十"字标记，故被称为"十字军"。

作为职业军人和贵族阶级的底层，骑士在封建割据时期十分活跃。中世纪，西欧封建贵族本身也被笼统地称为"骑士"。由于实行长子继承制，出现了许多无世袭封号、无财产和无土地的"三无"骑士。他们四处游荡，打家劫舍、杀人越货，无所不为。城市兴起以后，商品货币经济获得迅速发展，骑士十分羡慕城市生活和东方的奢侈品，他们的需求与日俱增，因而大批骑士渴望奔向东方去劫掠财物和夺取土地。

西欧商人，尤其威尼斯、热那亚、比萨等城市的意大利商人，企图从阿拉伯人和拜占庭人手中夺取地中海东部的贸易港口和市场，实现对地中海区域贸易的垄断，因而积极支持十字军向东扩张。对于广大农民来说，一方面，商品货币经济发展加重了他们的负担，因为他们为赎买自由而不得不向领主交纳大量的货币；另一方面，封建混战不仅对农业生产造成极

---

① 十字架是基督教的象征，弯月（新月）是伊斯兰教的象征。

大的破坏，而且经常向农民征发徭役。此外，1087—1095 年西欧连续有 7 年大饥荒。11 世纪，法国有 26 个荒年。在严峻的现实面前，广大农民看不到任何希望。但他们作为虔诚的教徒，又轻信教会关于圣战的召唤，便争先恐后地去东方冒险，以图实现发财的梦想。

近东地区的形势，也十分有利于西欧十字军的冒险行动。由于犹太教、基督教和伊斯兰教都将巴勒斯坦的耶路撒冷视为自己的圣地，这里的宗教矛盾也就错综复杂。古代的耶路撒冷是一座小城，意即"和平之城"。大卫王时期，耶路撒冷成为希伯来人的都城，政治和宗教中心的地位得以确立。后来，根据基督教传说，巴勒斯坦是耶稣诞生与升天的地方，所谓主的坟墓就在这里；然而，按照伊斯兰教的说法，穆罕默德曾在耶路撒冷乘天马升天。近东地区虽在 7 世纪并入阿拉伯帝国版图内，但阿拉伯人对异教徒相对比较宽容，来自拜占庭和西欧的朝圣者照样可以自由地进入圣地。11 世纪中叶，随着信奉伊斯兰教的塞尔柱突厥人的兴起与西征，近东局势日益复杂化。他们控制着几乎整个小亚地区，但是并没有形成统一的国家，而是分成若干独立的总督区，如罗姆、摩苏尔、大马士革、阿勒颇、安条克、特里波里等。11 世纪 90 年代，塞尔柱突厥人发生内讧，一些伊斯兰清真寺和基督教堂被破坏，可从海路来的朝圣者只要缴纳为数不多的税后仍可前往耶路撒冷朝圣。然而，罗马教廷出于自身的需要，编造穆斯林侮辱西方朝圣者的消息，煽动宗教对立情绪。同时，拜占庭帝国已丧失了强势，只好龟缩在欧洲东南隅的狭小地区。1091 年，一支突厥人准备进攻拜占庭首都君士坦丁堡。在走投无路的情况下，拜占庭皇帝阿历克塞一世（1081—1118 年在位）不得不向罗马教皇和神圣罗马帝国皇帝求援，以挽救危在旦夕的帝国。这恰恰为西欧封建主发动侵略战争提供了最佳借口。

罗马教廷是发动十字军战争的祸首。1095 年，教皇乌尔班二世（1088—1099 年在位）在法国的克勒芒宗教大会上号召组织十字军，他向听众们发表了极富煽动性的演说。他历数基督教徒在东方的痛苦和突厥人的"暴行"，鼓动贪婪的领主、好战的骑士、冒险的商人和盲从的农民拿起武器到东方去，从异教徒的手中夺回主的坟墓。他还允诺，凡是参加远征的人都能赦免自己的或他人的罪过，死后可以直接升入天堂。与会者群情激奋，乌尔班的演说不时为"阿门""阿门"（希伯来语，意思是"唯愿如此"）的欢呼声所打断。宗教感情的冲动、物质利益的诱惑，促使西欧各个阶层的人都狂热地投身于这一震惊世界的征服中去，尽管他们的目的各不相同。

二、十字军东侵的经过和影响

第一次东侵发生于 1096—1099 年。来自法国和德国的农民，共约五六万人首先踏上征途。他们带着妻儿，驾着马车，沿着西方朝圣者常走的道路，仓促而艰难地向东方进发。孩子们看见一座城市就问：是不是到了耶路撒冷？这批乌合之众既无装备，又无保护，在路上就几乎被匈牙利人、保加利亚人和拜占庭人歼灭殆尽，只有少数人在 1096 年夏天到达了君士坦丁堡。他们被拜占庭皇帝匆忙送过博斯普鲁斯海峡后，很快就被突厥人歼灭，当了无谓的牺牲品。

骑士是十字军东侵的主力。1096 年秋，来自法国、德国和意大利的骑士兵分四路，向君士坦丁堡进发。皇帝阿历克塞采取各种手段，迫使十字军首领宣誓效忠于自己，承认新占领的土地为拜占庭帝国的封土。第二年 5 月，十字军攻克罗姆苏丹首府尼西亚，接着占领圣城耶路撒冷，不久又在被占领区建立埃德萨伯国、的黎波里伯国、安条克公国和耶路撒冷王国。这几个十字军国家名义上依附于耶路撒冷王国，实际上却相互独立。为了巩固十字军国家的地位，在教廷的庇护下，几个僧侣骑士团也建立了起来。1119 年，主要由法国骑士组成的"神殿骑士团"团部设在耶路撒冷的犹太教神殿里。成员身着红色十字的白色外套。1120 年，主要由意大利骑士参加的"医院骑士团"也在耶路撒冷成立，其前身是为收容贫病交加的朝圣者而建立的圣约翰医院。1190 年，主要由德国骑士组成的"条顿骑士团"在巴勒斯坦的阿克成立。僧侣骑士团是一种宗教性的军事组织，又称宗教骑士团。团长直接隶属于罗马教皇，团员必须严格信守"安贫、守贞和服从"三大戒律。作为一种重要的军事力量，骑士团不但镇压近东各国人民的反抗和保卫十字军国家，而且从事商业活动、聚敛财富，因而与当地统治阶级之间的矛盾日益加深。

1144 年，信仰伊斯兰教的突厥人摩苏尔总督攻陷埃德萨伯国，于是罗马教廷借机煽动组织第二次十字军东侵（1147—1149 年），参加者主要是法国和德国的骑士，共约 7 万人。由于十字军与拜占庭帝国的关系紧张，安条克公国不愿意得罪自己的邻居突厥总督，十字军在围攻大马士革时惨遭败绩，结果狼狈地逃回了欧洲。

埃及苏丹萨拉·得·丁，即著名的萨拉丁·阿尤布（1171—1193 年在位）统一叙利亚和两河流域后，1187 年 7 月在巴勒斯坦的哈特丁附近彻底击败十字军主力，俘虏耶路撒冷国王、神殿骑士团和医院骑士团的首领，收复阿克、西顿、贝鲁特等沿海城市，切断了耶路撒冷与西欧的联系，并于10月收复了被十字军占领80多年的耶路撒冷。十字军自东侵以来第一次遭到重创，震动了整个西欧。

1189—1192年，德皇红胡子腓特烈一世、英王狮心王理查和法王奥古斯都·菲利普二世亲自领导了第三次十字军远征。此时，信仰基督教的拜占庭已经与信奉伊斯兰教的萨拉丁结成盟友。而红胡子怀有吞并拜占庭的野心，他支持拜占庭的近敌伊科尼亚苏丹，对拜占庭构成南北夹击之势。但是，红胡子于1190年6月在小亚过河时溺水而死，3万名德国十字军未到达巴勒斯坦就打道回府了。1191年初，当英、法十字军到达小亚时，因两国间矛盾重重，法王不仅先返回欧洲，还与德皇亨利六世结成了反英同盟。此时，英军已逼近耶路撒冷，但遇到穆斯林的顽强抵抗。1192年，双方签订停战协定：耶路撒冷仍归穆斯林，基督徒可以自由前往朝圣；十字军则保留从推罗（苏尔）到雅法之间的狭长地带。同时，耶路撒冷王国迁都阿克，因而成为没有耶路撒冷的耶路撒冷王国。

教皇英诺森三世即位后不久，就着手组织第四次十字军东侵（1202—1204年）。参加者主要是法国、德国、意大利的骑士，但起支配作用的却是威尼斯商人。第四次十字军东侵的最初目的是要捣毁萨拉丁·阿尤布的统治中心埃及。但因十字军缺乏渡海船只，他们只得请求威尼斯人给予帮助。威尼斯总督利克·丹多诺（1192—1205年在位）却开出了这样的条件，即威尼斯人获得85000银马克的报酬、平分战利品和侵占的土地。当十字军无法交足款项时，威尼斯人遂提出以占领达尔马提亚的扎达尔城作为抵偿债务的要求。尽管该城居民和十字军骑士一样同为基督徒，他们却是威尼斯商人无法容忍的竞争对手。1202年11月扎达尔陷落后，遭到了十字军的大肆抢掠。

正值此时，拜占庭发生了王位之争，被废皇子阿历克塞西逃德国，请求他的姐夫——德皇腓特烈二世帮忙，德皇则转而请求威尼斯人帮助阿历克塞恢复皇位。威尼斯人早就对商业竞争对手拜占庭人感到不满，因而爽快地接受了腓特烈二世的建议。1203年6月，在威尼斯人操纵下的十字军舰队兵临君士坦丁堡城下。1204年4月13日，君士坦丁堡被攻克，十字军在城内纵火焚烧三昼夜，全部坊肆和藏书丰富的君士坦丁图书馆化为灰烬，许多艺术珍品和古典书籍不复存在。当时人是这样描述十字军暴行的："他们把奉祀上帝的处女用以满足贪色的青年的淫欲。他们不但掠夺皇室财富，毁坏贵族和平民的财物，而且还一定要残暴地打劫教会，甚至打劫教堂的用具，把祭坛上银制饰品打得粉碎，打劫圣所，并掠走十字架和圣者的遗物。"[①]

由于十字军的残暴行径，拜占庭昔日的繁荣一去不复返了。在拜占庭的领土上，十字军还建立起一个拉丁帝国（1204—1261 年），下辖色雷斯、雅典、伯罗奔尼撒、帖撒罗尼加四个封建国家，以区别于四分五裂的拜占庭。罗马教皇负责这个西欧化的拉丁帝国的宗教事务，并把东正教置于从属的地位。这样，第四次东侵彻底暴露了十字军的真实目的，揭穿了其所谓"圣战"的本质。1261 年，拜占庭的巴列奥略王朝（1261—1453 年）在热那亚人的支持下实现了复国，但领土大为缩小，也日益衰落了。

第四次十字军东侵以后，十字军运动本身也走向了衰落。第五次十字军东侵（1217—1221 年）的参加者有德国人、英国人、荷兰人和匈牙利人。十字军进攻埃及，最后被赶了出来。第六次十字军东侵（1228—1229 年）由德国、法国、英国、意大利等国骑士参加，进攻叙利亚。第七次十字军东侵（1248—1254 年）主要由法国骑士参加，路易九世企图通过此举保住法国在北非的贸易阵地，因而再攻埃及。第八次也是最后一次十字军东侵（1270 年）由法王路易九世率领攻打突尼斯，也以失败告终。法王因流行病而丧命北非。1291 年，穆斯林收复最后一个十字军占领的据点阿克，耶路撒冷王国灭亡。

十字军东侵是中世纪发生的最血腥的杀戮行为，虽然未达到夺取耶路撒冷的目的，但它却使近东各国的经济和生命财产遭受了极大的损失，文化艺术受到严重摧残，近东各国的历史进程被延缓了。对西欧各国人民来说，这场大浩劫使数十万人死于非命。但是，十字军东侵结束了拜占庭人和阿拉伯人的贸易垄断，客观上促进了地中海区域的商业交往。

十字军东侵的失败，大大降低了教会威信，教皇权开始衰落。随着世俗封建主对东方物质需求的增加，他们迫切需要货币，因而促使西欧实现了从实物地租向货币地租的转变。在这个过程中，许多农民趁机赎回人身自由，城市也获得了自治权。对于威尼斯人而言，他们是东侵的最大获利者，得到了 3/8 的拉丁帝国领土，包括君士坦丁堡的一部分、亚得里亚堡和马尔马拉海沿岸大量据点、爱琴海诸多岛屿和伯罗奔尼撒半岛南部；不久，

---

① 朱庭光主编：《外国历史大事集·古代部分》，第 2 分册，93 页，重庆，重庆出版社，1986。

他们又侵占克里特岛，一跃而成为地中海的强大殖民者。

　　十字军东侵以后，拜占庭已失去了作为欧洲文化中心的地位，西欧人却从拜占庭人和阿拉伯人那里获得了许多科学知识和文化素养。例如，中国的伟大发明——造纸术和火药等，都是在这个时期传入西欧的；阿拉伯数字、临床医学和拜占庭制造玻璃的方法也为欧洲人所采用；从东方传来的水稻、西瓜、柠檬、香料、砂糖等农作物和经济作物，大大丰富了西欧人的物质生活。先进的东方文明不仅逐渐改变了西欧封建主的生活方式，而且拓展了西方人的眼界。正如西方史学家汤普逊所指出的，十字军创造了一种新的看法，即"西欧人同他们接触以后，必然会睁开眼睛看到这一真实：东方存在着有智慧而又有文化的民族，而且有着一种等于甚至超过封建欧洲文明的文明"[①]。不久，意大利北部诸城发生了光芒四射的文艺复兴运动，并将新兴资产阶级的意识形态迅速传播到西欧各地。

复习思考题

　　1. 简述中古西欧城市的发展状况及特点。
　　2. 简述十字军东侵的原因、主要经过及影响。

---

　　① ［美］汤普逊：《中世纪经济社会史（300—1300 年）》，上册，537 页，北京，商务印书馆，1984。

第三章　西欧封建制度的发展

第一节　英国、法国和西班牙统一国家的形成

一、诺曼征服和英国封建制度的确立

　　大约在 25 万年以前，泰晤士河谷斯万斯康地区已有了最早的人类居住。公元前 4000—前 3400 年，许多不同种族的地中海居民（长颅人和圆颅人）渡海来到不列颠群岛。他们是矮小而黝黑的游牧者，多定居于不列颠的石灰石高地、海岸附近的砂质地带和南部草原。公元前 2500 年，来自莱茵河流域的比克人进入不列颠，征服了处于新石器时代的土著人，同时也带来了青铜器制造技术。今天，在英国南部索尔兹伯里白垩质平原上，留下了 80 多处作为历史见证的史前巨型石柱群（Stonehenge）。其中，许多石柱高达四五米，重数十吨，多建在低地近水的地方，时间约为公元前 2900—前 2500 年。一般认为，土著人和比克人共同创造了这些神秘的巨石文化，这正是英国历史的开端。

　　公元前 800 年，凯尔特人从今天的法国和德国地区进入不列颠，他们最初居住在莱茵河和多瑙河上游，后来向四周侵袭，遍布西欧各地。公元前 1 世纪，当最后一批凯尔特人来到时，不列颠岛已经完全过渡到了铁器时代。[①] 凯尔特人比当地居民高大，肤色白皙，头发金黄。他们征服不列颠后，用自己的语言影响着土著人，于是在爱尔兰和苏格兰形成了盖耳语，在英格兰和威尔士形成了布列吞语。南部凯尔特人的一支布列吞人用自己

---

　　① ［英］F.E. 霍利迪：《简明英国史》，2~3 页，南昌，江西人民出版社，1985；另见［英］温斯顿·丘吉尔：《英语国家史略》，上册，22~23 页，北京，新华出版社，1985。

的语言给各地命名，所以在今天英国的一些山脉、河流的名称和地名中，还存在着这种影响的痕迹。

公元前 55 年和公元前 54 年，高卢总督恺撒率领罗马军团两度攻入不列颠群岛，但是遭到凯尔特人的顽强抵抗。公元 43 年，克劳狄皇帝命令罗马军团重新渡海入侵不列颠，并把它变成罗马帝国的一个海外行省，派罗马总督治理。为了巩固在不列颠的统治，罗马人修建了横贯英格兰北部的"哈德良长城"以及"安东尼长城"。他们还以泰晤士河畔的伦敦为中心，修建了通往各地罗马驻军城镇的若干条通衢，就是所谓"罗马大道"。大道共长约 5000 英里①。3 世纪，撒克逊人开始骚扰不列颠东部海岸。4 世纪，罗马皇帝设立"撒克逊海岸伯爵"，以抵御日耳曼人的劫掠。410 年，西罗马皇帝霍诺里乌斯写信给不列颠人，劝他们自己防御。442 年，罗马军团全部撤回大陆，罗马人结束了在不列颠的 400 年统治史。

入侵不列颠的日耳曼人习惯上被称为盎格鲁—撒克逊人，按英国"历史之父"比德（673—735 年）的说法，他们来自三个不同的部落，即由丹麦半岛盎格恩来的盎格鲁人、由易北河下游来的撒克逊人和由丹麦日德兰半岛来的朱特人。449 年，盎格鲁—撒克逊人开始征服不列颠。500 年，凯尔特人奋起抵抗，赢得了巴顿山战役的胜利。在这次战役中，出现了一个传奇式的民族英雄，名叫亚瑟王。在整个中世纪，围绕亚瑟王形成了宫殿、魔剑、圣杯、圆桌骑士、绿衣骑士等传奇。盎格鲁—撒克逊人征服不列颠后，相继建立了 10 个小王国；经过合并，最后剩下 7 个，这就是英国史上的"七国时代"（600—870 年）。其中，有 3 个撒克逊人王国——威塞克斯、苏塞克斯、埃塞克斯；3 个盎格鲁人王国——东盎格利亚、诺森伯里亚、麦西亚；1 个朱特人王国，即肯特。829 年，最强大的威塞克斯国王爱格伯特（802—839 年在位）初步统一了英格兰。"英格兰"（England）称呼源于 Englaland，意即"盎格鲁人的土地"。

正值此时，从海上来了大批诺曼人。他们居住在斯堪的纳维亚半岛，包括丹麦人、瑞典人和挪威人等，属于日耳曼人的北支。战争和海上劫掠是诺曼人的职业，因而他们又有"北欧海盗"之称。在入侵英格兰的诺曼人中，以丹麦人为主，因而英国人就把所有入侵者统称为"丹麦人"。从 789 年第一次入侵起，到 1066 年威廉征服英国时为止，丹麦人蹂躏英格兰长达 270 年之久。851 年，丹麦人先是攻下坎特伯雷城，不久再攻克伦敦

---

①　1 英里＝1609.344 米。

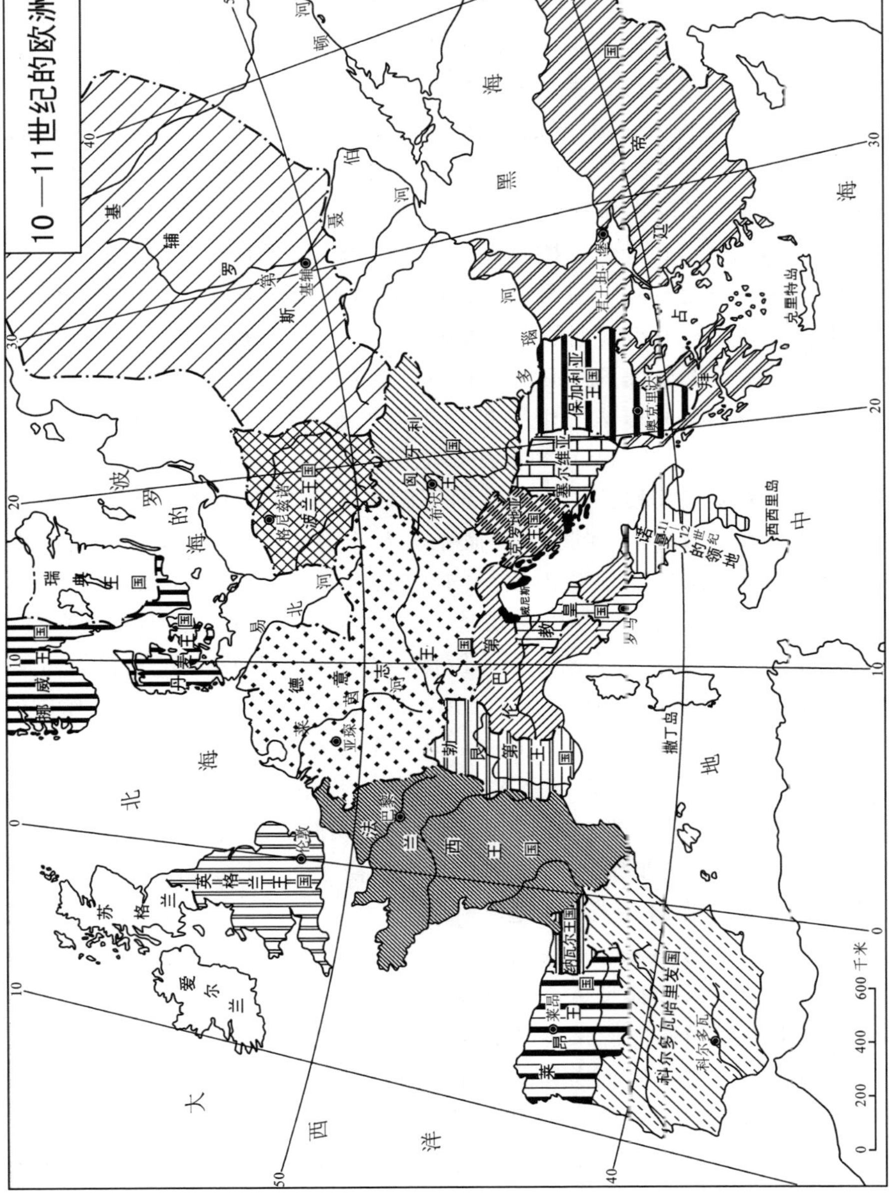

图3-1　10—11世纪的欧洲

城，逐渐征服了泰晤士河以北的大部分地区，大有席卷整个英国之势。但是，威塞克斯国王阿尔弗烈德（871—899 年在位）[1]遏制住了丹麦人的进攻，并迫使入侵者媾和，从沿沃林大道到彻斯特画一条线（从伦敦向西北延伸到彻斯特）。威塞克斯王国统治这条线以南地区，在这条线的北边按照丹麦法律进行统治，称"丹麦区"（Danelaw）。

10 世纪后半期，不列颠岛上的丹麦人逐渐同当地居民融合起来。10 世纪末，大陆上的丹麦人重新侵入英格兰，卡纽特（1014—1035 年在位）建立起一个囊括丹麦、挪威、瑞典和英格兰的大帝国。当 1042 年卡纽特帝国崩溃时，英格兰恢复了独立，"贤人会议"拥立先王埃塞尔列德之子忏悔者爱德华为王（1042—1066 年在位）。但爱德华死后无嗣，"贤人会议"则把他的内兄弟哈罗德推上了英国王位。正当哈罗德欣喜之际，挪威人开始入侵约克郡。几乎同时，诺曼底公爵威廉也在佩文塞登陆。威廉是爱德华的表兄弟，他在爱德华与岳父戈德温伯爵发生争执时曾站在爱德华一边，因而爱德华允诺以继承英国王位作为回报。然而，戈德温之子哈罗德伯爵在爱德华临终前却被指定为继承人，这使威廉感到上当受骗，便挥戈而来，直指英国王位。1066 年 10 月，哈罗德军队刚刚打退挪威人，还没有来得及喘息，就在英国东南角的黑斯廷斯同以逸待劳的诺曼底军队展开决战。结果，他和许多英格兰贵族英勇战死。这一战役为诺曼底公爵威廉征服英格兰奠定了基础。诺曼底公国位于法国西北部滨海一带，911 年由诺曼人酋长建立。"征服者"威廉是诺曼底公国的第七位公爵，他对英格兰的征服被称为"诺曼征服"。从此，英国结束了盎格鲁—撒克逊时代，开始了诺曼王朝（1066—1154 年）的统治。

诺曼征服以前，英格兰社会的基础是农村公社。9—11 世纪，英格兰开始了以阶级分化为主要内容的封建化过程，形成了封建庄园。在庄园内，主要劳动者的一部分是破产的农村公社自由民，他们从领主那里取得份地耕种，史家称之为"佃户"。佃户要向领主缴纳实物地租和服劳役，还须为国王服兵役，这一点与欧洲大陆的农奴不同。另一部分庄园内劳动者则是寄居于领主土地上的农奴，被称为"维兰"。他们有义务向领主缴纳贡赋，

---

① 阿尔弗烈德是爱格伯特的孙子。他不仅废除义务兵役制，建立起有战斗力的军队，而且创建了海军。此外，他注重研究历史，主持编纂《盎格鲁撒克逊编年史》，以记述本民族的光辉业绩。他像查理大帝一样，从英格兰、威尔士和欧洲大陆广揽学者，将拉丁文古典文学译成盎格鲁—撒克逊语，为繁荣文化事业做出了贡献。

每周为领主服劳役 3～5 天。此外，还有一种"茅舍农"或称"棚户"。他们仅有一小块土地或一间茅草屋，生活难以为继。

诺曼底公国比盎格鲁—撒克逊英国更早地形成了一整套以采邑为纽带的封君封臣制度，领受采邑的男爵必须率领骑士为公爵征战。11 世纪，诺曼征服加速了不列颠的封建化过程，从而确立了英国的封建制度。威廉一世（1066—1087 年在位）没收大部分战败、逃亡和被杀死的盎格鲁—撒克逊贵族的土地，分封给自己的亲兵、近臣和从诺曼底来的僧侣贵族。他还效法欧洲大陆的做法，制定出一套封建等级制度。1086 年 8 月 1 日，威廉在索尔兹伯里举行效忠宣誓大会，要求英国所有领主都要对他行"臣服礼"。威廉不仅占有全国耕地的 1/7、全国森林的 1/3，还把征服前的几千个领地合并成 180 个，其中 10 个领地约占总面积的一半，有 5 个授予他的兄弟和堂兄弟，另外 5 个则封给从诺曼底来的大贵族。

为了摸清国家的经济状况、确定土地税额和封臣的封建义务，1086 年威廉任命一个专门委员会，负责在全英范围内调查土地财产、户籍人口、封建主和农奴、庄园等情况。第二年，这个委员会编成《土地赋役调查手册》，将各种依附者简化为维兰和边地农（包括茅舍农），即农奴阶级的主要成分。维兰是拥有约 30 英亩①份地的农奴，占英国总人口的 38%。他们可以使用庄园的牧场和林地，每周必须为领主服劳役 3～4 天，交实物地租和货币地租，并负担包括遗产税、结婚税、大什一税、小什一税等在内的各种苛捐杂税，关于他们的民事案件必须在庄园法庭上审理。边地农约拥有 5 英亩土地，占总人口的 32%，他们每周须服劳役一天，农忙时还得增加天数，此外还要负担各种租税义务。由于清查项目细致无遗，调查过程极为严厉，人们好像面临"末日审判"一样，因而将调查册称为《末日审判书》。

二、英国王权的加强和议会君主制的形成

诺曼征服的重要后果之一就是英国王权的加强。威廉一世不仅镇压英国贵族的叛乱，而且在全英范围内实行有效统治。国王与大小封建主之间都建立了主从关系，因而成为整个封建统治结构的核心。根据《末日审判书》，享有爵位的诺曼底贵族约有 170 个，他们约占英格兰全部地租（7.3

---

① 1 英亩≈4046.86 平方米。

万镑）的一半（3 万镑）。加上贵族的属下、附庸、侍从，外来的诺曼人约有 1 万人。威廉一世一方面依靠诺曼底贵族加强王权，另一方面则大量任用诺曼底人充当英格兰教会的高级职位，还把全英 1/4 的土地赏赐给教会。由于为国王提供兵役、祈祷和咨询等是高级教士的应尽义务，所以每当提名新主教时，威廉一世就首先接受这位主教的臣服与效忠，然后授予其象征宗教权力的权戒与权杖，再使其正式就职。威廉二世（1087—1100 年在位）时期同样加强对教会的控制。亨利一世（1100—1135 年在位）则把没收西部叛乱贵族的土地分封给中小封建主，使之成为进一步加强王权的支柱。

诺曼底人征服英国以后，沿用并发展了盎格鲁—撒克逊时期的郡（shire）、区（district）等基本行政区划制度。county（郡）一词来源于诺曼人，多强调其政治含义。诺曼王朝时期，郡由郡长治理；郡长则由王室官员担任，负责执行由大法官法庭以文书形式下达的国王命令。郡长重要职责之一就是主持郡法庭，郡法庭多由当地名流组成。这也是盎格鲁—撒克逊人的统治制度。正像其组成人员一样，郡法庭既保存着古代法律，又带有地方色彩。正因为如此，郡法庭一般按照传统的地方习俗，而不是王室法令处理事务，所以又有"民间法庭"之称。诺曼人统治时期，国王法庭则是一个新创设的中央机构，组成人员中既有根据封建义务奉召出庭的大领主，也有国王身边的官员。为了沟通地方与中央之间的联系，亨利一世又设立巡回法官制度，使其听取郡法庭审讯案例，主持审理重大刑事案件。他还将英格兰金库的管理权部分地转给新设立的管理王室岁入并审理有关案件的民事法庭，地方执法官则须每年两度向他呈报有关收支情况。

亨利二世（1154—1189 年在位）是威廉一世的孙女玛提尔达的儿子，即法国的安茹伯爵，他因封建继承关系而开创了英国史上的安茹王朝（1154—1399 年），或称金雀花王朝（得名于他的父亲高弗黎所喜欢戴的金雀花）。亨利二世是英国和大部分法国土地的统治者，他的帝国从苏格兰一直延伸到比利牛斯山，相当于法王路易七世王室直辖领地的 7 倍。亨利二世还是诺曼征服以来第一个受过充分教育的英王，他的拉丁语像法语一样流利，而且他对历史和文学有着浓厚的兴趣。作为西欧最有势力的君主，他是颇有建树的。在政治上，他整顿中央行政机构，恢复诺曼王朝的御前贵族会议，以此作为国王的咨询机构；他重建国王宫廷和财政部，设置枢密大臣和财政大臣等官职。在军事上，他规定附庸缴纳"盾牌钱"后可以免服兵役，并使用这部分钱雇佣骑士服役；他还规定自由民必须按财产状况自备装备为国王服军役。

亨利二世素有"英国习惯法之父"之称，因为习惯法在这个时期获得了迅速发展。据说，他的最高司法官拉尔夫·格兰维尔写过一篇题为"英格兰王国的法律与习惯"的论文，1250年巡回法官亨利·布雷克顿完成巨著《英格兰习惯与法律之探索》，对习惯法做了全面而权威的解释。亨利二世在司法上的建树主要表现为：其一，任用法律专家，参照罗马法律、法国法律和英国各地的习惯法，将英国的法律统一为"普通法"；其二，将亨利一世时期的巡回法官改成巡回法庭，规定按期巡游各地，接受民间诉讼，加强中央的司法权和对地方的控制；其三，设立陪审制度，用"誓证法"代替"神裁法"和决斗①。誓证法就是巡回法官在地方审理案件时，选出当地的骑士和富裕的自由农民12人组成陪审团，通过他们宣誓作证而进行仲裁。1166年在克拉伦敦，亨利二世及其顾问委员会发布命令，决定由每个区12人和每个市镇4人组成陪审团，他们有权在郡执法官和巡回法庭面前揭发抢劫、偷盗、谋杀嫌疑犯的姓名。陪审团制度是英国司法制度的核心。

亨利二世推行的一系列改革在强化王权的同时，也与大封建主的利益发生了矛盾。他晚年被自己的儿子理查和法王菲利普·奥古斯都联合打败了。临终时他悲叹道："可耻！这是对完成征服大业的国王所加的耻辱！"继位英王理查一世（1189—1199年在位）以穷兵黩武和凶狠残暴闻名，他在历史上被称为"狮心王"。理查生于法国的阿奎丹，他在位的10年中仅有两次共6个月是在英国度过的，其余时间除参加十字军东侵外，大多住在法国的领地上。正是从他开始，英国王权逐渐削弱。他的弟弟约翰王统治时期（1199—1216年在位），英国丧失了在法国的大部分领地，加剧了国内的不满情绪。约翰王利用其父建立的有力王权横施压力，以封建习惯法所不允许的方式，任意没收附庸的领地，干涉领主法庭的审判权力，从而激起大封建主的愤怒。为了筹措对法战费，他还加征额外捐税，如兵役免除税从1154年到1199年增加了11倍，到1215年又增加了11倍②，使过去一向支持国王的骑士和市民都倒向了诸侯。教会也因国王干涉其选举、增加税

---

① 决斗一般适用于有关重罪的上诉。"神裁法"就是用沸水或灼铁施之于被告的肢体，以测知神命，裁定是否有罪，如要求被告人从滚沸的大锅中取出石头，或用手握着灼热的铁棒走向指定的地点。几天以后，如果手伤痊愈，即判无罪；如果手伤发生感染，即判有罪。同样，还可将被告用绳子捆好后投入湖里或池塘中，倘若他的身体下沉，说明他是无辜的；身体漂浮便是有罪，因为纯净的清水不容罪人。参见［美］C. 沃伦·霍莱斯特：《欧洲中世纪简史》，20页，北京，商务印书馆，1988。

② ［英］弗雷泽：《历代英王生平》，54页，武汉，湖北人民出版社，1985。

收而站在诸侯一边。

1213 年 8 月 25 日，在圣保罗教堂召开的贵族会议上，坎特伯雷大主教斯提芬·朗顿宣读亨利一世加冕时颁布的关于缓和教俗矛盾的《特权令》。1214 年，北方贵族拒绝交付约翰王勒索的兵役免除税。1215 年初，贵族们在斯坦福集会，向伦敦武装进军，教会、小封建主和市民也加入其中。在各阶层联合行动的压力下，约翰王不得不同意在兰尼米德草地举行会谈，并于 1215 年 6 月中旬在朗顿和贵族们预先拟定好的《大宪章》上签字画押。

《大宪章》的目的是限制王权、保障教俗封建主的特权不受侵犯。它宣称："英国教会当享有自由，其权利将不受干扰，其自由将不受侵犯。"（第 1 条）第 2 条则指出，国王直接封臣的后嗣享有封土继承权，国王只可按照旧日定额向他们征收继承税。根据第 12 条和第 14 条的规定，除下列三项税金外，如无全国公意许可，国王不得征收任何免役税与贡金，即：赎回国王之赎金，策封国王长子为骑士之费用，国王长女的出嫁费用——但以一次为限。"凡在上述征收范围之外，余等如欲征收贡金和免役税，应用加盖印信之诏书致送各大主教，主教，住持，伯爵与男爵指明时间与地点召集会议，以期获得全国公意。此项诏书之送达，至少应在开会以前四十日"，并说明其召集理由。

在司法方面，《大宪章》明文规定："伯爵与男爵，非经其同级贵族陪审，并按照罪行程度外不得科以罚金。"（第 21 条）而且，"教士犯罪时，仅能按照处罚上述诸人之方法，就其在俗之财产科以罚金；不得按其教士采地之收益为标准科处罚金"。（第 22 条）"任何人凡未经其同级贵族之合法裁决而被余等夺去其土地，城堡，自由或合法权利者，余等应立即归还之。"（第 52 条）据此，亨利二世、理查一世所非法没收的财产，现仍在国王手中者也应照此办理。此外，享有自由身份的骑士、市民和自由农民也得到了一些好处：除上述三项固定税金外，国王"不得准许任何人向其自由人征取贡金"。（第 15 条）"全国应有统一之度，量，衡。"（第 35 条）"任何自由人，未经其同级贵族之依法裁判，或经国法判决，皆不得被逮捕，监禁，没收财产，剥夺法律保护权，流放，或加以任何其他损害。"（第 39 条）但是，《大宪章》中没有涉及农奴的条文，因为亨利二世改革适用的对象仅限于自由人。

为了防止国王反悔和保障《大宪章》的有效实施，根据第 61 条规定，由 25 名大贵族组成委员会负责监督执行。一旦发现国王有破坏宪章条款的行为，委员会有权要求国王立即改正。如在 40 天内不见其有改正的表示，该委员会可采取包括夺取国王城堡、土地与财产等在内的一切手段，但不得侵犯国王、王后与子女的人身，直到破坏宪章的行为得到改正为止。①

《大宪章》共 63 个条款，它的主要内容是迫使王权向贵族做出让步，每一个条款都涉及封建统治和封建习惯的细节问题，这就决定了它的封建法律文献性质。毫无疑问，它是亨利二世以来英国地方分权与中央集权之间斗争的产物。它的签订表明，各阶层的联合行动成为当时政治斗争的一种新形式，为议会君主制的建立提供了理论依据和重要经验。同时，在反对封建暴政的斗争中，骑士和市民已成为不可忽视的政治力量。如果说亨利二世时期是英国封建习惯法形成的开端，那么在漫长的历史过程中，《大宪章》所确定的法律至上和保障人权基本原则，逐渐被承认为英国立宪政治的基础，至今仍有积极意义。

约翰王签订《大宪章》本是为了争取时间、摆脱困境，可他在 1216 年的内乱中死去了，王位由年仅 9 岁的儿子继承，称亨利三世（1216—1272 年在位）。虽然亨利三世成年时社会秩序已渐恢复，但他却效法祖父亨利二世的强权政治，奉行勒索巨额捐税、重用法国宠臣、容忍教廷榨取的政策，结果招致普遍的不满。为了获得急需的财政支持，1258 年国王被迫接受以西蒙·德·孟福尔（约 1206—1265 年）为首的贵族事先草拟好的《牛津条例》，答应按照习惯及与重臣协商的原则治理国家。随后，由国王的 12 名宫廷会议成员和 15 名诸侯代表组成的联席会议在牛津举行。牛津会议的动机是共商国是，但它把一切权力交给少数贵族，实际上推动了贵族寡头统治。这个会议后来被称为"狂暴的"议会。

与约翰王无意遵守《大宪章》一样，亨利三世也于 1262 年取消《牛津条例》，贵族们随即发生公开叛乱。经刘易斯一仗，贵族领袖孟福尔俘虏了亨利三世，并以国王的名义治理英国。1265 年 1 月，孟福尔在伦敦召开议会，除 5 名伯爵、18 名男爵与会外，还有每郡 2 名骑士代表和每个大城市 2 名市民代表与会。这是英国议会的开端和议会君主制形成的标志。孟福尔是法国诺曼人，他曾娶英王亨利三世的妹妹为妻，曾在英国属地加斯科尼担任总督。他提出"英格兰属于英吉利人"的口号，其影响巨大、意义深远，促使英格兰摆脱长期以来的法国影响。1265 年 8 月，虽然亨利三世之子爱德华一世（1272—1307 年在位）在伊夫夏姆战胜并杀死了他的姑父孟

---

① 以上所引条文均出自刘启戈、李雅书选译：《中世纪中期的西欧》，北京，商务印书馆，1962。

福尔，但他吸收了孟福尔的议会君主制思想。1295 年，爱德华为筹措经费对威尔士、苏格兰和法国开战，再次召开了 1265 年式的议会，并加以经常化。所以，1295 年议会即被称为"模范议会"。

13 世纪，"议会"一词得到普遍使用，它来自法文，原意为"谈话"。英国议会起源于盎格鲁—撒克逊人的"贤人议事会"。在盎格鲁—撒克逊人祖先时代，贤人议事会从部落议事会发展而来，由顾问、主要的官吏、重要的绅士、教士等组成，他们共同参加圣诞节、复活节等重大节日活动，或做出某些重大决策，因而具有极高的权威性。肯特王爱斯伯特、诺森伯里亚王艾德温、威塞克斯王英纳和阿尔弗烈德都是通过贤人议事会来制定法律的。[1] 1066 年以后，贤人议事会被称为"大议事会"。在 1086 年财产登记之前，威廉一世曾与大议事会成员进行了一次"深刻的会谈"（colloquium）。12 世纪，国王和要人为商讨问题而专门举行的讨论开始被称为"议会"。[2] 在《牛津条例》中，贵族曾要求一年召集三次议会，目的是给国王以忠告。

一般认为，中世纪英国议会形成于 13 世纪中期。作为封建等级君主制的标志，议会的作用随时间的推移而增加。在立法方面，国王只能通过议会颁布法律，废除法律也必须得到议会的批准。爱德华一世颁布成文法时，事先就已取得了议会的同意。在司法方面，议会是最高法庭，可以审判一切重要案件。英国议会从 14 世纪起经常召开，国王的目的在于借助议会筹措对法百年战争的费用，议会的作用和权力因此不断增加。爱德华三世（1327—1377 年在位）时期，议会形成两院体制：上院，即贵族院，由教、俗封建主组成，有权进谏国王，批准税收和制定法律，审理重要的司法案件，纠正下级法庭的错误；下院，即平民院，由骑士和市民的代表共同组成，它在 13 世纪很少召开。下院即使召开，那也仅仅是回答国王顾问的询问。当时真正起主导作用的是上院。1399 年，下院才定期召开，并与上院分别集会，商讨和提出一般请愿书，还取得了投票决定税收和批准法律的权利。早在 1376 年，议会下上两院曾一度获得对大臣的弹劾权。

---

① ［英］弥尔顿：《为英国人民声辩》，170 页，北京，商务印书馆，1978。

② ［英］温斯顿·丘吉尔：《英语国家史略》，上册，249 页，北京，新华出版社，1985；另见［美］C. 沃伦·霍莱斯特：《欧洲中世纪简史》，254 页，北京，商务印书馆，1988。

三、法国王权的加强和议会君主制的形成

843 年《凡尔登条约》和 870 年《墨尔森条约》签订后，主要讲罗曼语的西法兰克（包括纽斯特里亚、阿奎丹、加斯科尼、普罗旺斯、勃艮第、塞普提曼尼亚等地）逐渐形成了法兰西王国。中世纪时期，加洛林王朝在西法兰克的统治又延续了一个多世纪（843—987 年），但是王权衰败，大多君主无能。这从他们的绰号中可见一斑："胖子查理""昏庸者查理""孩童查理""盲者路易""结舌者路易"等。随着诺曼人入侵，加洛林王室领地丧失殆尽。巴黎伯爵却因击退诺曼人，保住巴黎和奥尔良，捍卫了西法兰克的中部和西部而崭露头角。法兰西公爵休·卡佩（约 940—996 年）被拥戴为国王，加洛林王朝寿终正寝，卡佩王朝（987—1328 年）由此开始。

卡佩王朝初期，王权软弱无力，王室仅有塞纳河和罗亚尔河之间的土地，包括巴黎和奥尔良在内，称为"法兰西岛"。国王深居简出，不理朝政，因为既无行政机构和固定的财政收入，也无固定的驻地，他时而住巴黎，时而住奥尔良。当时，诸侯领地势力强大，他们各霸一方，互争雄长。北部有佛兰德尔伯国，西部有布列塔尼、安茹伯国，西北部有诺曼底公国，南部有阿奎丹公国、图卢兹伯国，东部有香槟伯国和勃艮第公国，它们只是在名义上为国王的封臣。10 世纪中叶，法国教会针对这种无序的混乱局面，先后通过"上帝和约"的决议和提出"上帝休战"的口号，规定每周五到周日不准私战，对掠夺教会的土地和劳动者以及抢劫商旅的人，一概开除出教。

从路易六世（1108—1137 年在位）开始，法国王权走向了加强过程。他不但保护教会利益，而且支持城市争取自治的公社运动，目的都是为了反对封建领主，因而获得"教会的长子"和"公社之父"的称号。定都巴黎后，他大肆扩展王室领地，并在王廷设置"御前会议"。"御前会议"具有咨询、立法和司法的职能，成员有显贵、宫廷官员和国王的封臣。12 世纪中叶以后，法王有意识地利用城市反对封建主的斗争以加强王权。为了换取对王权的支持，路易七世（1137—1180 年在位）先后 25 次颁发给城市特许证，菲利普二世（奥古斯都，1180—1223 年在位）则向 80 多个城市颁发特许证。为了拓展王室领地，路易七世甚至收买安茹伯爵的封臣和英国的王子。菲利普二世首先是利用英国王子的反叛，继而借口约翰王不履行封建义务，宣布剥夺他在法国的领地，相继夺得诺曼底、安茹、缅因和屠

棱等地，使王室领地面积扩大一倍。后来，法王又夺取普瓦都（1224 年）和阿奎丹（1258 年），王室领地范围进一步扩大了。根据 1259 年的《巴黎和约》，英王在法国的领地仅剩下西南部的基恩和加斯科尼等少数地方。

恩格斯指出："王权在混乱中代表着秩序，代表着正在形成的民族〔Nation〕而与分裂成叛乱的各附庸国的状态对抗。"[①] 随着王室领地的扩大，法国王权日益走向加强。菲利普二世的孙子路易九世（1226—1270 年在位）大力推行司法改革，规定王室法庭有权审理重大案件和复审地方法庭的判决。在政治上，他委派巡回检察官监督地方官吏；为了严禁领主之间的私斗，他实行"国王四十日"制度，规定纷争可在 40 日内向国王上诉，由王室法庭裁决。在军事上，他通过推行募兵制，建立了一支训练有素的常备军，以逐渐取代骑士服役制度。在经济上，他下令铸造通行全国的货币，限制劣质货币的流通，促进了国内的经济统一。

菲利普四世（1285—1314 年在位）时期，法国王权进一步加强。此前，王室已经兼并了香槟伯国和纳瓦尔王国。菲利普四世在夺取勃艮第和里昂后，力图夺取富庶的佛兰德尔。法国加强王权和争取国家独立的斗争，导致了与罗马教皇的冲突。为了支撑军队和维持政府的庞大开支，法王不断增税，甚至向教会开征 20％ 的财产税。1296 年，教皇卜尼法斯八世（1294—1303 年在位）公开发布教谕，以开除出教相威胁，反对法王向教产征税。菲利普四世大怒，遂下令禁止一切金银出口，结果致使教廷难以从法国获得任何收入，取得斗争的初步胜利。不久，教皇发布关于教会权力至上的敕令，菲利普四世则当众烧毁教皇敕令。为了与教廷对抗，1302 年，国王在巴黎圣母院召开三级会议，贵族、教士和市民的代表一起谴责教皇是异端。这是三级会议的开端，标志着法国进入议会君主制阶段。法国的三级会议与英国的议会不同，它的咨议性质特别突出。它的召开完全取决于国王的意愿，而且开会时三个等级分别讨论议案；虽然每个等级各有一票表决权，但只有在向国王做出咨议答复时他们才集合在一起。不过，三级会议有时要求国王答应某种改革，作为通过决议的交换条件。

在教权与俗权的激烈斗争中，75 岁高龄的卜尼法斯教皇遭到严重打击，在罗马被软禁三日后愤懑而死。在菲利普四世的压力下，法国西南部波尔多大主教当选为教皇，称克莱门特五世（1305—1314 年在位）。新教皇在里

①　恩格斯：《论封建制度的瓦解和民族国家的产生》，见《马克思恩格斯全集》，1 版，第 21 卷，453 页，北京，人民出版社，1965。

昂就职，并居住在法国，根本不到罗马去。1309 年，他将教廷从罗马迁到神圣罗马帝国的飞地，即法国南部小城阿维尼翁，史称"阿维尼翁之囚"或"教会的巴比伦之囚"（1309—1378 年）。从克莱门特五世开始，不仅连续七任教皇出自法国，而且绝大多数红衣主教由法国人出任。

四、英法百年战争

1337—1453 年，英国和法国之间进行了大规模的、长时间的"百年战争"，这在中古史上是罕见的。这次漫长的封建战争主要是由以下几个因素促成的。

第一，长期的领土纠纷。自 11 世纪诺曼征服以来，历代英王在法国境内都拥有许多领地，因而他们在名义上都是法王的附庸。1204 年，菲利普二世收回英王在法国的大部分领地，并试图夺回全部领地。英国则竭力恢复往日"安茹帝国"的版图，保护在法领地。为此，菲利普四世和爱德华一世曾进行了长期的战争（1294—1303 年）。

第二，争夺富庶的佛兰德尔。佛兰德尔原是法国境内的一块伯爵领地，名义上归属法王。12 世纪以前，佛兰德尔因法王权力弱小而实际上处于独立的地位，菲利普四世曾想予以吞并。这里有发达的工商业，但它的呢绒业却依赖进口英国羊毛。佛兰德尔市民们支持英王的反法政策，承认爱德华三世为法王的合法继承人和佛兰德尔的最高领主。而佛兰德尔伯爵路易本人在政治上却倾向于法王，因而依恃法国军队，镇压市民运动。1336 年，路易逮捕英国商人，禁止佛兰德尔人与英国通商。于是，爱德华三世下令禁止将羊毛输往佛兰德尔，佛兰德尔市民遂向英王求援。

第三，复杂的王位继承问题。英法两国王室之间长期互相婚嫁，形成了复杂的王位继承问题。法国卡佩王朝随着查理四世（1322—1328 年在位）的死而告终，但查理无子无兄，只有一个妹妹，即英国王太后，也就是爱德华三世的母亲。此时，法国以男系继承为由，排除英王的继承权，推举查理的堂兄弟，即瓦洛亚伯爵之子为新国王，称菲利普六世（1328—1350 年在位），开始了瓦洛亚王朝（1328—1515 年）的统治。爱德华三世极为不满，他想以外甥的资格继承法国王位。

由于英法之间错综复杂的矛盾难以调和，1337 年 11 月，英国不宣而战，攻入法国（到 1338 年才正式宣战）。整个百年战争前后大致分为四个阶段。

（1）1337—1360 年。在 1346 年春天的克雷西会战中，法国投入的兵力是英军的 3 倍，却被英国新型步兵打败了。法军损失 11 个亲王、1200 名骑兵和 10000 名士兵。参战的英军有 9000 名弓箭手，主要由招募来的自耕农组成。克雷西战役是一次以少胜多的著名战例，它结束了封建骑士在军事上的重要作用。1356 年，黑太子爱德华指挥的 6000 名英军与约翰二世（1350—1364 年在位）指挥的 20500 名法军在普瓦提埃发生激战，英军损失很小，而法军再次大败，伤亡 4500 人，约翰二世本人和许多法国贵族被俘。1360 年，法国被迫签订和约，规定爱德华三世放弃对法国王位的要求，交换条件是加来和阿奎丹等地重归英国；法国则以 50 万镑巨款赎回国王，这个数目相当于英王 5 年的收入。

（2）1369—1380 年。锐意革新的法王查理五世（1364—1380 年在位）即位后，1369 年法军开始反攻，宣布废除《布勒丁尼和约》。1377 年，爱德华三世去世，由黑太子之子，年仅 10 岁的理查继位，称理查二世（1377—1399 年在位），后来被其堂兄弟即亨利四世（1399—1413 年在位）废黜，兰开斯特王朝（1399—1461 年）在英国确立了统治地位。在这个阶段中，法国人的游击战颇见成效，1380 年英军被迫停战，答应除保存包括加来在内的几个沿海城市外，其余领地悉数归还法国。

（3）1415—1422 年。法军虽然在第二阶段中获胜，但损失惨重。1415 年 8 月，英王亨利五世（1413—1422 年在位）率军在塞纳河口登陆，10 月取得阿金库尔战役的重大胜利，法军死亡、重伤者达到 7000 人之众。其中，战死 3 个公爵、5 个伯爵、9 个男爵，被俘 1000 人，包括奥尔良公爵和波旁公爵在内，而英军仅损失 500 人。1420 年，法国被迫签订屈辱的《特洛伊斯条约》，除割让大片领土外，答应亨利五世为法王查理六世（1380—1422 年在位）的继承人，并娶查理之女凯瑟琳为妻。法国王后否认自己同查理的母子关系，称英王为"太子"。

（4）1422—1453 年。法王查理六世和英王亨利五世相继去世，前后仅隔几周时间。亨利五世与凯瑟琳留下一个刚满十个月的孩子，这个孩子随即被宣布为英王，称亨利六世（1422—1461 年在位）。他同时兼任法王。1428 年，英军大举南下，围攻通往法国南部的要塞奥尔良，而瓦洛亚王朝仅剩下卢瓦尔河流域及其以南地区。

正当法国处于空前的民族危机之际，一位传奇的农家少女贞德（约 1412—1431 年）出现了。她出生于香槟与洛林交界处的杜瑞米村，与许多朴实的法国农民一样，忧国忧民，具有崇高的爱国热情。她一心要在国王

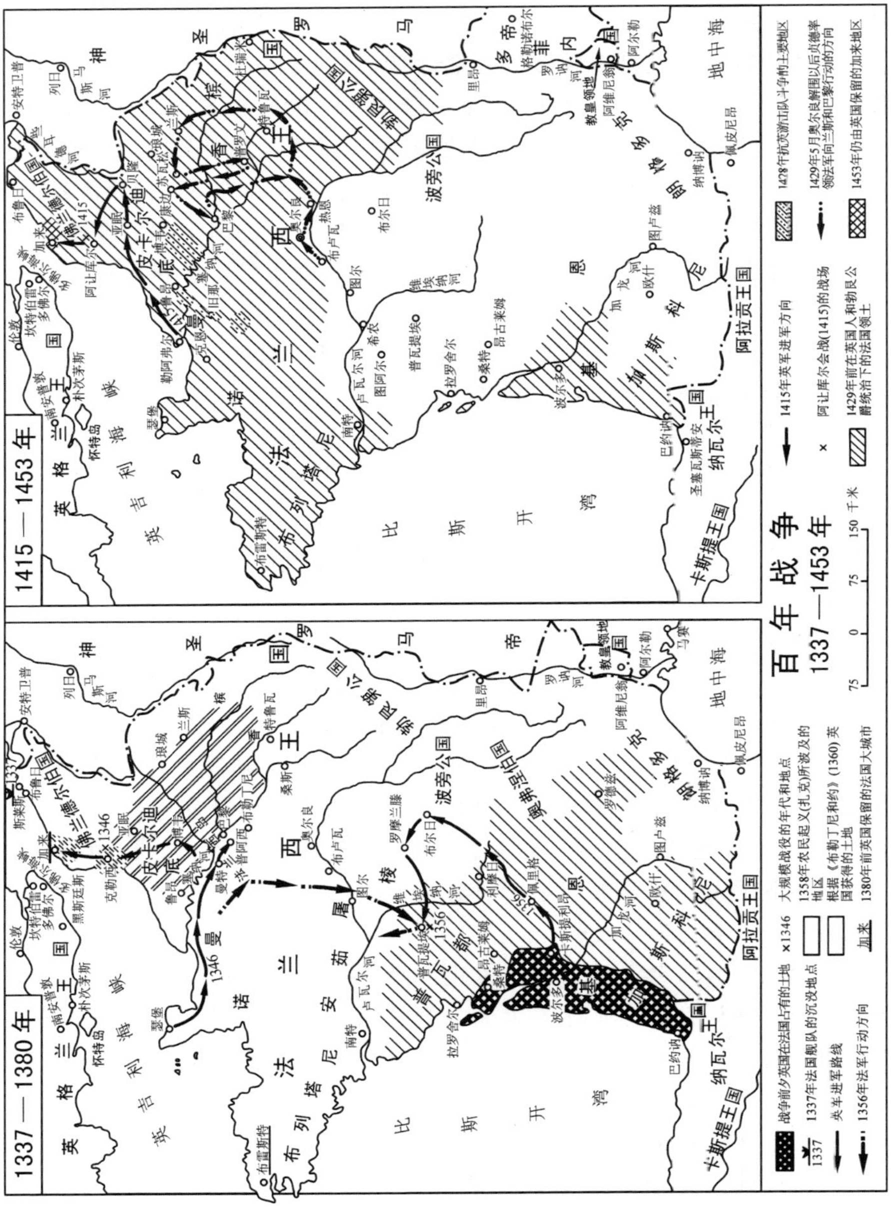
1337—1380年
1415—1453年
百年战争
1337—1453年
战争前夕英国在法国占有的土地
1337年法国舰队的沉没地点
英军进军路线
1356年法军行动方向
×1346 大规模战役的年代和地点
1358年农民起义(扎克)所波及的地区
根据《布勒丁尼和约》(1360)英国获得的土地
1380年前英国保留的法国大城市
1415年英军进军方向
× 阿让库尔会战(1415)的战场
1429年前在英国人和勃艮公爵统治下的法国领土
1428年抗英游击队斗争的主要地区
1429年5月奥尔良解围以后贞德率领法军向兰斯和巴黎行动的方向
1453年仍由英国保留的加来地区
英格兰王国
法兰西王国
比斯开湾
地中海
神圣罗马帝国
卡斯提王国
阿拉贡王国
纳瓦尔王国

图3-2 英法百年战争

的领导下，维护法兰西的民族独立与自由。于是，她晋见太子查理，请缨杀敌，遂被委任为拯救奥尔良的援军首领。1429 年 4 月 27 日，她率部进抵奥尔良，说上帝显圣，解救奥尔良之围是她的神圣使命，法军士气为之大振。英军从奥尔良慌忙溃逃后，贞德率军收复巴黎东北的兰斯城。7 月 17 日，查理在兰斯的哥特式教堂正式加冕，称查理七世（1422—1461 年在位）。这件事具有巨大的政治意义，说明合法的国王依然是团结抗敌的政治核心。贞德还致书英王，发出"还我河山"的正义要求。次年 5 月 30 日，在向康边城退却中，她因得不到掩护而落入勃艮第军队手中。7 月 14 日，勃艮第公爵将她以 1 万金币的价格卖给英军，法王却见死不救。在博韦主教皮埃尔·柯松的主持下，贞德受到审判。亨利六世的叔父、贝德福德的约翰以巫术和异端的罪名强加于她。1431 年 5 月 29 日，为了捍卫法兰西的民族独立，贞德在鲁昂广场被处以火刑。后来，人们缅怀她，亲切地称她为"奥尔良女儿"。

在贞德爱国精神的鼓舞下，法兰西人民更高地举起民族解放的大旗，1453 年终于赢得了最后的胜利。除加来外，英国军队全部从法国的土地上撤出。百年战争给法国人民的生命财产和社会经济造成了巨大的破坏，但它唤醒了法兰西民族精神，为统一的法兰西民族国家的形成创造了有利条件。路易十一世（1461—1483 年在位）及其后继者时期，法国建立起君主专制制度。对于英国而言，战争失败加剧了它的社会矛盾，导致统治集团的内讧，最终酿成了旷日持久的玫瑰战争（1455—1485 年），从而加速了英国封建制度的解体。

五、法英农民起义

14 世纪，随着商品货币经济的发展和货币地租的盛行，西欧农奴的人身依附关系开始松弛，而他们所遭受的剥削却日益加重。战争、饥荒和疾病是中世纪具有毁灭性的三大灾害。百年战争加重了英国农民的负担，法国的乡村更是遭到了极大破坏。1300 年寒冷天气的袭击、1315—1317 年洪水和饥荒的冲击，均造成了英国人口的大量减少。1348—1349 年，西欧由于流行黑死病而使得人口锐减，劳动力匮乏，物价上涨。[1] 英国政府却颁布

---

① ［法］P. 布瓦松纳：《中世纪欧洲生活和劳动（五至十五世纪）》，289～290 页，北京，商务印书馆，1985。

血腥的《劳工法令》，强迫劳动者接受瘟疫流行前的低工资待遇。法英农民生活在水深火热之中，他们与其等死，不如揭竿而起。

1357年，以巴黎商会会长艾田·马赛为代表的富裕市民，利用三级会议中贵族席位暂时减少的机会，迫使摄政太子查理发布《三月大敕令》，进行有利于市民的改革：定期召开三级会议，会议有权决定战争、媾和、捐税收支、任命国王顾问等。不久，太子逃跑。次年2月，马赛组织巴黎的手工业者和商人举行起义。5月底，法国北方博韦农民也举起义旗，暴动的烽烟很快蔓延到北部大部分地区，约有10多万农民卷入起义之中。

由于封建主常用"扎克"（乡下佬）蔑称农民，这次起义就有了"扎克"起义之称。但是，农民军的旗帜都绘有王徽百合花，他们以此表明对国王的忠心。义军首领吉约姆·卡尔号召要"消灭一切贵族，直到最后一个"。卡尔具有丰富的军事经验，他把军队分成若干支队，下设小组（10人编为一组），组长服从支队长，全体农民军服从卡尔。农民军还积极支持起义的巴黎市民，愿意帮助他们打通运粮道路，但是遭到了拒绝。6月，太子查理纠集近千名英国和法国的骑士，准备进攻农民军。由于农民军人多势众，6月10日，太子查理诡称谈判。卡尔因轻信敌人而被捕。敌人乘机进攻，有2万多农民军被杀。农民起义失败后不久，太子查理率部攻占巴黎，巴黎市民起义也被镇压下去。

14世纪，英国农民起义的直接原因是政府加征人头税。为筹集百年战争费用，1377年理查二世开征人头税，规定所有14岁以上的男女每人4便士。1379年又猛增到12便士。此时，各地农民的怠工、抗税等形式的斗争此起彼伏。下层传道士约翰·保尔属于威克利夫信徒罗拉德派①，星期日他常把做完弥撒的人们聚拢在一起，向他们宣传基督教朴素的平等思想。他指出："英国的光景很坏，将来也好不了，除非一切都变成公有的，没有农奴，也没有贵族！""当亚当种田、夏娃织布的时候，谁是贵族？"统治者十分憎恨保尔，称之为"肯特的疯僧"，并将他关进坎特伯雷大主教西蒙·萨德伯里的监狱里。保尔的活动反映了广大农民的不满和反抗情绪，同时也为农民起义做了宣传发动。

1381年5月底，埃塞克斯郡和肯特郡农民抗缴人头税的斗争点燃了烽

---

① 约翰·威克利夫（约1324—1384年）是著名的市民宗教改革家，被定为"异端"。他的宗教改革思想深受下层群众的欢迎，他们被称为"罗拉德派"（即"穷神甫派"）。在罗拉德派那里，产生了最初的神法思想。

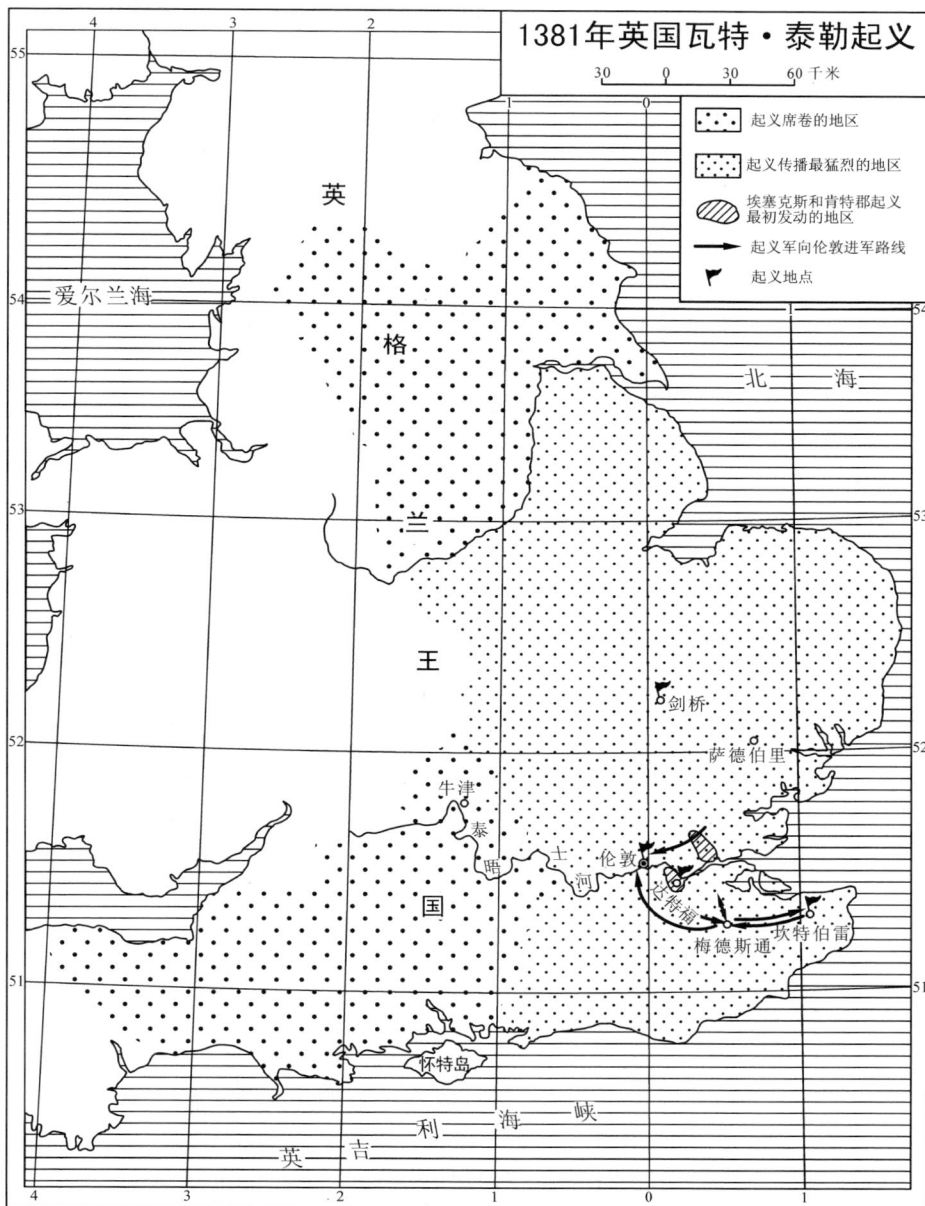

图 3-3　1381 年英国瓦特·泰勒起义

火。起义迅速波及各地，声势浩大，全国 40 个郡中约有 25 个郡的农民参加了起义。农民军在向伦敦进发的途中，救出了狱中的保尔，并推举有军事才能的瓦特·泰勒为领袖。6 月 10 日，起义军攻陷次特伯雷后，向伦敦进发，目的是向国王当面陈情，诉说他们的苦楚。13 日，伦敦平民打开城门，欢迎农民军。14 日，困在伦敦塔里的理查二世被迫在迈尔恩德广场与农民军代表谈判。农民军明确提出废除农奴制、贸易自由、每亩货币地租不得超过 4 便士和赦免起义者等要求，反映了富裕农民的利益。国王佯装答应，许多农民满意地回了家。15 日，部分穷苦农民在斯密思菲尔德广场再次与国王谈判。泰勒代表大家提出了基本主张，即废除农奴制，没收教会土地分给农民，废除封建主一切特权，实行人人平等，废除劳工立法。与"迈尔恩德纲领"相比，"斯密思菲尔德纲领"触及了雇工法和土地问题。但是，在谈判过程中，伦敦市长威廉·沃尔沃思突然用剑刺死泰勒；接着，数千名政府援兵赶到广场增援。伦敦及各地的农民起义军先后遭到镇压，包括保尔在内，约有 1500 人被绞死或杀头。

法英农民起义是西欧历史上最著名的农民大起义，它们打击了封建领主和天主教会的统治秩序，加速了农奴制崩溃的过程。马克思指出："在英国，农奴制实际上在 14 世纪末期已经不存在了。当时，尤其是 15 世纪，绝大多数人口是自由的自耕农，尽管他们的所有权还隐藏在封建的招牌后面。"[1] 14—15 世纪，英国存在着两种形式的自耕农，其中公簿持有农是维兰的后裔，他们根据领主法庭记录的副本持有份地，享有永佃权；自由持有农则是拥有土地所有权的自耕农，他们还拥有国王法庭保护持有份地和参加议会选举的权利。虽然公簿持有农也被归入自耕农中，但他们的地位却低于自由持有农，并比自由持有农负担更多的定额货币租和其他义务。

六、西班牙统一国家的形成

4 世纪 70 年代，日耳曼部落中的西哥特人攻入罗马帝国。410 年 8 月，阿拉里克王率领西哥特人攻陷永恒的罗马城。412 年，西哥特人挥戈北上；419 年，进入高卢南部，建立起以图卢兹为中心的西哥特王国。迫于法兰克人的压力，他们于 507 年将王国中心迁到西班牙，定都托莱多。从日耳曼人的《阿拉里克法典》中可以看出，西哥特人深受罗马古典文明的影响。他

---

① 《马克思恩格斯全集》，2 版，第 44 卷，823~824 页，北京，人民出版社，2001。

们原先信奉阿里乌斯派基督教，即被罗马主教斥为异端的教派，6世纪末开始改宗正统的基督教，即所谓罗马公教。

711年，阿拉伯帝国北非总督穆萨派遣塔里克统率7000名柏柏尔人①进攻西班牙，不到半年时间就控制了西班牙大部分地区。713年，阿拉伯人已把残余的西哥特人赶到北方的阿斯都里亚山地，几乎征服了整个伊比利亚半岛，并把西班牙变成阿拉伯帝国的一个行省。当阿拉伯帝国的阿拔斯王朝取得统治地位后，倭马亚王子阿布杜拉赫曼逃亡到西班牙，在当地阿拉伯叙利亚和柏柏尔贵族的支持下，称"艾米尔"（总督），宣布脱离帝国，建立起后倭马亚王朝（756—1031年）。从此，西班牙就成为一个独立的阿拉伯国家。后倭马亚王朝服饰尚白，我国史书上称之为"白衣大食"。

为了巩固新的国家，后倭马亚王朝统治者采取了若干措施：在宗教上，实行宽容的政策，允许那些非伊斯兰教徒负担少量的人头税和其他封建义务，并且对犹太人也比较宽容；在军事上，建立一支以柏柏尔人为核心的军队；在政治上，建立政教合一的中央集权统治，并于929年改后倭马亚王朝为"科尔多瓦哈里发"。首都科尔多瓦是全国的政治、经济和文化的中心，这里有50万居民、700座清真寺，其繁荣程度堪与东方城市媲美。西班牙的农业、手工业和商业贸易，以及整个地区的经济生活，都达到了前所未有的繁荣，其货币还在一些非洲国家中流通。科尔多瓦大学集中了来自欧、亚、非三洲各地的学者和研究者。科尔多瓦图书馆藏书量达到40万册，其中许多是古典作家著作的手抄本，对西欧文化事业发展起了积极作用。

阿拉伯人占领西班牙以后，北部沿海和山区逐渐形成了一些信仰基督教的小王国。其中，阿斯都里亚王国位于半岛西北部，它是最早出现的基督教王国（718年），王统源自西哥特王国。9世纪与加利西亚合并，形成莱昂王国。11世纪初，在莱昂东部形成卡斯提王国，"卡斯提"意为"城堡之国"。1230年，卡斯提、莱昂两王国合并，仍称卡斯提王国。9—11世纪，半岛东北部出现纳瓦尔王国、阿拉贡王国和巴塞罗那伯国。在半岛西部、杜罗河下游地区形成葡萄牙王国，并于1143年获得独立，定都里斯本。

阿拉伯人征服西班牙以后，西班牙人在基督教反对伊斯兰教的旗帜下，

---

①　柏柏尔人为北非土著居民，主要散居于摩洛哥、阿尔及利亚、突尼斯、利比亚和埃及等地。罗马人曾把这个地区变为殖民地，后有阿拉伯人侵入，但12世纪前柏柏尔部落仍相对地保有自治权。

开始了长期的"收复失地运动"（8—15 世纪）。参加斗争的阶级和阶层十分广泛，不仅有农民、牧民、手工业者等下层人民群众，而且包括大小封建主。这个运动大体上可分为准备阶段（8—10 世纪）、高潮阶段（11—13 世纪）、收尾阶段（14—15 世纪）三个时期。第二时期的斗争最为激烈，以1085 年卡斯提占领托莱多城达到高潮。在欧洲十字军的支援下，1212 年卡斯提王国在拉斯·那瓦斯·德·陶罗萨（科尔多瓦东 70 千米）大败北非和西班牙的阿拉伯军队。随后，卡斯提收复科尔多瓦（1236 年）和南方重镇塞维利亚（1248 年），阿拉贡占领瓦伦西亚（1238 年）和木尔西亚（1266年），取得了决定性胜利。到 13 世纪末，收复失地运动基本完成，阿拉伯人的居住地只剩下偏居半岛南端的格林纳达。1492 年，阿拉伯人最后被赶出格林纳达。收复失地运动的胜利，大大促进了西班牙各地区间的经济文化联系。

卡斯提和阿拉贡是伊比利亚半岛上两个重要的基督教王国。早在 1188年，卡斯提就形成了等级制代表机构国会。从 13 世纪起，卡斯提国会中已有城市代表参加，国王的征税法案只有经过国会批准才能生效。1250 年，阿拉贡国会成立，由僧侣、贵族和市民几个不同等级组成，对王权具有明显的限制作用，甚至可以废立国王，但大封建主在其中起主导作用。收复失地运动完成之日，就是半岛统一之时。1469 年，卡斯提王位女继承人伊萨伯拉（1451—1504 年）嫁给阿拉贡王子斐迪南（1452—1516 年）。1474年和 1479 年，伊萨伯拉和斐迪南分别继承王位。1479 年，两王国合并，正式形成了中央集权的西班牙王国。1512 年，西班牙合并纳瓦尔王国南部（北部被亨利四世并入法国）。这样，除葡萄牙外，整个伊比利亚半岛在西班牙王室名义下统一起来。

第二节　德国和意大利的分裂割据

一、德国和意大利历史发展的特点

德国和意大利是查理大帝的帝国瓦解后逐渐形成的。根据 843 年的《凡尔登条约》，查理的帝国一分为三。其中的中法兰克王国南部，后来形成意大利。东法兰克王国就是后来的德国。911 年，18 岁的东法兰克国王路易（孩儿）死，法兰克尼亚公爵康拉德当选为国王，称康拉德一世，加洛林王朝的统治告终，从此德国独立。919 年，康拉德一世死前，"命令"法兰克尼亚显贵选举强有力的萨克森公爵亨利为王，并"把权杖和王冠以及其他与国王尊位有关的各种勋绶"送给他，是为亨利一世（又称"捕鸟者亨利"，传说通知他当选国王时，他正在哈茨山里捕鸟），从此开始了萨克森王朝（919—1024 年）。在萨克森王朝统治时期开始形成巩固的德意志国家。① 962 年第二代国王奥托一世时期形成帝国，即第一帝国或神圣罗马帝国。

中古德国和意大利历史发展的突出特点是分裂割据占支配地位，一直没有实现国家的统一。德国或者说神圣罗马帝国，从来没有真正统一过，甚至连确切的疆界也说不清楚。尼德兰名义上是帝国领地，可是佛兰德尔和阿图瓦又归法国国王领有，佛罗伦萨、米兰、热那亚和威尼斯这些独立的意大利城市国家却又属于帝国。胡斯战争后的捷克和 1499 年以后的瑞士实际已经独立，名义上都属帝国。北方的石勒苏益格和荷尔斯泰因本是德国的土地，却被丹麦占据着。德国皇帝总是有名无实，没有一个有权威的中央政府，没有统一的军队、法庭和货币，实际上由大小诸侯、独立的骑士领地和众多的帝国城市（自由城市）统治着。意大利的分崩离析更为严重，甚至连名义上的皇帝也没有，大小诸侯和城市共和国为所欲为。以圣彼得继承人和基督在世代表自居的罗马教皇，妄图执掌西欧的最高宗教和世俗权力，是意大利国家统一的死敌。长期以来，意大利还是外国冒险家逐鹿的战场，拜占庭人、阿拉伯人、诺曼人、德国人、法国人和西班牙人不断入侵或者占领这一地区。这一点，同 15 世纪末先后实现民族统一和中央集权的法国、英国和西班牙很不相同。这是西欧中古史上的一个重要特点。我们只有在研究英国、法国和西班牙历史的同时，也研究意大利和德国的历史，特别是德国历史，才能全面了解这个特点，否则是不可能的。恩格斯说得好："在研究德国历史（它完全是一部苦难史）时，我始终认为，只有拿法国的相应的时代来作比较，才可以得出正确的标准，因为那里发生的一切正好和我们这里发生的相反。那里是封建国家的各个分散的成员组成一个民族国家，我们这里恰好是处于最严重的衰落时期。那里的

---

① 多数德国学者认为，德国于 919 年亨利一世上台时建国，但也有人主张 911 年建国。"德意志"（Deutsch 和 Teutsh），最初出现于 786 年，可能是"条顿"（Teuton）的音变，专指东法兰克人的语言，但不常用，大约从 1079 年起用来指德意志国家和人民。"日耳曼"（German）是凯尔特人和罗马人对他们的称呼，不可与"德意志"混淆，也不应把德意志国家称作日耳曼国家。

整个发展过程中是罕见的客观逻辑，我们这里是不可救药的，而且越来越不可救药的紊乱。"① 恩格斯的论断是我们打开德国历史以至西欧历史宝库的一把金钥匙。

德国立国之初，疆土大致辖莱茵河、易北河和多瑙河之间地区，即所谓条顿地方。易北河与奥得河之间住着西斯拉夫人，还不属于德国。这块地方除巴伐利亚南部外，罗马帝国的势力基本上没有达到，罗马的经济和文化影响很小，北部边远地区几乎没有什么影响。这里又是日耳曼人的故乡，很少有征战和长途迁徙，血缘关系很少被破坏，结果造成一种奇怪的现象：原来的部落联盟竟变成了新国家的行政单位（公爵区），部落联盟首领摇身一变成为公爵。10 世纪初，德国立国时的四大著名的公爵，即萨克森公爵、法兰克尼亚公爵、巴伐利亚公爵和士瓦本公爵②，都是原来部落联盟的首领变来的。这种现象在西罗马帝国领土上建立的日耳曼人王国里是罕见的。有些史学家正确地称德国的公爵为"部落公爵"。这些部落公爵利用血缘关系控制军政大权，独立性很强，长时期在德国历史上发挥作用，不利于国家统一。

血缘关系牢固必然束缚生产力的发展，迟滞封建化过程。德国的封建化过程比西法兰克晚几个世纪，而且从来没有得到充分发展。就是在罗马经济文化影响较多的士瓦本和巴伐利亚，7、8 世纪之交刚刚出现自主地。查理大帝征服和立国之后，封建化过程加快，到 12 世纪才基本完成。至于萨克森等边远地区，到 12、13 世纪仍有自由的农村公社存在。封建化迟缓，同样不利于国家统一，因为不论是自由的或是多少封建化了的农村公社在经济上都是自给自足的，彼此之间缺乏经济联系，生产的产品差不多相同，谈不上共同的经济利益。封建化过程的缓慢又使手工业同农业的分离以及城市的兴起都比较晚。德国的城市大多兴起于 11 世纪以后，比法国与意大利大约晚了两个世纪。

德国的城市还有一个重要特点，即多在边境上，靠经营对外贸易繁荣，没有一个城市像英国的伦敦那样成为全国性的经济中心，更加不利于政治上的统一。德国的城市为保障自己的经济利益，往往结成地区性的城市同

① 《恩格斯致弗·梅林（1893 年 7 月 14 日）》，见《马克思恩格斯选集》，2 版，第 4 卷，729 页，北京，人民出版社，1995。

② 士瓦本公爵区又名阿雷曼尼公爵区。阿雷曼尼人包括一部分苏维汇人，士瓦本一名可能与苏维汇人有关。

盟，吸收诸侯甚至外国人参加。例如，13 世纪成立的莱茵同盟、汉萨同盟，14 世纪成立的士瓦本同盟就是如此。然而，对这一问题的认识不要绝对化，不能认为没有全国性的经济中心就一定不能统一。原来，法国的南方同北方在经济发展上差别很大，巴黎也不是全国的经济中心，但是反对英国侵略的斗争激发了民族意识，结果是外国干涉者被驱逐出去和南部被北部制服。西班牙也是如此，反对阿拉伯人的斗争促进了统一国家的形成。所以，恩格斯说："在法国和西班牙也存在过经济上的分散状态，但被用暴力克服了。"① 根据唯物史观，历史过程中的决定性因素是现实生活的生产和再生产，但不能把经济因素说成是唯一决定性因素，否则就是荒诞无稽的空话。

德国长期分裂割据的原因是复杂的。除了上面提到的诸多因素外，还有上层建筑和封建统治阶级长期奉行的对外侵略扩张政策所起的作用。

二、奥托一世和神圣罗马帝国的建立

德国建国之初，内忧外患频仍，国王往往被弄得焦头烂额。919 年，亨利一世上台时，南方的巴伐利亚公爵和士瓦本公爵公开抗命，亨利一世被迫用兵。然而，德国内部也存在要求加强王权的力量。与部落公爵有矛盾的中小封建主和教会，希望得到王权的支持和帮助。亨利一世依靠他们的支持，使士瓦本和巴伐利亚屈服。对外战争和外族入侵也有利于王权加强和政治统一。920 年，法军兵临沃尔姆斯城下，夺走洛林。东方的局势更为严重，从 907 年起，几乎连年遭到匈牙利人的入侵。匈牙利骑兵横冲直撞，甚至攻抵萨克森和洛林。德国面临灭亡的危险。924 年，匈牙利再次来犯。亨利一世为了赢得时间，被迫纳贡。亨利一世接着实行军事改革，模仿匈牙利人建立骑兵，赐以封地，并在萨克森边境修建许多军事要塞，如奎·德林堡、梅泽堡、不来梅和马格德堡等。亨利一世的改革为抵御外侮、敉平内乱和加强王权创造了条件。925 年，他利用西法兰克王国内争不已的机会，进军并吞并了洛林。934 年，匈牙利人因亨利一世停止纳贡再次入侵，被亨利一世击败。匈牙利人的侵犯被初步制止。

936 年，亨利一世逝世，其子奥托继位，是为奥托一世（936—973 年在位）。奥托一世是德国封建主阶级中有作为的政治家，他为王权的加强和

---

① 恩格斯：《关于德国的札记》，见《马克思恩格斯全集》，1 版，第 18 卷，648 页，北京，人民出版社，1964。

国家的统一做了许多工作，奠定了神圣罗马帝国的基础，被尊为"大帝"。然而，正是从他开始，德国大举侵略意大利，使已经在望的国家统一事业化为泡影。

奥托一世登位后，继续奉行打击割据势力和抵御匈牙利人侵扰以加强王权的政策。937 年，即奥托一世即位的第二年，巴伐利亚公爵利用萨克森的内部冲突谋反。奥托一世在中小封建主的支持下，两次发兵征讨，迫使巴伐利亚公爵出逃。然后，奥托一世任命原公爵之弟为公爵，同时又采取种种办法限制其权力。例如，他剥夺巴伐利亚公爵对主教的任职权，自己任命巴伐利亚主教，归还部分已还俗的教产，并授予原属公爵的司法权，人称"奥托特权"。他又任命一位权力很大的巴拉丁伯爵①，代表中央处理巴伐利亚的司法事务和征集税收。他还让弟弟娶巴伐利亚公爵之女为妻。947 年，公爵死，巴伐利亚公爵的女婿继位。奥托一世用征讨和联姻两种办法，终于把巴伐利亚拿到手里。他对士瓦本和洛林也如法炮制。939 年，洛林公爵反，奥托一世联合士瓦本公爵击败了洛林公爵。944 年，洛林公爵死，奥托一世派女婿继承，把洛林拿到手中。949 年，士瓦本公爵死，他任命公爵的女婿、自己的儿子继承爵位。奥托一世是第一个完全控制五大公爵领地的、强有力的德国国王。国内形势刚刚稳定，奥托一世便启衅端侵略意大利。951 年秋，奥托一世带兵攻占帕维亚，戴上伦巴德国王的铁冠（传说其冠之边由钉耶稣于十字架之铁钉制成）。

953 年，奥托一世的儿子、士瓦本公爵也想当伦巴德国王，并在洛林公爵（奥托一世的女婿）和美因茨大主教的支持下谋反。但由于匈牙利人的威胁就在眼前，大多数封建主希望维持强大的王权而拒绝支持，叛乱很快被平定。955 年 8 月，匈牙利人大举入侵，包围奥格斯堡。奥托一世率领 8 支军队在莱希河畔迎敌。他向战士发表慷慨激昂的演说，鼓励大家奋勇杀敌，声称宁可在战斗中光荣地死去，也不做敌人的奴隶苟且偷生，并带头策马冲向敌人，取得歼敌万余人的辉煌胜利，从此遏制住匈牙利的入侵。

---

① 巴拉丁伯爵，即享王权的伯爵。巴拉丁（Palatine）原是罗马城内七丘之一，奥古斯都曾在其上建住宅，后来兼有"宫殿"的意思。德国的巴拉丁伯爵有权代表中央处理地方的法律和财务纠纷。后来，皇帝不在时，巴拉丁伯爵有权主持帝国议会和帝国枢密院。

战争的胜利给奥托一世带来新的荣誉，他被尊为"国父"和"大元帅"。①
960 年前后，奥托一世的统治已牢固建立，国际影响也越来越大。希腊、罗马和基辅罗斯的使节纷纷来朝。959 年，基辅罗斯还请奥托一世派教士去传教。

奥托一世和其他许多德国国王一样，狂妄地以古代罗马帝国及其皇统的合法继承人自居，醉心于征服意大利以重建罗马帝国和进一步称霸世界的政策。意大利地处东西贸易的要冲，其城市像威尼斯、热那亚、米兰、佛罗伦萨等富称欧洲，德国封建主早就垂涎三尺。意大利政局的混乱给侵略者以可乘之机：北部诸侯如艾夫里阿、斯波列托等为争夺王冠互相倾轧，南部则是拜占庭和阿拉伯人的势力范围。罗马教皇十分腐败。955 年，罗马城的主宰屋大维被选立为教皇，是为约翰十二世（955—964 年在位）。959 年，伦巴德的贝伦加尔二世进攻教皇，约翰十二世便派使节去见奥托一世，请他来意大利和罗马。961 年，奥托一世带领大批人马再次侵入意大利，并于 962 年 2 月在罗马圣彼得大教堂加冕为"奥古斯都"。这样，在西罗马帝国灭亡近 500 年之后又冒出来一个"罗马帝国"，后来甚至称"神圣罗马帝国"，意思是它有权统辖一切基督教王国，是信奉基督教的古代罗马帝国的真正继承者。从此，每位德国国王上台后都想重演一遍去罗马的加冕礼，以此为无上光荣。实际上，奥托一世的帝国徒有虚名，同古罗马帝国毫无共同之处。18 世纪的启蒙运动思想家伏尔泰说得好：它既非神圣，又非罗马，更非帝国。这个神圣罗马帝国一直存续到 1806 年方寿终正寝。

奥托一世在位的最后十几年，集中精力侵略意大利，一再操纵教皇的废立，并企图染指南意大利，从而与盘踞那里的拜占庭和阿拉伯势力发生冲突。970 年，奥托一世与拜占庭议和，被迫放弃对南意大利的野心，并让他的儿子即后来的奥托二世与拜占庭公主狄奥芬诺结为夫妇。奥托二世（973—983 年在位）继承乃父遗志，一度攻占那不勒斯和塔兰托，但 982 年被阿拉伯人击败。983 年，他预立 3 岁太子（由祖母、母后摄政），决心破

---

① 详见［德］韦杜金德：《萨克森大事记》，第 46、49 节。该书目前在国内可以看到三种译本：一是英文节译本，载布赖恩·普兰：《中世纪欧洲史资料集》，牛津，1971；另外还有拉丁文和俄文对照全译本，1975 年莫斯科出版。imperator 称号，古罗马帝国实际统治者屋大维曾经使用过，已有皇帝的意思。现在许多欧洲语言中的"皇帝"一词也是从它而来。在共和国时代，人们向获胜的将军致敬时常称之为 imperator，故译为"大元帅"。

釜沉舟入侵意大利，但未获成功，本人死于罗马。奥托三世（983—1002 年在位）数次远征意大利，也丧命罗马；其灵车经维罗纳北运时，受到当地居民的愤怒袭击。

奥托一世及其继承者对意大利的侵略，不仅给意大利人民带来痛苦和灾难，而且也给德意志民族带来不幸。他们把有生力量都消耗在侵略战争上，国内割据势力乘机闹事，往往顾此失彼，疲于奔命。这样，终于使已经在望的国家统一事业化为泡影。恩格斯说："德国内部虽然缺乏经济联系，但本来还是会实现而且甚至还可能更早实现（例如，在奥托王朝时期）中央集权的"，但是"罗马皇帝的称号和由此而来的称霸世界的野心使得民族国家不可能组成并且使得力量在历次侵略意大利的征战中消耗尽了"。①

三、皇帝与教皇的斗争

从奥托一世起，萨克森王朝诸王依靠教会的支持，打击部落公爵势力，加强王权。那时，皇帝直接任命主教甚至教皇，教会成了帝国政权的一个支柱。法兰克尼亚王朝（1024—1125 年，又称萨利克王朝）兴起，仍然奉行这种政策。亨利三世（1039—1056 年在位）先后废黜 3 位不听命的教皇，任命班堡主教和他的亲戚图尔主教为教皇，即克莱门特二世和利奥九世。然而，从 10 世纪起，逐渐兴起振兴教会运动。910 年，法国人伯尔诺在勃艮第的克吕尼兴建纪律森严的修道院，标榜清贫、独身，反对圣职买卖和世俗政权任命神职人员，反对教会的世俗化。11 世纪，克吕尼运动在西欧各地广泛传播。1059 年，教皇尼古拉二世召开宗教会议，宣布教皇只能由红衣主教选举产生，世俗君主无权干涉。1073 年，意大利人喜尔德布兰乘德国内部叛乱之机，未经德皇同意登上教皇宝座，称格雷戈里七世（1073—1085 年在位）。他积极支持克吕尼运动，并于 1074 年召开宗教会议，谴责圣职买卖，并以买卖圣职罪革除 5 名德国主教的教籍。1075 年又发布敕令，宣称教皇的地位高于一切世俗政权，有权策封和罢免教职人员，甚至皇帝；还说教会从未犯过错误，也将永远不犯错误。同年 12 月 26 日，教皇致书德皇亨利四世，希望他回心转意，痛改前非。教皇之所以如此气粗，在于已和托斯卡纳伯爵以及南意大利的诺曼王国结成同盟，有了强大

---

① 恩格斯：《关于德国的札记》，见《马克思恩格斯全集》，1 版，第 18 卷，648 页，北京，人民出版社，1964。

的后盾。格雷戈里的所作所为直接触犯了德国皇帝的利益，双方终于爆发公开的冲突。这场冲突又叫"策封权的斗争"，实质是争夺教会领地和对教会的控制权。策封权又可译为"授职权"或"叙任权"，原指领主授给附庸象征领地的权力，如剑、矛、旗和权标。教会仿效它授予主教和修道院长象征宗教的权力，如指环和牧杖，而世俗政权则授予权标，象征拥有封地的世俗权力。

亨利四世 6 岁即位，由母后摄政。1065 年，亨利四世满 15 岁，开始亲政。1073 年，科隆大主教伙同美因茨大主教、沃尔姆斯主教等举行叛乱，捣毁城堡和建筑，把亨利四世弄得焦头烂额。值此危难之际，莱茵市民向他伸出援助之手。亨利四世在沃尔姆斯和科隆市民的支持下迅速平定叛乱。亨利四世与市民结盟的政策是正确的。如果能长期坚持，德国有可能克服分裂局面，实现国家的统一。不幸的是，没完没了的侵略意大利的战争，特别是继起的霍亨斯陶芬王朝把政策的重点仍然放在侵略意大利上，在国内纵容诸侯，改变同城市结盟的政策，使得德国朝另一个方向发展，又一次破坏了统一事业。

1076 年 1 月，即平定叛乱后不久，亨利四世在沃尔姆斯召开主教会议，与教皇展开针锋相对的斗争。支持亨利四世的除部分教士外，还有骑士和莱茵城市。1 月 24 日，亨利四世写信给教皇，开头称他是"伪僧"喜尔德布兰，要他从使徒的座位上滚下来，接受万古的咒骂。同一天，众主教也宣布不承认其教皇地位。2 月 23 日，教皇下令开除亨利四世的教籍，解除他在德国和意大利的统治权。这个教皇令成了不满皇权的德国封建主重新闹事的信号。士瓦本公爵和巴伐利亚公爵等在乌尔姆集会，酝酿选举一位新国王。10 月 16 日，不满的诸侯和主教在特里布尔（沃尔姆斯附近）集会，限期亨利四世在一年内与教皇谈判恢复教籍，否则不承认他是国王。1077 年 1 月，亨利四世不得不亲往意大利的卡诺沙（托斯卡纳伯爵夫人的城堡），赤足披毡，在风雪中等候三天三夜，到第四天才受到教皇的接见，获得赦免。卡诺沙事件是教皇的胜利，但亨利四世也有收获，它使反叛的诸侯另立国王的企图失去借口，也争取到时间以便重新聚集力量。3 月，反对派在福尔希海姆集会，另立士瓦本公爵鲁道夫为王。亨利四世在沃尔姆斯、伍兹堡市民的支持下，平定叛乱，鲁道夫逃往萨克森。1081 年，亨利四世带兵击毙鲁道夫，乘胜攻入意大利，1084 年占领罗马，另立拉文那的维伯尔特为教皇，即克莱门特三世。格雷戈里七世南逃萨莱诺，第二年去世。新教皇为亨利四世加冕，亨利四世则封出兵意大利有功的捷克诸侯为捷克国王。

1088 年，教皇乌尔班二世上台，勾结亨利四世之子和南德意志诸侯发动叛乱（1104—1106 年）。亨利四世又在莱茵市民和骑士的支持下敉平叛乱。亨利四世死，由次子继位，称亨利五世（1106—1125 年在位）。经过反复斗争，亨利五世终于与教皇达成协议，双方于 1122 年签订《沃尔姆斯宗教和约》，策封权的斗争暂时告一段落。和约规定：在德意志，皇帝有权干预主教和修道院长选举，并对当选者首先授予象征世俗权力的权杖，然后由教会授予象征宗教权力的指环与牧杖；在意大利和勃艮第，皇帝无权干预主教和修道院长的选举，由教会先授给当选者宗教权力，6 个月后皇帝再授予世俗权力。和约是双方妥协的产物：皇帝对教会的影响削弱了，但并没有屈服于教权；皇帝享有对德国教会的一定权力，但在意大利和勃艮第的策封权纯属形式，更没有达到对整个教会的控制。皇帝与教皇的长期斗争耗尽了德国国力，使封建主的独立性增长，皇权衰落，法兰克尼亚王朝很快垮台。

霍亨斯陶芬王朝（1138—1254 年）的弗里德里希一世（1152—1190 年在位）统治时期，与教皇的矛盾又趋尖锐。他无意遵守 1122 年的《沃尔姆斯宗教和约》，照样任命主教和修道院长，截获教会收入。他乘教皇处境困难之机（1143 年，罗马市民起义，成立以阿诺德为首的共和国，教皇出逃后向德国求援；诺曼人在南意大利建立强大的两西西里王国），重新侵略意大利。为了换取大封建主的出兵支持，他让强大的萨克森公爵狮子亨利放手侵略西斯拉夫人，授予策封权（1150 年）。两年后又把类似权力授予奥地利侯爵，并晋升其为公爵。1154 年，他首次带兵侵入意大利，逮捕阿诺德交给教皇，恢复教皇统治。1155 年，教皇为他加冕，称"神圣罗马帝国皇帝"，从此在罗马帝国之前正式冠以"神圣"二字。弗里德里希一世远征意大利的目的同样是掠夺财富。1154 年底，他在隆卡利亚平原召开会议，重申德皇有权在意大利占有财产、征收捐税和任命官员。据说他每年从意大利掠夺的财富值 3 万镑以上，远远超过他在德国的收入。这种掠夺政策理所当然地遭到意大利人民的反对。1158 年，弗里德里希一世第二次带兵侵入意大利，攻陷米兰，重申享有以前的特权。1160 年，他第三次侵入意大利，迫使米兰投降，并加以彻底破坏（迁走居民、毁坏房屋、种上庄稼），镇压了北意大利的反抗。1167 年，威尼斯、维罗纳、帕多亚、克雷莫纳等城组成伦巴德同盟共同支持米兰，反对弗里德里希一世。同年，弗里德里希一世第四次出兵，攻陷罗马。1176 年，伦巴德同盟的军队终于在莱尼亚诺击败弗里德里希一世，击伤其坐骑，本人仅以身免。弗里德里希一世 6 次侵略意大利，意大利人民的鲜血染红了这位侵略者的胡子，遂被称为"红胡子"。

1177 年，即卡诺沙事件一百周年，弗里德里希一世被迫与教皇签订《威尼斯和约》，答应归还教产，不再反对教皇和不折不扣地执行《沃尔姆斯宗教和约》，并屈辱地吻了教皇的脚。1183 年，他与伦巴德同盟签订《康斯坦茨和约》，承认同盟合法，放弃原来的种种特权，仅保留形式上的最高策封权（无权否决），皇帝出巡意大利时同盟应提供粮秣、维修道路桥梁和热情招待等。这次斗争实际上以皇帝的惨败告终，但教皇也不是胜利者，最大的受益者是意大利北部的城市，它们赢得了完全的独立。

1190 年，弗里德里希一世参与第三次十字军东侵，在小亚细亚溺水丧命。在位期间，弗里德里希一世不甘心在意大利的失败，让其子亨利六世（1190—1197 年在位）娶西西里公主、王位继承人康斯坦丝为妻，与两西西里王国结好，孤立教皇。然而，其子小弗里德里希自幼随母在西西里长大，不懂德语，即位后又长期不回德国，仍把政策的重点放在意大利。为了取得德国诸侯支持他的意大利政策，他改奉打击城市、讨好诸侯的政策。1237 年，弗里德里希二世一度在科特努瓦击败伦巴德同盟，但教皇立刻宣布革除他的教籍。他死后不久，霍亨斯陶芬王朝终结，德国出现选不出国王的"大空位时代"，诸侯对皇帝、地方割据对王权的胜利已成定局。

四、对西斯拉夫人的侵略扩张

早在萨克森王朝的亨利一世统治时期，德国封建主就开始了对西斯拉夫人的侵略扩张。928 年，亨利一世派兵袭击波希米亚的赫韦尔人、卢迪茨人，占领斯拉夫人名城布兰尼堡（意思是"保护森林"），即后来的勃兰登堡。929 年，亨利一世又伙同巴伐利亚公爵侵入波希米亚，迫使当地斯拉夫人称臣纳贡。931 年起，亨利一世多次用兵，征服奥波德利人和丹麦人。奥托一世执政后，注重利用基督教作为统治西斯拉夫人的工具。他先后设立哈菲尔堡主教区（946 年）、勃兰登堡主教区（948 年）、马德堡大主教区（955 年）和布拉格主教区（973 年）等。从此，大批斯拉夫人被杀害，或被卖为奴隶。凡尔登是著名的奴隶贸易中心，犹太商人再把斯拉夫人奴隶转卖到西欧各地。10 世纪时，斯拉夫（Slav）一字竟成了奴隶的同义语。

982 年，奥托二世的军队侵略意大利，被阿拉伯人打败，卢迪茨人、奥波德利人等乘机发动起义，夺回哈菲尔堡、勃兰登堡和汉堡，驱逐主教，消灭殖民者，恢复独立约 150 年之久。

另外，巴伐利亚人早就向东南方近邻的西斯拉夫人处殖民。996 年，这块地方始称奥地利。1156 年，红胡子弗里德里希（即弗里德里希一世）封为奥地利公国，奠定了后来奥地利国家的基础。

12 世纪起，德国封建主又发动大规模的对西斯拉夫人的入侵。他们有意夸大那里的富有，把还比较落后的地方虚构成人间的天堂，说那里的河中流的是奶和蜜，处处是肉、家禽和面粉。所以，除封建主外，大批饱受剥削和压迫的农民也迁移到东方去，希望到那里以后生活条件能够改善。这次向东扩张的主要组织者是北德意志诸侯，结果不仅重新占领了易北河以东广大地区，而且渡过奥得河侵入了波兰和波罗的海东岸一带。到 14、15 世纪，易北河沿岸的西斯拉夫人逐渐日耳曼化，竟丧失了自己原来的语言而讲德语。

1134 年，萨克森公爵狮子亨利侵占斯拉夫人名城吕贝赤（德语读"吕贝克"）。1147 年，狮子亨利联合一批北德意志诸侯，在教皇支持下，侵略奥波德利人和卢迪茨人，遭到顽强抵抗。1160 年，狮子亨利击败奥波德利人，建立梅克伦堡[①]公国。

1134 年，安哈特伯爵、绰号"猛熊"的阿尔布雷希特，利用斯拉夫人之间的矛盾，向易北河以东扩张，12 世纪末势力达到奥得河畔，建立勃兰登堡侯国。13 世纪初，柏林兴起（由两个斯拉夫人居民点组成）。1486 年成为勃兰登堡侯国的首都。13 世纪末，勃兰登堡向东扩张到今波兰西境，成为疆土辖易北河畔直到波兰西境的强大的德意志国家。

1180 年，丹麦入侵波美拉尼亚，当地诸侯波古斯拉夫向德国求援。1181 年，红胡子弗里德里希封他为波美拉尼亚公爵（统治西波美拉尼亚），成为德国的一个诸侯。

普鲁士人是立陶宛人的一支，居住在维斯瓦河和涅曼河之间的地区。12 世纪末和 13 世纪初，波兰诸侯和教皇英诺森三世先后想征服普鲁士，但都没有得逞。为征服普鲁士，波兰的马佐维亚公爵康拉德向条顿骑士团求援。这是一种引狼入室的政策，后患无穷。1230 年，双方立约：骑士团负责进攻普鲁士，康拉德答应把托伦和赫诺翁之间一块地方给骑士团作为报偿。教皇和德皇事先都知晓此事，并授权骑士团统治普鲁士。条顿骑士团久经沙场，有丰富的军事经验和优良的装备，很快占领整个普鲁士。普鲁

---

① 梅克伦堡，德语意思是"伟大的城市"。该城原系斯拉夫人名城维利格勒（斯拉夫语，意思也是"伟大的城市"）。萨克森公爵占领后，改用德语名称。

士人发动无数次起义反抗入侵者，其中以 1242 年的起义规模最大，但都被镇压下去。1236 年，被拉脱维亚和立陶宛打败的立窝尼亚骑士团（又名圣剑骑士团）向条顿骑士团求援。1237 年，双方合并（1525 年恢复独立，1561 年被解散），统治着波罗的海东岸和南岸大片土地。1308 年，条顿骑士团出兵占领但泽，势力达到东波美拉尼亚，切断了波兰的出海口。1386 年，波兰与立陶宛联合。1410 年 7 月，两国联军在格伦瓦德（今波兰的斯提姆巴尔克）击败条顿骑士团主力 2 万余人。团长丧命，骑士团势力衰落。1466 年，双方签订《托伦条约》，波兰收复但泽、托伦、马林堡和波美拉尼亚，得到波罗的海出海口；骑士团仍据有普鲁士，但是成为波兰的附庸，首都迁往科尼斯堡。

这样，德国封建主对西斯拉夫人的侵略和扩张的结果是，形成了一批独立性很强的德意志国家，不仅使德国的政治重心东移，而且改变了统治阶级内部的力量对比，易北河以东的德国诸侯在德国政治舞台上起着越来越大的作用。这些诸侯同样反对建立强有力的王权，使德国的统一更加困难。恩格斯说："德国的发展还有一点是极其特殊的，这就是：最终共同瓜分了整个德国的两个帝国组成部分，都不纯粹是德意志的，而是在被征服的斯拉夫人土地上建立的殖民地：奥地利是巴伐利亚的殖民地，勃兰登堡是萨克森的殖民地；它们所以在德国内部取得了政权，仅仅是因为它们依靠了国外的、非德意志的领地：奥地利依靠了匈牙利（更不用说波希米亚了），勃兰登堡依靠了普鲁士。"[1]

五、《金玺诏书》和德国皇权的衰落

由于德国封建主阶级顽固奉行侵略意大利和西斯拉夫人地区的政策，到 13 世纪终于出现没有皇帝的大空位时期。与此同时，大小诸侯甚至骑士和自由城市的权力与日俱增，他们除行政权外，还渐渐拥有立法、司法、军事和财政等大权，甚至有自己的等级代表会议邦议会，俨然一邦之君主。这种情况，势必在法律上有所反映。

1257 年，德国进行了一次国王选举，有两个外国人同时当选，谁也无法上台。值得注意的是，这一年有七个大诸侯参加选举，即科隆、美因茨

---

[1] 《恩格斯致弗·梅林（1893 年 7 月 14 日）》，见《马克思恩格斯选集》，2 版，第 4 卷，729～730 页，北京，人民出版社，1995。

和特里尔三个大主教，还有萨克森公爵、巴拉丁伯爵、勃兰登堡侯爵和捷克国王。在斯拉夫人土地上兴起的勃兰登堡和捷克，在德国政治舞台上初露头角。这是德国历史上第一次出现的由七大诸侯选举皇帝的事件。后来，大诸侯为确保自己的利益，避免出现强大的王权，往往选举小邦诸侯当皇帝。例如，1273 年当选的鲁道夫一世（哈布斯堡王朝），1292 年当选的阿道夫（那骚伯爵）和 1309 年当选的亨利七世（卢森堡王朝）都是如此。1356 年，亨利七世的孙子颁布《金玺诏书》（又译《黄金诏书》，因诏书上盖有黄金印玺），从法律上正式肯定七大诸侯（他们从此被称为"选侯"）享有选举皇帝的特权。

《金玺诏书》肯定了七大选侯享有一般诸侯所没有的特权地位，称之为帝国的"柱石"和"七只烛台"，他们"共同发出的光辉照耀这个神圣的帝国"。诏书声称为消除选侯内部将来分裂的危险，决定实行选侯选皇帝的制度。选举会议由美因茨大主教负责召集，各选侯接到通知三个月内来到法兰克福（美因）进行选举，多数做出的选择应视为全体一致通过（少数服从多数）。诏书认为七大选侯的地位等同于皇帝，是皇帝"最亲密的朋友"，甚至是皇帝"身体的一部分"，策划杀死选侯不论已遂未遂，均以叛国罪处死。《金玺诏书》还仔细规定了选侯的座次、投票次序和行进次序，任何人不得违反。

《金玺诏书》承认选侯在自己邦国里享有大部分统治权，如收税权、矿山开采权、铸币权、地产买卖权、审判权等，皇帝不得干涉。为保持选侯的封邑、领地、荣誉和权利的完整，选侯实行长子继承制。皇帝赐给城市或任何人的权利、特恩权，不得有损选侯的"自由、司法权、权利、荣誉和领地"，否则均属无效。诏书还规定：城市之间缔结的同盟或条约，不经领主许可无效；领主的附庸逃往城市，限期一月送还，否则罚款。[①]

《金玺诏书》标志着德国分裂割据的合法化，标志着诸侯对皇帝和中央集权的胜利，也是德国封建主推行侵略扩张政策的必然结果。马克思称《金玺诏书》是"德国多头政治的根本法"[②]。从此时起直到 1648 年，诏书一直具有法律效力。诏书确立的选侯选皇帝制度后患无穷，是妨碍德国统

---

① 《金玺诏书》译文，见北京师范大学历史系世界古代史教研室：《世界古代及中古史资料选集》，395～427 页，北京，北京师范大学出版社，1959。

② 转引自［苏］科斯敏斯基、斯卡斯金：《中世纪史》，第 1 卷，483 页，北京，生活・读书・新知三联书店，1957。

一的一个重要因素。恩格斯说："皇帝要由选举决定，这就绝对不容许一个王朝的权力成为民族的体现，相反地只要各诸侯开始感到某皇室的权力变得过分强大，就经常引起——尤其是在有决定意义的十五世纪——王朝的更替。"[1]

六、15 世纪的德国

自《金玺诏书》颁布起到 16 世纪初宗教改革运动爆发前夕，德国诸侯，特别是选侯的权力急剧上升，皇权日益衰落。在这段时间里共有七位国王或皇帝（在罗马加冕后称皇帝，否则只是国王），他们大多是小诸侯当选（选侯亲自出马的有一位），只能唯大诸侯马首是瞻，不是把主要精力放在国外，就是十几年甚至几十年不去德国，根本不过问，也不可能过问德国的事。在这种情况下，国家大事取决于诸侯，特别是选侯把持的帝国议会。我们不清楚什么时候开始召开帝国议会，但从现有资料可以断定它从 15 世纪初起已在德国政治生活中发挥重大作用了。会议由皇帝主持召开，但"不能逾越法律和正义许可的范围。如果不先召开全帝国议会，他不能强迫诸侯和自由城镇服从他的任何特殊要求"；"议会表决重要议案时，按惯例只有三票权，或三票选举权：一票归选侯，第二票归诸侯，第三票归自由城镇的代表。……其中有两票赞成，就认为有了结果或成立。帝国的每个诸侯，不论到会或缺席，每个自由城镇也一样，必须服从议会的决定，否则照章严惩"。[2] 三票中诸侯有两票，任何违背诸侯利益的议案休想通过，它不过是诸侯专权的工具和装饰品。15 世纪，德国最有势力的大诸侯有：勃兰登堡的霍亨索伦家族、萨克森的维丁家族、巴伐利亚和巴拉丁的维特尔斯巴赫家族、黑森家族、符腾堡公爵和吕内堡公爵等。

由于皇权衰落和诸侯专权，罗马教会的势力必然猖獗。以 15 世纪末的科隆为例，竟有大教堂 11 个、教区教堂 19 个、修道院 22 个、女修道院 76 个，每天做弥撒 1000 多次。在西吉斯蒙一世（1411—1437 年在位）和弗里

---

[1]　恩格斯：《关于德国的札记》，见《马克思恩格斯全集》，1 版，第 18 卷，648 页，北京，人民出版社，1964。

[2]　《1507 年威尼斯大使奎里尼关于德国情况的报告》，见北京师范大学历史系世界古代史教研室：《世界古代及中古史资料选集》，542～547 页，北京，北京师范大学出版社，1999。

德里希三世（1440—1493 年在位）时期，教皇代表有权出席帝国议会，他不到会议便不能召开。帝国官员不能独自提出议案，必须与教皇代表协商共同提出。经济方面的搜刮更是花样翻新，什一税、首年捐、巡视费、吃空额、出售赎罪券等，应有尽有。

不驱逐罗马教会的势力，不结束诸侯的分裂割据，德国便没有出路。

1486 年，当弗里德里希三世还健在时，他的儿子马克西米连一世（1486—1519 年在位）就当选为德王，参与处理德国政治事务。当时的国际形势是严峻的：在东方，匈牙利兼并奥地利（1485 年）和捷克（1486 年）后成为中欧强国，波兰日益强大；在西方，勃艮第公国先后兼并尼德兰和洛林，企图进一步占领科隆，法国也流露出向东扩张的意图。西南德意志和瑞士边境的农民反抗斗争日益加强，从零星斗争逐渐发展到联合行动。1431 年和 1440 年，沃尔姆斯爆发农民和平民起义。1439 年，斯特拉斯堡附近的农民举着绘有农民鞋的旗帜反对法军的掠夺。这是德国历史上第一次群众以农民鞋为旗帜进行反抗斗争。1444 年 8 月，阿尔萨斯一带正式出现"鞋会"组织。[①] 在人民运动的推动下，反对罗马教会的斗争也在发展。德国的神秘主义者早就创办以改革宗教和教育青年为目的的"共同生活兄弟会"，并直接研究《圣经》，寻找得救之道。他们在各地兴办学校培养青年，像伊拉斯谟、罗伊希林、路德等人都在这种学校里受过教育。连德国的诸侯，也不满教会势力的猖獗。萨克森、勃兰登堡、奥地利等大诸侯，纷纷建立自己的不受罗马控制的邦教会。皇帝马克西米连一世惊呼，教皇在德国的收入比皇帝多 100 倍，这种情况不能再继续下去了。

为了应付局势，德国的哈布斯堡采取了两项重大措施。一是马克西米连一世娶勃艮第公爵独生女为妻，陪嫁是尼德兰；不久又乘机收复维也纳（1490 年），使东西局势暂时稳定下来。然而，这次联姻虽使德国得到所谓勃艮第遗产，但法国却认为这些遗产应属法国而决心收回，两国关系复杂化了。二是改革政治、司法和税收，建立强有力的中央政府，以抵御外敌入侵和镇压日益强大的人民运动。为此，马克西米连一世于 1488 年建立士瓦本同盟，作为推行自己政策的有效工具。虽然同盟内部矛盾重重，美因茨大主教一伙人把持了同盟的领导权，但他们在镇压农民反抗和维护封建统治上是一致的，并在镇压 1525 年的农民战争中起到了主要刽子手的作用。

---

① ［苏］M. 斯米林：《宗教改革前德国政治斗争史纲》，俄文版，167～169 页、201 页，莫斯科，1952。

意大利战争爆发后，马克西米连一世召开一系列的帝国议会，提出建立常备军、成立帝国法院和征收普通税等方案，史称"帝国改革方案"。这些改革是必要的，但遭到以美因茨大主教为首的诸侯们的抵制，难以实现。在1500年的奥格斯堡会议上，他们迫使马克西米连一世承认其一直拒绝成立的帝国枢密院。枢密院由17人组成：主席1人，由皇帝或其代表担任；6位选侯；8位诸侯和2位城市的代表。选侯中1人常驻会议，皇帝缺席时任主席。枢密院的权限很大，有权决定内政和外交一切大事。选侯和诸侯的代表在枢密院里占绝大多数，不经他们同意不可能做出任何决定。所以，枢密院的成立是《金玺诏书》的补充和发展，是德国皇权更加衰落的象征。正如恩格斯所说："它企图像路易十一那样实行中央集权，但是，尽管采用了各种阴谋诡计和残暴手段，结果也只是维系住奥地利的世袭领地，除此之外一无所成。"①

七、威尼斯与佛罗伦萨

意大利北部和中部有许多繁荣的城市，并在反对封建贵族和外国侵略者的斗争中赢得胜利，形成独立的城市共和国。威尼斯和佛罗伦萨就是两个著名的代表。

威尼斯原是濒临亚得里亚海湾的渔村，民族大迁徙时期先后属于几个日耳曼人王国，7、8世纪时是公国，设有总督。9、10世纪，工商业日趋发达，始建共和国。1082年，拜占庭皇帝允其在帝国境内设立商站和进行免税贸易。1204年十字军攻陷君士坦丁堡后，威尼斯除夺得大量财富外，还占有拜占庭的许多领土，如克里特岛、爱琴海诸岛、马尔马拉海沿岸许多港口和部分君士坦丁堡等，一跃成为地中海强国。1284年起铸造金币杜卡特，这种金币是当时欧洲的通用货币。威尼斯每年收入100万杜卡特，等于法国的收入，超过英国和西班牙。1379年，威尼斯击败劲敌热那亚舰队，垄断了地中海东部的贸易。威尼斯有发达的造船、纺织和玻璃制造业，最多时有造船工匠6000人、水手25000人，从事呢绒和纺织生产者有16000人。

威尼斯是一个商人贵族共和国。大议会是最高权力机关，有议员480

---

① 恩格斯：《德国农民战争》，见《马克思恩格斯全集》，2版，第10卷，470页，北京，人民出版社，1998。

人，由名列"黄金簿"上的少数贵族世家中选举产生。小议会是政府，由 6
名议员组成，帮助总督处理日常事务。总督是国家元首，终身任职。元老
院决定国家大政方针，有 120 名议员，由大议会和上届元老院选举产生。最
高法院是四十人委员会。14 世纪初设立十人委员会。十人委员会有权秘密
监督总督、议会和每一个公民，有权秘密审案判决。威尼斯国家有强大的
武装部队，有步骑兵约 4 万人。

1453 年土耳其攻陷君士坦丁堡后，夺去了威尼斯的许多东方据点。新
航路的开辟和欧洲商路以及商业中心西移大西洋沿岸，对威尼斯是沉重的
打击。威尼斯从此走向衰落。

佛罗伦萨位于意大利中部，地处北方至罗马的中途。11、12 世纪，佛
罗伦萨工商业渐渐发展，成为帝国城市。1155 年，佛罗伦萨获自治权，建
立城市共和国。佛罗伦萨的商人和高利贷者与罗马教廷的关系密切，靠向
它贷款、代征各国教会税和向各国首脑贷款等积累大量资本。1252 年，佛
罗伦萨开始铸金币佛罗林。佛罗林成为地中海区域的通用货币。1289 年废
除农奴制后盛行分成制，破产农民为工业提供廉价劳动力。1293 年，城市
贵族的统治被推翻，由富商、银行家和行会上层分子掌权。同年制定新宪
法《正义法规》，规定行政机关长老市政会由 7 个大行会各选 1 名代表（称
"肥人"，主要是富商、银行家）和 14 个小行会共选 2 名代表（称"瘦人"，
主要是手工业者）组成。市政会负责人称"正义旗手"，兼任军队总指挥。

14 世纪初，佛罗伦萨的制呢业中出现资本主义生产，这是西欧最早出
现的资本主义萌芽。由于政权掌握在"肥人"手里，雇佣工人的工资微薄，
工作时间长达 14 小时以上，还没有组织行会的权利，被排斥在政权之外。
1378 年 7 月，梳毛工联合行会外的手工业者举行武装起义夺取政权，由梳
毛工头米凯尔·兰多出任正义旗手。起义者要求提高工资、延期偿还债务，
并成立三个新行会，其中一个是梳毛工行会。8 月，梳毛工再次举行起义，
完全从梳毛工中选出市政会成员。"肥人"收买兰多，共同镇压起义。佛罗
伦萨的梳毛工起义是世界历史上第一次工人反抗资本家的武装斗争，说明
工人阶级与资本家阶级之间的矛盾是不可调和的。起义失败后，佛罗伦萨
的政权先后转入阿尔毕齐家族和美第奇家族手中，僭主政治开始取代共和
制。1434 年，科西莫·美第奇（1389—1464 年）取代阿尔毕齐家族掌握政
权。他表面不担任官职，却是共和国的实际首脑，长老市政会经常在他家
里召开，只有他的亲信才能担任重要官职。他的儿子洛伦佐·美第奇
（1469—1492 年在位）被称为"无冕之王"。洛伦佐·美第奇大兴土木，重

金延聘学者和艺术家，奖励文学艺术，推动了文艺复兴运动的发展。

15世纪末以后，意大利工商业衰落，商人和高利贷者转而投资土地。1472年，佛罗伦萨有270家制呢手工工场，1527年降为150家，1537年仅剩60家。

八、教皇国的盛衰

西罗马帝国末期政局动荡，罗马教会乘机扩大势力。330年罗马帝国迁都君士坦丁堡和接着发生的日耳曼人的大规模入侵，客观上大大有利于罗马主教权力的加强。他打着抵抗蛮族入侵的旗号，组织罗马城的防御，扩大自己势力。455年，罗马主教利奥一世（440—461年在位）怂恿皇帝瓦伦提尼安三世发布敕令，授予他治理教会的全权，并强迫西罗马帝国各地主教服从。尽管遭到许多主教，特别是东罗马帝国教会的强烈反对，罗马主教还是把它作为教会首脑的依据。482年，君士坦丁堡宗主教阿卡西乌在东罗马皇帝芝诺的支持下搞了一个《团结法令》，宣布君士坦丁堡宗主教与罗马主教地位平等，竟被罗马主教开除教籍。不久，罗马主教宣称：教皇和君主是世上两大权威，但前者更为伟大，因为末日审判时君主要向祭司交代。"教皇"一词，原意为"爸爸"，是希腊人对神职人员的尊称，渐渐为罗马主教控制。751年，法兰克王国的矮子丕平在教皇支持下建立加洛林王朝。矮子丕平则两次出兵意大利帮助解除伦巴德人的威胁，将夺得的土地献给教皇（756年），奠定了教皇国的基础。800年和962年，教皇先后为查理大帝和德国皇帝奥托一世加冕。他们都回赠教皇若干城市，教皇国的版图扩大。1054年，君士坦丁堡宗主教色路拉里乌和教皇利奥九世为争夺意大利发生冲突，互相开除教籍，东西方教会正式分裂。君士坦丁堡宗主教自称信仰正统的基督教义，即正教，又称东正教或希腊正教；罗马教会自称普世性教会，即公教，或称天主①教、加特力教和罗马公教。1059年，罗马宣布教皇由红衣主教选举产生，皇帝无权过问。1075年起，教皇格雷戈里七世与德皇亨利四世发生策封权的斗争。这位教皇发布敕令，宣布只有罗马主教才能称"教皇"，从此"教皇"一名被罗马主教垄断。教皇的头

---

① "天主"一词，始于我国明末万历年间。利马窦、罗明坚等来华传教，他们说中国人讲的天就是公教里的主，即"天主"，从此信徒增多。罗明坚在所著《圣教实录》中首先使用"天主"一词。

衔很多，如使徒彼得的继承人、基督在世代表等，但正式名称是罗马城主教、罗马教省都主教、西部宗主教、梵蒂冈君主、教皇。

12、13 世纪，特别是教皇英诺森三世时期（1198—1216 年在位），教皇和教皇国的势力达到鼎盛。英诺森三世原名罗塔里奥，是一个伯爵的儿子，曾在巴黎大学和博洛尼亚大学学习法律。他当上教皇以后，标榜教皇权力至上，说教皇的权力好比太阳，国王的权力是月亮，正像月亮的光辉来自太阳一样，国王的权力来自教皇，以反对双剑论。① 他还提出教皇是基督的代表，有权掌握最高的宗教和世俗权力，是万王之王、万主之主。他善于利用各种矛盾，施展权术，为自己服务。例如，德皇亨利六世死后，士瓦本的菲利普和不伦瑞克的奥托都想继承王位。英诺森三世遣使者会见菲利普，并以归还所占教皇领地为条件承认他有权继立。然而奥托抢先答应教皇的条件，英诺森三世便在罗马为他加冕。不料奥托登位后反悔，出兵侵占教皇领地。英诺森三世大怒，予以绝罚，并唆使法国进攻奥托，另立亨利六世之子为王，即弗里德里希二世。新王立刻承认奥托背弃的全部条件。英诺森三世对英国也如法炮制。当无地王约翰与他在坎特伯雷大主教的人选问题上发生争执时，英诺森三世便宣布开除其教籍，废黜其王位，并唆使与英国矛盾重重的法王菲利普二世派兵进攻英国，迫使无地王约翰称臣纳贡和按他的意见办事。他还发动第四次和第五次十字军东侵，组织反对阿尔比派的十字军。他创建宗教法庭（异端裁判所），疯狂镇压所谓"异端运动"。他批准成立法兰西斯派托钵修会（又译方济各会，1209 年成立）。修士麻衣赤足，四处宣传清贫福音，为封建统治效劳。

大约 13 世纪，天主教会正式规定七件圣事（即"七礼"）为重要礼仪，以束缚群众的手脚和维护封建统治。它们是圣洗、坚振、告解、圣体、终傅、神品和婚配。教会也按照封建等级制建立自己的教阶制，教皇之下有红衣主教、大主教、主教、神甫、助祭和副助祭等不同的品级，各有不同级别的神权。

14 世纪以降，随着中央集权国家的建立和人民群众反教会反封建斗争的蓬勃发展，教皇权逐渐衰落。最明显的表现是教皇卜尼法斯八世与法王菲利普四世斗争的失败，然后是"阿维尼翁之囚"。教廷被搬到阿维尼翁，成为法王的御用工具。1378 年，教皇乘百年战争初期法国失败之机迁回罗

---

① 双剑论认为，神权和政权是上帝的两把剑，分别授给教皇和君主，谁也不比谁优越。

马,但阿维尼翁教皇继续存在,双方互不承认,互相驱逐出教,造成教会的"大分裂"(1378—1418年)。1409年又出现第三位教皇,形成三教皇并立的局面。1417年,康斯坦茨会议选出新教皇马丁五世,"大分裂"时期结束。大致同时,西欧又兴起宗教会议改革派,主张宗教会议的权力高于教皇,例如,康斯坦茨会议和稍晚的巴塞尔会议(1431年)都曾通过类似决议,但教皇拒不承认或斥之为异端邪说。

九、初期的"异端运动"

"异端"一词希腊语原意是"选择"和"教派"。起初,犹太教和古希腊哲学都被基督教会视为"异端",基督教各派之间也往往互相指责对方为"异端"。325年,尼西亚宗教会议把多数日耳曼人信奉的阿里乌斯派基督教定为异端,横加迫害。中古时期,天主教会是最有势力的大封建主,垄断着文化教育和意识形态,还有自己的行政系统、税收和法律制度,甚至有军队和监狱。在这种情况下,要触犯当时的社会制度就必须首先剥去它身上的那层神圣的外衣。中古西欧的革命派往往以"异端"的形式出现,进行前赴后继的英勇斗争。初期的"异端运动"以法国南部的阿尔比派、意大利北部的使徒兄弟派最为著名。

阿尔比派得名于其主要活动中心阿尔比城,它包括华尔多派和纯洁派两个支派。华尔多派的创立者是里昂商人彼得·华尔多,他把自己的全部财产分给穷人,过贫困的生活,以实现上帝的清贫福音。因此,该派反对教会聚敛财富,主张每个人要像使徒一样过清贫的生活。他们否认以教皇为首的教阶制,反对到教堂做礼拜,坚持每个信徒都可宣传福音和举行圣礼。纯洁派得名于希腊文"纯洁"一词,它虽是阿尔比派的主流,但其活动中心则在图卢兹城。纯洁派是受拜占庭的保罗派(吸收了摩尼教的二元论)和保加利亚的神惠派(波高美尔派)的影响而形成的。它认为恶神创造肉体,管理物质世界;善神创造灵魂,统治精神世界。肉体束缚灵魂,物质压抑精神。世间的一切都是魔鬼的创造,因而是邪恶的;人生的目的就在于摆脱这些邪恶的东西,使灵魂获得自由。结婚生子会禁锢人的灵魂,使之邪恶化,因而信徒必须信守独身。12世纪末,华尔多派和纯洁派联合,受到城市小商人、手工业和农民的欢迎。教皇派锡西斯特派修士和多明我派修士进行瓦解,没能得逞。1208年,教皇英诺森三世组织十字军镇压,阿尔比派运动被绞杀。

1229 年，教皇格雷戈里九世（1227—1241 年在位）下令设立"异端法庭"，专门迫害异端教徒，进步思想家、科学家和一切有异端嫌疑的人。异端法庭又称"宗教法庭"或"异端裁判所"，由教皇委任的多明我派修士主持，对涉嫌者秘密审讯，严刑逼供。法官就是原告，而且只许别人检举，不准提出任何有利于被告的证词。被定为"异端罪"者，其财产被没收，子女被剥夺继承权。被判处死刑者，则被送上火刑柱。然而，"异端运动"是不可战胜的，它继续向前发展。14 世纪初，意大利北部又出现使徒兄弟派及其领导的农民大起义。

意大利各地的经济发展很不平衡。在意大利北部商品经济发展较早的许多城市国家里，从 12 世纪起农奴制度已趋瓦解，许多农村公社取得自治的权利。城市贵族极力控制农村公社，剥夺其自治权，并低价收购农产品，压低雇工的工资，自由农民的状况仍然悲惨。在意大利西北部的萨伏依、皮蒙特、蒙斐拉等地以及意大利南方，则长期保留农奴制。随着商品经济的发展，劳役制反而加强。使徒兄弟派和多尔奇诺起义就是在这种背景下出现的。

1260 年，悉加列利在意大利北部的帕尔马创立"使徒兄弟会"，成员以兄弟姐妹相称，并实行财产公有。教皇派兵进行疯狂镇压。1300 年，悉加列利被捕烧死，其弟子多尔奇诺和女修士玛格丽特继续领导这个运动。他们宣传私有制是罪恶的根源，号召人们实行财产公有和用暴力推翻一切僧俗政权，建立幸福的千年王国。这是"异端运动"的重大发展。这种宣传得到广泛响应，起义队伍扩大。1304 年，多尔奇诺率领起义农民进入都灵附近维切利的阿尔卑斯山里，修筑工事，破坏庄园，没收封建主的土地。在玛格丽特影响下，许多妇女也参加起义。1305 年，教皇克莱门特五世组织十字军镇压，起义者退入深山。1307 年 3 月，农民军和十字军进行决战，不幸失败，牺牲千余人，多尔奇诺被俘后被活活烧死。此后，多尔奇诺的主张仍在意大利北部广泛流传，甚至传往法国南部、西班牙和德国，直接影响那里的农民运动。多尔奇诺起义比英国和法国的农民起义早半个多世纪，是 14 世纪欧洲大规模农民起义的先驱。在 14 世纪的英国，已经出现两个有着鲜明不同的独立"异端"，即以约翰·威克利夫为代表的市民派和以约翰·保尔为代表的农民平民派。到 15 世纪，捷克终于创立西方第一个不受罗马控制的捷克民族教会，对宗教改革运动有重大影响。

16 世纪初，终于在德国爆发了轰轰烈烈的宗教改革运动。

复习思考题

1. 试述中古时期英国、法国和西班牙统一国家形成的前提和意义。
2. 简述英法百年战争的原因、经过及影响。
3. 结合有关史实，分析中古德意志王权衰落的原因。
4. 简述英法农民战争的背景、特点和影响。
5. 分析从原始社会直接向封建社会过渡的原因和影响。

第四章　东欧的封建国家

第一节　拜占庭帝国

一、5、6 世纪时的拜占庭帝国

公元 395 年，罗马帝国最终分为东西两部分。东部以君士坦丁堡为首都，自称是罗马帝国的继承者，故称"东罗马帝国"，领土包括巴尔干半岛、小亚细亚、叙利亚、巴勒斯坦、埃及和利比亚等富庶的地区，仍是一个地跨欧、亚、非三洲的大帝国。君士坦丁堡是古希腊移民城市拜占庭的旧址，又称"拜占庭帝国"。我国古代史书称之为"大秦""黎轩"和"拂菻"。

公元 3 世纪起，西罗马帝国发生经济危机、奴隶制陷入绝境，拜占庭帝国的经济依然繁荣。原来，拜占庭的奴隶制经济不像西罗马帝国那样发展，主要劳动者是隶农，奴隶劳动在生产中不占支配地位。一部分奴隶也分得一小块土地，可以独立经营，其地位接近于隶农。在埃及、叙利亚和巴尔干半岛还残留着一定数量的自由农民。凡此种种，缓和了奴隶制的危机。埃及、小亚细亚和色雷斯是帝国的谷仓，主要生产谷物、水果、亚麻、甘蔗和制造纸草用的芦苇，有些产品除供应本国需要外，还出口国外。拜占庭的城市和工商业十分繁荣。首都君士坦丁堡是最大的城市，有人口约 80 万，富甲欧洲。它的地理位置优越，扼黑海、地中海和东西方贸易的要冲，是沟通东西方贸易的"金桥"。东方的丝绸、香料和珠宝，北方斯拉夫人的毛皮、蜂蜡和琥珀，埃及的粮食、甘蔗和纸草，都在这里集散。君士坦丁堡的手工业以丝织、武器制造和生产金银餐具器皿著称，主要供统治阶级享受，且由国家垄断，私人不得经营。叙利亚的安条克和埃及的亚历山大里亚也是著名的工商业中心。

农工商业和城市的发展繁荣，使拜占庭帝国有可靠的财政来源，能够维持庞大的官僚机构和众多的军队，顶住日耳曼人和匈奴人的袭击以及国内人民起义的双重打击，暂时渡过难关、偏安东南，并在西罗马帝国灭亡后又继续存在了近千年之久。

二、查士丁尼恢复罗马帝国的尝试及其失败

527 年，查士丁皇帝（518—527 年在位）逝世，由其侄、早已参与机要的查士丁尼继位。查士丁尼（527—565 年在位）是一位精力充沛、野心勃勃的皇帝，他在足智多谋的皇后提奥多拉的参与下，采取一系列措施，以巩固局势动荡的拜占庭帝国，并力图恢复和重建已经灭亡一半的罗马奴隶制帝国。

查士丁尼即位之初，首先成立以著名法学家特立波尼安为首的委员会，着手整理、编纂罗马法。委员会首先收集自哈德良（117—138 年在位）起历代罗马皇帝颁布的法令，删去重复和矛盾之处，于 529 年编成《查士丁尼法典》10 卷。533 年，汇集历代罗马法学家的论文编成《法学汇纂》50 卷。同年又编成《法理概要》（又称《法学阶梯》）4 卷，作为学习罗马法的教材。最后，将 534 年以后查士丁尼颁布的法令汇集成册，称《新律》。上述 4 部书，统称《国法大全》（亦称《民法大全》），是欧洲历史上第一部系统完备的法典和法学。查士丁尼编纂《国法大全》的目的是为了巩固奴隶主阶级的政治统治，为此法典鼓吹皇命受命于天，权力无限，第一次提出"君权神授"的思想，而奴隶和隶农必须服从，否则严刑镇压。由于拜占庭的奴隶制度正在发生变化，使用奴隶劳动已不能获得厚利，《新律》有允许释放奴隶的规定，但强调隶农必须固着在土地上，以保证大地主有充足的劳动力。罗马法包括公法和私法两部分，但以私法（民法）最完备、影响最大，人们所说的罗马法往往专指私法。罗马法竭力维护私有制，是"以私有制为基础的法的最完备形式"[①]。罗马法对买卖、借贷、债务、契约、继承等涉及简单商品所有者的一切法律关系，均有明确规定，因而是"简单商品生产即资本主义前的商品生产的完善的法，但是它也包含着资本主

---

① 恩格斯：《反杜林论》，见《马克思恩格斯选集》，2 版，第 3 卷，445 页，北京，人民出版社，1995。

义时期的大多数法权关系"①。从 12 世纪起，罗马法开始复兴。西欧各国的立法，除英国外，大多受到罗马法很深的影响。19 世纪初颁布的《法国民法典》（即《拿破仑法典》），就是以罗马法为基础制定的。

532 年年初，首都君士坦丁堡爆发声势浩大的尼卡起义（"尼卡"为起义者口号，希腊语意思是"胜利"），反对政府的贪官污吏和横征暴敛。起义者焚烧官署，捣毁贵族邸宅，攻打监狱，袭击皇宫，要求罢免特立波尼安等为人民痛恨的权贵。查士丁尼无力对付起义者，准备弃城逃跑，经皇后提奥多拉力劝才留了下来。他施展阴谋，在起义者中制造分裂，并派大将贝利萨留领兵镇压，被杀害的群众达 3 万多人。

查士丁尼对外政策的目标是消灭西欧的日耳曼人诸王国，恢复古罗马奴隶制帝国。他上台不久曾与波斯开战，争夺黑海出口，但不甚得手。为了尽快结束对波斯的战争，查士丁尼决定不惜用重金收买，结果换得 532 年的和约。东方稳定以后，他立刻调动大军，全力向西方进攻。

534 年，贝利萨留统率拜占庭军队万余人，趁汪达尔王国发生内讧之机，一举攻陷其首都迦太基。汪达尔王国灭亡，其领土纳入拜占庭的版图。贝利萨留回到首都，受到凯旋式的欢迎，被封为执政官。535 年，贝利萨留带兵攻占西西里和那不勒斯，次年攻陷罗马，并于 540 年占领拉文那，迫使东哥特王投降。东哥特人在新王托提拉领导下坚持斗争，一度收复罗马城，并向西西里和意大利南部进军，使拜占庭人处于被动。552 年，在一次决战中托提拉阵亡，东哥特遂亡。554 年，查士丁尼趁西哥特王国内争之机，出兵占领伊比利亚半岛东南部。史学家普罗可比②随军转战各地，将所见所闻写成《战史》，讴歌查士丁尼和贝利萨留的"武功"。经过 20 年之久的努力，查士丁尼基本上占领原西罗马帝国的领土，并下令复辟已被推翻了的奴隶制度。

查士丁尼的倒行逆施非常不得人心，不可能持久。西方的奴隶制度早已死亡，绝不可能靠一纸敕令就能恢复。他死后不久，所占领的西方领土相继丢失。568 年，伦巴德人攻入意大利北部，建立伦巴德王国。不久，拜

---

① 恩格斯：《致卡·考茨基（1884 年 6 月 26 日）》，见《马克思恩格斯全集》，1 版，第 36 卷，169 页，北京，人民出版社，1974。

② 普罗可比（约 500—565 年），拜占庭著名史学家、文学家，著《战史》8 卷，记载帝国对波斯、汪达尔和哥特人的战争经过。他还著有《建筑》，记载当时的重大建筑、教堂和军事设施。他的《秘史》，揭露查士丁尼时代的黑暗和腐朽，生前迄未发表。

占庭在伊比利亚半岛所占领土被西哥特人收复。与此同时，大批斯拉夫人渡过多瑙河进入巴尔干半岛，帝国仅能控制一些沿海地区和岛屿。在东方，拜占庭与波斯的战争连绵不断。6世纪和7世纪初，在埃及、叙利亚和巴尔干半岛爆发新的奴隶、隶农起义，有的还有自由农民参加。7世纪中叶，阿拉伯帝国兴起，很快占领叙利亚、巴勒斯坦和北非的大片土地，后来又占领意大利南部与西西里。庞大的拜占庭帝国实际上已经崩溃，沦为一个龟缩在小亚细亚和巴尔干半岛部分地区的小君主国。从7世纪起，拜占庭进入封建社会，最终于1453年被奥斯曼土耳其帝国灭亡。

第二节　俄罗斯

一、俄罗斯的起源

斯拉夫人是东欧人数最多、分布最广的民族。俄罗斯人是东斯拉夫民族中最强大的一支。

斯拉夫人的故乡大致是在喀尔巴阡山以北、维斯瓦河和第聂伯河之间的地区，即东欧大平原的西南部。后来他们不断向周围扩展，西达易北河，东至顿河、伏尔加河上游，北抵波罗的海，南到黑海。约在公元1世纪，斯拉夫人逐渐形成东、西两大支，即东斯拉夫人和西斯拉夫人。在欧洲民族大迁徙期间，东、西斯拉夫人大批南移，进入多瑙河流域和巴尔干半岛，并同化了当地居民。约至6、7世纪，又形成南方斯拉夫人。这样，整个斯拉夫民族便分为三大支：东斯拉夫人包括俄罗斯人、乌克兰人、白俄罗斯人；西斯拉夫人包括波兰人、捷克人、斯洛伐克人等；南斯拉夫人包括塞尔维亚人、克罗地亚人、斯洛文尼亚人、黑山人和保加利亚人。后来由于马扎尔人向西进入匈牙利平原，他们好似一个楔子一样把南斯拉夫人和北部的东、西斯拉夫人分隔开来，因而有了不同的发展道路。

公元前斯拉夫人的历史情况无文字可考，最早的文字记载出现于公元1世纪罗马作家塔西陀的著作里，他称之为"维涅德人"。至公元6世纪，"维涅德人"被称作"斯拉夫人"，东斯拉夫人则被称为"安特人"。那时他们还没有国家，处在原始公社末期。在斯拉夫语言里，"斯拉夫"一词是"光荣""荣誉"（слава）的意思；而在西方拉丁语言里，"斯拉夫"则是"奴隶"（slave）的意思。据说，哥特人曾把他们大批地卖给罗马人当奴隶，所以后来便称他们为"斯拉夫族"。这里有侮辱、蔑视的含义。

东斯拉夫人从喀尔巴阡山脉的各个斜坡进入广阔的俄罗斯平原，"他们像飞鸟般从一端迁居到另一端，抛弃了住腻的地方，在新的地方居住下来"。因此，后来的俄国史学家说："移民和国土的开拓是我国历史中的主要事情，所有其余的事情都和它们有或近或远的关系。"①

俄罗斯（Россия）在 15 世纪中叶以前称"罗斯"（Русь），俄文里这两个词出现的先后顺序不同，中文里都译为"俄罗斯"。自清朝康熙时代开始与俄国打交道时即有这一译法，当时称"斡罗斯"。这是从蒙古读音转译过来的，因蒙古人统治罗斯时，军队中有罗斯人，蒙语卷舌音 r 位于词首时习惯加上元音 θ（音"俄"），因此把 Русь 前面加元音 θ，读成 θros，即"斡罗斯"。关于"罗斯"一词的来源说法不一。一般学者认为，它原指北欧的诺曼人，东斯拉夫人称他们为"瓦良格人"（意为"商人"，因他们从事海上经商和掠夺），芬兰人则称他们为"鲁茨人"（芬兰语 Ruotsi，其意为"划船者"），由 Ruotsi 演变为 Russ，即罗斯。9 世纪时，这些人南下征服东斯拉夫人，所以东斯拉夫人也就称之为"罗斯人"了。苏联学者认为，罗斯一名来自第聂伯河中游的露斯河（Рось），是斯拉夫部落波梁人（Поляне）的居住地，这里的居民被称为罗斯人。两说各有所据，迄无定论。

二、留里克王朝与基辅罗斯

东斯拉夫人的第一个王朝——留里克王朝（862—1598 年），是由北欧诺曼人（瓦良格人）的首领留里克建立的。

公元 8、9 世纪之交，东斯拉夫人已经广泛使用铁器，工商业逐渐发展，出现私有制和阶级的萌芽，并渐渐形成两大部落联盟中心，即北方的诺夫哥罗德和南方的基辅。诺夫哥罗德的元老们内讧不已，一派贵族便邀请瓦良格人为王。瓦良格人首领留里克原是查理曼帝国的一个诸侯，在丹麦有封地。公元 862 年，他率亲兵队占领诺夫哥罗德，自称王公，建立留里克王朝。留里克死后，他的亲属奥列格（879—912 年在位）继位。公元 882 年，奥列格率部南下，占领基辅，形成以基辅为中心的古罗斯国家，通称"基辅罗斯"。其版图西起喀尔巴阡山，东达顿河，南到黑海，北至波罗的海。基辅罗斯是早期封建国家，还没有一套完整统一的行政系统，只是一些封建小邦的集合体。

① ［俄］瓦·奥·克柳切夫斯基：《俄国史教程》，第 1 卷，26 页，北京，商务印书馆，1992。

基辅大公主要用索取贡物的方法进行剥削。

　　基辅罗斯曾多次发动对拜占庭帝国的战争，迫使其纳贡和订立屈辱性条约。911 年，奥列格远征拜占庭，强迫拜占庭皇帝接受赔款条约，并使罗斯商人获得免税特权。伊戈尔（912—948 年在位）曾两次远征拜占庭（941 年、944 年），签订了类似的条约。不过基辅罗斯与拜占庭交往的一个最重要结果，是罗斯从拜占庭那里接受了基督教。988 年，弗拉基米尔大公（980—1015 年在位）帮助拜占庭皇帝镇压了小亚细亚的暴动后，娶了拜占庭公主安娜（皇帝瓦西里二世的妹妹）。接着，弗拉基米尔带头加入东正教，并下令基辅市民在第聂伯河畔接受希腊神甫的洗礼，把原来信奉的多神教神像扔进河里。

　　拜占庭是古希腊、罗马文化的继承者，罗斯从拜占庭接受基督教，对罗斯后来的发展有重要影响。基辅罗斯人在信奉东正教的同时，从君士坦丁堡学到了书面语和文化艺术。希腊教士们在基辅传教使用的语言，是保加利亚－马其顿地区的斯拉夫方言，其字母是由当地两个主要教士西里尔和美多德在大约 862—863 年创造的，是经过修改的希腊字母，被称为“西里尔字母”。南方和东方斯拉夫人今天仍广泛使用这套字母。基辅罗斯还请来希腊建筑师修建教堂和宫殿。在雅罗斯拉夫（1019—1054 年在位）统治时期，兴建了基辅的圣索非亚大教堂和彼彻尔斯克修道院。大教堂宏伟壮丽，完整无缺地保存至今，是拜占庭艺术与古罗斯艺术相结合的杰作。彼彻尔斯克修道院是古罗斯学术文化中心，1039 年在这里产生了一部具有重大历史价值的文献——《最初编年史》，作者涅斯托尔就是这个修道院的修士。该书后经增删，于 1073 年编成《往年纪事》。这部文献是研究古代罗斯及其历史的最重要资料。

　　雅罗斯拉夫大公死后，几个儿子分割政权，混战多年，基辅罗斯解体。自 11 世纪后半期到 13 世纪初，罗斯分裂成许多独立的公国，较大的有弗拉基米尔－苏兹达尔（在其领土上兴起莫斯科公国）、加利奇－沃伦（乌克兰的发源地）、波罗茨克－明斯克（白俄罗斯的发源地）和诺夫哥罗德。

三、蒙古的征服及其统治

　　蒙古人的发祥地在额尔古纳河上游（今我国内蒙古自治区东北）。在俄国史书上通称蒙古人为“鞑靼蒙古人”，因为在 12 世纪以前，在今蒙古草原上有许多部落，鞑靼是比较强大的部落之一。公元 1206 年，蒙古的一个部落领袖铁木真（1162—1227 年），打败了其他各部（包括鞑靼部），在斡难河源召开的贵族大会上被推举为全蒙古大汗，尊号"成吉思汗"。他建立了一个由蒙古、突厥、满（女真）族等部落组成的军事帝国。

蒙古人远征欧洲有两次，第一次就是由成吉思汗率领的。起因是中亚花剌子模国的一个总督杀害了蒙古商队的人员和使者。成吉思汗率军亲征，1220 年攻陷其首都布哈拉。国王穆罕默德逃往罗斯。接着成吉思汗派大将哲别和速不台西征。1222 年越过高加索山进入奥塞梯人、波洛伏齐人境内。波洛伏齐人首领向罗斯王公求援。1223 年 5 月 31 日，罗斯与波洛伏齐人联军与蒙古军会战卡尔卡河畔，联军惨败。"是役也，斡罗斯亡六王、七十侯，兵士十死八九。"[①] 蒙军前锋攻抵基辅附近，后向伏尔加河沿岸的保加尔人出击失利，经哈萨克草原返回蒙古。1227 年，成吉思汗及长子术赤先后去世，三子窝阔台继任大汗。

第二次西征（1236—1242 年）是由大汗窝阔台派遣拔都（术赤之子）率领的，大将速不台为参谋。1236 年，蒙军 15 万人（一说 30 万）越乌拉尔山，占领保加尔城。1238 年，东北罗斯的梁赞、弗拉基米尔－苏兹达尔等公国尽被蒙军攻陷。弗拉基米尔王公尤里阵亡。蒙军攻至距诺夫哥罗德 7 千米处，因道路泥泞，骑兵行动困难，遂转向南方，经斯摩棱斯克，返回波洛伏齐草原。经休整后，1239 年继续远征西南罗斯。1240 年攻陷基辅，占领加利奇－沃伦公国。接着兵分两路，侵入波兰、捷克、匈牙利和多瑙河各公国。1242 年，蒙军进入克罗地亚和达尔马提亚，抵亚得里亚海沿岸，最远处到维也纳以南之克罗斯特纽堡。后转向东南，经索非亚至黑海北岸返回伏尔加河下游，定都萨莱，建立了金帐（钦察）汗国。

金帐汗国建国之初，名义上隶属于蒙古大汗，实际上是一个领土辽阔的独立封建国家，东北和西南罗斯都在它统治之下。金帐汗对罗斯的统治，主要是利用当地王公，继续维持封建政权，采用人质、拉拢、离间、杀害等手段，迫使他们效忠。1243 年金帐汗任命弗拉基米尔－苏兹达尔王公雅罗斯拉夫·弗塞沃洛多维奇为"弗拉基米尔大公"，要求罗斯各王公服从。"弗拉基米尔大公"不仅是一个荣誉称号，而且拥有相应的权力和土地。他兼有诺夫哥罗德和普斯科夫公爵的权力，可以得到弗拉基米尔、佩雷雅斯拉夫里、科斯特罗马、下诺夫哥罗德和戈罗杰茨，往往是罗斯各王公争夺的对象。1246 年，雅罗斯拉夫因卷入蒙古大汗与金帐汗之间的权力斗争，

---

① 《新元史》卷二百五十七《外国九·斡罗斯》。

被毒死于哈剌和林，由他的儿子亚历山大·雅罗斯拉维奇（涅夫斯基）继任。蒙古统治者为了加强对罗斯的控制，1257 年开始建立八思哈（突厥语，意为"镇守官"）制度，即由蒙古军官担任十户长、百户长、千户长、万户长，负责征收贡赋和监督当地居民。对于东正教会，金帐汗不干预其事务，并给大主教以特权，使教会成为统治的工具。

蒙古贵族的征服和统治，对罗斯的发展有重要的影响，特别是南方，受战争的破坏相当严重。蒙古对罗斯统治达两个半世纪之久，使俄罗斯在差不多十代人的时间里与西方完全脱离，在政治制度、军事组织和战术、文化及社会生活，甚至语言、服饰等方面都打上了蒙古的烙印。由于蒙古人统治中心在东方，无力顾及西部，使罗斯与瑞典、日耳曼骑士团、波兰—立陶宛形成复杂的关系，而西北罗斯因被立陶宛长期统治，造成了日后白俄罗斯、乌克兰与俄罗斯的民族差异。

四、莫斯科公国的兴起和中央集权国家的形成

莫斯科公国兴起的时候，古罗斯国家已经分裂将近一百年了。莫斯科位于罗斯托夫—苏兹达尔王公的领地上，它原是基辅大公雅罗斯拉夫在 1054 年封给他的儿子弗塞沃洛德的。1147 年，弗塞沃洛德的孙子长手尤里（1125—1157 年在位）没收了贵族库奇科在莫斯科河沿岸的一座城堡——莫斯科，并在这里会见了他的同盟者契尔尼哥夫公国的王公。编年史上记载了这件事，首次提到莫斯科的名字，因而这一年被说成是莫斯科奠基的年代。莫斯科周围的农业、手工业和商业比较发达，水陆交通便利，地处北方，比较安全，蒙古入侵时，很多南方人逃到这里避难，人口增长很快。这些是莫斯科兴起并统一东北罗斯的有利条件。

长手尤里的儿子安德烈（1157—1174 年在位）统治时期，势力强大，成为东北罗斯的主人，并迁都弗拉基米尔，形成弗拉基米尔—苏兹达尔公国。1169 年，安德烈联合各王公摧毁了基辅，弗拉基米尔取代了基辅的地位。但是由于各地王公和贵族各自为政，弗拉基米尔分裂为许多小公国，大公的权力有名无实。

13 世纪末起，东北罗斯强大的公国罗斯托夫与特维尔之间为争夺弗拉基米尔大公宝座进行了激烈斗争，莫斯科就是在这一斗争中逐渐崛起的。大公伊凡·卡里达（1325—1341 年在位）一开始支持特维尔反对罗斯托夫，并乘机加强自己的实力，展开对邻近公国的兼并。1327 年，特维尔爆发了

反对蒙古贵族的起义。大公主动派兵镇压，博得金帐汗的青睐，1328年被封为"弗拉基米尔大公"。马克思说：伊凡·卡里达为夺取大公的尊位，不惜"充当汗的卑鄙工具，从而窃取汗的权力，然后用以对付同他竞争的王公们和他自己的臣民"①。伊凡·卡里达奠定了莫斯科强盛的基础。他与罗斯总主教彼得的关系密切，使他把教会驻地迁到莫斯科（先在基辅，后在弗拉基米尔），使大公的权力与教会势力结合在一起。

伊凡的孙子底米特里·伊凡诺维奇（1359—1389年在位）统治时期，莫斯科公国日益强大。他不仅彻底战胜强劲对手特维尔，而且于1380年在库里科沃原野击败金帐汗率领的20万大军，被称为"顿斯科伊"（顿河英雄）。这次战役沉重地打击了蒙古统治者，独立的曙光已经在望。到伊凡三世（1462—1505年在位）统治时期，莫斯科公国进入统一东北罗斯和摆脱蒙古统治的决定性阶段。1463年，伊凡三世吞并了雅罗斯拉夫尔公国，1474年吞并了罗斯托夫。1471—1478年，经过数次征服，伊凡三世最后消灭了强大的诺夫哥罗德公国，把反对派贵族和富商迁到莫斯科城郊，没收其土地分给自己的臣属。1485年，伊凡三世又率兵讨伐并消灭了特维尔公国。这时莫斯科公国基本上统一了东北罗斯，莫斯科大公正式称"全罗斯大公"，中央集权国家基本形成。被征服的王公、诸侯，都成为领主贵族（俄国史书称为"波雅尔"）。他还娶了拜占庭末代皇帝的侄女为妻，自称是拜占庭皇统的合法继承人。1497年，颁布了第一部全国统一的法典，把封建主的特权从法律上固定下来，规定农民只有在每年秋后的尤里耶夫节（旧历十一月二十六日）前后各一星期，才能离开主人外出。统一事业的最后完成，是在伊凡三世的儿子瓦西里三世（1505—1533年在位）统治时期。他在1510年吞并了普斯科夫，1514年吞并了立陶宛统治下的斯摩棱斯克，1521年吞并了梁赞，完成了俄罗斯的国家统一。

从1462年到1533年，也就是在伊凡三世和瓦西里三世统治时期，俄罗斯国家的领土从43万平方千米扩大到280万平方千米，北达白海，南至奥卡河，西到第聂伯河上游，东到乌拉尔山的支脉，成为欧洲幅员最大的国家。

随着俄罗斯统一国家的形成，彻底摆脱蒙古人的统治提上了日程。这时金帐汗国由于统治阶级的内讧，国势衰落，相继分裂为几个汗国——克

---

① 马克思：《十八世纪外交史内幕》，见《马克思恩格斯全集》，1版，第44卷，310页，北京，人民出版社，1982。

里木、喀山、阿斯特拉罕，主要部分在伏尔加河和顿河之间，称大帐汗，最高统治者为阿合马汗。伊凡三世利用各汗之间的矛盾，采用各种手腕，逐步摆脱蒙古人的统治。1478 年，伊凡三世停止缴纳贡赋。1480 年，金帐汗阿合马率兵讨伐。伊凡三世怯阵准备退却。在莫斯科市民的压力下，伊凡三世才陈兵乌格拉河，与蒙古军隔河对峙。不久形势发生变化。蒙古军因天寒粮缺，波兰援军未到，又听说都城萨莱受到克里木汗的袭击，被迫撤兵。伊凡三世不战而胜。不久，阿合马在内讧中被杀。这样，延续近两个半世纪的蒙古贵族对罗斯的统治最终结束。

五、罗斯与瑞典、立窝尼亚骑士团、立陶宛和波兰的关系

12 世纪末，瑞典已征服芬兰部落，占领了芬兰海。1240 年 7 月，瑞典舰队从芬兰海侵入涅瓦河。诺夫哥罗德王公亚历山大·雅罗斯拉维奇率军迎击，大败瑞军于涅瓦河口，他因此获得了"涅夫斯基"（意思是"涅瓦河上的英雄"）的称号。

同年，立窝尼亚骑士团侵入罗斯，占领普斯科夫，接着向诺夫哥罗德推进。1242 年 4 月，亚历山大·涅夫斯基率领罗斯军队与日耳曼骑士团在楚得湖上决战，俄罗斯军队大胜，赶走了骑士团。因战争在封冻的湖面上进行，史称"冰湖大战"。

立陶宛位于波罗的海东南岸，处在普鲁士和立窝尼亚之间。13 世纪初，圣剑骑士团占领立窝尼亚时，立陶宛人尚未建立国家。至明多格（1219—1263 年在位）统治期间，立陶宛形成早期封建国家，同时展开了反对立窝尼亚骑士团的斗争，并不断向处于分裂状态的罗斯扩张。格底敏大公（1315—1341 年在位）统治时期，立陶宛已兼并西北罗斯的波洛茨克、维帖布斯克、明斯克、图罗夫等地，成为东欧的封建强国。不过，立陶宛对罗斯的扩张方式与立窝尼亚骑士团和鞑靼蒙古的军事征服不同，它是通过和平的、联姻的方式进行。罗斯王公为了避免鞑靼蒙古和立窝尼亚骑士团的侵略，也愿意接受立陶宛大公的统治。格底敏大公的儿子奥里格尔德和罗巴塔都娶了罗斯公主为妻，他们分别占有了维帖布斯克和沃伦。1350 年，特维尔王公为了同莫斯科争雄，主动与立陶宛结盟。1356 年，立陶宛占领斯摩棱斯克。1361 年，立陶宛兼并了包括基辅在内的第聂伯河流域。金帐汗国统治的一部分西南罗斯和东北罗斯的一小部分落入立陶宛之手。与此同时，波兰国王卡西米尔（1333—1370 年在位）派军占领了西南罗斯的加

利奇、弗拉基米尔（沃伦）和利沃夫等城。为了共司对抗条顿骑士团，波兰王国和立陶宛大公国决定联合。1385 年，两国在立陶宛的克列沃缔结协定。波兰女王雅德维嫁给立陶宛大公雅盖洛，由雅盖洛任波兰国王，称瓦迪斯瓦夫二世（1386—1434 年在位）。雅盖洛改信天主教，并在立陶宛大公国境内推行天主教。1410 年 7 月，两国联军在格伦瓦尔德附近彻底打败条顿骑士团。从此，骑士团逐渐衰落。

六、伊凡雷帝

1533 年，瓦西里三世死，他的三岁儿子伊凡即位，称伊凡四世（1533—1584 年在位），即俄国史上著名的"伊凡雷帝"。伊凡四世年幼，其母叶莲娜·格林斯卡娅摄政，而她委托宠臣伊·费·奥鲍连斯基等治理，遭到一些大贵族的反对。1538 年 4 月，叶莲娜突然死去，据说是被反对派贵族毒死的，朝政落入大贵族安德烈·叔伊斯基手里。伊凡四世就是在这种残酷的争权斗争环境里长大的。他身为大公，但在大贵族眼里只是一个礼仪性的摆设，所以从小养成冷酷多疑的性格，并非常痛恨大贵族。1543 年，13 岁的伊凡四世在舅父米·瓦·格林斯基的指使下，下令让狗把安德烈·叔伊斯基活活咬死，暴尸宫门。1547 年 1 月 19 日，伊凡四世在克里姆林宫正式加冕，自称沙皇①。1547 年 2 月，年轻的沙皇娶宫廷侍臣尤·扎·罗曼诺夫家的闺秀安娜斯塔西娅·罗曼诺芙娜为妻。此后，外戚之间的争权斗争日益激烈。1547 年夏，由于莫斯科一场大火，引发了人民反对大贵族统治的起义。传说大火是大贵族格林斯基家放的。起义群众冲进克里姆林宫，打死大贵族、沙皇的舅父尤·瓦·格林斯基，把米·瓦·格林斯基革职、流放，起义才逐渐被平息下去。

为了加强皇权，从 1549 年起伊凡四世开始推行政治、经济、司法和军事等方面的改革。伊凡四世的改革和统治，主要依靠有军功的中小贵族的支持，限制大贵族（即波雅尔）的专横。军功贵族是为沙皇服军役的贵族，沙皇封给他们土地，称"领地"，不服役时收回。而大贵族则主要是封建王公的后代，他们世袭占有大面积的土地，对加强皇权不满，因而是伊凡四世打击的对象。宫廷里支持伊凡四世进行改革的主要是贵族政治家阿·

---

① "沙皇"，俄语为 царь，源于古罗马皇帝的称号"恺撒"（Caesar），意即"皇帝"。

费·阿达舍夫和宫廷教士西尔维斯特。1549 年 2 月 27 日，召开了俄国历史上第一次缙绅会议，由波雅尔、高级教士、封地贵族的代表参加，中心是讨论改革和编纂新法典。1550 年，颁布了新法典，把已经取得的中央集权化成果肯定下来，如限制地方总督的权力，废除波雅尔的司法权，一切案件均由沙皇法庭审理，同时使封地贵族在法律上与波雅尔有同等的权利，等等。

对军队和中央国家机关的改革是 16 世纪 50 年代改革的主要内容。1550年，限制按门第选任军官的制度，提高封地贵族在军队中的地位；把莫斯科和附近各县土地分给 1000 多名有军功的贵族。1556 年，颁布了兵役法，变封建家兵为替沙皇服役的军队，规定无论波雅尔还是封地贵族，每拥有150 俄亩①土地，必须提供一名全副武装的骑兵为沙皇服务。为守卫京城，建立了一支直接听命于沙皇的使用火器的射击军②。中央机关的改革，主要是增设了分掌各部门事务的衙门，包括军事、领地、军械、警务、外交、财政等。这些改革加强了沙皇和中央的权力，打击和削弱了大贵族的势力。

伊凡四世在对内厉行改革的同时，积极推行对外扩张。在东方，直接目标就是夺取金帐汗国的遗产，消灭处于四分五裂的鞑靼人的汗国。喀山和阿斯特拉罕两汗国位于伏尔加河中下游，土地肥沃，物产丰富，交通便利，早已引起俄罗斯地主和商贾的垂涎。从 16 世纪 40 年代中叶起，伊凡四世曾几度攻打喀山，但没有成功。1552 年 6 月，伊凡亲率 15 万侵略军，大举进攻喀山。喀山守军不足 3 万人，武器装备也差，但奋起抵抗。9 月 30日，俄军炸毁一段城墙，冲进城内，几乎杀光了所有男子。守军大多壮烈牺牲。后来，喀山人民不断发动起义反抗，均被镇压。

俄军征服喀山后，继续南下，夺取阿斯特拉罕汗国。还在 1551 年，俄国就强迫阿斯特拉罕称臣纳贡。1554 年，3 万俄军占领阿斯特拉罕城，立俄国傀儡为汗。1556 年再次出兵，吞并了阿斯特拉罕汗国。接着又相继吞并了伏尔加河以东的诺盖汗国（这时已分裂）和巴什基尔人的地区。这样，伏尔加河中下游和乌拉尔山东部的广大地区都已被并入俄国，沙皇俄国开始成为多民族的国家。在东方征服取得成功以后，夺取出海口的问题便被提到日程上来。这时黑海北岸由奥斯曼苏丹的藩属克里木汗国控制，而奥

---

① 1 俄亩≈10900 平方米。

② 射击军不是一般的常备军，他们可以带家属，一面执行任务，一面经营工商业。服役期内发给军饷和军服等。

斯曼帝国当时正处于鼎盛时期。因此，伊凡四世对南方采取防守政策，而把目标放在夺取北方波罗的海出海口上，于是发生了长达 25 年的立窝尼亚战争（1558—1583 年）。

立窝尼亚即今爱沙尼亚和拉脱维亚两国所在地，濒临波罗的海东岸。里加、列维尔（塔林）等海港是当时东西欧贸易往来的枢纽，16 世纪上半期仍属骑士团统治，但处于割据状态，一些主教区自行分立。1558 年 1 月，莫斯科政府借口立窝尼亚骑士团与立陶宛结盟反对俄罗斯，发动了立窝尼亚战争。俄军于当年攻占纳尔瓦和爱沙尼亚东部，并于 1560 年击溃了骑士团。俄军的胜利，引起波兰、立陶宛、丹麦、瑞典的不安，并先后出兵立窝尼亚。1561 年，瑞典占领了列维尔和爱沙尼亚北部；同年底，波兰、立陶宛占领立窝尼亚南部。伊凡四世决定与瑞典、丹麦言和，集中力量打击立陶宛。1564 年，俄军在波洛茨克附近惨败，统帅车尔布斯基叛变投敌，俄军被迫停止进攻。1569 年，波兰、立陶宛签订《卢布林和约》，两国合并，并联合瑞典、克里木汗和奥斯曼帝国，从北、南两个方向夹击俄国。1571 年，克里木汗率军一度攻入莫斯科。1582 年，俄国被迫同波兰－立陶宛签订十年停战协定，放弃立窝尼亚，维持原有边界。1583 年 8 月，俄国与瑞典签订停战协定，不但没有得到纳尔瓦[①]，而且把雅姆、科波里耶、伊凡城划归瑞典，俄国只留下芬兰湾岸边涅瓦河口一块不大的地方。立窝尼亚战争以俄国的彻底失败告终，波罗的海出海口没有打通。伊凡四世火冒三丈，一气之下用手杖击毙太子。

在立窝尼亚战争进行期间，沙皇曾在国内实行所谓"特辖制"，严厉打击大贵族，加强沙皇专制。推动沙皇采取这一措施的直接原因是 1564 年俄军统帅库尔布斯基叛逃立陶宛，根本原因是沙皇对波雅尔分权势力的不满和忌恨。1565 年 2 月，沙皇开始在全国推行"特辖制"，即把全国划分为两大部分：普通区和特辖区。前者由贵族组成的杜马管理，后者由沙皇直接派人管理。特辖区内原来的大贵族（王公、波雅尔）一律迁入普通区，在那里领取相应的土地。特辖区里的土地转归沙皇，但又分发给亲信和军功贵族。波雅尔的经济基础被摧毁。敢于反抗和表示不满者，则严厉镇压。沙皇建立了一支数千人的特辖军，作为推行恐怖政策的支柱。对于曾与沙皇分庭抗礼的斯塔里茨公国和诺夫哥罗德，镇压尤为残酷。特辖制刚一推行就从斯塔里茨公国开刀。1565 年初，沙皇以"重大叛国"罪处决该公国

---

① 1595 年俄国一度收回，1617 年又划归瑞典，北方战争时被俄国夺回。

的数名显赫王公。1566年，把200名上书要求废止特辖制的贵族全部杀死。沙皇听说波雅尔杜马成员伊·彼·费多罗夫等与波兰国王勾结，1568年4月，便在皇宫里当着杜马成员的面亲自杀死费多罗夫，并血洗其领地，有150名贵族和300仆从受到株连。1570年1月，沙皇亲自率领特辖军到诺夫哥罗德，以所谓"阴谋叛变"罪，在那里进行6个星期的大屠杀。每天有1000人至1500人被扔进河里，城市周围二三百千米内被洗劫一空。在实行特辖制的7年内（1565—1572年），大约有4000名波雅尔被杀，无辜群众受害丧生者达数万人。一提起伊凡四世，人们便称之为"恐怖的"。1584年3月18日，伊凡四世病逝，历史上称之为"伊凡雷帝"。特辖制的实行，沉重地打击了大贵族势力，有利于专制制度的确立和巩固。

七、波洛特尼科夫起义和罗曼诺夫王朝建立

从伊凡雷帝去世，到1613年罗曼诺夫王朝建立，在近30年的时间里，俄罗斯处于混乱时期。贵族争权，政变频繁，外敌入侵，人祸天灾，国家处于极度动荡之中。

伊凡四世死后，留下两个儿子。一个叫费多尔，是第一个妻子罗曼诺夫家的安娜斯塔西娅所生；另一个叫底米特里，是他最后一个（第7个）妻子所生，才2岁。费多尔继任沙皇（1584—1598年在位）。费多尔弱智无能，大权旁落于外戚波利斯·戈都诺夫手里。戈都诺夫是鞑靼人后裔，出身显贵，因其妹嫁与费多尔，更是跋扈，引起其他王公贵族的不满。1587年，他粉碎反对派的政变阴谋，处死伊·彼·叔伊斯基及其同党，巩固了自己的地位。1598年1月7日，沙皇费多尔死，留里克王朝（862—1598年）绝嗣。1598年2月17日，根据总主教的提议，缙绅会议推选戈都诺夫（1598—1605年在位）为沙皇。

1601—1603年，俄罗斯发生全国性大灾荒，粮价飞涨，饿殍遍野。据说，全国有1/3的居民饿死。阶级矛盾尖锐，各地农民不断起义。波兰－立陶宛王国利用俄国政局动荡之机，扶植反对势力。

1603年，在波兰境内一家大贵族的庄园里，出现了一个自称是伊凡四

世皇太子底米特里的人（底米特里在 1591 年已死①）。他宣称要恢复沙皇皇位，并向波兰国王和罗马教会求援。伪底米特里许诺在胜利后把斯摩棱斯克和塞维尔斯克割给波兰。在波兰国王支持下，1604 年 12 月，伪底米特里带领 4000 波兰军队开进俄国。很多不明真相和对政府不满的人纷纷归附。1605 年 4 月，沙皇戈都诺夫死。6 月，伪底米特里率军进入莫斯科，一个月后加冕为沙皇。1606 年 5 月 17 日，莫斯科人冲入克里姆林宫，杀死伪底米特里，焚尸红场，并将骨灰装进炮筒，朝着他来的方向发射。接着，王公后裔瓦西里·叔伊斯基（1606—1610 年在位）被选为沙皇。

经过数年天灾人祸、政局混乱，人民痛苦不堪。1606 年夏，终于爆发了一场大规模的农民起义，即波洛特尼科夫领导的俄国史上第一次农民战争。伊凡·波洛特尼科夫原是奴仆，服过军役，后逃到顿河一带哥萨克人地区，但被鞑靼人俘虏，卖给土耳其人当划船奴隶。他在一次海战中逃跑，经威尼斯、德意志、波兰返回俄国，在普季夫尔（基辅附近）地区成为农民起义的领袖。他自称是"好沙皇"底米特里的"统帅"，要杀封建主夺取其土地财产，改善人民处境。1606 年 7 月，起义军从普季夫尔出发，向莫斯科进军。9 月，夺取战略要地卡卢加。10 月，包围首都莫斯科，起义队伍发展到 10 万人，包括农民、哥萨克、奴仆，也有一部分小贵族。12 月，在莫斯科城郊失败，退回卡卢加，后转战土拉等地。1607 年 10 月，政府以谈判为名，逮捕波洛特尼科夫，起义失败。1608 年，波洛特尼科夫被处死。

农民起义被镇压后，波兰和瑞典又乘机侵入俄国。1607 年 6 月，在波兰又冒出一个伪底米特里二世，率领波兰—立陶宛军队进军莫斯科。1608 年 6 月逼近莫斯科城下，在离城 17 千米的土希诺村扎营。沙皇叔伊斯基妄图借助瑞典力量对付伪底米特里二世率领的波兰军队，以割让卡累利阿为代价，与瑞典签约，瑞军开进俄国。

波兰国王西吉斯蒙三世以此为借口，把大军开进俄国。1610 年 6 月，波军与俄瑞联军会战于克鲁希诺，因瑞典军倒戈，俄军大败。莫斯科贵族发动政变推翻叔伊斯基，政权转归 7 个大贵族统治。1611 年，波兰军攻占斯摩棱斯克，瑞典占领诺夫哥罗德。俄罗斯面临亡国的危险。俄国各地人民掀起了反对外国武装干涉者的斗争。梁赞小贵族廖普诺夫兄弟组织了第

---

① 死因不明，据政府调查委员会说，因玩刀子时癫痫发作跌倒，刀子刺破喉咙而死。而一些贵族说是戈都诺夫谋害的。新出现的底米特里是谁？当时莫斯科政府说，他是加里奇的波雅尔奥特列比耶夫的儿子，即修道士格雷戈里。

一支民军，下诺夫哥罗德的米宁组织了第二支民军，帕扎尔斯基公爵被推举为"民军司令"。1612 年 10 月，民军光复莫斯科，波兰军队投降。1613年 1 月，在克里姆林宫召开的缙绅会议上，大贵族米哈伊尔·费多罗维奇·罗曼诺夫被推选为沙皇（他是伊凡四世的妻侄孙），开始了罗曼诺夫王朝。

第三节　捷克

一、捷克地区的早期国家

捷克人属于西斯拉夫人的一支，居住在易北河上游一带。公元 5—8 世纪，随着生产力的发展，西斯拉夫人的原始社会解体，开始了国家形成的历史过程。公元 6 世纪末 7 世纪初，捷克各部落在反对阿瓦尔人的斗争中逐渐联合起来，公元 623 年左右形成以萨莫大公为首的公国，史称"萨莫公国"（623—658 年）。萨莫大公率领族人不但打败了阿瓦尔人的进攻，而且还击败了法兰克人的入侵。但是，萨莫公国的基础并不巩固，公元 658 年，随着萨莫大公死后，公国亦即瓦解。

9 世纪初，以莫伊米尔大公（830—846 年在位）为首建立了大摩拉维亚国家（830—906 年），都于维利格勒，版图包括捷克、摩拉维亚和斯洛伐克等地，成为当时欧洲最强盛的国家之一。这时期的西斯拉夫人已较为广泛地使用铁器，手工业和商业都比以前有了较大的发展。莫伊米尔的强大使邻国东法兰克王国感到不安。东法兰克国王日耳曼路易干涉大摩拉维亚的内政，推翻了莫伊米尔的统治，让莫伊米尔的侄子罗斯提斯拉夫（846—870 年在位）继位。与此同时，德国人不断对斯拉夫人的领土进行扩张，曾一度占领了整个大摩拉维亚。德国人推行歧视斯拉夫人的政策，强迫当地居民信奉西方基督教，并用拉丁语做礼拜。这些自然引起大摩拉维亚人的不满。罗斯提斯拉夫想乘机摆脱德国人的控制，于是请求拜占庭派教士来大摩拉维亚布道。

863 年，拜占庭派遣以西里尔和美多德兄弟为首的布教团前往大摩拉维亚。他们通晓斯拉夫语言，以希腊字母为基础创造了斯拉夫文字，并将《圣经》翻译成斯拉夫文。他们还用斯拉夫语传教、做礼拜。他们培养斯拉夫人出身的教士，使大摩拉维亚教会逐渐摆脱德国人的控制而独立。西里尔和美多德兄弟的传教活动得到罗斯提斯拉夫大公的支持，却遭到德国教会的仇视。870 年，在德国封建统治者的支持下，斯维亚托波尔克（罗斯提斯拉夫大公的侄子，870—894 年在位）推翻罗斯提斯拉夫大公的统治，夺取政权。斯维亚托波尔克最初得到德国封建主的扶植。但是，不久德国封建主对他表示怀疑，将其逮捕，改由德意志伯爵暂时管理大摩拉维亚，并对当地居民实行高压统治，大肆迫害拜占庭的传教士。美多德被捕下狱（西里尔于 869 年死），遭到严刑拷打。德国封建主的暴行遭到大摩拉维亚人民的强烈反抗。871 年底，爆发了由斯拉伏米尔神甫领导的起义，给德国统治者以沉重的打击。为了镇压起义，德国统治者释放了斯维亚托波尔克，想借其手扑灭人民反抗的烈火。但是，斯维亚托波尔克并未遵照德国封建主的意图行事，而是倒向起义者方面，把斗争的矛头指向德国军队。经过战斗，斯维亚托波尔克重新恢复政权，下令从狱中释放美多德。美多德于 885 年去世。他死后，拜占庭的传教士在大摩拉维亚受到排斥，最后被驱逐出境，德国传教士的势力在大摩拉维亚又占据上风。

9 世纪末，大摩拉维亚统治者内讧频繁，国家分裂，最后形成两大政治联盟：一是以兹里察公爵斯拉夫尼可夫家族为首，中心在里比茨城；一是以捷克公爵普舍美斯家族为首，中心在布拉格。双方不断进行战争。906 年，匈牙利人趁大摩拉维亚内讧之机，大举进犯，将其灭掉。此后，捷克从大摩拉维亚分离出来，逐渐形成独立的国家。

996 年，捷克公爵依靠教会的支持，打败对手，统一了捷克各部，建立起普舍美斯王朝（996—1306 年）。

二、封建关系的确立和经济发展

捷克的封建化过程开始于大摩拉维亚时期，发展于 10 世纪，基本完成于 12 世纪末。

10 世纪，在波列斯拉夫一世（935—967 年在位）统治时期推行采邑制，受封的亲兵获得大量的土地，成为封建贵族，司时，教会也被赐予大量土地，成为封建统治阶级。这一时期，广大农民农奴化，成为社会的基本生产者。11—12 世纪，捷克原有的奴隶——阿特洛克被分给份地，他们的地位有所上升，融合在农奴之中。

12 世纪，捷克的封建贵族分为两个阶层：上层称为"潘"，由大封建贵族构成；下层称为"骑士"，由中、小封建贵族构成。封建生产关系确立之后，捷克的生产力有明显的进步。11—13 世纪是捷克经济平稳发展时期。

农业方面，耕地面积扩大，三田制逐步推广，铁制农具得以普遍使用。

手工业方面，农村家庭麻纺业和毛纺业都有较大的发展，同时，其他手工业行业也兴盛起来。

采矿业和冶金业方面，捷克的采矿业发展较早，在经济中占有重要地位。捷克采矿业以采银业为主，同时还开采铁、铅、锡、金等。12—13世纪，银矿的开采发展迅速，捷克的白银产量占欧洲的首位，特西勃尔、古登堡等地都成为重要的银矿开采中心。

随着经济的发展，手工业脱离了农业而独立，从而促进了城市的产生和发展。11—12世纪，捷克出现了许多以工商业为中心的城市，特别是在矿区，不断有新建城市出现。当时捷克的著名大城市有布拉格、比尔森、埃格尔、阿斯特拉瓦等。

城市兴起之后，商品货币关系发展较快，促进了捷克国内各地区之间的经济联系，布拉格逐渐成为全国的经济中心。捷克的对外贸易也有较大的发展，与匈牙利、威尼斯、俄罗斯以及西欧都有贸易往来。外国商人在捷克享有贸易特权。

三、德国殖民

捷克在历史上曾长期附属于神圣罗马帝国。

11—12世纪，捷克的统治者为争夺政权发生内战，战争结果是弗拉提斯拉夫王公获胜，为了巩固自己的统治，他请求神圣罗马帝国皇帝承认他的政权。这给德国封建主干涉捷克提供了可乘之机。1086年，神圣罗马帝国皇帝亨利四世授予弗拉提斯拉夫二世（1062—1092年在位）国王称号，但王位不得世袭。1156年，神圣罗马帝国皇帝红胡子弗里德里希（即弗里德里希一世）为了酬谢捷克公爵帮助德国远征意大利，准予捷克王位世袭。13世纪，捷克国王成为神圣罗马帝国的七大选侯之一。

德国封建主对捷克的土地和矿藏垂涎已久。从12世纪起，德国开始大规模地向捷克移民。大批德国人像蝗虫一样成群结队地涌入捷克。首先移民而来的是德国的高级教士，他们大肆掠夺捷克的土地，几乎霸占了捷克全国一半的耕地。这些德国人还控制捷克的教会和修道院，窃取了许多重要教职，如主教、修道院院长等。德国人把持的教会为了巩固和扩大自己的势力，还从德国招徕大批骑士，让他们分享捷克的土地，奴役捷克农民。

德国的商人和手工业者也步德国高级教士之后尘，大量涌入捷克。他们建立自治城市，享有各种特权，沿用自己的法律。许多德国的商人变成了捷克的城市贵族。

德国殖民对捷克的社会经济产生了深远的影响。一方面，在捷克国内形成了一个以德国教俗封建主为主体的特殊社会集团，控制着捷克的经济、政治命脉。这个集团占有大量的生产资料，享受种种政治特权。另一方面，捷克贵族逐渐日耳曼化。他们接受德国人的影响，抛弃本国语言而改用德语，竭力模仿德国人的生活习惯和穿着打扮，并以与德国贵族攀亲为荣。捷克国王的日耳曼化尤其为甚，例如，13 世纪的捷克国王瓦茨拉夫一世只讲德语，并用德国语言写作诗文。

四、14 世纪的经济繁荣

14 世纪初，捷克开始了卢森堡王朝的统治（1310—1437 年）。捷克经济在 14 世纪获得很大的发展，其中采矿业尤为突出，白银的产量每年高达 10 万马克。新开采的库特纳山银矿收益丰厚。此间，冶铁业也获得很大的发展，铁制耕犁以及镰刀、铁斧等得以广泛使用。

随着经济的繁荣，城市发展迅速，到 14 世纪末，捷克大约有 100 座城市，手工业行业多达 200 多种。首都布拉格在全国经济发展中居于举足轻重的地位。这时期，捷克的呢绒纺织业中出现了使用雇佣劳动的大作坊，捷克生产的呢绒在欧洲享有盛誉。

城市商品货币经济的发展对农村经济产生了深远的影响，加速了农村商品生产的发展，货币地租随之流行。从 14 世纪开始，捷克对外输出农产品。

14 世纪的经济发展，有利于捷克王权的加强。国王从采矿业和其他方面取得丰厚收益，成为当时欧洲有名的富翁。随着经济实力的增强，捷克在神圣罗马帝国的地位不断提高。1347 年，卢森堡王朝的查理一世（1347—1378 年在位）当选为神圣罗马帝国皇帝，称查理四世。他在捷克大力推行有利于城市经济发展和鼓励商业发展的政策。在他统治期间，布拉格城市特权受到保护，国内市集贸易进一步繁荣。

五、阶级矛盾和民族矛盾的激化

商品货币经济的发展刺激了封建主享受奢侈生活的欲望。为了攫取更多的货币，他们加紧对城乡人民的盘剥。移居捷克的德国封建主更是横征暴敛，十分贪婪。14 世纪，捷克的德国封建主不断加重剥削和压迫，使得捷克的阶级矛盾和民族矛盾空前激化。

在农村，封建主采取所谓"赎买法"来榨取农民的金钱。所谓"赎买法"，是要求农民一次性地交纳大笔现金，以赎买保有土地的继承权。但是，实际上封建主很少履行承诺，农民的土地继承权根本得不到保证。商品货币关系的发展也使得许多骑士日益走向衰落。他们生活拮据，被迫出卖自己的领地，生活每况愈下。

在城市，由德国移民构成的城市贵族控制着城市的政治、经济。他们与捷克贵族勾结起来，对城市中的中、下层居民进行敲诈勒索，激起城市广大居民的严重不满。市民阶级对城市贵族的富有和特权极为嫉恨，总想有朝一日能取而代之。城市平民既痛恨城市贵族的专权又不满市民阶级的盘剥，尤其憎恨移民捷克的德国城市贵族的压榨，因而，城市平民的仇恨具有阶级和民族的双重意义。

14—15 世纪，天主教会是捷克人民的主要反抗目标。天主教会是捷克国内的最大封建主，霸占了全国一半左右的耕地。高级教士不但占有大量的地产，而且还占有城市。例如，布拉格大主教就占有 900 个村庄和 14 座城市。

捷克教会的上层大都由德国移民构成。这些德国"精神贵族"对捷克广大人民巧取豪夺，将各种赋役重担压在捷克人民身上。捷克人民生活悲惨，城市中的赤贫者竟占城市人口的一半左右。

14 世纪末，查理四世推行与教皇联盟的政策，使教皇可以通过捷克教会对捷克人民大肆搜刮，以此来弥补因百年战争而使罗马教廷在英法两国遭受的税收损失。

天主教会敲骨吸髓般的剥削，激起了捷克人民的强烈不满，民族矛盾和阶级矛盾日趋激化，天主教会已成为众矢之的。一场大规模的反教会斗争正在成熟。

六、胡斯的宗教改革

领导捷克人民反教会斗争的领袖是捷克的宗教改革家和伟大的爱国者约翰·胡斯（约 1371—1415 年）。

胡斯出生于捷克南部的胡西尼茨村的一个贫农家中。少年时代学习勤奋，顺利通过初等教育，然后进入布拉格大学接受高等教育。1394 年，大学毕业。1396年，获得硕士学位。1398年，在布拉格大学任教，并成为该校的正式教授。由于胡斯学识渊博，待人诚恳，1401年被选为布拉格大学文学院院长，翌年，又当选为该校校长。

胡斯从青少年时代起，就亲身经历了民族和阶级压迫的痛苦，耳闻目睹了德国贵族的种种劣迹，这些都激励着他要把捷克人民从灾难中解脱出来。胡斯大学毕业之后，积极投身于宗教改革活动之中。1400年，他被任命为神甫。从1402年起，他又在布拉格的伯利恒教堂向人民大众传教。

胡斯在他的传教活动中，对天主教会的贪婪进行了猛烈的抨击。他说：你们看那些道貌岸然的教士们整天高喊守贫、苦修，可是，实际上无时无刻不在盘算着如何搜刮民脂民膏，"甚至藏在穷老太婆身上的最后一个铜币，都被无耻的神甫搜刮出来。如果不花在忏悔上，就花在弥撒上；不花在弥撒上，就花在圣徒遗物上；不花在遗物上，就花在赎罪上；不花在赎罪上，就花在祈祷上；不花在祈祷上，就花在埋葬上。难道不能说神甫比强盗还狡猾、还凶恶吗"？

胡斯在传教中还对高级教士的腐化堕落进行无情的揭露。他向人们讲述了一件他亲眼看见的教会丑闻：一天，一个神甫向天主发完愿之后，竟在光天化日之下把一个有夫之妇拖到祭台上，大干伤风败俗之事。

胡斯的布道击中了教会的要害，使广大捷克民众无不对教会的腐败恨之入骨。在胡斯的宣传鼓动下，一场宗教改革运动在捷克蓬勃兴起。随着运动的发展，胡斯的宗教改革思想也日臻成熟。胡斯借鉴了英国约翰·威克利夫的宗教改革学说，提出了自己的宗教改革思想，归纳起来有以下几点。

第一，主张没收教产，收归国有。

胡斯认为教会腐化堕落的根本原因在于教会拥有大量的地产，这是一切腐败之根源。胡斯指出只有没收教产归国有，僧侣们的贪婪、放荡才能根除。他打了一个生动的比喻，他说："夺去狗吃的骨头，狗就不会再咬；剥夺教堂的财产，就找不到教堂里的神甫。"

第二，主张世俗权力高于教会权力，否认教皇具有最高权威。

胡斯认为教权应服从于世俗政权，教皇的权威应给予蔑视。胡斯痛斥教皇兜售赎罪券的可耻行径，称罗马教皇是"基督之敌"，号召人们用武力来反抗教皇。在胡斯的影响下，1412年6月，捷克民众在布拉格街头举行反教皇的游行示威。在游行时，一个娼妓扮演教皇，免费分发"赎罪券"，使人们捧腹大笑，拍手称快。捷克当局对这次游行万分恐惧，进行了血腥的镇压，3 名参加化装游行的年轻帮工被处死。

第三，主张取消教会的特权，建立廉价教会。

胡斯在吸取前人的宗教改革思想的基础上，提出所有的教徒应该一律平等的思想，并且极力主张取消教会的特权。中世纪时期，天主教会的特权之一是在举行圣餐礼时，只有神职人员才有权使用圣杯领取象征基督血的葡萄酒，而一般信徒无使用圣杯的特权。胡斯对教会的这种特权进行了猛烈的抨击，受到广大信徒的热烈拥护。后来，在胡斯战争中形成了圣杯派，主张在领圣餐时，一般教徒与主礼僧侣同样享有使用圣杯的权利。

第四，主张《圣经》享有最高的权威，是教义的唯一源泉。

胡斯认为《圣经》的权威是至高无上的，凡是在《圣经》里找不到的信条都应给予否定；如果主教和领主违反了《圣经》，那么，臣民就没有执行他们命令的义务。胡斯还认为每个信徒都有权按照自己对《圣经》的理解来决定信仰。胡斯的这一观点，比之前的宗教改革家们大大地前进了一步，为 16 世纪的宗教改革运动提供了重要的思想资料。

第五，主张用本国语言做礼拜。

胡斯认为捷克的教徒在做礼拜时，应使用本国语言——捷克语。胡斯字斟句酌地校订了捷文译本《圣经》，对捷克语言的发展做出了重大贡献。

胡斯的宗教改革思想反映了捷克社会各阶层人民的意愿，得到广大民众的崇敬和信仰。从根本上来说，胡斯的宗教改革思想是代表市民阶级利益的。

胡斯不但是宗教改革家，而且还是伟大的爱国者。当外敌入侵时，胡斯号召捷克人民奋起保卫祖国，他说："狗都知道保护自己的洞穴，别的狗想赶走它的时候，就会同它做斗争……德国人压迫我们，而我们却默不作声！"胡斯痛斥那些卖国求荣者，认为他们比"狗和蛇还卑鄙"。胡斯主张捷克人自己管理自己的国家，认为德国人在捷克土地上的优越地位是同神学教义相抵触的。胡斯把爱国主义的宣传与揭露天主教会的黑暗结合起来，受到捷克民众的热烈欢迎。胡斯的威望与日俱增。

胡斯的宗教改革活动激起了罗马教廷和德国高级教士的仇恨。1411 年，胡斯被革除教籍，第二年又被逐出布拉格。胡斯离开布拉格之后，到捷克南部农村继续从事宗教改革活动，向广大贫苦农民布道，讲述封建主是如何吮吸农民的血汗，号召农民站起来，和一切违反《圣经》和宗教真理的行为做斗争。胡斯利用农村的安静环境，完成了一系列重要的宗教著作，其中包括《布道录》《论买卖宗教职位》等。

教皇对胡斯的"异端"宣传十分恐惧，必置他于死地而后快。1414 年，全欧宗教大会在康斯坦茨召开。这次大会的重要议题之一就是通过所谓"信仰案"，即树立教徒对天主教的绝对信仰，保卫天主教学说免遭所谓异端邪说的侵害。当时，胡斯的宗教改革学说被教会视为最大的"异端"。宗教大会传唤胡斯出席会议。胡斯深知赴会凶多吉少。但是，为了在全欧的宗教大会上捍卫自己的学说，公开证明真理的伟大，胡斯还是不顾个人的安危，毅然决定出席会议。神圣罗马帝国皇帝西吉斯蒙为了诱骗胡斯赴会，诈称要保护胡斯的人身安全，还虚伪地向胡斯颁发了"安全保护证书"。1414 年 11 月 3 日，胡斯在人民群众的欢呼声中来到大会的会址。宗教大会要求胡斯无条件地放弃自己的学说，但是遭到胡斯的严词拒绝。胡斯被投入阴暗潮湿的地窖牢房中，并且多次受到严厉的审讯。胡斯在法庭上坚持自己的宗教观点，毫不动摇。他说："如果由于我的软弱而动摇了人民的信念，那我还有脸面去见苍天，去见千千万万的人民吗？"

1415 年 7 月 6 日，宗教会议宣判胡斯为异端分子，处以火刑。同日，胡斯被烧死在火刑柱上。

七、胡斯战争

胡斯殉道的消息激起了捷克人民的极大愤怒。捷克各阶层群众严厉谴责教会的暴行，人们自发地举行暴动，驱逐德国高级教士，拒绝交纳什一税，捣毁教堂，痛打教士。捷克的反天主教会斗争愈演愈烈，终于在 1419 年 7 月形成了大规模的人民起义。因为起义者以胡斯宗教改革思想为旗帜，以胡斯党人为领袖，故名"胡斯战争"（1419—1434 年）。

胡斯战争爆发的基本原因是捷克封建社会阶级矛盾和民族矛盾的空前激化，矛盾的焦点集中于德国高级教士所控制的天主教会。教会的横征暴敛、奢侈腐化引起了捷克各阶层人士的普遍不满，因而起义者把斗争的矛头首先指向教会，要求捷克摆脱德国人的控制。这就决定了这场战争具有反抗外族压迫的民族解放性质。

胡斯战争以"掷出窗外事件"作为开端。这一事件爆发的直接原因是捷克国王向天主教会讨好，企图召回被捷克人民逐出布拉格的天主教神甫，并由他们取代由人民推选出的胡斯派教士；更有甚者，国王还罢免了一些城市议会的议员，任命天主教的教士取而代之。国王的倒行逆施引起了布拉格市民的极大义愤。1419 年 7 月 30 日，布拉格的平民成群结队地涌上街头，聆听胡斯派教士约翰·哲里夫斯基的讲道。他慷慨激昂地向信徒们布道，号召捷克人民对上帝的敌人进行武装斗争，所谓上帝的敌人就是吸吮捷克人民鲜血的剥削者。布道完毕，当哲里夫斯基在信徒的簇拥下经过市政厅大厦时，躲在大厦中的某些市议会的议员公开向游行群众挑衅，抛出一块石头，正好击碎哲里夫斯基手中的圣杯。这个挑衅行为，激起胡斯派信徒的极大愤恨，他们冲进大厦，将8名市议员从窗口掷了出去。街上人山人海，刀枪如林，群情激愤。

这一"掷出窗外事件"成了起义的信号。布拉格全城顿时敲响警钟。起义者手持武器，冲进教堂，鞭打神甫，夺取政权。一场起义的烈火在首都布拉格熊熊燃起。布拉格的起义烈火很快燃遍整个捷克，一场轰轰烈烈的胡斯战争揭开了序幕。

战争中，起义军形成两大派别。一派是塔波尔派，因起义者的根据地设在塔波尔山。这一派主要由农民、手工业者、矿工和城市平民组成。他们要求取消教会的各种特权，没收教会地产，分给农民；废除农民的封建义务，建立人民掌权的共和国。他们还把自己的财产放到街上的大木桶里，共同享用。从这一派分化出来的毕卡特派更为激进，要求彻底废除私有制，取消国家，建立没有任何等级的自由的教会公社。塔波尔派为起义军的左派。另一派为圣杯派，因主张俗人也和教士一样享有用圣杯领取圣餐的权利，故名。这一派主要由城市中产阶级和农村中、小封建主构成，他们主张没收德国高级教士控制的教会财产，据为己有；限制大封建主的专横；摆脱德国对捷克的控制，使捷克获得独立；建立捷克的民族教会，以取代德国人把持的天主教教会；用本民族语言做礼拜。圣杯派为起义军的右派。

塔波尔派和圣杯派的阶级利益有所不同，但是有一个共同点，就是要摆脱德国的束缚，争取民族独立。共同的民族利益将这两派团结在胡斯宗教改革的思想旗帜下，形成有条件的、暂时的联合。

胡斯战争爆发后，捷克国王西司拉斯四世（1378—1419年在位）因惊吓而亡。西司拉斯四世无嗣，按规定王位应让给他的兄弟、神圣罗马帝国皇帝西吉斯蒙。但是，捷克人民憎恨这个屠杀胡斯的刽子手，所以，他不敢去捷克即位，而是任命守寡的捷克王后索菲亚为捷王。

捷克起义的烽火波及邻国，德国、奥地利、波兰等国都不同程度地爆发了由胡斯信徒领导的起义，这已危及罗马教廷的统治。教皇马丁五世和德皇西吉斯蒙勾结起来，组成十字军对捷克起义军进行"讨伐"。十字军主要由德国封建主构成，其他一些国家的怀有野心的骑士也参加到这一行列之中。

1420 年，西吉斯蒙率 10 万大军直扑捷克，妄图一举攻陷布拉格，但是，在布拉格郊区的维特科夫山遭到捷克起义军的顽强抵抗。十字军受到重创，被迫撤兵。第一次十字军"讨伐"以失败而告终。

起义军的著名军事统帅是约翰·杰式卡（约 1376—1424 年）。他出生于捷克的一个破落骑士家庭，年轻时服过军役，英勇善战，积累了丰富的作战经验。他受胡斯思想影响很深，是胡斯学说的忠实信徒。他率领起义军于 1421 年和 1422 击退了十字军的第二次和第三次"讨伐"。他在战争中制定了符合农民战争特点的战略战术，其中大车战便是突出一例。这种战术的具体做法是将一辆辆普通的木制大车用锁链连接起来，车上载有若干数量的弹药和轻便野战炮，并且安装遮棚用作战士的掩体。作战时，大车队迅速摆成圆阵，步兵和炮兵隐蔽在大车阵圈内向敌人射击。这种战术是对付封建骑兵十分有效的方法，使敌人闻风丧胆。

1424 年 10 月，杰式卡死于瘟疫。塔波尔军由大普罗可普和小普罗可普指挥。他们率领起义军于 1427 年和 1431 年分别击败了第四次和第五次十字军进攻，并率军攻入奥地利、匈牙利和萨克森等地，极大地鼓舞了当地人民的反封建斗争。

随着战争的深入发展，起义军的内部分裂日趋明显。圣杯派已夺取天主教会的教产，为了保护自己的既得利益，他们希望尽早结束进行了十多年的战争。圣杯派开始谋求与敌人谈判，相互勾结，伺机消灭塔波尔派。1433 年，教皇和德国封建主与圣杯派秘密谈判并达成协议：允许俗人用圣杯领圣餐，已没收的教产可不归还。

1434 年，圣杯派在天主教会和德国封建主的支持下，在里旁与塔波尔派进行会战。圣杯派方面拥有 2 万多步兵，几千名骑兵和 600 辆大车。塔波尔派拥有 1 万多步兵，800 多名骑兵和 360 辆大车。双方进行了殊死的决战，但在战争的关键时刻，塔波尔军内部出现叛徒，结果惨败，大、小普罗可普阵亡，1 万多塔波尔伤员被屠杀。至此，大规模的捷克农民战争失败了，不过，塔波尔城的斗争一直坚持到 1452 年。

胡斯战争具有重大的历史意义，它是欧洲首次以农民为主体的大规模的反罗马教廷的民族起义，给天主教会和德国侵略势力以沉重的打击，保证了捷克在一定的历史时期内保持政治的独立性。

胡斯战争期间，塔波尔派的思想传到捷克的邻国，促使这些国家在 15—16 世纪掀起反封建斗争的高潮。而胡斯的宗教改革思想对 16 世纪的德国马丁·路德的宗教改革产生了深远的影响，为马丁·路德的宗教改革提供了思想理论武器。

复习思考题

1. 试评价查士丁尼。
2. 试述俄罗斯中央集权国家形成的过程和意义。
3. 简述胡斯宗教改革的主要内容。

第五章　西亚的封建帝国

第一节　阿拉伯帝国

一、阿拉伯半岛的社会状况

阿拉伯半岛是世界第一大半岛和阿拉伯文明的发源地。"阿拉伯"这个词最早出现于公元前853年的亚述碑文中，希伯来语意指旷野、荒芜，而在阿拉伯语中是沙漠的意思。公元前530年左右，波斯楔形文字"阿拉比亚"一词即为阿拉伯。此后，希腊、罗马史家多用"阿拉伯人"或"阿拉比亚人"指称整个阿拉伯半岛的居民。而半岛居民首次采用"阿拉伯人"称谓，见于公元前后南方的古代碑刻。在中国史书上，阿拉伯被称为"大食"，意为商人。

伊斯兰教创立时期，"阿拉伯人"主要是指半岛上的贝多因人（Bedouins），阿拉伯语义为"沙漠之子"，即指在大沙漠中逐水草而居的游牧部落。半岛统一后，原作为民族称谓的"阿拉伯"同时也用作国名了。帝国形成初期，"阿拉伯人"泛指所有讲阿拉伯语并具有阿拉伯血统的阿拉伯部落，他们本身或其祖先在半岛出生；后来，"阿拉伯人"已常常用以指代那些被同化的其他民族。

阿拉伯半岛幅员辽阔，约为欧洲领土面积的1/4，主要分为汉志①、内志②和也门几个地区。红海沿岸的汉志和阿拉伯腹地的内志位于西北部；西南部的也门是一块难得的"绿洲"，以种植业为主，素有"阿拉伯福地"之称。半岛的自然条件较为恶劣，除少量土地适宜农耕外，绝大部分为沙漠

---

① 又译希贾兹。
② 又译纳季德。

和草原。这里土地贫瘠，气候干燥，终年干旱少雨，夏季酷热。但是，由于半岛从属于地中海文明圈，其地理位置较为重要。从也门经汉志到叙利亚向东抵达中国，自古以来就是一条东西方贸易商路。东方的商品经红海运到也门，由骆驼运往巴勒斯坦，然后再转运欧洲各地。

在汉志地区，商路两旁兴起了许多商业城市。其中，麦加地处从也门到叙利亚、从埃塞俄比亚到美索不达米亚这两条商路的交叉点上，是半岛最重要的圣城。它的基本居民古莱西部落主要经营商业、手工业和服务业。麦加商队则由倭马亚家族大富商阿布·苏菲扬担任首领，他们冬去也门，夏往叙利亚，经营转运贸易。城内有赛母桑泉，适宜于商旅饮水与歇脚。还有一个由灰褐色石头砌成的立方体建筑——著名的克尔伯古庙，也就是中国伊斯兰教经典所称的"天房"。在古庙墙壁上，镶嵌着一块略带微红的褐色陨石。阿拉伯人认为这个神物的每个凹痕都是天降圣书。除了那块陨石外，天房里还供奉着半岛诸部落各自的偶像。每年春天，当朝拜盛季来临时，古莱西商人、贵族都从热闹非凡的庙会、市集和朝圣活动中获取大量收入。雅特里布是阿拉伯半岛的另一重要圣城，地处半岛东北部，位于也门和叙利亚的通商大道上。虽然它的气候和土质都胜过麦加，却没有麦加那样极富吸引力的泉水、神庙与圣物。雅特里布住有 5 个部落，多数从事农业，少数人从事手工业和商业；居民在信仰上有所差别，有的信奉原始宗教，有的信仰犹太教。

公元前，也门地区曾建立过奴隶制国家。公元 6 世纪，半岛大部分地区还处于原始社会末期。不过，私有制和剥削现象已经出现，部落贵族之间常为争夺水草、牲畜（羊、骆驼和马）和奴隶而发生战争。为了控制东西方之间的贸易，拜占庭人和伊朗人曾把从也门到叙利亚的阿拉伯商路当作争夺的重要目标。由于战争的破坏，阿拉伯商路湮没，商旅不行，经济萧条，人口锐减，广大下层群众如农民、牧民、手工业者和奴隶深受其害；许多依靠过境贸易维持生计的人逐渐失业，并陷入贫困状态。在这种特定的社会背景下，适应阿拉伯统一国家形成需要的意识形态伊斯兰教应运而生。

二、伊斯兰教的产生

自从 7 世纪初期创教以来，迄今为止，伊斯兰教已有近 1400 年的历史。阿拉伯人在历史上所建立的，不仅是一个实在的帝国，而且是一种伊斯兰教文化。随着阿拉伯帝国的扩张和宗教的传播，阿拉伯民族的聚居地和伊斯兰教的影响范围也随之变化。近些年来，伊斯兰教在各种宗教中增长最快，穆斯林（伊斯兰教徒）在世界总人口中的比重达到 1/5，主要分布在西亚、北非、南亚、东南亚等地区。

伊斯兰教创立者穆罕默德（约 570—632 年）出身于麦加古莱西部落的哈希姆家族。他早年失去父母，不得不依靠祖父生活，后来伯父收养了他。从 12 岁时起，穆罕默德就跟随伯父经商，到过叙利亚和也门等地。25 岁那年，他与比他大 15 岁的富孀赫蒂彻结婚。这桩婚姻为其后来的传教事业提供了雄厚的物质基础。

伊斯兰教在产生时是一种混合性宗教。以前，阿拉伯半岛没有统一的宗教信仰，阿拉伯人信仰的是原始的多神教，主要表现为拜物教、自然崇拜、图腾崇拜等。由于受到古代宗教以及犹太教和基督教的影响，阿拉伯半岛出现了以一神信仰为特征的哈尼夫教，同时，犹太教的《圣经·旧约》中关于创世、复活、赏善、罚恶等说教，还有基督教的福音、基督传说、末日审判和基督教义，也在阿拉伯民众中流传开来。当时，穆罕默德自称为安拉的使者，并把古莱西部落神安拉提高到全民族唯一真神的地位，从而创立了伊斯兰教。

在世界三大宗教中，伊斯兰教是最年轻的，它比佛教晚了近 1150 年，比基督教晚了约 600 年。如果说佛教和基督教产生于古代世界，那么毫无疑问，伊斯兰教就是中世纪的产物。在阿拉伯语中，"伊斯兰"一词意为和平、皈依、顺服；"穆斯林"一词则由"伊斯兰"派生而来，意即和平者、归顺者和服从者。

伊斯兰教最重要的经典是《古兰经》。《古兰经》不仅是每个穆斯林必须严格遵守的基本准则，也是阿拉伯世界的立法依据，其中包括穆罕默德提出的有关社会问题的解决办法。不仅如此，《古兰经》还是阿拉伯语中首先加以记载的典籍，早已成为研究早期阿拉伯历史和文化的珍贵资料。一千多年以来，随着阿拉伯民族的发展，《古兰经》作为阿拉伯语文的典范，对许多民族的文学史产生了很大的影响。

三、阿拉伯统一国家的形成

610 年，穆罕默德到麦加附近的希拉山上潜修，说是得到真主的启示，开始传教活动。由于遭到麦加富商的反对，穆罕默德在麦加的传教活动只能秘密地进行。起初，他的信徒仅有他的妻子、堂弟、女婿、岳父和几个密友，后来才渐渐多起来。麦加传教时期（610—622 年）的头三年有信徒 40 人左右。由于伊斯兰教不承认任何部落神，麦加便失去了宗教中心的地位，使麦加贵族的经济利益和特权受到威胁。于是，以苏菲扬为首的麦加贵族，采用种种手段，不仅禁止传播伊斯兰教，而且试图杀害穆罕默德及其信徒。在万分危急的情况下，622 年 7 月 16 日深夜，穆罕默德和阿布·伯克尔率领一部分信徒避住雅特里布，这就是著名的"希吉拉"，意为"出走""迁徙"，汉译为"徙志"。后来，雅特里布改称"麦地那"，意即"先知之城"；622 年被定为伊斯兰教历元年，7 月 16 日为元旦。从麦加迁移到麦地那的穆斯林被称为"迁士"，而麦地那的穆斯林则被称为"辅士"。

在麦地那传教时期，穆罕默德的宗教思想和伊斯兰教教义基本上形成了。而且，穆罕默德在麦地那建立起一个政教合一的新国家，即"穆斯林公社"（或宗教公社）。他就是这个新国家的政治、军事和宗教首领，掌握一切大权。凡穆斯林都是公社成员，皆以兄弟姐妹相称。他们曾多次攻打麦加。630 年，穆罕默德统率大军兵临麦加城下，迫使麦加贵族接受伊斯兰教，承认其宗教权威。穆罕默德则承认麦加是伊斯兰教的圣地，把克尔伯古庙改为伊斯兰教圣寺（麦加大清真寺），定为朝觐之地。麦加成为圣地以后，克尔伯古庙里的部落神像被清除，只保留了作为伊斯兰教圣物的黑陨石崇拜。经过历代不断的修葺，圣寺的规模扩展到 16 万平方米，可容纳 50 万人同时做礼拜。从此，麦加成为阿拉伯国家的宗教中心，首都麦地那则成为政治中心。

征服麦加是阿拉伯统一国家形成过程中的关键步骤之一。631 年，半岛南北纷纷派代表团来麦加朝拜，承认穆罕默德的独尊地位，阿拉伯半岛基本上实现了国家统一，从而为阿拉伯帝国的建立奠定了基础。

四、初期哈里发和阿拉伯帝国

632 年，穆罕默德病逝，他没有男性子嗣，只留下一个女儿法蒂玛。穆罕默德生前未来得及指定继承人，也没有遗嘱留下，于是在穆斯林之间展开了一场争夺宗教领袖继承权的斗争。经过迁士和辅士之间的协商，穆罕默德的岳父和密友阿布·伯克尔被推举为阿拉伯国家第一任哈里发（632—634 年在位）。在阿拉伯语中，"哈里发"意为先知的代理人或继承人，他是集宗教、军事和行政大权于一身的阿拉伯国家元首。

阿布·伯克尔在镇压内部反叛以后，开始进攻拜占庭和伊朗，先后攻占巴士拉和大马士革等地。从第二任哈里发（634—644 年在位）奥马尔开始，阿拉伯国家走上了大规模对外扩张的道路。636 年，阿拉伯人在约旦河支流的雅姆克河畔大败 20 万拜占庭大军，占领叙利亚。638 年，阿拉伯军队占领包括耶路撒冷在内的全部巴勒斯坦地区。同时，他们在两河流域击溃伊朗主力（636 年），次年占领其首都泰西封，并于 642 年迫使伊朗投降。在北非，阿拉伯人于 639—646 年征服整个埃及，645 年又攻占昔兰尼加和利比亚。

阿拉伯人在扩张过程中所占领的土地归国家所有，所房获的财物按照《古兰经》的原则进行分配。但是，在倭马亚家族出身的奥斯曼当选为第三任哈里发（646—656 年在位）以后，军政高级职位往往由哈里发的近亲和古莱西部落首领充任，倭马亚家族在富庶的叙利亚和埃及等地占有大片土地，并竭力扩张其政治势力，导致平民与贵族之间的差别不断扩大。阿拉伯国家政权具有明显的贵族性质。

穆罕默德的堂弟和女婿阿里利用穆斯林的不满，反对以叙利亚总督阿布·苏菲扬之子摩阿维亚为首的倭马亚贵族。阿里的支持者认为，奥斯曼系倭马亚家族，曾是先知穆罕默德的政敌，因而无资格当哈里发；阿里是先知的近亲，袭任哈里发位则在情理之中。于是，在穆斯林内部形成了一个与正统派（逊尼派）相对立的政治派别——什叶派。"逊尼"原意为"遵守逊奈者"。"逊奈"（意指"行为""道路"）是穆罕默德的言行录，简称"圣训""圣谕"等，其地位仅次于《古兰经》，是对《古兰经》的补充。逊尼派在伊斯兰教中始终占据优势地位。"什叶"的意思是"宗派"，指拥护阿里出任哈里发的一派，又称"阿里派"或"世袭派"。他们称其领袖阿里为能转世的"伊玛目"（意指"领袖""表率"），但拒不承认逊尼派推崇的"圣训"。什叶派是伊斯兰教中人数最多、影响最大的少数派。在一千多年的漫长的历史中，从伊斯兰教中还分裂出许多不同的教派组织，如哈瓦立及派（军事民主派）、穆尔太齐赖派、巴布派等。

早期穆斯林教派产生的历史，同 7 世纪 50 年代后半期哈里发国内争夺最高权力的斗争密切相关。站在阿里一边的主要有阿拉比亚、埃及和伊拉克各部落和民族的军队，而站在倭马亚家族一边的则是叙利亚人。656 年，奥斯曼在麦加被不满的穆斯林杀死，由阿里继任第四任哈里发（656—661 年在位）。661 年，阿里又被军事民主派信徒刺死，由叙利亚总督摩阿维亚担任第五任哈里发（661—680 年在位），由此开始了以大马士革为都城、以叙利亚和埃及的大贵族为主要支柱的倭马亚王朝（661—750 年）的统治。①
此后，哈里发不再经过选举产生，而是世袭继位。倭马亚王朝属于逊尼派，
它为巩固其统治地位，残酷地镇压了什叶派和军事民主派的反抗。

　　7 世纪末，在"圣战"的旗帜下，阿拉伯人继续推行大规模的侵略扩张
政策。在北非，他们侵入突尼斯，攻陷迦太基，消灭拜占庭军队残余势力。
他们把接受伊斯兰教的柏柏尔人组成骑兵，越过直布罗陀海峡，进攻欧洲
大陆。711 年，消灭西班牙的西哥特王国，征服伊比利亚半岛。但是，在普
瓦提埃附近，他们于 732 年被法兰克宫相查理·马特的军队击败。在东方，
阿拉伯势力扩张到中亚和印度河流域，还与中国唐朝军队发生了冲突。8 世
纪中叶，阿拉伯已形成一个西起大西洋，东到印度河，横跨欧、亚、非三
洲的大帝国，伊斯兰教也随之变成了世界性宗教。

　　阿拉伯帝国在麦地那国家的基础上，仿照东方的君主专制政体，建立
了完整的政教合一的统治机构。哈里发集各种大权于一身，他是帝国的最
高行政首脑、军事统帅和宗教领袖。中央设立宰相（维齐尔）辅任哈里发，
下设各部大臣掌管政务。地方行政大体延续拜占庭和伊朗的旧制，全国分
设叙利亚和巴勒斯坦、伊拉克、呼罗珊、亚美尼亚、汉志、基尔曼及印度
西北部、埃及、北非和西班牙（包括地中海西部诸岛）、也门及阿拉伯半岛
南部 9 个行省，由中央委派总督（爱弥尔）治理。帝国以伊斯兰教为国教，
以阿拉伯语为通用语言，金币第纳尔和银币第尔汗在全国范围内流通。在
长期的征服过程中，阿拉伯人受到发达地区经济文化的影响，逐渐过渡到
了封建社会。

　　在帝国境内，全部居民划分为四个不同等级：一是穆斯林，为征服者
和统治者，享有广泛的特权；二是被征服的非阿拉伯血统的穆斯林，属于
掌握一定生产技艺的平民阶层；三是保有原来信仰的非穆斯林，他们在政
治上受歧视，在经济上则为社会生产的主要承担者；四是阿拉伯社会长期
存在的奴隶，没有做人的权利。帝国的经济基础是封建土地国有制。在此
前提下，由哈里发直接掌握的土地即私有领地，称为"哈萨"；一般的国有
土地称为"沙瓦夫"，收入用于政府开支；清真寺土地称为"瓦克夫"，免
征田赋；贵族土地称为"伊克塔"（采邑），领有者须向国家提供战役服务。

---

　　① 阿拉伯帝国，西方史籍称萨拉森帝国。中国史书称"大食"，是波斯语的音译。
由于倭马亚王朝服色尚白，中国史书称之为"白衣大食"；同理，称阿拔斯王朝为"黑
衣大食"，称法蒂玛王朝为"绿衣大食"。

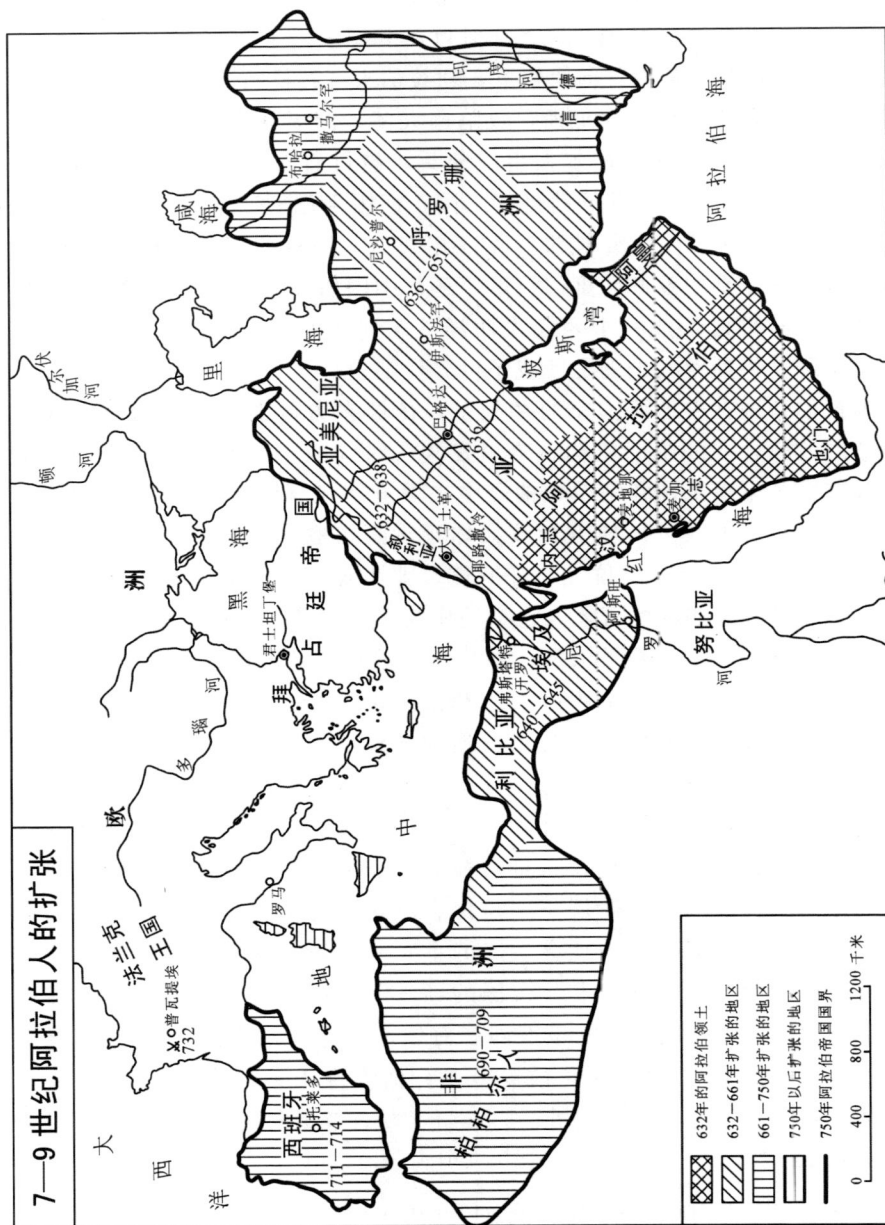

图5-1 7—9世纪阿拉伯人的扩张

　　所有这些土地主要由被征服的农民耕种，他们要缴纳封建地租，非穆斯林成年男子还要交纳人头税。还有一部分个人私有地称为"穆尔克"，主要为改宗伊斯兰教的拜占庭和伊朗的归顺贵族所有，可以自由支配，但必须缴纳赋税。

　　8世纪20年代，在帝国的东方行省出现了一个新的政治派别，即阿拔斯派。伊拉克大地主阿布·阿拔斯自称是穆罕默德叔父阿拔斯的后裔，他指责倭马亚家族是先知的仇敌苏菲扬的后人，他们非法窃取了哈里发大权。阿拔斯派反对倭马亚王朝统治的活动，深入阿富汗、中亚和伊朗东部地区，影响很大。747年，呼罗珊爆发阿布·穆苏里姆领导的人民起义。阿布·阿拔斯利用这次起义，推翻了倭马亚王朝的统治。750年，阿拔斯在库法称哈里发（750—754年在位），建立起以伊拉克和伊朗的封建贵族为主要支柱的阿拔斯王朝（750—1258年），762年迁都巴格达。幸存的倭马亚王子逃往西班牙，定都科尔多瓦，脱离阿拉伯帝国而独立。

　　阿拔斯王朝在承袭前王朝政治制度的基础上，进一步加强专制主义的官僚机构。在政治上，全国分设24个行省，派总督治理；首都和地方官员及行省总督均由哈里发和宰相任免。在军事上，不但建立起庞大的雇佣军和阿拉伯部落军，而且组建由突厥籍奴隶（马木路克）组成的近卫军。从8世纪到9世纪中叶，阿拉伯帝国与当时的拜占庭帝国、大唐帝国和查理曼帝国并称为四大封建帝国。在此时期，阿拉伯帝国战争减少，经济发达，文化昌盛。叙利亚大马士革地区、美索不达米亚南部、波斯湾东岸、中亚阿姆河和锡尔河流域，是阿拔斯王朝著名的四大谷仓。帝国的手工业和国际贸易都很发达，首都巴格达既是政治和宗教中心，又是手工业和国际贸易的中心。中国的丝绸和瓷器、印度的香料、中亚的宝石、东非的象牙和金砂等，主要由阿拉伯人转销世界各地。经济贸易繁荣推动了帝国境内各地区间的交往关系，促进了中世纪时期人类航海事业发展。

　　阿拔斯王朝在走向强大的同时，帝国内部的阶级矛盾、民族矛盾错综复杂，统治阶级日益腐化，人民起义连绵不断，如伊拉克、呼罗珊、也门、叙利亚等地掀起了声势浩大的主张社会平等、财产公有的卡尔马特运动。同时，西班牙的后倭马亚王朝（800—909年）、埃及和叙利亚的图伦王朝（868—905年）和北非的法蒂玛王朝（909—1171年）[1] 等先后脱离帝国而

---

　　① 法蒂玛王朝建于突尼斯，创立者自称为穆罕默德女儿法蒂玛的后裔，969年时已将势力扩张到叙利亚、巴勒斯坦一带，973年迁都开罗，后被埃及总督萨拉丁所灭。

独立。这样，阿拔斯王朝统治下的阿拉伯帝国版图日益缩小，仅剩下巴格达周围美索不达米亚的一部分，而哈里发政府实权又被突厥族马木路克（奴隶）近卫军将领所控制。1055 年，塞尔柱突厥人侵入巴格达，解除了哈里发的政治权力，仅保留其宗教领袖地位。1258 年，随着蒙古人的西征，阿拔斯王朝灭亡，阿拉伯帝国彻底瓦解。

五、阿拉伯文化

阿拉伯帝国是一个地跨欧、亚、非三洲的多民族国家，除阿拉伯人外，还有埃及人、柏柏尔人、波斯人、叙利亚人、印度人、西班牙人等，他们相互融合、相互影响，创造了阿拉伯文明。7—13 世纪，当欧洲的科学文化处于"黑暗的中世纪"时，阿拉伯文明已显露曙光。在自然科学、社会科学等方面，阿拉伯人在吸收埃及、巴比伦、希腊、罗马、印度、波斯和中国的优秀文化成果的基础上，创造了灿烂辉煌的阿拉伯文化，为人类文明史做出了伟大贡献。

在数学方面，阿拉伯数字、零和十进位法虽然不是阿拉伯人的首创，但他们在改进和传播方面却起了很大作用。他们通过西班牙，将印度数学传入欧洲，以代替繁复的罗马数字，并使阿拉伯数字在全世界流传开来。当时，阿拉伯数学家掌握了球面三角形的基本原理；已求出圆周率与直径之比为 3.14159；知道二次方程式有两个根；能用二次曲线解三次方程式和四次方程式，进行代数和几何互解。阿拉伯最著名的数学家和天文学家花剌子密，即穆罕默德·伊本·穆萨（约 780—850 年）发明了代数符号，创立了代数学。他撰写的第一部代数学专著《积分和方程计算法》，直到 16 世纪一直是欧洲大学采用的教科书。

在天文学方面，阿拉伯人翻译了大量的外国人著作，如希腊天文学家托勒密的《天文学大成》、印度天文学家的《西德罕德》。由于礼拜的方向必须依靠星宿来确定，阿拉伯人十分重视天文学研究，他们在巴格达、大马士革、科尔多瓦、开罗、撒马尔罕等城市建立了最先进的天文台，用自己制作的精密天文仪器，如天球仪、地球仪、日晷仪、星盘仪、象限仪、平纬仪等进行系统的观测。白塔尼（约 858—929 年）是一位具有创新精神的天文学家，他经过长期的观测，在测得地球远日点运动（最高行）的基础上，把一年定为 365 天 5 小时 46 分 24 秒，并从理论上证明了发生日环食的可能性。他编制出的"萨比天文表"被译为拉丁文和西班牙文。

在医学方面，中世纪最享有盛名的临床外科医师拉齐斯（865—925 年）被誉为"阿拉伯的盖伦"，他著有《医学集成》《精神疗法》《天花和麻疹》等学术著作。伊本·西拿（980—1037 年）素有"医中之王"之赞誉，西方人称之为"阿维森纳"。他不仅是阿拉伯最著名的医学家，还是博物学家、哲学家、诗人和文学家。他的著述多达 450 种，流传下来的就有 240 种之多。他所完成的共 5 卷本约 100 万字的《医典》，研究了 760 种药物的性能，是阿拉伯医学的最高成就，自 12 世纪起一直被西方医学界视为权威著作。

在历史学和地理学方面，阿拉伯学者塔巴里（838—923 年）所著的《先知与诸王纪年》，从远古一直叙述到 915 年，作为编年史的代表作，保存了丰富的史料。另一位历史学家麦斯欧第（？—956 年）撰写的《黄金草原》（30 卷）是纪事体的代表作，它依朝代、帝王、民族等项目叙事，自创世开始直到 947 年，叙述了帝国境内的历史、地理、社会风俗等多方面内容。阿拉伯学者撰写的地理书籍，记录了大量有关海洋地理的资料。柏柏尔人伊本·白图泰（1304—1377 年）沿着陆路和海道，走过了约 12 万千米的漫漫行程，前后耗时 28 年。他游历了绝大部分阿拉伯地区，以及中亚、南亚、南洋、中国等地。虽然他的名声没有像意大利大旅行家马可·波罗那样家喻户晓，但他在阿拉伯世界却是妇孺皆知的旅行家。他为后人留下的《伊本·白图泰游记》，是一部研究中世纪穆斯林统治的北非和东非、拜占庭帝国和亚洲等地区历史的极为珍贵的资料。

在文学方面，脍炙人口的文学名著《天方夜谭》（又名《一千零一夜》），是阿拉伯文化宝库的瑰宝。该书起初由哲海什雅里（？—942 年）起草，以 6 世纪波斯故事为蓝本，吸取了印度、希腊、希伯来、埃及等地的寓言童话、爱情故事、冒险传说以及名人逸事等，10 世纪中叶初步形成，16 世纪最后编定。那些奇妙动人的故事，集中地反映了帝国境内各民族的社会生活和风俗习惯，表现了他们丰富的想象力和智慧，并对欧洲文学产生了广泛的影响。

在建筑方面，伊斯兰建筑艺术的典型特征，可以简单地表述为高耸入云的宣礼塔、教堂的圆顶和弓形结构。清真寺的结构布局以正方形或长方形的教堂为中心，形成四周带拱门和回廊的院落。清真寺因其宏伟壮丽而被誉为世界奇观。富丽堂皇的耶路撒冷圆顶清真寺建于 691 年，它被称为"沙漠中的圆顶"，像 705 年建成的大马士革倭马亚清真寺一样，都是模仿拜占庭和叙利亚风格的寺院建筑。晚期，伊斯兰建筑深受印度建筑风格的影响，其中以 9 世纪建成的萨马拉清真寺为代表。

阿拉伯文化在世界文化中占有重要地位，在哲学、科学方法、医学、数学、天文学、文学、音乐、语言等方面对亚洲、非洲和欧洲文化产生了深远的影响。其中欧洲受益最大。花剌子密等人的数学著作、拉齐斯的《医学集成》、阿维森纳的《医典》、伊本·海赛木的《光学宝鉴》等在中世纪的欧洲，很长时间内被奉为权威和经典。

中世纪时期，阿拉伯人充当了沟通东西方学术文化交流桥梁的作用。自倭马亚王朝起，阿拉伯人就开始从古叙利亚语翻译史学、医学和天文学的典籍。阿拔斯王朝注重翻译和研究古典文化遗产，在哈里发的倡导和鼓励下，阿拉伯帝国境内出现了"百年翻译运动"（750—850 年）。哈里发麦蒙于 830 年在巴格达创建了一个综合性的学术机构——"智慧之宫"。大批专家在这里从事搜集、整理、翻译、研究外国文献的工作，他们将亚里士多德、柏拉图、欧几里得、托勒密等人的著作译成阿拉伯文，并做了大量的考证、勘误、增补、注释工作。倭马亚王朝在西班牙建立的翻译学校向欧洲人传播东方文化和阿拉伯人加工过的古希腊罗马文化。西班牙是阿拉伯文化传入欧洲的重要桥梁，科尔多瓦和托莱多等城市对阿拉伯文化在西方的传播起了极其重要的作用。古典名著被译成阿拉伯文，使古希腊文明得以保存，又通过西班牙和西西里岛传回欧洲，对欧洲文化的发展及文艺复兴运动的兴起起到了推动作用。

印度数字和十进位法先传入阿拉伯，经阿拉伯人的吸收改造，然后传到了西方，后来传播到全世界，引发了数学史上一次伟大的计算革命。印度的糖、棉花和稻米等作物也是通过阿拉伯人传入欧洲的。中国的造纸术、印刷术、火药和指南针等，都是先由阿拉伯人接受，进而传向西方的。四大发明的传入，尤其是造纸术的西传，极大地促进了西方文化乃至世界文化的发展。

阿拉伯商人来往于欧、亚、非三大洲之间，从事活跃的国际贸易。阿拉伯帝国与中国的唐朝有着频繁的经济往来。广州、泉州、扬州等地成为阿拉伯商人经常往来之地。元朝时大批来到中国的阿拉伯人和波斯人给中国带来了中亚的天文仪器、天文学著作以及医药学、数学和建筑艺术。阿拉伯商船通过航海积累了丰富的航海和地理知识，留下了一些地理著作和旅行记，为研究那时的中亚、北非、中国、印度、西班牙和东欧等地的城市、交通、经济活动、植物分布、气候等提供了宝贵的资料。

第二节　奥斯曼帝国

一、奥斯曼土耳其人的起源

奥斯曼土耳其人是突厥人的一支。突厥人最初居住在中西伯利亚西侧叶尼塞河上游，后发展到贝加尔湖畔（古称北海）。中国史书上称之为"丁零"。关于突厥族名的起源，一般有两种说法：一说"金山（今阿尔泰山）形似兜鍪（古代战盔），其俗谓兜鍪为'突厥'，遂因以为号焉"；另一说汉语"突厥"源自于蒙古语 Türk 的复数形式 Türküt，意为"强有力者"。秦汉时期，突厥人僻处匈奴人北方，未与中国接触。5 世纪起，突厥人依附于中国西北境内的柔然，为其当锻工。552 年，突厥人破柔然，建立政权，势力东至辽海（泛指辽河流域以东至海地区），西达西海（里海），北抵贝加尔湖，南到青海。

6 世纪，突厥人游牧于金山一带，首领姓阿史那。582 年，突厥帝国分裂为东、西两部，东突厥辖地为从蒙古至乌拉尔山的北部地区，西突厥则控制着从阿尔泰山到锡尔河①之间的土地。贞观四年（630 年）和显庆四年（659 年），唐朝先后消灭东、西两突厥。后来，突厥人在中亚地区重新崛起。8 世纪，突厥人接受伊斯兰教。11 世纪初，突厥人出中亚草原，开始迁移，向西进入阿拉伯帝国控制地区。其中有一支叫塞尔柱突厥人（因其首领而得名）。1055 年，塞尔柱突厥人推翻巴格达哈里发的统治，阿拉伯帝国名存实亡。1071 年，他们又在曼西克特战役中打败拜占庭军队，迅速占领小亚细亚的大部地区，势力扩张到地中海东岸。

二、奥斯曼帝国的兴起

奥斯曼土耳其人是西突厥的一支，原住在里海东南岸呼罗珊一带。11世纪后期，突厥人一部奥斯曼突厥人乘着其先人塞尔柱突厥人凶猛的势头，大举向西推进；13 世纪初迁徙到小亚细亚，依附于塞尔柱突厥人的罗姆苏丹国（1077—1308 年）。奥斯曼土耳其人得名于其首领奥斯曼（1259—1326

---

① 锡尔河发源于天山，中国史书称为"药杀水"，中古波斯语称之为"雅克萨尔特河"，意为"珍珠""明珠"。

年）。奥斯曼乘罗姆苏丹国分裂之机，占领罗姆苏丹国大部分领土。1293年，奥斯曼宣布独立，建立奥斯曼帝国。1326 年，奥斯曼之子乌尔罕（1326—1359 年在位）夺取濒临马尔马拉海的布鲁萨，并定都于此。

乌尔罕统治时期，奥斯曼土耳其人建立了一支由新军和封建主提供的采邑军所组成的常备军。新军约有 5000～10000 人，分为步兵和骑兵，构成奥斯曼土耳其军队的核心力量。他们装备精良，训练有素，战斗力超过罗姆苏丹军队和欧洲十字军骑士。为了鼓励士气，乌尔罕建立起世界上第一支军乐队，这种做法后来传往世界各地。新军待遇优厚，享有特权，但必须终身服役。乌尔罕死后，其子穆拉德一世（1359—1389 年在位）正式称苏丹，继续扩张政策。1362 年，奥斯曼土耳其人占领亚得里亚堡，并于1369 年迁都于此。1389 年，奥斯曼土耳其在科索沃战役中打败塞尔维亚、保加利亚、波斯尼亚、阿尔巴尼亚等国组成的欧洲联军。1396 年，来自英格兰、法兰西、波兰、捷克、匈牙利、伦巴德、德意志的十字军骑士重新组建了一支规模有六七万人的联军，但在尼科堡战役中再次被奥斯曼土耳其军队击溃。西欧十字军除了用巨款赎回 300 名贵族骑士外，其余俘虏几乎全部被穆拉德一世的继承者巴耶塞特（1389—1402 年在位）杀死。此时，奥斯曼土耳其人已在欧洲巴尔干地区和亚洲安纳托利亚地区占有大片领地，初步具备了一个庞大的帝国雏形。

15 世纪初，奥斯曼帝国一度衰落。1402 年 7 月，奥斯曼土耳其人在安卡拉附近被兴起于中亚的突厥化蒙古贵族帖木儿（1336—1405 年）的军队击败，苏丹巴耶塞特被俘。其后奥斯曼帝国出现王位之争。穆拉德二世（1421—1451 年在位）登上苏丹宝座后，奥斯曼土耳其人势力逐渐得到恢复。15 世纪中叶，他们对垂死的拜占庭帝国展开新一轮攻势。1453 年，穆罕默德二世（1451—1481 年在位）率领 20 万大军和 300 只战船围攻君士坦丁堡。拜占庭末代皇帝君士坦丁十一世（1449—1453 年在位）仅靠 8000 名雇佣军守城。经过 53 天的激战，5 月 29 日君士坦丁堡陷落，拜占庭帝国宣告灭亡。奥斯曼土耳其人入城后，大掠三日，豪华壮丽的宫殿和许多古代典籍、艺术珍品化为灰烬。

奥斯曼帝国迁都君士坦丁堡，将其更名伊斯坦布尔，意为伊斯兰之城；还将基督教的圣索非亚大教堂改为伊斯兰教清真寺，称阿雅·索非亚。16世纪中叶苏里曼一世（1520—1566 年在位）统治时期，奥斯曼帝国的势力臻于鼎盛。1521 年，帝国军队攻陷贝尔格莱德，占领匈牙利；1529 年，围攻维也纳，使奥斯曼土耳其人在欧洲的扩张达到极限。1555 年，苏里曼和伊朗订立和约，奥斯曼土耳其人获得对两河流域的统治权。在非洲，奥斯曼土耳其军队相继占领了的黎波里（1536 年）、阿尔及利亚（1529 年）和突尼斯（1574 年），使帝国版图进一步扩大，囊括了昔日拜占庭和阿拉伯帝国统治的大部分地区，形成一个地跨欧、亚、非三洲的大帝国。

三、奥斯曼帝国的社会经济制度

奥斯曼帝国在其发展过程中，逐渐形成了中央集权的君主专制制度。帝国是一个政教合一的国家。苏丹职位世袭，他既是国家首脑、宗教领袖，又是最高军事统帅，为一切臣民的主人。在这个军事封建主义的国家中，全部统治机构分设为行政和穆斯林两大系统。就行政系统而言，最高行政长官宰相辅佐苏丹处理国家事务，下设大法官、财政官、欧洲和亚洲驻军司令、海军大臣、近卫军首领、掌玺大臣等。全国地方行政分设 31 个省 250 个县，受制于中央政府。就宗教系统而言，由于伊斯兰教是苏丹政权的精神支柱，并在国民政治生活中占有极其重要的地位，穆斯林机构分为宗教、教育和法律三个部分。清真寺既是宗教活动的场所，也是实施教育的机构，寺院、学校合二为一。伊斯兰教经典《古兰经》既是宗教信仰的源泉，又是国家的基本法典和社会法律的依据，法官则根据自己对法典的解释进行审判。

奥斯曼帝国社会经济制度的基础是封建土地国有制。苏丹拥有国家土地的最高所有权。这种国有地称为"米尔"。苏丹个人拥有最好的土地，即王室领地，收入供苏丹和宫廷享用。还有一部分土地用作文武大臣的禄田，称"哈斯"。各级军事封建主则可以采邑的形式获得相应的土地，称"提马尔"，但他们必须为苏丹提供相应的骑兵服务。15 世纪末，帝国共拥有 1 万个领主，至少可以提供 6 万多骑兵。16 世纪前期，帝国拥有 20 万骑兵。清真寺的土地称"瓦克夫"，多来自苏丹的赏赐。从帝国初期开始，封建主还有自己的私有地，称"穆尔克"。在封建土地国有制下，广大农民可以领种一块份地，但被固着在土地之上。这样，他们不但没有土地所有权，而且不经主人允许无权离开土地，封建主有权在 10 年内将逃亡农民追回。农民要缴纳实物地租，为国家和封建主服劳役，还要承担牲畜税、住房税、结婚税等名目繁多的捐税。穆斯林要交纳什一税，如谷物、水果、蔬菜等。非穆斯林农民还要交土地税，土地税占其收成的 25%～50%。虽然封建生产关系在奥斯曼国家中占主导地位，但奴隶劳动仍经常出现于农业、采矿、航海和宫廷中。

虽然奥斯曼帝国幅员辽阔,但其内在的民族矛盾、宗教矛盾、阶级矛盾以及其他社会矛盾错综复杂。从 16 世纪中叶起,帝国衰落的迹象已显现出来。一方面,小亚细亚和巴尔干地区先后出现人民起义高潮;另一方面,地方分裂主义和严峻的国际环境直接威胁到帝国的统治。17 世纪中叶以后,奥斯曼帝国处于内外交困、危机四伏的严峻状态,衰败的结局已经无法扭转。

复习思考题

1. 阿拉伯半岛统一的因素有哪些?
2. 试述阿拉伯帝国的形成及变革。
3. 试述阿拉伯在沟通东西文化方面的作用。
4. 试述奥斯曼帝国的社会经济制度。

第六章　中古的朝鲜、日本和南亚次大陆

第一节　朝鲜

一、原始社会和古代国家

朝鲜位于亚洲的东部，由半岛和 3000 多个大小岛屿组成。朝鲜西临黄海，东濒日本海，南隔朝鲜海峡与日本相望，北以鸭绿江和图们江和我国相邻，东北角与俄罗斯接壤。朝鲜半岛物产丰富，气候温和，峰峦秀丽，河流短小，号称"三千里锦绣江山"（半岛南北长 2100 朝鲜里，东西最宽达 900 朝鲜里）。朝鲜是我国的亲密邻邦，两国人民自古以来就有密切的经济文化联系和兄弟般的深情厚谊。

朝鲜人从遥远的古代起就生活在朝鲜半岛上。最近几十年，在平壤市的黑隅里、砾浦区和德川郡先后发现旧石器时代文化遗址和古人的化石。约四五千年前，朝鲜进入新石器时代。已发现的文化遗址遍布半岛南北各地，如在咸镜北道沿海，在大同江、汉江、洛东江流域，甚至在南方的海岛上都有发现。在平安南道温泉郡弓山里发现的文化遗址最为典型，称"弓山文化"。公元前 5 世纪左右，朝鲜进入青铜器时代。当时的朝鲜人用几块一人多高的宽大石板修建坟墓，所以又称"巨石文化"。进入青铜时代以后，朝鲜的原始社会渐渐解体，出现最初的国家。

大约公元前 5 世纪至公元前 4 世纪，在朝鲜北部形成了最初的奴隶制国家，即濊人①所建立的古朝鲜。"古朝鲜"意思是"古代朝鲜"，以与后来的李氏朝鲜相区别。古朝鲜有"八条"法律，现在只知道其中的部分内容，即"相杀以当时偿杀；相伤以谷偿；相盗者男没入为其家奴，女子为婢，

---

① 古朝鲜人有濊、貊、韩三支。

欲自赎者，人五十万"①。大体上可以看出，古朝鲜已有奴隶买卖和奴隶制度，而且阶级矛盾尖锐，已经制定保护私有制和富人利益的法律。

公元前 2 世纪左右，在朝鲜半岛南部韩族居住的地方，形成"三韩"部落联盟。马韩在汉江下游，弁韩在洛东江下游，辰韩在庆州一带。三韩之中以马韩最大。马韩统一了整个三韩，中心地区在月支，即今忠清南道的稷山一带。我国古书称之为"辰国"，称其王为"辰王"，并有其人"知蚕桑，作缣布"等记载。②

我国秦汉之交，政局动荡，北方居民不断向朝鲜半岛迁徙。公元前 194 年，移居朝鲜的燕人卫满推翻古朝鲜政权，自立为王，势力达到今平壤一带，史称"卫满朝鲜"。公元前 108 年，汉武帝发兵攻打朝鲜，灭卫氏政权，在朝鲜北部设立乐浪、玄菟、临屯和真番四郡。乐浪郡长期存在于原卫氏政权统治的中心地带，其他三郡不久被撤销或内迁。汉四郡的设立对朝鲜的政治、经济和文化的发展有巨大影响。公元 2 世纪末（东汉末期），割据辽东的公孙氏又在乐浪南部设带方郡。公元 4 世纪初，乐浪和带方分别为高句丽和百济所占领。

二、封建制度的形成

从公元前后到 677 年新罗统一，百济、新罗与貊人在鸭绿江中游建立的高句丽形成鼎立之势。

传说公元前 37 年（西汉元帝建昭二年），高朱蒙带领一批贵族，在"土壤肥美，山河险固"之卒本（今我国辽宁省桓仁县）建都，国号高句丽。③公元 1 世纪，高句丽向南发展到清川江一带。公元 209 年（山上王十三年），高句丽迁都丸都（又名国内城，今吉林省集安县）。广开土王（391—412 年在位，又称"好太王"）时，国力臻于极盛。427 年，长寿王（413—491 年在位）迁首都于平壤，从此统治深入半岛。

公元前后，半岛南部的辰国解体，在其辖区内的百济和新罗逐渐强盛。传说公元前 18 年（西汉成帝鸿佳二年），高句丽王高朱蒙次子温祚带领一批

---

① 《汉书》卷二十八下《地理志第八下》。
② 《后汉书》卷八十五《东夷列传第七十五》。
③ 金富轼：《三国史记·高句丽本纪第一》。参见北京师范大学历史系世界古代史教研室：《世界古代及中古史资料选集》，641 页，北京，北京师范大学出版社，1999。

人来到土地肥沃的汉江流域，定都汉城，国号百济。汉江流域原为马韩故地，百济建国的故事反映了貊人与韩人之间的密切关系。3世纪时，百济扩展到半岛西南部。4世纪初，又占领带方郡，与高句丽接壤，两国之间不断发生战争。百济势力不敌，先将都城从汉城南迁至熊津（今忠清南道公州），后迁至泗沘（今忠清南道扶余），并一度改国号为南扶余。

新罗兴起较晚，2世纪时形成国家。① 新罗起初实行贵族民主制，由朴、昔、金三姓贵族交互继承王位，其他贵族按不同的身份（"骨品"）担任高低不同的官职。国家大事须经国王和高级骨品的贵族参加的"和白"会议决定。当高句丽与百济争霸的时候，新罗乘机发展，扩张领土。到6世纪中叶，先后占领富庶的洛东江流域和汉江流域，收复日本在半岛南端的据点任那（562年），国势日强。智征王（500—514年在位）、法兴王（514—540年在位）和真兴王（540—576年在位）时期，实行中央集权，为后来的半岛统一奠定了基础。

新罗的强大和积极向外扩张，引起高句丽和百济的不安。642年年底，高句丽大将泉盖苏文乘军事检阅之机发动政变，拥立新王宝藏王，自称"莫离支"（相当于兵部尚书兼中书令），开始改变政策，联合百济，反对新罗。为了对付高句丽与百济结盟的严峻形势，新罗转而与中国的唐朝联合。660年，新罗和唐朝联军近20万人一举攻灭百济。668年，新罗乘高句丽内讧之机，联合唐军攻陷平壤，高句丽灭亡。唐在高句丽和百济故地设都督府，在平壤设安东都护府，由薛仁贵任都护，实行直接统治。670年，高句丽爆发反唐大起义，得到新罗的积极支持。到676年，新罗经过多次战斗，收复百济和高句丽部分地区。677年，唐朝安东都护府内迁辽东，新罗实际上统一了大同江以南的朝鲜半岛。735年，唐与新罗划大同江为界，正式承认大同江以南属于新罗。

这个时期，朝鲜的社会生产力有了较大发展。公元前后，朝鲜人已知用铁，"国出铁，韩、濊、倭皆从取之。诸市买皆用铁，如中国用钱"②。经考古发掘，在鸭绿江和秃鲁江流域发现了当时的炼铁遗址、炼铁炉和铁制

---

① 关于新罗建国的时期，史学界有不同的认识。除本书采用的2世纪说以外，还有3世纪说和4世纪说。僧一然的《三国遗事》则采用公元前后说。参见北京师范大学历史系世界古代史教研室：《世界古代及中古史资料选集》，647～649页，北京，北京师范大学出版社，1999。

② 《三国志》卷三十《魏书三十·乌丸鲜卑东夷传第三十》。

农具。这个时期，朝鲜农业发达，盛产稻米和五谷杂粮。朝鲜人很早就知道植桑养蚕，织造缣布。5 世纪以后，兴修水利，推广牛耕，农业生产水平更是有了较大提高。6 世纪时，我国史书记载朝鲜的"五谷杂果菜蔬及酒醴肴馔药品之属，多同于内地"①。

社会生产力的提高，引起了阶级关系的新变化。我国古书里这样记载着当时高句丽的剥削关系："国中大家不佃作，坐食者万余口，下户远担米粮鱼盐供给之。"② "大家"当然是统治阶级，而"下户"看来已不全是奴隶，主要是"无大仓库，家家自有小仓"的农奴。高句丽在征服东沃沮之后，对当地也是"使大加统责其租税，貂布、鱼、盐、海中食物，千里担负致之"③。史书《三国史记》中多有封赐"食邑"的记载。2 世纪的高句丽将军答夫，3 世纪的密友、纽由、高奴，都因战功获得食邑。6 世纪时，金官国主归顺新罗，新罗国王即以其国土赐之为食邑。在统一半岛战争中屡立战功的新罗名将金庾信，被赐田 500 结、食邑 500 户。可见，三国时代的朝鲜社会封建关系已成长起来。④ 不过，奴隶制度的残余还长期存在。"生口""奴婢""客奴"等在朝鲜史书中仍屡见不鲜。6 世纪初，新罗国王下令禁止以奴隶殉葬。562 年，新罗大将斯多含平定加耶国，新罗王赐给他300 战俘为奴隶，斯多含把他们"放为良人"⑤，说明奴隶制度已经过时了。

人民担负着沉重的封建义务。他们除向国家交纳米谷和布绢丝麻外，还要承担修筑宫室、城墙、堤岸等劳役，往往 15 岁的男女就被征发。此外，丁壮还有服兵役的义务。《三国史记》中，有一则关于高句丽美川王乙弗（300—331 年在位）早年贫困，为人佣作的记载。他避祸出奔，受雇于一家地主。地主令他白天砍柴，夜晚须去宅旁的草泽中驱赶鸣蛙，以保证地主能够安眠，"不许暂息，不胜艰苦"⑥。从这里可以看出广大农奴的艰苦处境。

---

① 《周书》卷四十九《列传第四十一·异域上》。
② 《三国志》卷三十《魏书三十·乌丸鲜卑东夷传第三十》。
③ 《三国志》卷三十《魏书三十·乌丸鲜卑东夷传第三十》。
④ 三国时代的社会性质，历来有"奴隶社会说""封建社会说"两说。20 世纪 30年代，朝鲜学者首先提出奴隶社会说，得到部分学者赞同。朝鲜民主主义人民共和国科学院历史研究所编《朝鲜通史》采封建社会说。此外还有人主张新罗统一封建说和李朝封建说。
⑤ 《三国史记》卷四《新罗本纪第四》、卷四十四《列传第四》。
⑥ 《三国史记》卷十七《高句丽本记第五·美川王》。

三、农民起义和高丽王朝的建立

新罗统一过程中，国家掌握的土地急剧增加，而且在全国土地总面积中占有很大的比重。新罗国王继续把大量土地连同奴婢赐给功臣和贵族，作为食邑。佛教寺院也得到大量赐田，有的达万顷。687 年，神武王（681—692 年在位）下令实行禄邑制，即国家把一定数量土地的收租权按不同的等级赐给文武官员，作为俸禄。722 年，圣德王（702—737 年在位）宣布实行丁田制，即国家把一定面积的土地授予 15 岁以上的男丁，其中口分田只限终身占有，不得买卖、转让，永业田可以传世；受田农民成为被束缚在土地上的国家依附农民，不得自由迁徙，必须向国家提供租（田租）、庸（徭役）、调（贡物）。丁田制的实行，把农民束缚在土地上，保证了国家的剥削，但对生产的发展还是起了积极作用。

新罗仿效唐朝实行中央集权制。景德王（742—765 年在位）时，设立中央（府、部）和地方（郡、县、乡）各级行政机构，扩充和加强军事力量。至于重要地方，早在神文王时已设置 5 个小京，由中央直接派官治理。新罗的土地制度（禄邑制、丁田制）和中央集权制度在后来的高丽和李朝时期得到进一步加强和发展。

新罗的统一，为社会经济的进一步发展创造了有利条件。由于开垦荒地和大规模兴修水利，农业生产水平显著提高。为宫廷、贵族和寺院服务的金银细工、丝绸纺织和铸造寺钟等手工业，发展很快。其他如制陶、皮革、漆器和武器制造等，也有发展。首都庆州是国内外贸易的中心，与中国和日本之间的贸易日益扩大。

8 世纪末，土地兼并盛行，地主的庄园日益扩大和增多。丧失土地的国家农民沦为官僚贵族和大地主的奴婢、家兵或依附农，处境日益恶化。禄邑制和丁田制无法实行。9 世纪时，朝政腐败，贿赂公行，宫廷政变不断发生；地方的大贵族和官僚拥有私兵，抗拒中央，称霸一方。农民因灾荒不断、战争时起和负担加重而流离失所，只能"卖子孙自活"。早在 9 世纪初，已经爆发农民起义。到 9 世纪末，起义规模越来越大，终于形成全国性的起义高潮。

这次农民起义，以梁吉领导的北原（江原道原州）起义规模最大，控制了北方半壁江山。896 年，西南海岸又爆发"赤裤军"（裤子上缝有赤色标记）起义，他们挥戈东征，直指首都庆州，到处打击封建势力。一些地方土豪和官僚贵族宣布归附农民军，乘机扩大自己势力。例如，王族出身的弓裔，先是归附梁吉领导的农民军，取得信任于897年据铁原和松岳（开城）自立，接着击败梁吉，901年称王，904年立国号摩震，后改泰封。弓裔势力范围在包括平壤在内的高句丽故地，人称"后高句丽"。900年，土豪甄萱攻略半岛西南郡县，称"后百济王"，形成后百济国。新罗仅保有东南一带地方，与后高句丽、后百济一度形成三足鼎立的新局面。918年，后高句丽部将王建杀死弓裔称王，定都开京（开城），改国号"高丽"，是为高丽太祖（918—943年在位）。935年，新罗王室投降。936年，王建趁后百济发生内讧之机，灭掉后百济，重新统一朝鲜半岛。

四、田柴科制度和高丽的强盛

高丽王朝在农民起义的烈火中诞生，立国后比较注意改革田制，取民有度并发展生产。在统一过程中，国家已控制全国绝大部分土地和山林，竭力加强对全部土地的控制权，并且着手改革土地制度和贡赋制度。

940年（太祖二十三年），定"役分田"，按"功劳大小"分配给参加统一战争的文武官员。976年（景宗元年），下令实行田柴科制度，国家将全部土地和山林登记造册，然后按"品"（等级）授给文武百官、府兵、"闲人"（土豪），共79品。最高第1品，得田（耕地）、柴（樵采地）各110结（33步见方为1结田），最低第79品得田21结、柴10结。998年（穆宗元年），改授田等级为18科。第1科得田100结、柴70结，第18科得田20结，不及此限者皆给田17结。1077年（文宗三十年），再次改定，减少樵采地。受田者享有征收地租的权利，但只限终生，不能世袭，身殁归公。977年，又授开国功臣和归顺的地方豪强以勋田，自50结至20结有差。还有公廨田柴，授给庄院、宫院、百司、州县和馆驿等，984年开始实行。①1050年（文宗三年），改定勋田数量。勋田又称"功荫田"，可以世袭。

高丽政府规定，年满20岁的良人农民有服兵役的义务，授给府兵田15结，60岁退役时还田。如有子孙亲戚，可以承袭田丁；无者籍监门卫，70岁以后给口分田，收回其他田地。这种良人农民必须缴纳田税（992年规定"四分取一"）、贡赋和服徭役。他们三四家组成连环保，负责承担正丁（直

① 《高丽史》卷七十八《食货一》。参见北京师范大学历史系世界古代史教研室：《世界古代及中古史资料选集》，654、655页，北京，北京师范大学出版社，1999。

接参军）的费用。正如徐兢所说："有警，则执兵赴敌；任事，则执役赴劳；事已，则复归田亩。"①

田柴科制度主要授予文武百官、地方豪强以征收地租的权利，国家则一直牢牢掌握对土地的支配权，并制定相应的维持官员薪俸、行政开支和保证兵源供给的制度，从而限制了新罗末年以来日益发展的地方割据势力，为中央权力的加强创造了前提。田柴科制度将良人农民束缚在土地上，有利于休养生息和发展生产。然而，贱民和奴婢无权授田，因而没有触动朝鲜社会长期存在的奴隶制残余。贱民的身份比良人低，稍高于奴婢，他们大多是官营手工业的工匠，居住地区称"所"或"部曲"。奴婢有公私两种，分属于官府和"两班"贵族（东班为文官，西班为武官，又称东西两班贵族）。奴婢的地位最低，主人可以随意买卖。986 年，国家重新规定奴婢的价格：年 15～60 岁的奴值布百匹，年 15～50 岁的婢值布百二十匹。

高丽国家实行中央集权制。中央政府设三省、六部和御史台（司法、检察）、翰林院（掌管机要文书）和中枢院（负责军事）。地方划分为十道，设节度使；道以下设府、郡、县等。军事方面，中央设二军六卫，约 5 万人；地方军约 10 万人，由节度使统制；15 万常备军，是高丽王朝中央集权的重要支柱。高丽中央集权国家的形成，在朝鲜历史上有重要的意义。从 10 世纪末到 11 世纪初，高丽军民英勇奋战，先后三次（993 年、1010 年、1018 年）击退契丹数十万大军的入侵，捍卫了国家和民族的独立。在这个斗争中，涌现了著名的爱国将领、民族英雄姜邯赞。

从击退契丹入侵到 12 世纪初，是高丽王朝的盛世，经济和文化空前繁荣，农业生产得到恢复和发展。12 世纪初出使高丽的徐兢说：那里多深山大谷，少平地，"故治田多于山间，因其高下，耕垦甚力，远望如梯蹬然"；还说出产黄粱、二麦、黍、粟和大米，米粒特大而味甘。② 到文宗时（1047—1083 年在位），"大仓之粟红腐相因，家给人足，富庶之治于斯为盛"③。这个说法可能有些夸大，但也反映农业生产确有发展。高丽的手工业，特别是官营手工业比较发达，徐兢也说："高丽工技至巧，其绝艺悉归于公。"④ 1040 年，政府下令统一度量衡。1097 年，设官铸钱，陆续制造海

① 徐兢：《宣和奉使高丽图经》卷十一；参见《宋史》卷四百八十七《外国三·高丽》。

② 徐兢：《宣和奉使高丽图经》卷二十三。

③ 《高丽史》卷七十八《食货一》。

④ 徐兢：《宣和奉使高丽图经》卷十九。

东通宝、东国通宝和三韩通宝等钱币，但流通时间不长。民间小额贸易常用米、布和碎银为媒介。对宋朝和日本有经常性贸易往来，有时一次有数十或数百商人渡黄海去宋朝贸易。高丽的人参、狼毫笔、纸和墨颇受宋人好评。首都开城住有数百名中国人。11世纪时，阿拉伯商人也多次来高丽进行贸易。

五、人民起义和反抗蒙古侵略的斗争

12世纪初以降，土地兼并日益严重，田柴科制度无法继续实行。本来已拥有私田（功荫田柴）的王室、功臣和贵族，仍千方百计地扩大私田和加强对农民的榨取，于是国家掌握的公田和收入越来越少，许多原属国家的良人农民沦为大地主的私民（佃农）或奴婢。结果，"良民尽入于巨室，田柴之科废而为私田。权有力者田连阡陌，标以山川，征租一岁或至再三……"①12世纪末，有材料记载："在位者贪鄙，夺公私田兼有之，一家膏沃，弥州跨郡，使邦赋削而军士缺。"② 与此同时，统治阶级内部不断发生争夺政权的激烈斗争，使中央权力衰落，出现武臣专权局面。1126年，拥有食邑数千户的权臣、外戚李资谦发兵包围和火烧王宫，一度夺得政权。1135年，西京（平壤）两班奉僧人妙清为首，建"大为国"。毅宗（1147—1170年在位）大兴土木，广征搜刮，到处游逛，彻夜饮宴，不理朝政。武臣头目郑仲夫、李义方等乘机发动政变，大肆屠杀，废黜毅宗并将他放逐于巨济岛。1196年，将军崔忠献兄弟举行政变，夺得中央政权。他们在家里私设"都房"，发号施令，实际成了政府。崔忠献及其子孙先后废立四代国王，实际统治高丽60余年（1196—1258年）。

广大人民群众无法再继续生活下去了。从12世纪中期起到13世纪初，终于爆发高丽历史上规模空前的全国农民大起义。

1176年1月，忠清南道公州鸣鹤所农民，在亡伊、亡所伊领导下，攻占公州，揭开农民大起义的序幕。亡伊自称"山行兵马使"，意思是老百姓的指挥官。"所"是贱民居住的地方，说明贱民是这次起义的主力。公州辖四郡八县。农民军占领公州，是对政府的沉重打击。2月，农民军打败政府派来进行镇压的3000精兵，声势大振。与此同时，全罗道、庆尚道也发生

---

① 《高丽史》卷七十八《食货一》。
② 《高丽史》卷一百二十九《崔忠献》。

农民起义。面对南方声势浩大的起义，政府于 6 月宣布升鸣鹤所为"忠顺县"。这一招是想把贱民集体变为良民，以诱骗起义者对政府"忠顺"。然而，农民军没有上当，继续战斗。到 1177 年 4 月，农民军先后攻占骊州、镇川、牙州等地，控制了忠清南北道和京畿道南部，直接威胁首都开京。农民军在斗争中不断提高觉悟和发扬革命精神。亡伊等大义凛然地揭露开京朝廷说："既升我乡为县，又置守以安抚，旋复发兵来讨，收系我父母，其意安在？宁死于锋刃下，终不为降虏，必至王京然后已。"① 7 月，政府以谈判为名，背信弃义地诱捕亡伊、亡所伊，投入监狱，起义军渐渐瓦解。

从 1177 年 5 月到第二年 10 月，有四支农民军活跃于平安南北道和慈江道一带，一度到达黄海北道和咸镜南道部分地区，总称为西北农民军。1177 年 5 月，农民军攻占西京（平壤），击退政府军进攻。9 月，农民军主动撤往妙香山建立根据地，编为前、中、后三军，各设"行首"（指挥员）和"指谕"（参谋），在清川江和大宁江流域机动灵活地打击敌人。政府哀叹："贼依阻山林，无定居，诸郡人又多为贼耳目，军中动静辄先知之。战始交，辄败北，士卒气沮，逗留不进。"② 政府三易主帅，围攻达一年多。后来，有些农民军领袖被收买，再加上粮食困难，西北农民军失败。

1193 年 2 月，孝心和金沙弥分别领导庆尚南北道农民举行起义。政府派将军带兵讨伐，屡遭挫败。次年 2 月，敌人诱骗金沙弥并加以杀害。4 月，农民军在密城与敌人决战，不幸失利，被俘被害者 7000 余人。年底，孝心被捕，起义失败。

1198 年，开城的私奴万积等 6 人，经常在城北松岳山集会，提出"将相宁有种乎？时来则可为也"。他们联络许多公私奴婢，密谋起义，计划杀死崔忠献等统治者，"焚贱籍，使三韩无贱人"③。后因叛徒告密事泄，万积等百余名志士被投入江中。1199 年 2 月，江原道爆发农民大起义，并和庆州的起义军联合，活跃在东南沿海一带。1202 年，庆州驻军举行起义，并联合西南方云门山的起义军，组成三军，称"正国兵马"，攻陷永州，声势很大。1204 年前后，惨遭镇压。

上述农民起义没有提出明确的政治纲领，但规模大，波及地区广，斗争时间长，并在斗争中不断提高觉悟和改进斗争艺术，英勇顽强，沉重地

---

① 《高丽史》卷十九《明宗一》。
② 《高丽史》卷一百《朴齐俭》。
③ 《高丽史》卷一百二十九《崔忠献》。

打击了高丽统治阶级。许多贱民、奴隶参加农民起义，他们斗争坚决，许多人成为起义的领袖。农民、贱民和奴隶的英勇斗争，很大程度上摧毁了高丽社会残存的奴隶制残余，有利于生产力的发展。

13世纪初，蒙古兴起。1231年8月，蒙古借口使节被杀，派大军渡鸭绿江侵入朝鲜。兵锋所至，庐舍为墟，杀掠人民，不可胜计。当时，府兵制已破坏，国家无可用之兵，若有急需则临时募兵，称"别武班"，后称"别抄军"。许多地方的农民、奴婢自发组织起来，请缨杀敌。龟城军民坚守城池4个月，击退蒙古军的6次进攻。但是，高丽的实际统治者崔瑀却向敌人乞和，然后迁都江华岛。1258年，崔氏政权被推翻，"复政于王"，但王室也害怕人民，准备投降蒙古，从江华岛还都开京。守备江华岛的三别抄军（左别抄、右别抄和神义军），抵制王室的投降活动，毅然举行起义。起义军主力南下珍岛，继续抗敌，受到各地人民的热情支持。史书记载："三别抄反，据珍岛，势甚炽，州郡望风迎降，或注珍岛谒见。"① 高丽王室无耻地联合蒙古军镇压，起义军转战济州岛。1273年4月，济州岛陷落，历时三年的三别抄义军英勇抗战最终失败。

1280年，蒙古在朝鲜设征东行省，派"达鲁花赤"（理民官）监督国政。然而，高丽人民反抗蒙古侵略的斗争一直未断。1368年，中国农民起义推翻元朝，有力地支援了高丽摆脱蒙古统治的斗争。高丽国王辛禑却继续勾结元朝残余势力，公然派兵进攻中国辽东。1388年，宰相崔莹率领的军队抵达鸭绿江中的威化岛，大将李成桂发动兵变，班师回京，废辛禑，夺取政权。1392年，李成桂废高丽国王，自立为王，并迁都汉城，改国号为朝鲜，开始了朝鲜史上著名的李朝（1392—1910年）。

六、李朝前期封建社会的发展

高丽末年，土地兼并严重。"宗庙、学校、仓库、寺社、禄转、军须田及国人世业田民，豪强之家夺占几尽"②，开始出现前所未有的"跨州包郡，山川为标"的大农庄。而兼并之家，收租之徒，"自秋至夏，成群横行，纵

---

① 《高丽史》卷一百零三《金应德》。
② 《高丽史》卷一百三十二《辛旽》。

暴侵掠，倍于盗贼"[1]，许多良人农民又沦为大农庄主的奴婢。李成桂兵变上台以后，积极着手田制改革。政变当年，李成桂立即宣布将佛寺的300多处土地收归国有，没收国家东北部和西北部的所有私田文契。1390年，焚公私田籍于市街，大火数日不灭。1391年，重新丈量全国土地，共79万多结（包括耕地和荒地），并宣布实行科田法。国家规定，京畿一带土地按科（等级）授给在京任职的官员，故称"科田"。第1科得田150结，依次递减，至第18科得田10结。京畿以外的地方置军田，以养军士。地方官吏和"闲良"，不论资品高下，随其本田多少，各给军田10结或5结。从"凡受田者身死后，其妻有子息守信者，全科传受；无子息守信者，减半传受"[2]看，科田和军田都允许程度不同的世袭。另有功臣田，可以子孙相传。公私奴婢、工商、卖卜、娼妓、僧尼等，不许受田。凡公私田租，水田1结糙米30斗，旱田1结杂谷30斗。除陵寝、仓库、官司、公廨、功臣田外，有田者皆纳土地税，水田1结白米2斗，旱田1结黄豆2斗。科田、军田、功臣田都是私田，其余土地为公田；公私田的比例无资料可查，无疑公田占绝大多数。军田和科田须向国家纳土地税，所以又是不完全的私田。重要的是国家规定公私田租的数额，"此外有横敛者，以赃论"[3]。科田法的实施有积极意义，它限制了大农庄主的横征暴敛，有利于中央权力的加强，也多少有利于生产力的发展。

　　李朝除加强对土地的支配权外，还竭力把生产者束缚在土地上。1413年9月，实行号牌法。国家规定10岁以上70岁以下的男子均按身份佩戴一种号牌，上书姓名、住址、面色、身长、有无胡须等，在发牌时进行户口登记。如有不戴或伪造、遗失、借用者，要受处罚。两班贵族的号牌用象牙或鹿角制成，平民的则用杂木。[4] 1407年起，实行邻保制，以连环保的方式加强统治和保证对国家的负担得以实现。李朝实行奴婢辨正，把高丽末期沦为奴婢的人改为良民，把寺院的私奴婢改为国家控制的公奴婢，使国家能够掌握更多的劳动力和兵源。

---

　　① 《高丽史》卷七十八《食货一》。参见北京师范大学历史系世界古代史教研室：《世界古代及中古史资料选集》，656页，北京，北京师范大学出版社，1999。

　　② 《高丽史》卷七十八《食货一》。参见北京师范大学历史系世界古代史教研室：《世界古代及中古史资料选集》，656页，北京，北京师范大学出版社，1999。

　　③ 《高丽史》卷七十八《食货一》。参见北京师范大学历史系世界古代史教研室：《世界古代及中古史资料选集》，656页，北京，北京师范大学出版社，1999。

　　④ 《太宗实录》卷二十六《十三年九月》。

　　李朝废除高丽的私兵制，实行统一的府兵制（1400 年），集兵权于中央。为统一法制，1469 年编成《经国大典》6 卷。大典详细规定了中央和地方的行政、军事、财政、刑律和教育等方面的制度，一直适用到李朝末年。

　　对外方面，1419 年李朝远征对马岛，彻底制止了倭寇的骚扰。15 世纪中期，对北方女真的斗争取得胜利，确立鸭绿江和图们江为天然国界。李朝对明朝实行友好政策，政治、经济和文化上的联系比较密切。

　　李朝初期，经济上有很大进步。高丽末年，全国有耕地和荒地 79 万多结，1430 年左右增加到 170 多万结，翻了一番，同时也是李朝土地面积最多的时期。轮作制代替了休耕制。水稻的品种增加。插秧渐渐取代直播。棉花种植从中国传入，并逐渐推广。手工业和商业也有发展。政府发行朝鲜通宝金属货币和纸币。

　　科田法推行一段时间以后，渐渐废弛。起初，科田仅限京畿，后来由于赐给功臣贵族的功臣田和别赐田不断增加，京畿的土地不够，逐渐扩大到外地，特别是土地肥沃的忠清、全罗和庆尚各道。1404 年起，土地买卖合法了。[①] 贵族和官僚纷纷利用特权兼并土地。于是，又出现公田、公民减少，私田、私民增多的现象。中央的经济、政治实力削弱。1467 年，李朝实行职田制，将一定数量土地的收租权分给现任官吏，但兼并之风仍然不能制止，对农民的榨取有增无减。农民往往逃往海岛深山，或者掀起新的武装起义。1467 年，咸镜道爆发大规模的农民起义，要求取消号牌法、减轻捐税和惩治贪官污吏。此后百余年，小规模的农民起义连绵不断。

　　15 世纪末，李朝政治腐败，党争不绝。在朝的功臣勋旧官僚集团称"勋旧派"，在书院接受儒家教育的两班子弟和靠科举入仕的新官僚称"士林两班"或"士林派"。两派相互斗争不已。成宗（1469—1494 年在位）不满勋旧派的飞扬跋扈，利用士林派加以遏制。士林派势力膨胀。1498 年，继位的燕山君（1495—1505 年在位）转而依靠勋旧派清洗士林派，史称"戊午士祸"，是为党争之始。此后数百年间，党争不绝，两派又各自分裂成不同的小派，彼此诛戮，国家和人民深受其害。

---

　　① 《世宗实录》卷二十三《六年三月》。

七、朝中人民抗击日本封建主侵略的斗争

16 世纪末，正当朝鲜党争不已的时候，日本却通过兼并战争结束长期割据局面，实现了国家统一。丰臣秀吉统一日本后，积极准备对朝鲜和中国发动侵略战争。战争前夕，他在给朝鲜国王李昖（宣祖）的信里，公然叫嚣要"不屑国家之隔，山海之远，一超直入大明国，易吾朝之风俗于四百余州，施帝都政化于亿万斯年者"[①]。侵略野心，昭然若揭。

1592 年 4 月（宣祖二十五年，岁在壬辰），日军近 20 万人在釜山登陆，接着长驱直入，连陷三京（汉城、开城、平壤），并分兵直趋东北部的咸镜北道。许多地方官员不战而逃，朝鲜国王仓皇北走义州。侵略者的"锋焰所被，千里萧然。百姓不得耕种，饿死殆尽"[②]。在此危急关头，朝鲜人民纷纷组织义兵，奋勇抵抗。他们在釜山和东莱一带给敌人以沉重打击。民族英雄、全罗道左水使李舜臣（1545—1598 年），忧国忧民，决心以死报国，尽扫妖氛，一雪国耻。正当日军在朝鲜半岛上横行之时，他率领水军在南海一带接连取胜，挫败了敌人的嚣张气焰和侵略计划。朝鲜人民创造的龟船，在海战中发挥了重要作用。龟船长 11 丈，宽丈余，穹窿如龟；船身覆铁壳，装锥刀，敌人无法接近，也难以焚烧；船首有龙头，能喷吐烟雾迷惑敌人；船身四周有 72 个炮眼，可从各个角度射击；船内能载较多的粮食和饮水，便于长时间航行。龟船是铁甲舰的前身，是当时优秀的战舰。5 月初，就在汉城陷落后几天，李舜臣率领舰队向庆尚道沿海出击，在巨济岛附近的玉浦、巨浦和赤珍浦击沉敌舰 40 多只，自己无一损失，大大鼓舞了朝鲜军民的士气和抗敌的决心。从 5 月底到 7 月中旬，李舜臣率领水师在唐浦、唐项浦和闲山岛一带痛击敌人，特别是闲山岛之战，击沉敌舰 59 艘，毙敌数百，不仅取得海上主动权，而且挫败了敌人的水陆并进计划，使之不敢从平壤北犯，为明朝援军的到来赢得了时间。9 月，李舜臣会同友军袭击釜山，又毁敌舰百余，毙伤无数。朝鲜政府封李舜臣为资宪大夫和全罗、庆尚、忠清各道水军首任统制使（仍兼全罗道左水使），设大本营于闲山岛。

1592 年 12 月，应朝鲜政府的请求，明朝派大将李如松率领 4 万军队援朝，受到朝鲜人民的欢迎。次年 1 月，朝明联军经过激烈战斗后收复平壤；4

[①]　郭守田：《世界通史资料选辑·中古部分》，451 页，北京，商务印书馆，1985。
[②]　郭守田：《世界通史资料选辑·中古部分》，453 页，北京，商务印书馆，1985。

月 19 日，光复汉城，将侵略者赶到釜山沿海一带。日本遭受沉重打击后，提议和谈，妄图争取时间卷土重来。由于日方坚持无理要求，迁延三年之久的和谈以破裂告终。

1597 年 2 月，丰臣秀吉派遣 14 万日军再次侵略朝鲜，水陆并进，但把重点放在海上。当时，由于党争，李舜臣被解职，统制水师的是昏庸无能的元钧。7 月，固城海面一战，元钧失败被杀，大本营闲山岛落入敌手。8 月，朝鲜政府迫于压力不得不重新起用李舜臣，但朝鲜水师仅剩 12 艘战船和 120 余名战士。李舜臣和水师将士发扬高度爱国热情和献身精神，誓死杀敌。他们充分利用珍岛东南鸣梁海峡（涨潮时有巨响如鸣）的有利地形，暗设两道铁索，使敌舰能进不能出（退潮），以巧制胜，竟以 12 艘战船和 120 余名士兵击毁敌舰 300 多艘，歼敌 4000 余人，创造了海军战史上以少胜多的杰出范例。

1598 年 7 月，明朝政府派陈璘和邓子龙率水军援朝，与李舜臣将军的水师并肩战斗。8 月，丰臣秀吉病死，遗嘱吩咐从朝鲜撤军。与此同时，朝明联军在陆上进击日军在南方沿海的重要据点蔚山、泗州和顺天，敌军不支企图从海上逃走。11 月 18 日，朝明联合舰队驶往露梁海面（南海郡西北）迎敌，击沉敌舰 300 多艘，歼敌万余，给侵略者以毁灭性打击。在这次海战中，李舜臣击毙日军大将，打退包围明军统帅陈璘的敌舰。明军 70 岁老将邓子龙坐的船不慎起火，李舜臣驶舟来救，左胸中弹。他把战旗交给侄儿代施号令，嘱咐不许声张。名将李舜臣和邓子龙都在这次海战中壮烈牺牲，用鲜血谱写了一曲战斗友谊的颂歌。壬辰卫国战争终于以朝鲜人民的最后胜利结束。

日本的侵略战争给朝鲜人民带来了深重的灾难。人口大量减少。战后，全国耕地面积仅等于战前全罗道的耕地，受害最深的庆尚道仅为战前的 1/6。直到 17 世纪初，战争创伤才逐渐恢复，但又遭到女真贵族的侵略。1627 年和 1636 年，后金（清）两次入侵朝鲜。1637 年 1 月，朝鲜被迫降清。

八、朝鲜文化

中朝两国和两国人民之间自古就有密切的友好往来。我国的汉字、汉文和儒家思想早就传入朝鲜。4 世纪时，高句丽设太学，学习汉文和儒家经典。682 年，新罗统一后不久，在首都庆州设国学，由博士助教讲授儒家经书，广招贵族子弟学习。788 年开科取士，儒家经典是主要考试内容。新罗政府经常派贵族子弟或僧人去中国学习。如崔致远（857—?），12 岁入唐留学，18 岁中进士，著有《桂苑笔耕》20 卷，回国后任侍读等官，影响很大。佛教早在 372 年已从中国传入朝鲜。新罗统治者提倡佛教，广修佛寺，不断派出高僧出国取经。僧人慧超（704—?，亦作惠超），少年入唐，通晓汉文和梵文，后取道南海赴印度，遍访北印度佛教遗迹和研究佛经，727 年回到中国后从事佛经翻译，终老于五台山。慧超著有《往五天竺国传》3 卷，记述旅途见闻，是研究印度和中亚历史的重要资料。原书早已散失，1906 年在敦煌石窟里发现该书的部分抄本。新罗学者薛聪，利用汉字拼写和判读新罗语，史称"吏读"，大大便利了朝鲜人学习中国的文化典籍。12 世纪，著名画家李宁来中国，宋徽宗命翰林待诏王可训、陈德之等从宁学画。徽宗十分欣赏李宁的《礼成江图》，称李宁为"妙手"，赠以酒食和锦绮绫绢。

朝鲜历代统治者都重视编修史书。1145 年（高丽仁宗二十三年），学者兼政治家金富轼等人，根据《旧三国史》《海东三国史》和中国史籍中有关朝鲜的丰富史料，用汉文编成一部纪传体的《三国史记》。全书共 50 卷。13 世纪，僧人一然（1206—1289 年）根据古文献和民间传说的资料，用汉文编成《三国遗事》5 卷，以补《三国史记》之遗漏。该书往往从佛教角度决定史料的取舍，但也保存有不少宝贵的资料。1451 年，李朝学者郑麟趾等根据高丽诸王实录，编成纪传体《高丽史》139 卷，这是研究高丽历史的主要史书。1415 年成书的《高丽史节要》（35 卷）和 1484 年成书的《东国通鉴》（56 卷），也是有关高丽时期和朝鲜历史的重要史籍。李朝诸王注重编修前代实录，最后按年代顺序辑成包括 27 代国王的《李朝实录》1893 卷。朝鲜民主主义人民共和国科学院正组织人力将《李朝实录》从汉文译成朝鲜文。

朝鲜字母——训民正音的创制，是李朝时期重要的文化成就。世宗时（1418—1449 年在位），朝鲜学者郑麟趾、成三问、申叔舟等根据朝鲜语音、参考汉字音韵，创制表音字母 28 个，其中母音字母 11 个、子音字母 17 个。新字母组成的朝鲜文字，笔画简单，拼读灵活，一直沿用到现在。

朝鲜的印刷术、天文学和医学，成就显著。高丽显宗时（1010—1031 年在位），着手用雕版刻制汉译《大藏经》，历 60 余年，印出 6000 多卷，可惜不久被蒙古军烧毁。1236 年（高宗二十三年），政府下令重刻《大藏经》，费时 16 年完成书版 86600 张，俗称"八万大藏经"。高丽人民还推陈出新，发明铜活字印刷，比西方的类似发明约早 200 年。大约 647 年，庆州就修建了瞻星台，8 世纪时又创制天文观测仪和漏刻器。李朝初年，发明利用水力自动报时的自击漏。1441 年，发明世界上第一个测雨器，并建立定时报告雨量的制度。1613 年，太医许浚参考中、朝医书 500 多卷，编成《东医宝鉴》23 卷，至今仍有参考和临床价值，受到中国和日本医家的重视。

第二节　日本

一、原始社会

日本列岛原是亚洲大陆的一个半岛，由于地壳的变动，在距今约 1 万年前最终与大陆分离，形成由北海道、本州、四国、九州四大岛和几百个小岛连成的弧状列岛。早在旧石器时代，日本已有人类生存。[①] 他们靠狩猎和采集为生，知道用火。距今 1 万年左右，日本开始进入新石器时代。在新石器时代遗址中，出土大量有草绳样花纹的陶器，称"绳纹陶器"，相应的时代称"绳纹文化时代"。当时的日本人，住在沿海、沿河者以捐捞为生，住在森林和山地者则靠狩猎和采集为生。他们的主要生产工具是石器，有打制和磨制两种，但弓矢已广泛使用。在绳纹时代晚期，西日本开始出现原始农业，生产稻、麦、粟等。绳纹时代的日本社会，大致处于母系氏族公社阶段。

公元前 3 世纪到公元 2 世纪，日本进入弥生文化时代。在这一时期的遗址中，出土大量可能用陶轮制作的高大陶器。由于它首先发现于东京都文京区的弥生町，故称"弥生式陶器"。弥生文化受到汉文化的强烈影响。汉代的水稻种植技术和铁制工具经朝鲜半岛或直接东渡传入日本，使日本的农业和手工业得以迅速发展。生产力的提高促进社会分工，使父权制渐渐取代母权制，出现私有制和阶级的萌芽，开始向阶级社会过渡。

二、邪马台国

公元前 1 世纪，日本出现许多小国。《汉书·地理志》记载："乐浪海中

---

① 如考古学上的明石（兵库县）人、葛生（栃木县）人以及牛川（爱知县）人、三日（静冈县）人、浜北（静冈县）人、港川（冲绳县）人、圣岳（大分县）人等。

有倭人，分为百余国，以岁时来献见云。"这些小国之间的关系不是和平的，通过兼并逐渐形成规模较大的国家。据《三国志·魏书·乌丸鲜卑东夷传》记载："旧百余国，汉时有朝见者。今使译所通三十国。"公元 57 年（汉光武帝中元二年），"倭奴国遣使来汉通好"①，光武帝"赐以印绶"②。

公元 1 世纪末 2 世纪初，在九州北部兴起日本列岛第一个强大的奴隶制国家政权邪马台③，统治附近 20 多个小国。邪马台国有严格的等级制度，"大人"享有种种特权，"下户"（平民）和奴婢地位低下。女王卑弥呼握有政教大权（"事鬼道，能惑众"），住在卫兵严密把守的宫室里，有成千奴婢侍候；死后修大冢，有百余奴婢殉葬。女王由男弟辅佐治国，下设大倭、大率、大夫等官，分掌贸易、监察和外交事务。可能有大将，统率全国军队。地方按大小和战略地位设置不同的官吏，个别的仍保有"王"的称号。邪马台国的军政开支主要靠下户交纳的贡赋维持。有法律和刑罚，"其犯法，轻者没其妻子，重者灭其门户及宗族"。

邪马台以农业为主，"种禾稻、纻麻、蚕桑"。手工业中以酿酒、冶炼和纺织比较发达，产品有"细纻、缣绵"、斑布（杂色麻布）、倭锦、绛青缣等。农业和手工业的发展，促进了贸易的繁荣。"国国有市，交易有无"。国内还有远距离的贸易，如对马国和一支国皆"南北市籴"。④

在女王卑弥呼统治时期，邪马台与曹魏和新罗建立友好关系，与曹魏的使节往来不断。从 239 年（魏明帝景初三年）起的 8 年里，双方互相遣使 7次，在古代中日关系史上是少见的。239 年，日本使节到洛阳，魏明帝授予卑弥呼"亲魏倭王"称号。3 世纪中叶以降，中国与邪马台国内多事，双方往来中断。不久，邪马台国亡，统一日本的历史任务落在新兴的大和国身上。

三、古大和国

公元 3 世纪，在近畿一带兴起古大和国。大和国经济发达，国力强盛。

---

① 郭沫若有诗云："中元以降两千年，两国相交似管弦。"纪念两国建交。
② 1784 年在福冈市志贺岛发现了这枚金印，上书"汉委奴国王"。金印现存福冈市美术馆。
③ 邪马台国在何处，历来有九州之山门和奈良之大和两说，因为两地的日语读音皆邪马台。邪马台国的社会性质，也有奴隶社会、封建社会不同说法。
④ 《三国志》卷三十《魏书三十·乌丸鲜卑东夷传第三十》。

当邪马台与曹魏频繁交往的同时，大和可能同长江下游的吴国有联系。大和国统治者喜欢修建巨大的陵墓①，所以在日本史上被称为"古坟时期"。大约 4 世纪末 5 世纪初，大和国基本完成日本的统一，控制了西至九州、东达关东的广大地区。5 世纪末，倭王在给刘宋皇帝的上表中回顾统一的过程说："自昔祖弥，躬擐甲胄，跋涉山川，不遑宁处。东征毛人五十五国，西服众夷六十六国，渡平海北九十五国。"② 大和国的最高统治者称"大王"。《宋书》中先后记载五大倭王，即赞、珍、济、兴、武，称"倭五王"，多数日本学者认为是《日本书纪》所载的仁德、反正、允恭、安康、雄略五王。

倭五王为巩固大和政权，先后实行氏姓制度和部民制度。

氏姓制度是贵族阶级内部的制度。大王根据贵族的出身和在统一过程中的功绩，授予氏姓；只有拥有氏姓者，才能担任官职。所以，它是职务与资格双轨人事制度的雏形。在中央，由葛城、平群、三轮等氏组成最高执政机构，中臣氏、忌部氏掌管祭祀，大伴、物部和久米等氏主持军事，苏我氏总管财政。地方设国造、县主、稻置等官，一般委派有直、君氏姓的人担任。重要地区由有臣、连氏姓的人担任。

部民制是劳动者的组织制度。大和国的劳动者，按专业技术和贵族需要编成不同的部，其成员称"部民"。主要有从事手工业生产的品部，从事农业生产的田部和负责政府机关事务的杂部。而每一种又包含众多的部，如品部就包括锻冶、锦织、弓削等一百余部。各种部民，就隶属关系说，可分为公、私两种。公部民直属朝廷，只有大王有权调动，其他人无权调动，更不许兼并；违者剥夺氏姓和领地。私部民曰地方实权派，由其亲信管理。所有部民可分为三种类型：一是奴隶型，包括田部中的奴婢，田部和品部中的罪犯、战俘和杂部里的虾夷人等，没有人身自由；二是隶农型，包括田部里的部曲和大多数品部民，他们有家庭和户籍，有自己的生产工具，从朝廷或贵族租来土地向他们服劳役和缴纳产品，但没有人身自由，可以与土地一起赠送别人；第三种是农奴。隶农型部民占多数。③ 部民制的

---

① 在大阪府的堺市，至今仍保存着众多的陵墓。规模最大的仁德陵，长 487 米，前宽 305 米，后圆直径 245 米。有人估算，若 1000 人劳动，每人日运土 1 立方米，需 4 年方可完成。仁德陵附近，还有应神陵、履中陵等 13 座陵墓。

② 《宋书》卷九十七《列传第五十七·夷蛮》。

③ 王金林：《简明日本古代史》，53、54 页，天津，天津人民出版社，1984。

存在是日本奴隶社会的一个特点。部民中的朝鲜和中国移民，被称为"归化人"。他们大多有一技之长，如木工、织锦、缝衣等，为大和的经济发展做出了重大贡献。部民遭受沉重的剥削和压迫，人身被凌辱，逃亡或武力反抗史不绝书。5世纪中叶以降，地方豪强不断变国有地为私有地，变公部民为私部民，严重威胁中央利益。527年，九州紫筑国造磐井发动叛乱，控制了福冈、大分、佐贺、熊本等经济发达地区。中央十分震惊，急忙召开重臣会议，派大将军率军征讨，费时一年多才予以平定。

磐井之乱平定以后，大和政府加强了对地方的控制，到处设置屯田、屯仓，役使部民。例如，569年，中央派田令白猪胆津整顿所属田部，使该部部民以户为单位编定户籍，并给部民以更多的自由。

大和国统治者一直觊觎朝鲜半岛。百济为摆脱高句丽和新罗的夹击，采取与日本通好的政策。4世纪中叶，日本乘机侵占新罗的加耶（任那）。①百济王特赠7支刀以示感谢。399年，百济和大和组织联军进攻新罗，新罗求救于高句丽。第二年高句丽击退大和军。5世纪以后，大和与中国南朝的刘宋政权建立密切的外交关系，企图换取对称霸朝鲜半岛的支持。478年，倭王武遣使请求刘宋支持，宋顺帝授予倭王"使持节，都督倭、新罗、任那、加罗、秦韩、慕韩六国诸军事，安东大将军，倭王"称号。

四、大化改新

随着封建因素的不断增长和大陆封建文化的大量传入，大和国统治阶级内部的矛盾趋于激化。6世纪中叶，控制中央大权的葛城、平群、大伴诸氏衰落，苏我氏和物部氏的权力上升；最后苏我氏又战胜物部氏，独揽大权。592年，苏我马子杀死崇峻大王，立甥女炊屋姬为王，是为推古天皇（592—628年在位）。女王抵制苏我氏的专横，并于593年立厩户皇子为太子（即圣德太子），委以大权。圣德太子崇尚中国文化，不满贵族专权，渴望改革。603年，太子制定"冠位十二阶"，按能力和功绩授予冠位，打破氏姓贵族的世袭门阀制度。接着颁布《十七条宪法》，强调"国非二君，民无两主，率土兆民，以王为主，所任官司，皆是王臣"，在日本史上第一次提出建立中央集权的政治纲领，为大化改新做了思想理论准备。607年，圣德太子和女王派小野妹子使隋，在国书中自称"天子"。608年，小野妹子

---

① 　朝鲜史学界不同意此说。见《人民日报》1963年10月18日金锡亨等的论文。

以陪送使身份再次来隋，并有高向玄理和南渊请安等留学生同行。他在这次递交的国书中称"东天皇敬白西皇帝"，在日本史上第一次使用"天皇"名称。622和628年，圣德太子和推古天皇相继辞世，其改革随之流产。苏我虾夷篡改遗嘱，先后拥立舒明天皇（629—641年在位）和皇极天皇（641—661年在位），大权独揽，并大兴土木，广征徭役，致使民怨沸腾。在反对苏我氏势力的斗争中，逐渐形成以中大兄皇子（626—671年）和深受我国儒家思想影响的中臣镰足（614—669年）为首的革新派。

645年6月12日，中大兄皇子等乘接见朝鲜使节之机，发动政变，夺取政权。三天后，皇极天皇退位，由中大兄皇子之舅轻皇子继位，称孝德天皇（645—654年在位）。孝德天皇与革新派关系密刃，即位后立中大兄皇子为皇太子，辅助政事，同时任命阿倍内麻吕为左大臣、苏我石川麻吕为右大臣、中臣镰足为内大臣、僧旻和高向玄理为国博士，还宣布年号为大化，着手改革。646年元旦，天皇发布《改新之诏》，是为大化改新。

改新的主要内容有三个方面。第一，废除贵族私有的土地和部民，收归国有，成为公地公民。国家授予大夫以上的官僚以土地和人口，称"食封"，以封户缴纳的部分租赋作为他们的俸禄。第二，实行"班田收授法"。国家班给6岁以上公民口分田，男子2段①，女子为男子的2/3，奴婢为公民的1/3。6年一班，死后归还，不得买卖。受田者须负担租庸调：租为田租，每段交稻2束2把②；庸是劳役，男子（21～65岁）每年服役10天，可以绢布代替（每天2尺6寸）；调为贡物，一般交纳绢布（田调每段绢1尺，绵2尺，户别调布1丈2尺）。第三，改革官制，建立中央集权的国家机构。各级官吏由国家任免，废除氏姓贵族世袭制。中央设二官（神祇、太政）、八省（中务、式、治、民、兵、刑、大藏、宫内）、一台（弹正），地方设国（省）、郡、里（乡）。

改新措施的实施不是一帆风顺的。新政府刚建立，与苏我氏关系密切的古人大兄皇子勾结旧势力谋反，被镇压。649年，改新功臣苏我石川麻吕遭诬陷，被迫自杀。668年，中大兄皇子即位，称天智天皇（668—671年在位）。他继续推进改革，并整理改新以来新颁诏书，编成《近江令》，是为日本史上第一部完备的法典。在外交上，支持百济，但663年被唐与新罗联军打得惨败。天智天皇死后，本应由法定继承人、改新派重要人物、其

---

① 段又称反，1段＝991.8平方米。

② 1束10把，约合2升。

弟大海人皇子继位，但其子在旧贵族支持下匆匆登基，内战（壬申之乱）骤起。结果，大海人皇子获胜，即位称天武天皇（673—686 年在位）。天武天皇进一步打击旧贵族势力，提拔在壬申之乱中有功而地位低的人，并大权独揽，建立有效的中央集权统治机构，把改革事业继续向前推进。701年，文武天皇（697—707 年在位）编成《大宝律令》（律是刑法，令是各种制度的规定）。718 年，元明天皇（707—721 年在位）在《大宝律令》的基础上，制定《养老律令》，全面总结和确立大化改新的成果。

大化改新使绝大多数部民摆脱旧贵族的控制，成为国家的公民。他们以户（亦称"乡户"）为单位从政府得到一份土地（口分田，只有使用权）和园田宅地（可以买卖），负担比较固定的租庸调，可以自由使用沼泽山林，生产积极性有所提高。大化改新在日本史上具有划时代的意义，是从奴隶制社会转变为中央集权制封建社会的标志。大化改新是一次自上而下的改革，又很不彻底。例如，部民制未全部废除，还有大量奴婢和地位接近奴婢的隶农存在，对社会发展产生了不利的影响。

五、奈良和平安时期

710 年，元明女皇把都城从飞鸟（奈良县橿原市）迁至奈良城（平城京），开始了日本史上著名的太平盛世奈良时代（710—794 年）。794 年，桓武天皇又把京城迁往平安京（京都），开始平安时代（794—1192 年）。奈良和平安时代，一般（或名义上）由天皇掌权，不同于后来的实权在幕府（特别是德川幕府），所以又称"王朝时代"。

奈良时代社会安定，经济文化繁荣。统治者十分重视发展农业，鼓励开荒和兴修水利。723 年，颁布《三世一身法》，开垦生荒地可以传三代，开垦熟荒地可终身占有（死后交公）。为防止土地复荒，743 年颁布《垦田永世令》，规定所垦土地永为私有，不再收回。种植水稻的技术有新的进步，知道插秧和种植早稻晚稻。养蚕业和经济作物的种植获得发展。在农业发展的基础上，手工业和商业日益进步。采矿、冶金、纺织业发展迅速。首都奈良是重要的工商业中心，有人口 20 万，设东、西两市，并有市司负责管理工商事务。708 年，铸币"和铜开珎"① 流通全国。奈良时代，派出

————————————

① "和铜"是当时天皇的年号；"开"乃开元；"珎"乃寶字简化，意思是仿开元通宝铸造的货币。

大量留学生、学问僧赴唐，如饥似渴地学习中国文化，把佛教、儒学、建筑、美术、医学、文学等介绍到日本，为日本文化的繁荣进步和中日两国的文化交流做出了巨大的贡献。

在班田制下，农民向国家交纳的租庸调大约占口分田总收获量的 20％，剥削率已经不轻，此外还要负担沉重的杂役、兵役和高利贷。劳役本为每年 10 天，但由于频繁迁都和大兴土木，往往长年征调。租赋和贡物须送到郡城或京都，一路开销全由农民负担。兵役是最痛苦的负担。国家每年征发 1/4 到 1/3 的青年入伍，自备粮食、武器，充当卫士（守卫京城，服役 1 年）、防人（戍边，服役 3 年），名义上轮换，实际"壮年赴役，白首归乡"。借债利息官方为 50％，私人为 100％。还不起债者往往以身抵债，成为债务奴隶。著名诗人山上忆良（660—733?）在《贫穷问答歌》里描写班田农民的悲惨生活说：

> 简陋倾圮屋，地上铺茅草。
> 父母枕边愁，妻子脚下忧。
> 灶里无炊烟，釜中结蛛网。
> 忘却炊饭事，只闻呻吟语。
> 咆哮如劈物，手持刑笞具。
> 五十户长声，呼哨到寝处。
> 似此人间事，欲呼亦无术。[①]

从 8 世纪末起，班田农民分化严重，有的四处逃亡，有的被迫把土地"寄进"给豪强，本人沦为他们的"寄口"。土地兼并盛行，国家掌握的公地、公民锐减，豪强控制的私地、私民剧增。与此同时，皇室的敕旨田，贵族的位田、功田、职田，神社和寺院的神田与寺田大量增加，其收入归己，而且除职田外实际世袭享用。班田制难以继续推行，改为 12 年一班，有的 20 年、30 年，甚至 40 年一班，终致废弛。

与班田制破坏的同时，庄园制发展起来。平安时期，庄园制占支配地位。有的庄园是原来的村落，有的因垦荒形成，大小不一。庄园里的生产者大多是破产的班田制农民，也有奴婢。他们以户为单位进行生产，有权共同使用山林水源，向主人缴纳年贡（大约相当于收获量的 1/3 到 1/2），

---

① 转引自王金林：《简明日本古代史》，143 页，天津，天津人民出版社，1984。

负担警卫、运输、修房、筑路等杂役。有的庄园有劳役地租，即由庄民耕种主人的直辖田，收获全归庄园主。有的庄园还有工匠，如铁匠、泥水匠、陶工，从事手工业生产。9 世纪以降，许多庄园获得"不输不入权"，即不向中央纳租，中央的检田使、收税吏不得进入，后来发展到不得入庄追捕罪犯，形同独立王国。

随着班田制的破坏和庄园的兴起，地方割据势力日益强大，中央集权衰落。从 9 世纪 80 年代起，大贵族藤原氏①专权，左右朝政约 200 年。藤原氏世代为天皇外戚。877 年，藤原基经胁迫清和天皇退位，由 9 岁的阳成天皇继承，自己以舅舅身份摄政。887 年，宇多天皇即位，把政权交给藤原基经，宣布万机巨细应先"关白"于藤原基经，从此开始日本史上的"摄关政治"②。从此，藤原氏私邸成了国家权力的中心，朝廷只是举行仪式的场所。1086 年，白河天皇为打击藤原氏势力，在自己宫殿里设"院厅"，由近臣任官员处理政务，开始日本史上的"院政时代"（1086—1192 年）。双方在斗争中都竭力拉拢武士阶层，从而为武士登上政治舞台和夺取政权创造了条件。

武士的产生是与中央集权衰落和庄园制的发展分不开的。为了对付人民的反抗和封建主内部的争夺，许多庄园开始建立自己的武装，神社和寺院也组织僧兵，这就是日本武士的起源。武士和主人结成主从关系，绝对效忠。11 世纪初，开始出现地区性武士集团，称"武士团"。武士团的首领有庄园主和地方土豪，也有流落地方的中央失意贵族，其中势力最大的是源氏和平氏。源氏和平氏均为皇子赐姓。"摄关政治"时期，源氏与藤原氏关系密切，势力大发展，自称"天下第一勇武之士"。11 世纪末 12 世纪初，平氏与院政关系密切，势力急剧上升。1179 年，平清盛带兵进入京都囚禁天皇，停止院政，实行独裁统治。1185 年，源赖朝举兵消灭平氏，控制中央政权。1192 年，源赖朝被天皇任命为"征夷大将军"，在镰仓建立幕府③，是为镰仓幕府，日本开始幕府政治（或"武家政治"）时期。

----

① 藤原氏是大化改新功臣中臣镰足的后裔。中臣镰足弥留之际被天皇赐姓藤原，其后人受到历代天皇尊重。

② 天皇年幼，辅政者称"摄政"，年长时称"关白"。

③ "幕府"源出汉语，意指将军出征以营幕为府署，实际是政府。

六、镰仓幕府和室町幕府

镰仓幕府（1192—1333 年）与以天皇为首的国家政权，其阶级本质是一样的，都是封建主阶级的政权。不同的是，幕府由武士阶层掌权，其头领将军名义上尊重天皇，并由天皇任命，实际上是政府首脑，垄断一切大权，天皇被架空。将军与其直属武士（御家人）之间建立密切的主从关系，称"御家人制度"。御家人对将军要忠，无条件服从领导，为其负担军役和公役，包括守卫镰仓。将军对御家人要信，负责保护其领地和财产不受侵犯，并按功行赏。幕府设专门管理武士的机关——侍所。镰仓幕府还设立处理政务的公文所（后改称"政所"）和审理诉讼案件的问注所。各国设守护，负责军政。庄园设地头，负责治安和征收租赋。

镰仓幕府的经济基础是庄园制。将军是一个大庄园主，占有大量领地，仅没收原平氏的庄园就达 500 多所。

1199 年，源赖朝死，幕府内部发生了争夺最高权力的斗争。外戚北条时政囚禁第二代将军源赖家，将他杀害，独揽大权。1205 年，北条义时自称"执权"，即代替将军执掌幕府的军政大权。幕府内部的斗争，给京都朝廷以倒幕良机。1221 年（承久三年），后鸟羽天皇发兵讨伐北条氏，但很快失败，史称"承久之乱"。为巩固幕府统治，北条氏于 1332 年（贞永元年）制定武士法典《御成败式目》① 51 条（又称《贞永式目》），内容涉及行政、民事、刑事、诉讼等，对人民的反抗则坚决镇压。

蒙古灭高丽后，策划进攻日本。1274 和 1281 年，蒙古军两次入侵日本，遇到顽强抵抗，又遇台风，被迫退兵。镰仓幕府虽然赢得反侵略战争的胜利，但从此内部矛盾激化，开始由盛转衰。由于执权偏爱嫡系，引起旁系和因战争而破产的御家人的不满，双方一度火并，终于动摇了镰仓幕府赖以生存的御家人制度。与此同时，下层群众的反抗斗争活跃，出现所谓"恶党"运动。于是，后醍醐天皇（1288—1339 年）在部分大封建主支持下开始倒幕。1333 年，幕府派足利高氏发兵讨伐，但他中途倒戈，攻陷京都，镰仓幕府灭亡。1334 年，后醍醐天皇重返京都，执掌朝政，并改元建武，史称"建武中兴"。1336 年，足利尊（足利高后改"高"为"尊"）

---

① "成败"，意为审判，"式目"为法规。

起兵攻占京都，自任征夷大将军，重建幕府，足利幕府（1336—1573 年）①
的统治开始。后醍醐天皇化装逃往吉野，建立新朝廷，是为南朝，与足利
尊在京都拥立的北朝光明天皇分庭抗礼，史称"南北朝时代"（1336—1392
年）。1392 年，第三代将军足利义满合并南朝，南北对立基本结束。

　　足利幕府也仿照镰仓幕府设立政所、侍所和问注所，但权力缩小。侍
所首领称"所司"，由赤松、山名、一色、京极四家担任，称"四职"。不
设执权设执事（后改为管领），由旻山、斯波、细川三家轮流担任，称"三
管领"，携助将军处理具体事务。地方上设"镰仓府"，由将军之子任"公
方"，直接控制关东十国。在九州、中国、奥州、羽州设"探题"，派亲信
任"守护大名"，掌握军政大权。其他各国设守护。守护大名是足利幕府的
主要支柱，其政治、经济、权力不断扩大。例如，山名氏兼十一国守护，
其领地占全国的 1/6，成为割据一方的大封建主。将军的权力越来越小，与
守护大名不断发生冲突。1467 年（应仁元年），幕府内部因将军继承问题发
生武装冲突，双方动用兵力达 27 万之众，混战 10 年，使京都遭到严重破
坏，文物建筑化为灰烬，史称"应仁之乱"（1467—1477 年）。日本开始进
入长期混战的"战国时代"（1467—1573 年），直到室町幕府灭亡。

七、经济发展和人民起义

　　由于劳动人民的辛勤劳动，镰仓时期的农工商业有明显进步。已经广
泛使用水车，开始种植早、中、晚三季稻，普遍种植小麦和经济作物，产
量增加。耕地面积从 10 世纪初的 862796 町步②增加到 946016 町步。手工
业逐渐脱离农业，成为独立的生产部门。贸易得到发展，在神社寺院附近、
交通要道、港湾地区形成许多城镇。仅畿内附近，14 世纪就出现新城镇 387
座。京都、堺、博多等是最重要的城市。特别是堺，有 5 万多人口，是联系
九州、四国和对中国、朝鲜的贸易中心，被称为"东方的威尼斯"。

　　城市和商品经济的发展，促使庄园解体，许多农民成为自耕农。他们负
担着沉重的租赋和劳役，还遭受高利贷的盘剥。长期的战乱，再加上灾荒和
瘟疫，使农民生活在水深火热之中。他们成立自己的自治组织——"惣""惣
村"，团结起来进行斗争，迫使封建主让步。斗争的形式有集体请愿或逃亡，

---

①　1378 年，幕府移至京都市室町，又称室町幕府。

②　1 町步＝9918 平方米。

直至武装起义（"土一揆"）。15世纪，农民的武装起义进入高潮。

1428年，京都附近的近江国首先爆发大规模的农民起义，很快波及京都和奈良。起义者袭击"土仓""酒屋"①，要求取消债务，焚毁债券。第二年，播磨国农民揭竿而起，提出"国中不许有武士"口号，在日本农民战争史上具有重大意义。

1441年，京都附近发生农民起义，包围京都城，迫使幕府答应取消农民所欠债务。

1462年，京都一带连年天灾、瘟疫流行，莲田兵卫率领起义农民围攻京都，使道路不通，"米谷不至"，"天下为之忧"。

1485年，山城国两个封建主集团内讧，激起人民起义。起义者推选36名（另说38名）代表组成权力机构，实行自治。由于内部不和，自治坚持8年后失败。

1488年，加贺国农民以一向宗②为旗帜发动起义。他们组织20万大军，包围高尾城，迫使大名富樫政亲自杀，完全控制加贺国，并扩展到京都和大阪一带。此后百余年，加贺国一直为一向宗信徒控制。

长期的农民起义，沉重地打击了封建统治，特别是封建割据势力，有利于日本的再统一。

八、日本的再统一

战国时期，连绵不断的混战给人民带来无穷的灾难，人民要求统一。经济发展和工商业的繁荣，使各地的经济联系加强，为统一创造了条件。然而，日本的市民力量弱小，且受封建势力控制，不可能成为统一国家的中坚力量。而在内战厮杀中成长起来的战国大名，虽然不受幕府统治、形同独立，但大多注意发展经济和积蓄力量，谋求国家统一。日本的重新统一，终于走上了战国大名兼并的道路。

战国大名是新兴的称霸一方的大封建主，大约有200家。他们实行家臣团制度，把辖区里的中小领主变成自己的家臣，其领地则变成自己的直辖领地。家臣平时治理乡村，战时组成军队骨干，从军打仗。有些战国大名制定家法，规定主人与家臣之间的关系和家臣必须遵守的法规，主要内容

---

① "土仓"是高利贷者的仓库，"酒屋"亦高利贷者。

② 一向宗，日本佛教的一支，又称净土真宗或真宗。

是：强调家臣忠于主人，其领地不得转移买卖，实行长子继承，通婚和遗产继承须主人同意，不得相争，违法者处酷刑等。战国大名比较注意安抚流民、兴修水利、开垦农田，打仗往往安排在农闲，以发展农业。同时奖励工商业，积极开发矿山，从而拥有雄厚的经济力量。

争夺称霸全日本的斗争，首先从地近近畿和关东的战略要地尾张、三河、远江国开始。到 16 世纪中叶，远江国的今川氏势力最强，尾张国的织田氏和三河国的松平氏（1570 年改姓德川）次之。尾张国大名织田信长（1534—1582 年）本是一中等封建主，但他鼓励发展农工商业、长于战略战术，又使用葡萄牙人传来的鸟铳建立骑兵常备军和由农民组成的步兵，逐渐强大。1560 年，他出奇兵击败今川氏，并与德川氏会盟清州，约定互相支援。1568 年，织田信长带兵进入京都，挟持将军和天皇，号令天下。①1573 年，流放末代将军，室町幕府灭亡。1582 年，织田信长遭叛变家臣袭击，自杀身死。他虽然没有完成日本的再统一，但已控制 60 多国的一半，为统一奠定了基础。

织田信长死后，部将丰臣秀吉（1536—1598 年）讨平叛将，接着用打击和谈判的手法，确立领导地位，并平定四国、九州，基本实现日本统一。1585 年，寒门出身的丰臣秀吉被受冷落的天皇任命为关白，第二年又被天皇破例任命为太政大臣，赐姓丰臣。从 1585 年起，丰臣秀吉开始在全国丈量土地，按土地肥瘠分为三等，核定年贡，登录在册。他的直辖领地扩大，占全国土地的12％强。这件事被称为"太阁检地"②。他还奖励垦荒，大力兴修水利，强迫游手好闲者去务农。他鼓励发展工商业，统一度量衡，并修建大阪城，迁来其他地方的商人。1588 年，丰臣秀吉发布《刀狩令》，收缴百姓手里的刀、矛、武器，从此佩带武器成了武士的特权。他发布《身份统制令》，不许农民任意迁徙，更不许弃农从商。丰臣秀吉是一个野心勃勃的侵略者，1592 年发动侵朝战争，妄图以朝鲜为跳板攻占北京，但被朝明联军打得惨败，本人也忧忿成疾，很快死去，侵略计划终于破产。

九、德川幕府的建立

丰臣秀吉死后，部将德川家康（1542—1616 年）掌握政权。在 1600 年

---

① 室町幕府的将军曾致函织田信长，想依靠他的实力重振幕府权势。
② 丰臣秀吉让关白职于丰臣秀次后，自称"太阁"。

的关原（不破关）之战中，德川家康击败敌对的大名联军，奠定称霸全国的大局。1603 年，德川家康就任征夷大将军，在江户（东户）建立幕府，开始了江户幕府（也称德川幕府，1603—1867 年）的长期统治，直到明治维新以前。

德川幕府实行幕藩体制，即实行以幕府为核心、诸藩为支柱的中央集权专制统治。幕府拥有雄厚的经济实力，其直辖领地（"天领"）分布在 66 国中的 47 国，加上直属武士（"旗本"，能面谒将军）的领地，年产米 700 多万石，约占全国总产量的 30%。此外，还控制着重要城市（如江户、京都、大阪、堺、博多、长崎），垄断金银开采和货币制造。幕府拥有常备军（旗本）2 万多人，另有征集大名的兵力 6 万多人，总数达 8 万多人，超过三四十个大名兵力之和。大名的领地称"藩"，即"屏藩"，约有 260 多个，其中 20 多个是强藩。与德川同族或亲近的大名叫"亲藩"，关原之战前臣服的叫"谱代"，战后臣服的称"外样"，三者领地交错，互相监督。幕府对大名的控制很严，大名的妻子须留在江户为人质，本人要定期去江户参谒将军。1615 年（元和元年）颁布《武家诸法度》，称《元和令》（后又修订，称《宽永令》），规定武士应修炼文武和守法，不得私自结党和缔结婚姻，每年 4 月参谒将军和服从将军的绝对权威等。同年还公布《禁中并公家诸法度》，剥夺天皇除决定年号外的一切权力。对神社寺院，幕府也严加控制，禁止妄立异说、结党生事。

在中央，将军之下设"大老"（临时最高行政官）、"老中"（处理日常行政事务）、"若年寄"（协助老中管理旗本和御家人），合称"三役"。三役之下设三奉行，即寺社奉行（管理神社寺院）、勘定奉行（管理将军直辖领地）和町奉行（管理城市）。老中和若年寄之下还有几位称为"大目付"和"目付"的监察官。在地方，将军直辖领地设"郡代""代官"，京都设"司代"，重要城市设"城代"。幕府设评定所，由老中、若年寄、三奉行、大目付和目付参加，商讨重大事宜，特别重大的事将军也会出席。

德川幕府实行严格的身份制度，划居民为武士、百姓、町人三等，俗称士、农、工、商四民。武士乃四民之首，约占总人口的 10%，享有带刀和不纳租税的特权，内部又可分为 20 多个等级，但均属封建统治阶级。农民占人口 80% 以上，是主要的剥削对象。有少量土地的自耕农称"本百姓"，无地的雇农叫"水吞"（穷得只能喝水）。町人指工商业者，地位比农民低，常受歧视，如雨天不许打伞。町人也分不同的阶层：有房有地的叫"本町人"，有权参政；无房无地者称"地借""店借"，无权参政。但富有的商人可勾通官府，不受身份限制。四民之外尚有被称为"秽多""非人"的贱民，地位最低，只能从事殡仪、曲艺、制革、屠宰等所谓卑贱的职业。

德川幕府对农民的剥削和限制十分严酷和严格。农民世代被固着在土地上，不得迁徙，更不准出卖土地或弃农经商，违者严惩。一般缴纳实物地租，往往超过收成的1/2。有些地方出现货币地租。为防止农民逃跑，实行五家连保制，一人犯法五家受罚。幕府甚至颁布法令，限制农民的生活方式。例如，不许穿丝绸；不许骑马坐轿；多吃豆叶、山芋（少吃大米）；不得饮酒、喝茶和吸烟；妻子喝茶聊天、游山玩水，就要离婚。

生活在水深火热中的农民大众不断掀起反抗斗争。1637年年底，长崎县岛原半岛和天草岛的天主教徒农民在天草四郎领导下举行起义，势力达3.7万多人。16世纪中叶，天主教传入日本，它那上帝面前一律平等的思想，受到广大群众和部分不满幕府的武士的欢迎。17世纪初，信徒达75万人。1612年起，幕府下令拆毁教堂，强令天主教徒改宗，否则就要被流放甚至烧死。岛原一带200多位天主教徒农民拒绝改宗，竟被锯下脑袋。再加上连年灾荒，剥削和压迫有增无减，终于激起农民起义。1638年年初，幕府派老中率领12万大军镇压，并勾结荷兰人向农民军开炮。农民军坚持抵抗，但终因弹尽粮绝而失败。天草四郎和数万农民惨遭杀害。

早在农民起义以前，德川幕府已奉行锁国政策。1633年的"锁国令"规定，禁止与西方贸易；不许日本人出国；已在国外者不许返回，违者处死。岛原起义后，更加紧推行锁国政策。1638年再颁"锁国令"，除中国和荷兰外，禁止同其他国家贸易，号召检举天主教徒和神甫。德川幕府奉行锁国政策长达两个多世纪之久，它虽然巩固了幕藩体制，却使日本与外界隔绝，不利于吸收外国先进科学技术和经济的进一步发展，消极影响是很大的。

十、日本文化

日本民族是一个长于思考、善于学习的民族。他们以自己的民族文化为基础，广泛吸收中国的先进文化并加以创造，形成了自己的中古文化。

公元3世纪末，日本通过百济得到中国儒家的《论语》和《千字文》。5世纪，开始利用汉字作音符拼写日本语，称"假名"，而有些日本贵族已能熟练地使用汉字写出漂亮的汉文。大约同时，佛教传入日本，对传播中国文化起了重要作用。

大化改新前后，日本多次派遣隋使、遣唐使和留学生前往中国，大力吸收中国文化。共派出遣唐使 19 次，每次百余人到五六百人随行，其中有水手、射手、医生、僧人和留学生等。南渊请安、高向玄理、僧雯等先后留唐二三十年，回国后在大化改新中发挥了重要作用。留学生吉备真备和僧人空海①，在借用汉字偏旁草书创制日本字母片假名和平假名的过程中起了重要作用。阿倍仲麻吕 19 岁入唐留学，改名晁衡，及进士第，历仕玄宗、肃宗、代宗三代皇帝，深受器重和信任，并与著名诗人李白、王维、储光羲等人有诚挚的友谊，为中日友好和文化交流建立了不朽的功勋。唐代高僧鉴真，年近古稀，双目失明，历尽艰辛，东渡日本，带去许多佛教经典，介绍建筑、雕塑、医学、书法等，为日本文化的发展做出了贡献。他在奈良主持修建招提寺，又称"唐招提寺"，作为受戒传律的基地。寺内藏有初建时的许多文物，如鉴真的干漆夹苎坐像，被定为日本的国宝。招提寺为日本佛教的一个圣地，也是中日两国人民友好往来和文化交流的见证。

奈良时代的日本大力模仿唐朝。首都奈良就是模仿长安和洛阳修建的，布局整齐，结构划一。中央设大学寮，地方设国学，讲授儒家经典，培养统治阶级需要的人才。日本学习中国医学，形成具有日本特色的"汉方医学"，并设典药寮，培养医药人才。《怀风藻》和《万叶集》是两部著名的文学作品。前者是用汉文写作的诗集，以五言诗居多。后者是用假名写成的和歌集，有 5—8 世纪的歌谣4500首，作者有天皇、贵族、诗人和普通百姓，真实反映了当时的社会现实。8 世纪初，编成日本最古的两部史书《古事记》和《日本书纪》。前者 3 卷，从传说写到推古天皇（628 年）；后者 30 卷，从传说写到 696 年，是研究日本古代历史的珍贵史籍。到平安时代，又编成《续日本书纪》《日本后纪》《续日本后纪》《文德实录》和《三代实录》，连同《日本书纪》合称"六国史"。

平安时代比奈良时代进了一步，它在继承民族文化的基础上，进一步消化唐代文化，形成具有自己民族风格的文化。由于假名的普及，和歌（日本诗歌）渐渐兴起。此时编成的《古今和歌集》20 卷，收和歌 1000 多首，洋溢着民族自豪感。小说创作空前活跃，涌现了一批像《源氏物语》

---

① 吉备真备（约 694—775 年），留唐 20 多年，通晓礼乐、历法，回国后为日本历法改革做了许多工作。他还精通围棋，传说日本围棋从他开始。空海（774—835 年），留唐高僧，日本佛教密宗创始人，被天皇任命为大僧正，管理全国僧众。他长于诗文，还是一位书法大师。

和《竹取物语》等的文学杰作。在绘画方面，出现带有浓厚日本民族生活气息的"大和绘"，其中以《源氏物语绘卷》和《信贵山缘起绘卷》最为著名。

从镰仓幕府起，开始武士阶层专政，出现一批描写武士的小说，如《平家物语》《源平盛衰记》等。著名的和歌有《新古今和歌集》《新敕撰和歌集》和《金槐和歌集》。历史著作有《愚管抄》和《吾妻镜》。室町幕府以后茶道盛行，涌现了一批著名的茶道大师。德川幕府时期的文化有新特色，涌现了一批反映市民利益的作品，称"假名草子"和"浮世草子"①。被称作"浮世绘"的风俗画和美人画开始流行。在戏曲方面，盛行受中国戏曲很深影响的"净琉璃"和"歌舞伎"。

第三节　南亚次大陆

一、北印度封建制度的形成

南亚次大陆包括今印度、巴基斯坦、孟加拉、不丹、尼泊尔、斯里兰卡和马尔代夫等国。4 世纪初，在恒河（殑伽河）下游的摩揭陀，兴起笈多王朝（约 320—540 年）。旃陀罗笈多一世（月护王，约 320—340 年在位）与统治着比哈尔邦北部和尼泊尔的梨契察毗族公主鸠摩罗提毗通婚，取得了包括华氏城在内的比哈尔、孟加拉和北方邦广大地区，自称"摩诃罗阇"（大王）。其子沙摩陀罗笈多（约 340—380 年在位）时期，征服恒河上游及中印度诸国，并攻入南印度东海岸的奥里萨和马德拉斯。沙摩陀罗笈多爱好音乐、诗歌，被称为"诗人国王"。著名的佛教学者世亲，据说曾是他的大臣。他信奉婆罗门教，但对其他宗教采取宽容态度。旃陀罗笈多二世（超日王，约 380—413 年在位）将公主嫁给南印度的伐卡塔卡君主，并以该地为跳板征服古吉拉特，把领土扩张到阿拉伯海，使笈多王朝臻于极盛。

从 5 世纪中叶起，活跃在阿姆河流域的嚈哒人（与大月氏人混血的匈奴人，亦称白匈奴）开始侵入次大陆，6 世纪初占领旁遮普、拉贾斯坦和古吉拉特，定都奢羯罗（今锡亚尔科特）。528 年，嚈哒虽被北印度王公的联军

---

① "草子"，即带图的小说。"假名草子"是用假名写的带图小说，著名的有《浮世物语》《御伽婢子》。"浮世"即人世。著名的"浮世草子"有《好色一代男》《好色一代女》等。"假名草子"和"浮世草子"反映了新兴市民（町人）的利益。

击败，但笈多王朝解体，北印度重新陷于分裂混战局面。

6世纪末，德里北方小邦坦尼沙逐渐强大。在普什亚布蒂王朝的曷利沙·伐弹那（意译"喜增"，号 Siladitya，意译"戒日"，606—647 年在位）统治时期，国力强盛。据玄奘讲，他有象军 5000、马军 2 万、步军 5 万，不断向外扩张，大致统一北印度，迁都于恒河西岸繁华的曲女城（今卡瑙季）。戒日王笃信印度教，但也尊重和支持佛教，广建佛塔（窣堵波）佛寺，禁止杀生，慷慨施舍。戒日王十分礼遇玄奘，下令在曲女城举行大会，让玄奘宣讲大乘佛教的观点。听讲者有佛教和婆罗门教学者僧人数千以及18 位国王。他还亲自陪同玄奘出席每五年一次在钵罗耶伽（今印度安拉阿巴德）举行的无遮大会（不分贵贱信仰均可参加讲法和施舍财物的会议），约有 50 万人到会。他着旧衣，散尽多年府库节会和私人财物，膜拜十方佛陀。戒日王死后，各地纷纷独立，印度长期陷入分裂之中。

关于印度封建社会的产生，仍是一个学术界争论的问题。一般认为，4—7 世纪，即从笈多王朝到戒日王时期，是封建社会的形成和确立时期。那时，牛耕和轻型铁犁普遍使用，冶炼、造船和纺织生产有了新的提高。东晋高僧法显和唐代高僧玄奘法师先后畅游印度，分别著有《佛国记》和《大唐西域记》，正好给我们提供了极其珍贵的资料。

法显在《佛国记》里写道："人民殷乐，无户籍官法，唯耕王地者乃输地利，欲去便去，欲往便往。""诸国王、长者、居士，为众僧起精舍供养，供给田宅、园圃、民户、牛犊、铁券书录，后三王相传，无敢废者，至今不绝。"记载说明，"耕王地者"的自由农民有向国王缴纳地租的义务，而被封赐给贵族和寺院的"民户"，按永久性的文书记载不能随便离开，成为依附农民。到戒日王时期，据《大唐西域记》记载："王田之内，大分为四：一充国用，祭祀粢盛；二以封建辅佐、宰臣；三赏聪睿、硕学、高才；四树福田，给诸异道……宰牧、辅臣、庶官、僚佐，各有分地，自食封邑。"这些材料说明，土地虽然名义上归国王所有（"王田"），但又实行分封，连同土地上的农民一起封给官吏、学者、军人、世俗封建主和寺院。比哈尔邦著名的佛教中心和佛教最高学府那烂陀寺就得到大量捐赠："国王钦重，舍百余邑，充其供养。邑二百户，日进粳米酥乳数百石。"这些分封，有些可能是职田（官吏），有些须履行一定的义务（如军人服役），有些可能是真正的赠予，不附带条件。例如，631 年，戒日王将一个叫苏马昆达卡村的村庄赠给婆罗门僧侣，他有权"获得村民的土地税"和"一切收入"，"作为脱离县管辖的部分而免除一切义务，并附有传给子孙的权利，直

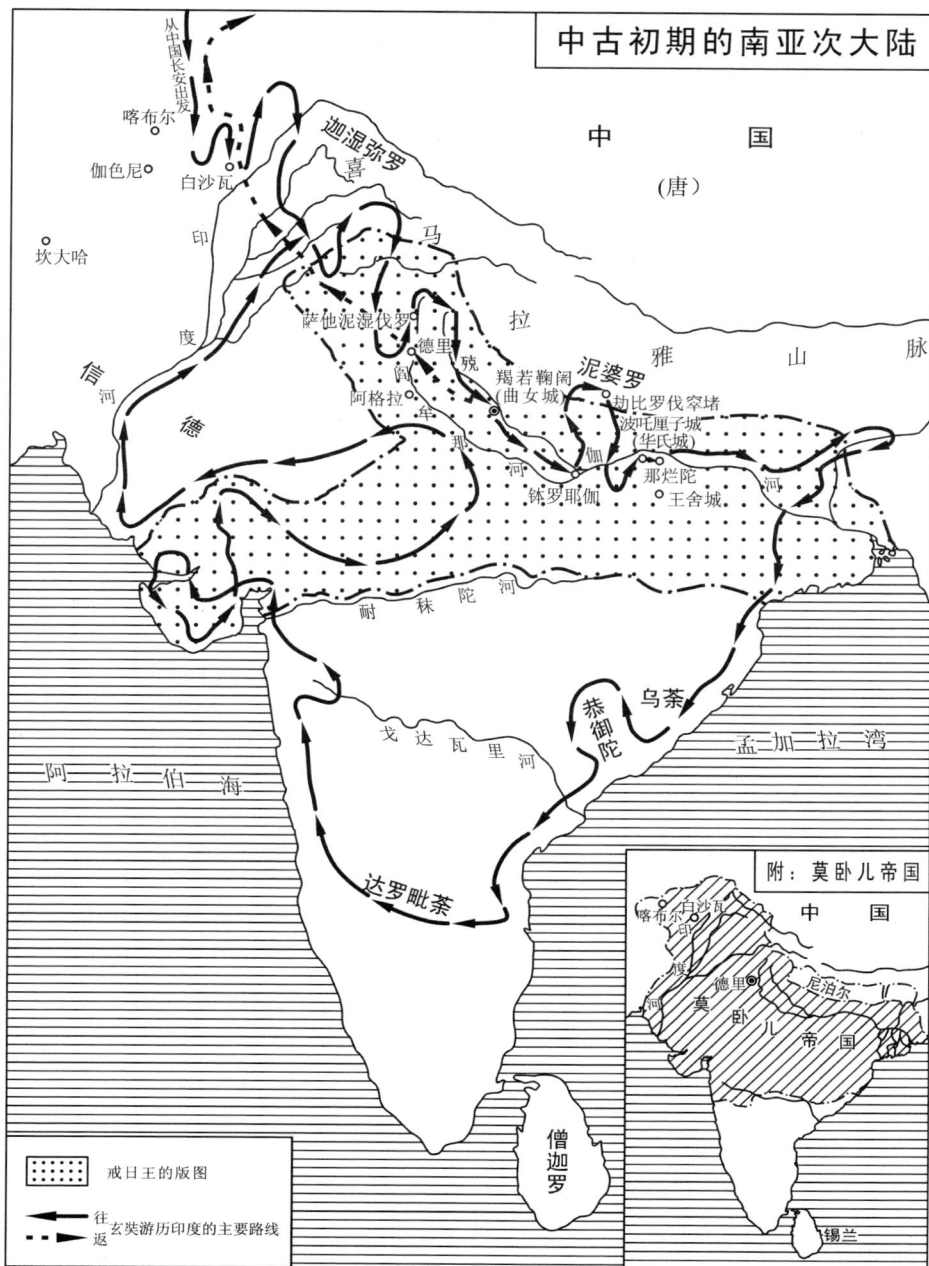

图 6-1　中古初期的南亚次大陆

至天长地久"。① 从玄奘的记载"假种王田，六税其一"看，和王田者须纳
1/6 的实物税，不过也有超过这个比例的。农民还须负担劳役，如修路、建
堡垒。农村公社仍然存在，但渐渐失去独立性。玄奘讲的"各安世业，俱
佃口分"，是用唐朝均田制下的农民来形容他们的情况，指生活在分社里的
农民须按照种姓制度世袭务农，享有一定的人身自由，还不是农奴。

二、种姓制度和印度教

随着封建社会的形成，种姓制度发生新的变化，出现了印度教。

印度的种姓制度由来已久。原来，婆罗门和刹帝利是宗教与军事行政
贵族，吠舍是一般公社成员，而首陀罗与以上三个种姓不同，是由于各种
原因而失去公社成员身份的人，只能从事当时被认为是低贱的职业，其地
位接近奴隶，少数就是奴隶。进入封建社会以后，根据玄奘的记载和其他
资料，种姓制度已经发生变化。戒日王以后，印度西北部逐渐出现一批被
称为"拉奇普特"（意为"王子"）的军事封建主，他们有的源于婆罗门和
刹帝利种姓，一部分则来自外族，如嚈哒人。他们作战勇敢，酷爱自由，
但不事生产，坐食租税，成为新的军事贵族。原来的吠舍，只指"贸迁有
无，逐利远近"的商人和高利贷者。而首陀罗则是"肆力畴陇，勤身稼穑"
的农民了。看来，许多公社成员逐渐沦落，与原来的首陀罗没有多少区别。
四个种姓的名称未变，但阶级内容已经改变。社会地位最低，从事被认为
是低贱职业的人，形成不可接触者种姓，称"旃陀罗"。他们"若入城市，
则击木以自异，人则识而避之，不相唐突"。种姓制度有利于封建统治阶级
的统治，不利于人民内部的团结和抵御外敌的入侵。马克思称"种姓制度
则是印度进步和强盛的基本障碍"②。

进入封建社会以后，印度教兴起，佛教反而在它的故乡衰落下去。印
度教不是某位教主创立的思想体系，而是在长期社会发展过程中形成的，
它是广泛吸收婆罗门教、佛教和耆那教教义以及民间信仰、风俗习惯、哲

---

① 以上引文参见郭守田：《世界通史资料选辑·中古部分》，102～104 页，北京，
商务印书馆，1985。

② 马克思：《不列颠在印度统治的未来结果》，见《马克思恩格斯选集》，2 版，第
1 卷，771 页，北京，人民出版社，1995。

学思想等的综合产物。它的主要经典是《吠陀》《奥义书》《往世书》①，及《摩诃婆罗多》和《罗摩衍那》两大史诗等，内容庞杂而互相矛盾。

印度教也宣扬"业报"和"轮回"思想。"业"指一切思想和行动，它必有"报"，即报应，前者是因，后者是果。"轮回"又译"生死轮回"，即生死像车轮似地回旋不停。印度教认为解脱之道有三，即知识之道（对物质和精神进行哲学探讨）、行为之道（按照规定活动）和虔诚之道（对神虔诚信仰），而虔诚之道是最容易办到的，于是人们便营建寺院、塑造神像、广泛施舍等。

印度教崇拜梵天、毗湿奴和湿婆 3 位主神。梵天又名大梵天，主管创造世界万物，包括天地、魔鬼和灾难。他有 4 个头，面向四方；4 只手，分别拿吠陀、莲花、匙子、念珠；坐骑为天鹅。梵天的崇拜者很少，只在拉贾斯坦有一个供奉他的庙。对毗湿奴和湿婆的崇拜比较流行。

毗湿奴又名偏入天，是人类的保护神，有 4 只手，坐骑为金翅鸟，妻为吉祥天女。他有许多化身，如释迦牟尼、黑天、罗摩和札格纳特。黑天是一位活泼可爱、手持横笛的牧童，常与女童嬉戏，乐于助人，曾杀死暴君派来的妖魔，其形象在文学、音乐和绘画中经常出现，家喻户晓。罗摩是《罗摩衍那》中的主人公，他在猴王哈奴曼的帮助下，最终战胜魔王，救出妻子。猴王红面黄毛，尾巴很长，但力大无比，本领高强，能倒山拔树、抓住行云，吼声如雷，一跳能从印度到达斯里兰卡。札格纳特为毗湿奴教中最狂热的一派，强调自我折磨；为表示虔诚，信徒宁愿让载有札格纳特像的车压死，以身殉教。

湿婆又名大自在天，是毁灭之神，也是苦行与舞蹈之神。他有 5 个头、3 只眼（额上一只眼的神火能烧毁一切）、4 只手，浑身涂灰，穿兽皮衣，头上饰有弯月，坐骑是大白牛。湿婆把发辫盘头，终年在喜马拉雅山上苦修，但有幸爱上温柔美丽的喜马拉雅山之女，即雪山神女，终于结成夫妇。他们的长子是象头神，人身象头，有一根长牙，背上有只老鼠，是智慧之神，能将人与象的智慧结合在一起。次子塞建陀，有 6 头、12 臂，骑孔雀，手执弓箭，是与恶魔作战的战神。湿婆还善舞，创造刚、柔两种舞蹈。马克思说："一个淫乐世界和一个悲苦世界——的这种奇怪的结合，早就在印度斯坦宗教的古老传统里已经显示出来了。这个宗教既是纵欲享乐的宗教，

---

① 《奥义书》即《吠檀多》，意为"吠陀的终结"，是婆罗门教的古老经典，宣扬"梵我同一"和"轮回解脱"。《往世书》又名《古事记》，是古印度神话传说的汇集。

又是自我折磨的禁欲主义的宗教；既是崇拜林伽的宗教，又是崇拜札格纳特的宗教；既是僧侣的宗教，又是舞女的宗教。"① 林伽是湿婆的化身。崇拜林伽的教派视牛为神物，反对斋戒、朝圣和种姓制度。性力派主要崇拜湿婆之妻难近母等女神，主张用动植物甚至人身献祭，反对寡妇殉葬和种姓制度。

三、德里苏丹的盛衰

印度的长期分崩离析，给外族的入侵以可乘之机。8 世纪初，阿拉伯帝国一度扩张到印度河流域，但不久退出。10 世纪中叶，在今阿富汗兴起信奉伊斯兰教的突厥人国家伽色尼王朝（962—1186 年）。伽色尼苏丹马穆德从 1001 年起 15 次率军侵入印度，攻陷曲女城，大肆抢掠，掳走数万居民并将其变为奴隶。马穆德死后，伽色尼国家衰落。12 世纪，在阿富汗的赫拉特兴起突厥人的古尔王朝（1152—1206 年），不仅灭了伽色尼，而且开始向印度扩张，占领锡亚尔科特、拉合尔。1192 年，在德里北方的塔拉因击败拉奇普特王公，接着占领德里、曲女城以及比哈尔、孟加拉一带。1206 年，古尔苏丹部将、镇守德里的库特布·乌德·丁·艾巴克称苏丹，宣布独立。由于他出身奴隶，其王朝被称为"奴隶王朝"（1206—1290 年）。艾巴克的女婿伊杜米思（3211—1236 年在位）苏丹统治时期，东征西讨，成为北印度最强大的伊斯兰教国家，并且受到巴格达哈里发的册封。从奴隶王朝的建立起到 16 世纪初，北印度先后出现 5 个信仰伊斯兰教的王朝，都以德里为首都，统治者皆称苏丹，故称"德里苏丹"。

1290 年，突厥贵族贾拉尔·乌德·丁·卡尔基推翻奴隶王朝末代苏丹，自称苏丹，开始卡尔基王朝（1290—1321 年）。他的外甥和女婿阿拉·乌德·丁（1296—1316 年在位）执政时期，德里苏丹达到强盛的顶点。阿拉·乌德·丁即位之初，连续发生几起贵族叛乱。他认为造成叛乱的原因是贵族之间的联姻和结党营私，缺乏必要的监督，酗酒和财富充足，酒足饭饱之后就生阴谋。于是，他下令收回苏丹赠予的土地和补助，未经苏丹允许贵族之间不得联姻和聚会，设密探监视他们的言行并随时报告，以致人们不敢大声说话，只打手势。他下令禁止饮酒，本人摔碎酒具带头不喝，把宫

---

① 马克思：《不列颠在印度的统治》，见《马克思恩格斯选集》，2 版，第 1 卷，761 页，北京，人民出版社，1995。

里的酒缸搬到街上倒光，弄得满街泥泞；后因阻力大，改为可在家里独饮，在公开场合仍禁止饮酒和卖酒。对叛乱贵族格杀勿论，甚至株连亲属。采取这些严厉措施之后，许多贵族慑服。

阿拉·乌德·丁认识到，要巩固国家机器和进行对外扩张，没有强大的军队是不行的。维持庞大的军队，需要增加开支。于是，他下令增加税收，土地税高达收成的 1/2，又新增住房捐和牲畜税。劳动人民无以为生，或者逃亡，或者举行起义。1301 年，德里爆发霍遮·毛拉领导的人民起义。起义者打开监狱，杀死官吏，把武器和金钱分给群众。阿拉·乌德·丁在大臣的建议下，又采取降低生活必需品价格的方法，使士兵能靠薪饷过活。他严格核定大麦、小麦、稻谷、饲料、豆类、糖、油、盐的价格，由市场监督执行。① 囤积居奇，高价出售，或缺斤短两者，严惩不贷。缺多少，就从商人身上割多少肉下来。商人还必须去市场监督那里登记，在指定地点出卖，并交纳保证金。密探随时向苏丹报告市场情况。国家在亚穆纳河（阎牟那河）和恒河流域的土地税不收现金，专征实物。德里的国家仓库里有充足的粮食，在饥荒时供应。② 通过上述高压政策，德里一带粮价平稳，供应比较充足。阿拉·乌德·丁用这种办法维持一支几十万人的常备军。

阿拉·乌德·丁以亚历山大第二自居，进行了一系列的扩张战争。他先后征服兰桑普尔、巴格赫拉、齐图、马尔瓦（在今拉贾斯坦、古吉拉特和中央邦一带）等印度教王公，多次击败蒙古军队的侵袭，基本上统一了北印度。从 1306 年起，他派奴隶出身的大将马利克·卡富尔四次带兵远征富裕的德干高原，灭掉德瓦吉里（温迪亚山与戈达瓦里河之间）、喀喀迪耶（戈达瓦里河与克里希纳河之间）、曷萨拉（克里希纳河与科弗里河之间）和潘地亚（德干最南端）四个印度教国家，于 1331 年攻陷潘地亚首都马杜赖，一直推进到拉密斯瓦拉姆，毁掉那里的印度教寺庙，将之改建成清真寺。1311 年 10 月，卡富尔带着大量战利品，其中有 612 头象、2 万匹马和大量黄金、珠宝回到德里。阿拉·乌德·丁统治时期德里苏丹的版图达到极限：西起印度河流域，东到孟加拉，北抵喜马拉雅山麓，南达德干高原的最南端。

---

① ［印度］R.C. 马宗达、H.C. 赖乔杜里、卡利金卡尔·达塔：《高级印度史》（上），328 页，北京，商务印书馆，1986。

② ［印度］恩·克·辛哈、阿·克·班纳吉：《印度通史》，425、426 页，北京，商务印书馆，1973。

1321 年，卡尔基王朝的旁遮普总督吉亚斯·乌德·丁·图格鲁克带兵攻入德里，杀死篡位的胡斯鲁汗后称苏丹，建立图格鲁克王朝（1321—1414 年）。其子穆罕默德·伊本·图格鲁克（1325—1351 年在位）统治时期，是德里苏丹由盛而衰的转折点。他在亚穆纳河和恒河之间地区 10 倍、20 倍地增加税收，逼得人民家破人亡，逃往密林，或拿起武器反抗。他一度迁都德干高原的德瓦吉里，改名道拉塔巴德，德里人跟着搬来搬去，劳民伤财。他还组织了一支 37 万人的大军，梦想征服伊朗和伊拉克，后发现困难重重又予以解散。1398 年，帖木儿率大军侵入印度，攻陷德里，除将少数技艺工匠掳往撒马尔罕外，杀光了所有居民。1401 年，图格鲁克王朝复辟，但各地纷纷独立，政令只及德里附近。1414 年，帖木儿部将基兹尔·汗·赛义德占领德里，开始赛义德王朝（1414—1451 年），图格鲁克王朝灭亡。

1451 年，旁遮普总督、阿富汗人巴鲁尔·罗第出兵占据德里，开始了罗第王朝（1451—1526 年）。孟加拉、古吉拉特、马尔瓦和克什米尔先后独立，南印度早已形成巴曼和维查耶那加尔两个国家，德里苏丹实际上已成为与它们差不多的一个诸侯国。

德里苏丹统治时期，尽管战乱连绵不断，社会生产仍有恢复和发展。图格鲁克王朝在亚穆纳河和恒河流域修筑运河和灌溉工程，有利于农业的发展。手工业和商业有了很大的进步。首都德里是北印度最大的城市。德里苏丹的 300 多年统治，初步改变了从前小国林立、王朝频繁更替、没有一个稳定政治中心的混乱局面，开始形成了一个领土辽阔、统治比较稳定的国家。然而，德里苏丹的掌权者是来自中亚的突厥、阿富汗穆斯林军事贵族，又奉行打击和歧视非伊斯兰教徒的政策，阶级矛盾、民族矛盾和宗教矛盾始终比较尖锐。

四、莫卧儿帝国的兴起

德里苏丹瓦解以后，在南亚次大陆兴起强大的莫卧儿帝国（1526—1858 年），其缔造者是巴布尔（1483—1530 年）。巴布尔是帖木儿六世孙，母亲有蒙古人的血统，所以他自称蒙古人（波斯语读作"莫卧儿"）。他创建的帝国称莫卧儿帝国。巴布尔继承父亲统治中亚的费尔干纳，但他野心勃勃，自幼决心仿照帖木儿建立一个大帝国。他两次短暂地占领撒马尔罕，但立足未稳就被乌兹别克汗击败，甚至丢掉根据地费尔干纳，到处流浪。

1504 年，巴布尔占领喀布尔，不久在波斯支持下打败乌兹别克汗称王。动荡不定的战争生活，培养了他的军事才能和冒险精神。很快，巴布尔把注意力转向富庶的南亚次大陆。他训练军队，生产火器并做了几次试探性进攻。1525 年 11 月，巴布尔乘罗第王朝内讧之机，率精兵万余攻入旁遮普。次年 4 月 21 日，在德里北面的帕尼帕特大败年轻的罗第王朝苏丹易卜拉欣统率的 10 万（另说 4 万）大军，击毙苏丹本人，并乘胜占领德里和亚格拉。4 月 27 日，巴布尔在德里大清真寺和礼拜仪式上加冕称王。接着，在亚格拉以西的坎奴村险胜强悍的拉奇普特首领拉那·桑伽的 8 万大军（1527 年 3 月 16 日），并掉头东进，在距巴特那不远的哥格拉河畔击败罗第王朝余党（1529 年 5 月 6 日），占领比哈尔。三大战役的胜利，使巴布尔成为西起阿姆河、东至哥格拉河、北起喜马拉雅山、南抵埃塔戈的广大地区的统治者。

1530 年年底，巴布尔在亚格拉病死，其子胡马雍（1530—1556 年在位）继位。此时，形势严峻，有王位之争，还有比哈尔统治者舍尔汗的起兵反抗。舍尔汗是在印度出生的阿富汗人，曾在莫卧儿军中服役，谙熟其战术。1539 年 12 月，舍尔汗击败胡马雍称王（舍尔沙），建立苏尔王朝（1540—1555 年）。苏尔王朝的统治一度达旁遮普、木尔坦、信德和拉贾斯坦，并将胡马雍逐出印度。舍尔沙实行一系列改革，许多措施为后来的阿克巴仿效。他丈量土地，改革税制，征收产量的 1/3 或 1/4，可以用实物或货币缴纳，并废除苛捐杂税。他还改革币制，修筑道路，鼓励贸易。他虽是虔诚的穆斯林，但对印度教徒十分宽容，甚至委以重任。舍尔沙死后内讧不已，胡马雍得以在波斯军队支持下卷土重来，轻易地重新占领德里和亚格拉，恢复了莫卧儿帝国。

在胡马雍之子阿克巴（1556—1605 年在位）统治时期，莫卧儿帝国进入繁荣时期。阿克巴 13 岁即位，由老臣、旁遮普总督培拉姆汗任保护人。1556 年 11 月，他在其祖父 31 年前大胜罗第苏丹的帕尼帕特以少胜多，再次击败阿富汗人，史称"第二次帕尼帕特战役"，军威大振。1560 年，阿克巴决定亲政，先后撤去专横的老臣培拉姆汗的职务，叫他去麦加朝圣，驱逐养母及其子的势力。阿克巴是莫卧儿帝国雄心勃勃的政治家和军事家，被尊为"大帝"。他有一句名言："帝王应该专心于征略。"他用镇压和怀柔并施的策略征服桀骜不驯的拉奇普特首领，但免除其人头税，保护印度教庙宇。他平定拉贾斯坦，平定古吉拉特、孟加拉，16 世纪 80 年代和 90 年代又占领克什米尔和德干，建立一个西起坎大哈和喀布尔、东到孟加拉、北起克什米尔、南抵戈达瓦里河的庞大的帝国。

　　为了统治帝国，阿克巴实行了一系列改革。他仿照德里苏丹的军事封土制，把大片土地封给来自中亚的伊斯兰封建主札吉达尔（封土称"札吉尔"），条件是服军役。17 世纪初，札吉尔约占全部耕地的 70％。1574 年，下令取消札吉尔制度，将土地收回国有（哈里斯），对原持有者给以报酬。在边远地区，臣服的王公和酋长保有自己的世袭领地，称"柴明达尔"。他实行中央集权，集政治、军队、司法和宗教大权于一身，下设若干部处理日常事务。分全国为 15 省，中央任命省长，并派出侦探监督各地官吏。重新丈量全国土地，按等纳税（一般为产量的 1/3），并废除包税制。他还注意兴修水利灌溉工程，修筑道路，统一度量衡，鼓励对外贸易。阿克巴虽是穆斯林，但实行宗教宽容政策，废除非穆斯林的人头税，允许被迫改宗的印度教徒恢复原有信仰，召集各教派学者共同探讨宗教问题，甚至糅合伊斯兰教、印度教、基督教和拜火教义创立新的神圣宗教，自任教长，但信徒寥寥。他的几个妻子是印度教徒，宫廷里同样庆祝伊斯兰教和印度教节日。他取缔印度教的陋习，如废止殉夫，允许寡妇再嫁，禁止童婚和酗酒。阿克巴的改革，多少缓和了民族矛盾、宗教矛盾和阶级矛盾，有利于社会安定、经济发展和帝国的巩固。

　　阿克巴死后，莫卧儿帝国的各种矛盾趋于激化。贾汉吉（1605—1627 年在位）继位后，宠信波斯血统的皇后努尔·贾汉，造成外戚专权。沙杰汗（1627—1659 年在位）时期，奢侈腐化盛行。他在亚格拉为爱姬修建泰姬·玛哈尔陵，调集各地的能工巧匠，费时 20 年，用去 4000 万卢比。对农民的剥削不断加重，16 世纪末土地税总额为 16600 万卢比，到 17 世纪末增至 38700 万卢比。而德干和古吉拉特闹灾，一条人命换一个面包还没人要，以至饿殍遍野，人相食。真是"朱门酒肉臭，路有冻死骨"。沙杰汗晚年患病，四个儿子因争位火并。奥朗则布（1659—1707 年在位）在斗争中获胜，把父亲囚禁起来自己当皇帝。奥朗则布是一个虔诚的逊尼派穆斯林，生活简朴，事必躬亲，性格刚毅，以"世界的征服者"自诩。他奉行错误的宗教政策，迫害印度教徒甚至什叶派穆斯林，向印度教徒征收人头税，不许他们骑马坐象轿和庆祝自己的节日，改印度教寺庙为清真寺，激起群众的不满。奥朗则布统治时期，各地起义不断，著名的有德里附近的贾特人起义（1669 年）。起义者掘出阿克巴的尸体烧掉，抢走墓里的珠宝。今马哈拉施特拉邦的马拉特人，在领袖西瓦吉（1627—1680 年）领导下长期坚持反对莫卧儿帝国的斗争，一度称王独立。15 世纪末和 16 世纪，西方殖民者侵入次大陆，开始对那里的殖民掠夺。英国自 1600 年成立东印度公司起，不断在次大陆扩张，最终灭掉莫卧儿帝国，实行殖民统治。

五、南亚次大陆文化

中古时期的南亚次大陆在继承古代文化的基础上，吸收了伊斯兰文化的某些因素，创造了灿烂的文化。

笈多王朝是梵文文学繁荣的时期。在民间长期流传的故事、寓言、神话，经过反复润色，大多编定成集。其中最著名的是两大史诗《摩诃婆罗多》和《罗摩衍那》。蜚声世界的著名剧作家、文学家迦梨陀娑，被誉为超日王宫中的九宝之一。他的作品流传至今的有《沙恭达罗》《优哩婆湿》和《云使》等 7 部剧本和诗。《沙恭达罗》描写国王豆扇陀与平民女儿沙恭达罗一见钟情，结成眷属。后沙恭达罗携子寻夫，但丢失国王给她的指环，国王拒不相认。经过曲折动人和悲欢离合的经历，终于团圆。《沙恭达罗》取材于史诗《摩诃婆罗多》，婆罗多即沙恭达罗与豆扇陀之子。《云使》是抒情诗，描写财神的奴仆被贬往南方山中，托北去的行云捎信给日夜思念的妻子，想象新奇，描写细腻，真挚感人。有些作品深刻地揭示了当时的阶级矛盾和阶级斗争。如剧本《小泥车》描写一位牧人领导人民起义，杀死暴君，使有情人终成眷属。民间故事集《宝座故事》中有这样一首诗：“帝王国内害人民，何必纷纷忙祭神？但得国内不洒泪，便是祭祀诵经文！”表达了对统治者的愤怒之情。

笈多时期，建筑、绘画和雕刻方面达到很高的水平。阿旃陀石窟是最著名的代表。石窟在马哈拉施特拉邦的温德亚山麓，长 550 米，共 29 窟（另有一窟未完成），最早建于公元前 2 世纪，最晚建于公元 7 世纪。石窟内有佛殿、佛像、佛塔和佛教徒居住的僧房；有色彩绚丽的壁画和藻井图案，内容多为佛经故事，也有涉及放牧、狩猎和生产，具有浓厚的生活气息。埃罗拉石窟在马哈拉施特拉邦境内奥兰加巴德西北不远的山岩上，有 34 窟，长两千米，属于公元 5—12 世纪，有佛教、印度教和耆那教庙宇，其中的壁画（不少以飞天为题材）和石刻神像是稀有的艺术珍品。我国的敦煌、云冈和麦积山等地的石窟艺术，都深受印度艺术的影响。

伊斯兰文化传入以后，南亚次大陆的文化发生新的变化。梵文不再流行，方言文学逐渐兴起。德里苏丹时期最著名的方言文学家是 13 世纪末和 14 世纪初的艾密尔·胡斯鲁。据说艾密尔·胡斯鲁用波斯文创作了 90 多部散文、诗歌、音乐和历史著作，涉及当时的宗教、文化和社会诸多方面。《摩诃婆罗多》和《罗摩衍那》先后被译成孟加拉文和印地文等，广泛流传。用波斯文写的编年史有明哈·乌德·丁的《那西尔通史》、沙姆斯·伊·西拉其·阿费富的《菲鲁兹王史记》、雅赫雅·宾·阿马德的《穆巴拉克王史记》，这些著作保留了大量的第一手资料。

在建筑和绘画方面，出现了民族传统与波斯中亚艺术结合的状况。泰姬·玛哈尔陵是最著名的代表。其主建筑为一高 58 米的八角形大厅，上有一直径 17 米的圆顶，四角各有一座尖塔。前有花园、水池，左右有清真寺，全部由大理石筑成，晶莹夺目，装饰华丽。它是劳动人民的创造，也是统治阶级奢侈浪费的象征。

中国与南亚次大陆的友好往来源远流长。佛教早在公元前后传入我国，两国僧人和学者来往不断。印度僧人鸠摩罗什（344—413 年），5 世纪初到长安，译数十部佛经为中文。东晋高僧法显，399 年离长安西行，历尽艰险到达印度，经海路回国，412 年回到今青岛附近。他带回大量佛经，著有《佛国记》。唐僧玄奘（602—664 年）经中亚至印度，遍游次大陆东、南、西、北数十国，在那烂陀寺主讲佛经，并带回佛经 600 多部，进行翻译，保留了大量珍贵资料。他还把唐代的《秦王破阵乐》传入南亚，并译老子《道德经》为梵文；著有《大唐西域记》12 卷，记旅途见闻。15 世纪初，我国著名航海家郑和率领船队七下西洋。遍访南亚次大陆的孟加拉、卡利卡特（古里）、斯里兰卡（锡兰山）、马尔代夫（溜山）等地，并在斯里兰卡立碑纪念。

复习思考题

1. 简述朝鲜最早的国家。
2. 简述大化改新的背景、内容并分析其历史意义。
3. 简述中古日本幕府政治的形成及特点。
4. 简述印度教的主要内容及特点。

第七章　新航路的开辟和西欧资本主义的兴起

第一节　新航路的开辟

一、新航路开辟的历史背景

15 世纪末到 16 世纪初，欧洲人开辟横渡大西洋到达美洲、绕道非洲南端到达印度的新航线以及第一次环球航行的成功，历史上习惯称之为"地理大发现"。

15 世纪末，由于商品货币经济的发展，货币的需要量大大增加。货币不仅是商品交换的媒介，而且也是财富和权力的象征，好像谁有了它就有了一切。贵金属金银是理想的货币。中古的西欧，最初实行银本位制，15 世纪以后，逐渐过渡到金本位制，金银同是国际贸易的支付手段。于是，西欧的国王贵族和商人像发了疯似的到处追求黄金和白银，形成一股贵金属热。哥伦布就说过："金真是一个奇妙的东西！谁有了它，谁就成为他想要的一切东西的主人。有了金，甚至可以使灵魂进入天堂。"[1] 然而，欧洲产金不多，银主要产于德国。从 15 世纪后半期起，德国年产银量不断增加，仍然不能满足需要。西欧商人在同东方贸易中运进价格昂贵的丝绸和香料，又使贵金属大量外流。有些国家为缓解贵金属短缺，一再下令禁止金银出口，仍然不能解决问题。1275 年夏，威尼斯人马可·波罗（1254—1324年）随父亲、叔父到达中国，受到元世祖忽必烈的盛宴欢迎。他在中国居住和为官 17 年，1295 年回国后发表《马可·波罗行纪》（又名《东方见闻

---

① 转引自《马克思恩格斯全集》，2 版，第 44 卷，155 页，北京，人民出版社，2001。

录》，由马可·波罗口述，比萨人鲁思梯谦整理成书）。书中描写北京的宫墙、房壁和天花板涂满金银，日本的金多无数用来盖房，而且声言绝对确实可信。这本书广泛流传，使西欧人垂涎三尺，决心远渡重洋、到富庶的东方去。恩格斯说："葡萄牙人在非洲海岸、印度和整个远东寻找的是黄金；黄金一词是驱使西班牙人横渡大西洋到美洲去的咒语；黄金是白人刚踏上一个新发现的海岸时所要的第一件东西。"①

15 世纪末以前，从西方通往东方的商路主要有三条。一条是陆路，即传统的"丝绸之路"，从君士坦丁堡出发，经小亚细亚、黑海和里海南岸至中亚，再翻越帕米尔高原到中国。另两条是海路：一条从叙利亚或地中海东岸出发，经两河流域到波斯湾；另一条从埃及经红海至波斯湾，再换船到印度和中国。这几条商路本来就经过意大利、阿拉伯、拜占庭和波斯等地，需要经过这些地区的商人多次转手，才能将货物运抵西欧。15 世纪中叶奥斯曼土耳其帝国兴起，先后占领小亚细亚和巴尔干半岛，控制了传统商路，对过往商品征收重税，使运抵西欧的货物不仅量少，而且比原价高 8～10 倍。于是，西欧的商人、贵族迫切希望另辟一条绕过地中海东岸直达中国和印度的新航路。

15 世纪时科学技术的提高和地理知识的进步，使远洋航行成为可能，为开辟新航路创造了必要的条件。当时的欧洲人已能制造多桅快速、载重数百吨甚至千吨的适宜远航的大船。我国发明的指南针，经阿拉伯人之手于 14 世纪传入欧洲，已被普遍应用于航海事业。古希腊地理学家托勒密的地圆说日益被人们接受。1477 年，佛罗伦萨地理学家托斯堪内里（1397—1482 年）绘制世界地图，把中国和日本画在欧洲的西方，坚信从欧洲向西航行可以到达东方。

中国、印度和阿拉伯人的航海成就，有助于欧洲人开辟直达东方的新航路。1405—1433 年间，明代伟大的航海家郑和率领庞大船队七下西洋，先后访问亚洲、非洲 30 余国和地区，最远抵达今东非肯尼亚的马林迪，并有完整的航海图，是世界航海史上的壮举。印度和阿拉伯的航海家早就航行在印度洋上，他们还沿非洲东岸向南航行，最远到达今莫桑比克。15 世纪末，葡萄牙人达·伽马就是利用上述航海成就，开辟了绕道非洲南端的好望角直达印度的新航路。

---

① 恩格斯：《论封建制度的瓦解和民族国家的产生》，见《马克思恩格斯全集》，1 版，第 21 卷，450 页，北京，人民出版社，1965。

15 世纪末，伊比利亚半岛上的西班牙和葡萄牙已经完成了领土统一，并且实现了中央集权。两国的专制君主以及贵族、商人为掠夺黄金、白银，扩张势力，积极支持航海事业和开辟直通印度的新航路。西班牙和葡萄牙两国的统一又是在"收复失地"，即反对伊斯兰教徒的胜利斗争中实现的，于是 15 世纪末的伊比利亚半岛出现一股空前的宗教狂热，希望与信仰基督教的东方君主联合起来，共同夹击信仰伊斯兰教的奥斯曼土耳其人。上述各种因素起作用的结果，终于使西班牙和葡萄牙成为探索新航路和进行殖民掠夺的总先锋。

二、西欧直达印度新航路的开辟

葡萄牙位于伊比利亚半岛的西南侧，大部国土濒临大西洋。从 15 世纪初起，其统治者积极参加对非洲的航海探险和殖民活动，经过几代人的努力，终于开通绕道非洲南端直达印度的新航路。

1415 年，葡萄牙殖民者占领摩洛哥的休达城，由王子亨利任总督。亨利大力支持航海事业，创办航海学校，自任校长，培养和选拔航海人才，被称为"航海家"。他不断组织探险队，沿非洲西海岸南下，先后占领马德拉群岛、亚速尔群岛和佛得角一带，掠夺黄金、象牙和奴隶。1460 年，航海家亨利逝世，但他开拓的航海和殖民活动得以继续下去。15 世纪 70 年代和 80 年代，葡萄牙人抵达刚果、安哥拉和纳米比亚。1487 年 8 月，巴尔托洛梅乌·迪亚士（约 1450—1500 年）率 3 只船沿非洲西海岸继续南下，途中遇到风暴，经过十几天的搏斗，竟于 1488 年 2 月漂到非洲东海岸的阿尔戈阿湾附近（南纬 33 度，东经 22 度）。这是欧洲人第一次绕过非洲南端到达非洲东海岸。1488 年，迪亚士返航时到达好望角，由于风浪极大、难于航行，称之为"暴风角"。葡萄牙王认为，到了此地则前往印度大有希望，遂改名"好望角"。迪亚士的航海图和资料，在达·伽马后来远航印度时发挥了重要作用。

1497 年 7 月 8 日，葡萄牙贵族瓦斯科·达·伽马（约 1460—1524 年），奉葡王曼努埃尔之命，率领约 170 名船员，分乘 4 艘船，从里斯本出发，前往印度。11 月 22 日，船队绕过好望角；12 月初，到达迪亚士所到最远处阿尔戈阿湾，继续北上；经莫桑比克、蒙巴萨，于 1498 年 4 月到达肯尼亚的马林迪。在这里，船队遇到有经验的阿拉伯水手阿哈默德·伊本·马吉德。在他的领航下，船队沿着中国和阿拉伯海员早已熟悉的航线，横渡印度洋，于 1498 年 5 月 20 日到达印度西海岸的卡利卡特（即《瀛涯胜览》里的古里）。次年 9 月，达·伽马率领满载香料、宝石的船队回到里斯本，受到隆重欢迎和奖赏。这次航行所得纯利为航行费用的 60 倍。1502 年初，达·伽马第二次率船队远航印度，沿途拦截商船，杀人灭口，炮轰卡利卡特，强占果阿和柯钦。次年 9 月，达·伽马回到里斯本，被封为印度和海上事务顾问、维迪奎埃拉伯爵。1524 年 9 月，达·伽马第三次去印度，并被葡王任命为印度总督。达·伽马的航行使西欧直通印度的新航路终于开辟成功，促进了欧、亚两洲商业和航运业的发展，同时也开始了西方殖民者对东方的血腥殖民掠夺。

三、哥伦布开辟通往美洲的新航路

葡萄牙人在非洲西海岸的航行和扩张，促使西班牙人积极寻找另一条通往东方的新航路。他们资助哥伦布一行从欧洲向西航行，结果到达了美洲，开辟了通往美洲的新航路。

克里斯托弗·哥伦布（约 1451—1506 年），早年经历不详，大概是热那亚人，他家世世代代从事毛纺织业生产，生活不富裕。1469 年，18 岁的哥伦布成为水手，经常在地中海和北海航行，随船队到过西班牙、葡萄牙、法国、英国和冰岛一带，熟悉地中海和东大西洋沿岸的航路。他读过《马可·波罗行纪》，相信意大利地理学家托斯堪内里的地圆说，认为从欧洲向西航行同样可以到达盛产黄金、香料的中国和印度，萌发了西航思想。1476 年 8 月，哥伦布为一支热那亚船队护航，但在葡萄牙的圣维森提角附近海域遭葡萄牙和法国联合舰队的袭击，哥伦布负伤落水，辗转去里斯本。在葡萄牙期间，他与森特岛（马德拉群岛）总督、著名航海家佩列斯特列劳的女儿结婚（1479 年），得到岳父的手稿和海图，又随船访问过黄金海岸的葡萄牙要塞米那。1484 年，哥伦布向葡萄牙当局提出西航印度的建议，很快遭到拒绝，因为当局正忙于寻找绕道非洲南端通往印度的新航路。1486 年，哥伦布举家迁往西班牙，希望西班牙国王支持他的西航计划。经过许多周折，到 1492 年 4 月 17 日，即西班牙人攻陷格拉纳达之后 3 个月，哥伦布终于与西班牙国王签订著名的《圣大菲协定》。协定规定：西班牙国王是一切新发现土地的宗主和统治者，任命哥伦布为上述地方的总督、钦差大臣和海军司令，有权获得当地总收入的 1/10。《圣大菲协定》的签订使哥伦布的西航计划有了实现的可能。

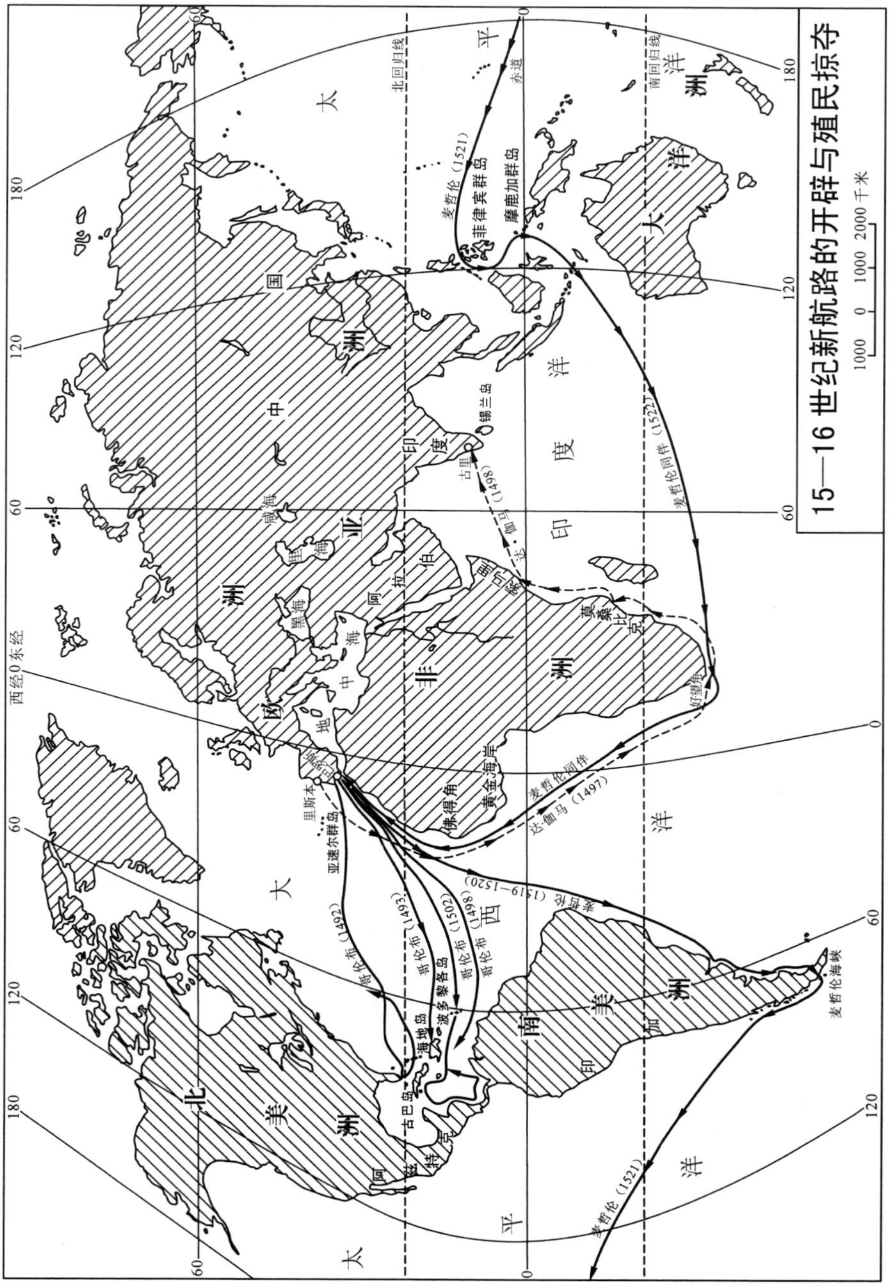

15—16 世纪新航路的开辟与殖民掠夺

图7-1　15—16世纪新航路的开辟与殖民统治

1492 年 8 月 3 日，哥伦布带领 87 名水手，分乘"圣玛丽亚"号（130 吨）、"平塔"号（90 吨）、"尼尼亚"号（60 吨）3 只船，从巴罗斯港出发。为了避开逆流和风暴，船队先向西南方向航行，9 月初抵达加那利群岛之戈梅拉岛。9 月 8 日，又从戈梅拉岛出发，先向西后向西南航行，进入茫茫的大西洋。经过 34 昼夜的艰苦航行，终于在 10 月 12 日凌晨到达巴哈马群岛东南方的萨马纳岛（当地人称"瓜纳哈尼"）。哥伦布当即以西班牙国王的名义将其占领，命名为"圣萨尔瓦多"（意为"救世主"）。他认为他所到的地方就是印度，称当地居民为"印第安人"，即印度人，并向他们查询黄金产地。哥伦布一行继续南下，于 10 月 28 日到达古巴。他们误认为古巴是中国的一个贫瘠地方，那它的东方就是日本。哥伦布的船队掉头转向东方，12 月 7 日到达海地，见其山川秀丽，有如西班牙，遂命名为"小西班牙"（"厄斯巴纽拉"）。圣诞节那天，旗舰"圣玛丽亚"号在海地北岸触礁搁浅。哥伦布利用船体修建第一个殖民据点，取名"圣诞城"，留下 39 人驻守。1493 年 1 月 16 日，哥伦布率两只船出发返航，3 月 15 日回到巴罗斯港，受到隆重欢迎。5 月底，西班牙国王颁布命令，任命哥伦布为新发现地方的海军司令、钦差大臣和总督，正式颁发授衔证书。

远航归来半年以后，哥伦布组织第二次更大规模的西航。1493 年 9 月 25 日，哥伦布率领 1500 多人，其中有传教士、官员和想去海外发洋财的贵族，带着枪支弹药、家畜、种子和生产工具，分乘 17 艘船，离开加的斯港。他们到加那利群岛后，立即向西南航行，经 20 个昼夜到达小安的列斯群岛的多米尼加岛、瓜德罗普岛和维尔京群岛的波多黎各岛，进行大规模的殖民掠夺。11 月 27 日，船队驶抵海地，发现他们建立的殖民据点已被印第安人夷为平地，留下的 39 人全被消灭。哥伦布率领西班牙殖民者开始向海地的印第安人征收人头税，甚至加以屠杀或掳为奴隶。1496 年 3 月，哥伦布从海地回到西班牙，由其弟巴塞罗缪代理总督职务。巴塞罗缪在海地南岸修建圣多明各城，作为西班牙殖民者统治西印度群岛的首府。1498 年 5 月，哥伦布组织第三次西航到达特立尼达岛和委内瑞拉的奥里诺科河口，望见南美大陆。不久，他与西班牙政府发生龃龉，特权被取消，本人被逮捕押解回国。哥伦布获释后，又于 1502 年开始第四次西航，到达洪都拉斯、哥斯达黎加和巴拿马，1504 年回到西班牙。

就在哥伦布西航期间，佛罗伦萨人亚美利哥·维斯普奇于 1499—1502 年间几次去哥伦布到达的地方考察，回欧洲后出版了一部游记，断定那里根本不是印度，而是"新大陆"。1507 年，德国学者瓦尔茨·兴勒按照亚美利哥的说法，称新大陆为"阿美利加洲"。哥伦布的错误纠正过来了，但加勒比海诸岛至今仍称"西印度群岛"，美洲的原有居民一直被称为"印第安人"。哥伦布的远航开辟了从西欧通向美洲的新航路，结束了美洲的与世隔绝状态，并为西班牙的海外掠夺和殖民统治奠定了基础。

四、麦哲伦的环球航行

哥伦布虽然开辟了通往美洲的新航路，却没有到达富庶的东方，也没有给西班牙立刻带来可观的财富。而达·伽马开辟直通印度的新航路后，却给葡萄牙带来惊人的利润。西班牙当局对此羡慕不已，希望也能找到一条直通东方的新航路，因而继续支持远洋探险活动。亚美利哥曾经设想，绕过新大陆的南端可以到达盛产香料的摩鹿加群岛（又译马鲁古群岛）。1513 年，西班牙的美洲殖民地总督巴尔波亚（1475—1517 年），率领探险队越过巴拿马地峡，在山顶上望见美洲西边一片汪洋，称之为"大南海"。他也相信，如能找到与"大南海"沟通的海峡，就可以到达盛产香料的东方了。1514 年和 1515 年，人们为寻找那个海峡先后南航到阿根廷的拉普拉塔河口和圣马提阿斯湾。麦哲伦密切注意上述动态，随时准备完成这个任务。

费尔南多·麦哲伦（约 1480—1521 年），葡萄牙破落骑士家庭出身。1496 年起在葡萄牙的航海事务厅供职，熟悉航海事业。1505—1512 年，麦哲伦作为葡萄牙远征队的一名水手，前往印度、马六甲、苏门答腊、爪哇等地从事殖民活动，在海战中多次负伤，受到葡王的青睐。他到过摩鹿加群岛的布鲁、安汶和班达岛，熟知再往东就是一片汪洋大海。他相信地圆说，而且他的经历使他很容易联想到，经过摩鹿加群岛以东的汪洋就能到达哥伦布所发现的美洲；换句话说，摩鹿加就在美洲的西方，只要能找到通往"大南海"的海峡，从欧洲西航同样能够到达摩鹿加群岛。他向葡王提出自己的计划，遭到拒绝。1517 年 10 月，麦哲伦愤而迁往西班牙。1518 年 3 月，西班牙国王查理一世接见麦哲伦，并同他签订远洋探险协定。协定规定：任命麦哲伦为新发现地的总督和钦差大臣，有权得到新发现地全部收入（扣除开支后）的 1/20 和新发现 6 个岛屿中的 2 个；西班牙王必须为探险队装备 5 艘船（130 吨的和 90 吨的各 2 艘，60 吨的 1 艘），提供必需的物资、武器和保障供应人员。

1519 年 9 月 20 日，麦哲伦率领 265 人，分乘 5 艘船，从塞维利亚的外港圣卢卡启航。1520 年 1 月，麦哲伦一行到达拉普拉塔河口，经实地勘察证明它不是一个海峡。2 月 24 日，船队驶抵圣马提阿斯湾。再往南行都是航海家从未到过的地方，而且冬季临近，风雪交加，航行极其困难。3 月 31 日，船队驶进接近南纬 50 度的圣胡利安港，只好在这里过冬。8 月 24 日，麦哲伦的船队继续南航。10 月 24 日，船队驶进南纬 52 度处的一个海峡。这个海峡很长，而且忽宽忽窄，弯弯曲曲，港汊交错，潮汐汹涌。有一条船在困难面前丧失信心，掉头逃回西班牙。麦哲伦率领 3 艘船（另一艘早已沉没），经过 38 天的艰苦航行，于 11 月 28 日走出海峡，进入浩瀚无边的"大南海"。沟通大西洋和"大南海"的通道终于找到，下一步就是要在"大南海"里前进了。从 1520 年 11 月底到 1521 年 3 月初，船队在"大南海"里航行 3 个多月，竟没有遇到一次暴风雨，于是麦哲伦便称之为"太平洋"。这个名称一直沿用至今。

1521 年 3 月，麦哲伦的船队驶抵菲律宾群岛的马萨瓦岛（马索华岛）。8 年前，麦哲伦从东方回到西方；现在，他又从西方绕到东方。他的西航理想已基本实现。4 月 27 日，麦哲伦率领数十名殖民者进攻宿务岛以东的马克坦岛，强令该岛人民称臣纳贡，被当地首领拉普拉普领导的战士击毙。不久，西班牙殖民者用血腥手段征服了这个地区，并以王子菲利普的名字命名。这就是今天的菲律宾。5 月 1 日，船队离开宿务岛，于 11 月 8 日辗转到达摩鹿加群岛的提多尔岛。12 月 21 日，剩下的一艘船"维多利亚"号在船长埃里·卡诺的率领下单独返航。该船满载香料，为避免葡萄牙人拦截，直接横渡印度洋，绕道好望角，再沿非洲西海岸北上，于 1522 年 9 月 6 日回到出发地圣卢卡港。麦哲伦的船队整整用了 3 年时间，完成了人类史上第一次的环球航行，无可辩驳地证明地圆学说是正确的，为人们地理知识的扩大和科学的发展做出了重大贡献。

五、葡萄牙对亚非人民的殖民掠夺

葡萄牙和西班牙积极探索新航路，也先于其他国家开始对亚洲、非洲和美洲的殖民掠夺。两国把所到之处都宣布为本国的领土，自然发生冲突。经过罗马教皇亚历山大六世的调停，两国于 1494 年 6 月签订《托尔德西拉斯条约》。条约规定：在佛得角群岛以西约 370 里加处（1 里加等于 5.92 千米，370 里加约合 2184 多千米，大致在西经 46 度），从北极到南极划一条分界线（称"教皇子午线"）；线东"发现"的非基督教国土地归葡萄牙所有，线西的归西班牙。然而地球是圆的，当麦哲伦向西航行抵达摩鹿加群岛时，双方对该岛的归属又发生争执。1529 年，两国在萨拉戈萨再签新约，将西班牙殖民活动的西界定在摩鹿加群岛以东 17 度。根据两个条约，西班牙几乎独占整个美洲，葡萄牙的势力范围在亚洲和非洲广大地区。这是世界上第一次瓜分殖民地。

葡萄牙人早就听说非洲盛产黄金，但不知道确切的地方。他们一踏上非洲土地，就醉心于到处搜罗黄金。约 1434 年，一支探险队来到今西撒哈拉沿海的博哈多尔角附近，以为那里就是传说里盛产黄金的"金河"，遂命名为"里奥德奥罗"（意为"金河"）。从此，前来淘金的人络绎不绝。后来，葡萄牙人航行到加纳沿海，发现三尖角与海岸角之间的地区盛产金砂，遂命名为"米纳"（意为"矿藏"），后称"黄金海岸"。他们发现有些地方出产象牙，就称之为"象牙海岸"。从 1480 年到 1530 年，葡萄牙人在几内亚湾掠得的黄金值 10 万英镑，占当时世界黄金总量的 10%。早在 15 世纪 40 年代，葡萄牙殖民者就经营贩卖黑人为奴隶的勾当，牟取暴利。例如，1444 年，他们从西非运走 235 名黑人，在欧洲市场上公开拍卖。随后，每年约有七八百人至 1000 人被他们运往欧洲，充当奴仆、矿工，或从事艰苦的农业劳动。[①] 1502 年，即哥伦布到达美洲后 10 年，第一艘葡萄牙人运送奴隶的船只到达加勒比海的圣多明各，把黑人卖给甘蔗种植园主做奴隶，获得巨额利润。1510 年，西班牙公开出售贩奴特许证（阿西恩托），持有此证者方可贩卖奴隶去美洲的西班牙殖民地。葡萄牙奴隶贩子大量贩卖奴隶，垄断了美洲的奴隶贸易。他们在西非沿海，特别是人烟稠密的塞内加尔河、冈比亚河流域和几内亚湾公开围捕黑人，或挑起部落冲突购买战俘，甚至用廉价的商品诱使当地酋长出卖其臣民，然后给这些无辜的黑人套上木枷、脚镣，用铁链锁在一起，押往奴隶贸易据点，装船运往美洲。在黄金海岸一带，竟有这种大小据点三四十个，有些遗址至今犹存。贝宁一带著名的奴隶贸易中心，被奴隶贩子称为"奴隶海岸"。后来，奴隶贸易扩展到非洲东岸的莫桑比克、坦桑尼亚和马达加斯加岛。

达·伽马开辟通往印度的新航路后，葡萄牙的侵略魔爪随即伸向亚洲。16 世纪初的葡萄牙，不过是一个 100 多万人的小国，无力占领许多文化悠久、土地辽阔的大国，所以主要采用建立军事据点、垄断商路和进行欺诈

---

① 中国非洲史研究会《非洲通史》编写组：《非洲通史》，153～157 页，北京，北京师范大学出版社，1984。

性贸易的方法进行掠夺。葡萄牙殖民者很快占领控制红海航路的索科特拉岛（1506 年）和扼波斯湾入口处的霍尔木兹岛，在第乌击败印度、土耳其和阿拉伯的联合舰队（1509 年），并于 1510 年占领印度的果阿作为东方殖民地的首府，设总督统治。他们继续向东侵略，先后占领马六甲（1511 年）、爪哇、苏门答腊、加里曼丹、苏拉威西和号称"香料之国"的摩鹿加群岛。16 世纪中叶是葡萄牙殖民帝国的极盛时期，它在西非、东非、阿拉伯半岛、印度、马来半岛和印度尼西亚都设有军事据点和商站，垄断了欧、亚、非之间的主要贸易通道。葡萄牙人视印度洋为自己的内海，公然拦截、追击和抢劫其他国家的船只，杀人越货，甚至将妇女和儿童沉入大海。他们向被占领地的人民征税、勒索香料，或用镜子、别针、玻璃球等廉价的小商品骗取珍珠、宝石和象牙等贵重物品，运回里斯本高价出卖，获得惊人利润。例如，在印度 1 公担胡椒不到 3 杜卡特①，运到里斯本可卖 40 杜卡特。

1517 年，葡萄牙人开始与中国通商。1553 年，葡萄牙人借口上岸晒货，入居澳门。1557 年起，设官府，修炮台，窃取澳门为殖民据点。1543 年，葡萄牙殖民者到达日本，不久在九州设立商站。

六、西班牙对美洲的征服和掠夺

与哥伦布开辟通往美洲新航路的同时，西班牙人就开始了对西印度群岛的征服和掠夺。1492 年年底，哥伦布在海地北部建立第一个殖民据点。1496 年，哥伦布之弟在海地南岸修建圣多明各城，作为统治西印度群岛的首府。西班牙殖民者以海地为基地，进而征服牙买加、波多黎各（1509 年）、古巴（1512 年）和整个西印度群岛，在塞维利亚设印度事务部（1511 年）治理。他们"象穷凶极恶的豺狼闯进这群驯服的羔羊中"那样，对印第安人"滥施暴行，肆意屠杀"。② 到 16 世纪 40 年代，海地岛上 6 万多印第安人仅剩下 500 人，而牙买加、波多黎各和古巴等地的几十万印第安人已被斩尽杀绝。

1519—1521 年，西班牙殖民者征服了墨西哥的印第安人。墨西哥是印

---

① 意大利威尼斯铸造的金币，在中世纪欧洲普遍使用。

② ［西班牙］巴托洛梅·德拉斯·卡萨斯：《西印度毁灭述略》，18 页，北京，商务印书馆，1988。

第安人文化的摇篮，玛雅人和阿兹特克人先后在那里创造了灿烂的文化。玛雅人是唯一有文字的印第安人，被称为"新世界的希腊人"。早在公元前1000年前，他们已培育出玉米、番茄、甘薯、南瓜、辣椒、可可、棉花和烟草，为丰富人类生活做出了重大贡献。他们创制太阳历，分1年为18个月，每月20天，剩下最后5天为禁忌日，4年一闰加1天，总长365.2420日，接近现代科学的计算。阿兹特克人已经建立奴隶制国家，中心在墨西哥城（意为"战神指定的地方"），有居民8万人，是当时世界人口众多的城市之一。1519年4月，西班牙小贵族埃尔南·科尔特斯（1485—1547年），率领约600名步兵和200名印第安人，携带10门大炮、16匹战马，分乘11艘船，在墨西哥东海岸韦拉克鲁斯登陆，向阿兹特克人的国家发动进攻。国王蒙特祖马二世（1475—1520年）派人给科尔特斯送去大量金银珠宝，请求退兵。科尔特斯则极尽挑拨离间之能事，竟与许多对蒙特祖马二世不满的部族结成同盟，于11月进入墨西哥城。蒙特祖马二世不仅不抵抗，反而亲自主持盛大的欢迎式，把科尔特斯迎进王宫里。科尔特斯设计逮捕蒙特祖马二世，并以他的名义实行统治，勒索金银珠宝。1520年6月，印第安人奋起反抗，科尔特斯一伙乘雨夜仓皇出逃，几百人被杀或落入湖里淹死，抢来的财宝落入湖底。这就是著名的"忧伤之夜"。1521年8月，科尔特斯再度率兵攻入墨西哥城，变墨西哥为西班牙的殖民地，称"新西班牙"。1523—1524年，西班牙人又侵入危地马拉、洪都拉斯、尼加拉瓜和萨尔瓦多。

1531—1533年，西班牙殖民者征服秘鲁。秘鲁是印第安人的又一个文明中心，自称为"太阳后代"的印加人在这里建立庞大的帝国。印加人擅长建筑，被誉为"印第安人的建筑工程师"。首都库斯科有金碧辉煌的太阳庙和栩栩如生的"黄金花园"。他们修建的贯通南北的大道，被认为是人类最伟大的工程之一。1531年1月，弗朗西斯科·皮萨罗（约1475—1541年）带领180名士兵，携带2门大炮、50匹战马，分乘3艘船，离开巴拿马，在秘鲁西北沿海登陆。1532年11月，皮萨罗趁印加发生王位争端之机，占领北方重镇卡哈马卡，并设伏兵突然袭击，活捉国王阿塔华尔巴，杀死2000多印加人。皮萨罗向国王勒索能填满关押他的牢房（长6.71米，宽5.19米，高2.75米，约合96立方米）的黄金和大量的白银后，又背信弃义地把他杀掉。1533年11月15日，皮萨罗带兵攻入印加首都库斯科，变秘鲁为殖民地。

接着，西班牙殖民者又征服厄瓜多尔（1534年）、哥伦比亚、玻利维亚

（1538 年）、智利（1541 年）等南美国家。到 16 世纪中叶，西班牙已侵占除巴西以外的中南美洲，建立起庞大的殖民帝国。

16 世纪初，西班牙成立直接对国王负责的"西印度事务委员会"，主管美洲殖民地的行政、军事、财政、立法、宗教等事务，还成立贸易专署，负责西班牙与美洲的贸易。在美洲，设立新西班牙（墨西哥）、新格拉纳达（哥伦比亚、委内瑞拉）、秘鲁和拉普拉塔（阿根廷）4 个总督区，派总督治理。西班牙在美洲推行"监护制"（又称"监护征赋制""大授地制"），其内容是将大量土地和印第安人分给西班牙贵族、宠臣、冒险家和天主教会（称"监护人"）世袭占有；他们有权迫使印第安人从事建筑、开发矿藏、耕种土地、缴纳赋税和服种种劳役（给极少报酬），有权使印第安人成为基督教徒。印第安人名义上是自由人，实际上是奴隶。"监护制"最初在圣多明各推行，后来扩及整个西属美洲。随着印第安人的灭绝，"监护制"被"黑人奴隶制"代替。西班牙殖民者伙同葡萄牙人，把大批非洲黑人运往美洲，迫使他们在矿井里和种植园里从事极其艰苦的劳动。据说，青壮年人在种植园里的平均劳动寿命只有 7 年。矿井里的劳动艰苦、劳动条件差，当矿工往往有去无还，亲人往往事先为其送葬。16 世纪运到美洲的黑人为 90 万人，17 世纪为 275 万人，18 世纪达到高峰 700 万人。到 19 世纪 70 年代，共有 1500 万黑人被运往美洲。每贩运 1 个黑人到美洲，就有 5 人死在非洲大陆和贩运途中。这样，非洲约损人口 6000 万到 1 亿。西班牙殖民者在印第安人和黑人的白骨上积累了大量的财富。1521—1544 年，他们平均每年从美洲运走黄金 2900 千克、白银 30700 千克；到 1545—1560 年，运走的黄金增至 5500 千克，白银为 246000 千克。16 世纪末，西班牙在美洲开采的贵金属占世界总产量的 83%。马克思一针见血地指出："美洲金银产地的发现，土著居民的被剿灭、被奴役和被埋葬于矿井，对东印度开始进行的征服和掠夺，非洲变成商业性地猎获黑人的场所——这一切标志着资本主义生产时代的曙光。"[①] 毛泽东同志说："万恶的殖民主义、帝国主义制度是随着奴役和贩卖黑人而兴盛起来的，它也必将随着黑色人种的彻底解放而告终。"[②]

---

① 《马克思恩格斯全集》，2 版，第 44 卷，860～861 页，北京，人民出版社，2001。

② 毛泽东：《呼吁世界人民联合起来反对美国帝国主义的种族歧视、支持美国黑人反对种族歧视的斗争的声明》，载《人民日报》，1963-08-09。

七、新航路开辟的后果

开辟新航路和随之而来的殖民掠夺，对世界各国的历史产生了深远的影响。亚洲、非洲和美洲许多国家，从此逐渐沦为殖民地或半殖民地，成为西方殖民者掠夺的对象。葡萄牙和西班牙是殖民掠夺的总先锋，而后起的荷兰、英国和法国等，利用其强大的军事和经济力量挤掉西班牙和葡萄牙，继续在亚洲、非洲、美洲进行残酷的殖民掠夺，给这些地区的人民带来了巨大的灾难。然而，事情也有另一面：新航路开辟以后，世界连成一体，有利于经济和文化交流，促使一些地区如美洲在吸收外来文化的基础上形成独具一格的文化圈，促进了世界文明的汇合。

新航路的开辟和殖民掠夺，对西欧也有重大影响，引起了"商业革命"和"价格革命"，促进了封建制度的瓦解和资本主义的兴起。所谓"商业革命"，是指商业扩大、商品种类增多、经营方式改变和商路商业中心的转移，开始形成世界市场。欧洲与亚洲、非洲之间的商业贸易扩大了，并开始与美洲有了商业联系。亚洲、非洲和美洲的众多商品，开始或大量出现在欧洲市场上。欧洲的商路和商业中心渐渐转移到大西洋沿岸。意大利的商业城市趋于衰落，里斯本、安特卫普、伦敦等日益繁荣。新的金融机构如股份公司和交易所相继出现。从殖民地掠夺和开采的大量廉价的贵金属源源不断地流入欧洲，引起物价飞涨，被称为"价格革命"。16世纪，欧洲的黄金从55万千克增加到119万多千克，白银从700万千克增加到2140万千克。西班牙从殖民地得到的金银最多，物价上涨最多最快，16世纪时平均上涨4.5倍，粮价上涨5倍。英国、法国、德国一般上涨2～2.5倍。物价上涨使靠工资为生的工人实际工资下降，日趋贫困；按传统方式征收定额货币地租的封建主收入减少了；新兴的资产阶级、新贵族靠使用廉价的劳动力和高价出售产品而得到好处。正如马克思所说："土地所有者阶级和劳动者阶级，即封建主和人民衰落了，资本家阶级，资产阶级则相应地上升了。"[①] 商业革命和价格革命是资本原始积累的因素之一，并使阶级矛盾更加尖锐复杂，加速了封建制的没落和资本主义的发展。从此，西欧诸国的资本主义迅速发展，开始超越亚洲、非洲和美洲许多国家。

---

① 马克思：《哲学的贫困》，见《马克思恩格斯选集》，2版，第1卷，164页，北京，人民出版社，1995。

第二节　西欧资本主义的兴起

早在 14 世纪，意大利北部的城市里已经稀疏地出现资本主义生产的最初萌芽，但很快夭折了。15 世纪后半期起，德国的资本主义生产迅速发展，到 16 世纪中叶达到高潮，并一直持续到 17 世纪初。而从 16 世纪起，即新航路开辟和世界市场初步形成以后，尼德兰、英国、法国等濒临大西洋的西欧诸国的资本主义生产迅速发展，开始了资本主义的时代。

一、商业资本的活跃

马克思指出："商品流通是资本的起点。商品生产和发达的商品流通，即贸易，是资本产生的历史前提。"[①] 为什么说发达的商品流通是资本的起点？因为资本或货币必须首先购买生产资料和劳动力，并将二者在生产过程中结合起来，即生产出新商品，然后将它售出并获得更多的货币；资本只有不停地从流通进入生产、再从生产进入流通才能实现价值增值。所以，流通是联结生产和消费的中间环节，是再生产的不可或缺的阶段，它在一定意义上可以决定生产。在资本主义生产兴起的初期，如我们考察的意大利、德国以及尼德兰、英国和法国的资本主义萌芽，就是如此。关于这一点，马克思有清楚的论断。他说："现在，工业上的霸权带来商业上的霸权。在真正的工场手工业时期，却是商业上的霸权造成了工业上的优势。所以殖民制度在当时起着决定性作用。"[②] 他又说："毫无疑问，——并且正是这个事实产生了完全错误的观点，——在 16 世纪和 17 世纪，由于地理上的发现而在商业上发生的并迅速促进了商人资本发展的大革命，是促使封建生产方式向资本主义生产方式过渡的一个主要因素。"[③]

新航路开辟以前，欧洲有两大贸易区，即地中海贸易区和北海、波罗的海贸易区。意大利位于地中海贸易区的中央，威尼斯、热那亚和佛罗伦萨的商人在地中海贸易中起主导作用。威尼斯的金币杜卡特和佛罗伦萨的金币佛罗林，是当时的国际通用货币。佛罗伦萨数十家大商人兼营银行和

---

① 《马克思恩格斯全集》，2 版，第 44 卷，171 页，北京，人民出版社，2001。
② 《马克思恩格斯全集》，2 版，第 44 卷，864 页，北京，人民出版社，2001。
③ 《马克思恩格斯全集》，2 版，第 46 卷，371 页，北京，人民出版社，2003。

高利贷，靠为罗马教廷代征捐税和向各国君主发放贷款发了大财。佛罗伦萨有发达的羊毛工业，它从英国和西班牙进口优质羊毛，加工制成呢绒，远销欧洲各地以及地中海东岸。正是在这个部门里，出现了资本主义生产的最初萌芽。1336—1338 年间，有手工工场 200 多个，年产呢绒七八万匹，价值 700 万佛罗林，3 万多人（该城有居民 9 万人）靠此为生。① 手工工场内有细致的分工，有洗毛、染毛、染色、梳毛、纺线、织呢、整绒等 20 多道工序。每个生产者在一道工序上劳动，生产率大大提高。

德国正好位于地中海贸易区和北海、波罗的海贸易区的中间，是国际贸易的必经之地。意大利商人将购自东方的货物经德国运销北欧。至于北海和波罗的海的贸易，则主要掌握在汉堡、吕贝克等北德意志城市手里。这一有利的地理条件，促进了商业的繁荣和城市的发展。在莱茵河和多瑙河畔，在北海和波罗的海沿岸，在陆上商道附近，德国的城市密如蛛网，总数达 2300 个到 3000 个左右，几乎所有的人都可当天往返于附近的城镇。纽伦堡和科隆（被称为"德国城市的皇后"）是最大的城市，有 4～5 万居民，其次是汉堡、吕贝克、奥格斯堡、乌尔姆、斯特拉斯堡和慕尼黑等。16 世纪初，一位德国历史学家写道："德国从来没有像我们今天这样富裕和成就辉煌。这些主要应当归功于自己公民的勤劳刻苦和兢兢业业的工作。他们不论在自己的作坊里生产，或者经营商业，都是如此。"他接着说："为什么纽伦堡同几乎所有欧洲国家保持商业往来并且把自己大量贵重的金银器、铜和青铜器、宝石制品、木器销往所有国家呢？因为那里汇集的财富之多，难以用言词表达。同样可以说，奥格斯堡也是如此。小小的乌尔姆，据说每年从商业流通中获得五十多万古尔敦。就连阿尔萨斯的许多城市，特别是十分富有的斯特拉斯堡，同样商业兴隆。"②

在德国南方的城市里，有许多国际闻名的大商人和垄断公司。14 世纪末，拉文斯堡首先成立大拉文斯堡公司。纽伦堡有伊姆荷夫和图赫尔公司。后来，最著名的是奥格斯堡的弗格尔、韦尔泽和霍希施泰特尔。弗格尔的先人是一位织布匠，后来变成拥有大量织布作坊兼营商业和高利贷的富翁。1488 年，雅各布·弗格尔贷款 15 万佛罗林给哈布斯堡家的西吉斯蒙，后者以提罗尔矿产抵押。弗格尔变成一个兼营提罗尔铜、银矿的商人。1495 年，

---

① 有人估算，700 万佛罗林折合 480 万美元，人均产值达 5 万多美元。

② 北京师范大学历史系世界古代史教研室：《世界古代及中古史资料选集》，531～532 页，北京，北京师范大学出版社，1999。

弗格尔组建合股公司开采匈牙利的铜矿和西班牙的水银。1519年年初，还是这位弗格尔，用巨额贷款资助具有德国血统的西班牙王查理，击败对手，当选为神圣罗马帝国皇帝。稍晚，他指着查理的鼻子说："如同白昼一样地清楚，没有我的帮助，陛下不会取得罗马的皇冠。"[①]

新航路的开辟和接着发生的欧洲国际贸易中心西移大西洋沿岸，十分有利于尼德兰、英国和法国的商业发展。尼德兰的阿姆斯特丹、安特卫普、布鲁塞尔，英国的伦敦、利物浦，法国的巴黎、波尔多、拉罗塞尔和南特等城市，日益繁荣。阿姆斯特丹是尼德兰北方的经济中心和最大城市，航运业和渔业十分发达，与英国、俄国和波罗的海各国有密切的贸易往来。阿姆斯特丹每年有1000多只船出海捕捞青鱼，传说该城是在青鱼骨头上建设起来的。安特卫普是南方的经济中心，同西班牙及其殖民地有密切的经济联系，来自西班牙殖民地满载金银和其他商品的船队径直驶向这里。安特卫普港有时停泊2500艘来自世界各地的商船，城内有各国的商行和办事处千所以上。意大利和英国的布匹、德国和法国的酒、波罗的海沿岸的粮食、东方的香料，都在这里销售。尼德兰有人口约300万，竟有城市200多座，其中有特许状的约150座，被称为"城市之国"。英国和法国的专制王权还奉行保护工商业发展的政策，对经济发展十分有利。从1489年到1515年，法国政府下令恢复和新建400个集市，统一征收市场税和道路税，取缔塞纳河和卢瓦尔河上的非法关卡；后来，又统一度量衡，禁止进口外国的毛、麻、丝织品和出口本国的粮食与工业原料。英国政府先后批准成立许多大贸易公司，甚至直接投资，控制海外贸易。这样的公司有：1550年成立的莫斯科公司、1581年的利凡特公司（经营地中海贸易）、1588年的几内亚公司以及1600年的东印度公司（经营好望角以东的贸易）。

二、生产力的提高

资本主义是一种生产方式，它的兴起与生产力的提高是分不开的。由于人民群众长期的辛勤劳动、不断改进工具和技术、积累生产经验，到16世纪生产力已有明显提高。

农业生产虽然提高缓慢，但也有新的进步。人们开垦荒地、排干沼泽和

---

① ［苏］波将金等：《外交史》，第1卷，318～319页，北京，生活·读书·新知三联书店，1979。

围海造田，耕地面积增加。16 世纪中期，由于粮价上涨的刺激，尼德兰进行了大规模的围海造田。从 1540 年到 1565 年，共造田 92391 英亩，年平均造田 3685 英亩。①

在荷兰工程师的帮助下，英国和法国也兴修水利、开垦良田。在德国的北海沿岸、易北河畔和士瓦本，耕地面积急剧扩大。从 1480 年到 1624 年，德国耕地面积平均年增长 1.3%，是产业革命前增长比例最高的时期。② 耕作方法有新的进步，出现粮食和牧草轮作制与多田轮作制，粮食产量增加。以小麦为例，16 世纪时种子与产量之比大约是：法国、德国为 1：3.5，英国为 1：6～8，荷兰为 1：10（弗里斯兰的海特比尔特为 1：14）。③ 可见，荷兰是欧洲小麦产量最高的地区。农业的专业化程度不断扩大。如图林根、萨克森、威斯特伐利亚的啤酒花，莱茵河、威悉河、易北河流域和香槟的葡萄和酒，图林根的大青（菘蓝），英国和西班牙的羊毛，荷兰的郁金花和奶牛，远近驰名。

工业中生产力的提高尤为显著。15 世纪末起席卷西欧的贵金属热，大大刺激了德国开采银矿和冶金业的技术进步。人们纷纷抛弃自己的工作，一窝蜂似地奔向拥有丰富银矿的哈茨山（图林根和萨克森一带）和南方的提罗尔，"想用最少的支出、最小的劳动耗费在最短时期里尽可能发财致富"④。于是矿井愈来愈深，16 世纪初深及 300 米，17 世纪初最深的一口达886 米。为了排干地下水和运出矿石，人们广泛使用经过改进的大型水轮（装有凸轮、曲柄、连杆、调节器），有的直径达 10 米，能产生 10 匹马力。在萨克森的矿井中已经采用畜力牵引的水泵分层抽出积水，需用 90 多匹马。银矿大多与其他金属共生，冶炼困难。1451 年，萨克森人芬肯发明从银铜共生矿中炼银的新技术，使银产量大增。从此，新企业像雨后春笋般建立起来。这是宗教改革以前冶金业中影响最大的创造发明。1540 年前后，德国人又发明从银汞共生矿中炼银的技术，解决了炼银生产中另一大难题。这项技术不久传往墨西哥，推动了拉美炼银业的大发展。16 世纪，已有水

---

①　［意大利］卡洛·M·奇波拉：《欧洲经济史》，第 2 卷，145 页，北京，商务印书馆，1988。

②　Charles Wilson，Geoffrey Parker，*An Introduction to the Sources of European Economic History*，*1500-1800*，London：Weidenfeld and Nicolson，1977，p. 199.

③　［意大利］卡洛·M·奇波拉：《欧洲经济史》，510、529 页，北京，商务印书馆，1988。

④　［苏］斯卡兹金：《工业资本主义的起源》，俄文版，66～67 页，莫斯科，1963。

轮带动的洗矿、碎矿和滚轧机；有水轮带动的鼓风皮囊，提高了炉温和冶炼质量。与此同时，在纺织业中出现了脚踏纺车和脚踏织机，以及用水轮带动的漂洗机。制造武器（各种大炮和火绳枪、燧发枪）、眼镜和钟表的新生产部门开始出现。1500 年纽伦堡钳工亨勒恩制造出第一块椭圆形发条怀表，被称为"纽伦堡鸡蛋"①。马克思说："钟表是由手工艺生产和标志资产阶级社会萌芽时期的学术知识所产生的。钟表提供了生产中采用的自动机和自动运动的原理。"②

三、所谓原始积累

商品流通是资本的起点，但它只是等价物之间的交换，本身一般不创造价值。劳动是创造价值的源泉，所以研究资本主义的兴起必须从流通流域转到生产领域中去。手中积累了相当数量货币的人，必须要在市场上找到一种特殊的商品，它的使用本身就能创造价值。这种特殊的商品就是自由的劳动力。货币的所有者只有找到出卖自己劳动力的自由工人的时候，才能变成资本家。恩格斯称自由工人的出现是资本产生的"一个本质的先决条件"③。马克思进一步解释说："这里所说的自由，具有双重意义：一方面，工人是自由人，能够把自己的劳动力当作自己的商品来支配，另一方面，他没有别的商品可以出卖，自由得一无所有，没有任何实现自己的劳动力所必需的东西。"④ 所以，马克思又说："创造资本关系的过程，只能是劳动者和他的劳动条件的所有权分离的过程，这个过程一方面使社会的生活资料和生产资料转化为资本，另一方面使直接生产者转化为雇佣工人。因此，所谓原始积累只不过是生产者和生产资料分离的历史过程。"⑤

这种双重意义的自由劳动者是长期历史发展的产物，只有在 15 世纪末

---

① M. M. Postan, *The Cambridge Economic History of Europe from the Decline of the Roman Empire*, vol. 2, Cambridge：Cambridge University Press, 1952, p. 463.

② 马克思：《经济学手稿》，见《马克思恩格斯全集》，1 版，第 47 卷，428 页，北京，人民出版社，1979。

③ 恩格斯：《反杜林论》，见《马克思恩格斯选集》，2 版，第 3 卷，549 页，北京，人民出版社，1995。

④ 《马克思恩格斯全集》，2 版，第 44 卷，197 页，北京，人民出版社，2001。

⑤ 《马克思恩格斯全集》，2 版，第 44 卷，822 页，北京，人民出版社，2001。

和 16 世纪初的西欧，由于封建生产方式的崩溃，才第一次大量地出现。[①]

13、14 世纪，由于商品经济的发展，由于十字军东侵（教会规定农奴参加十字军可以获得自由），英国、法国和德国的农奴制度几乎全部消失。获得自由的农民，如英国的自由租地农和公簿持有农、法国的永佃农、德国的自由农，主要向封建主缴纳货币地租，而不是劳役和实物地租。缴纳货币地租的农民，必须把一部分产品出卖，即当作商品来生产。所以，货币地租出现的前提是产品能以接近自己的价值出售，是工商业和货币流通的显著发展，而在中介贸易盛行时（原则是贱买贵卖和不等价交换）是不可能的。归根结底，没有社会生产力的一定发展，这种转化是不可能的。货币地租的盛行也使农民和封建主之间的关系变成单纯的货币关系。农民渐渐拥有工具、动产和广泛支配土地的权力，无须地主同意可以转让、转租和出卖，只是得到土地的人必须继承交租的义务。拥有土地所有权的自由农民，在商品货币关系的影响下必然发生两极分化：少数人富裕；多数人贫穷破产，沦为乞丐和流浪者，其中一部分人成为雇佣工人。

14 世纪末，在德国法兰克尼亚的洛腾堡郊区，一贫如洗和有少量财产的人占总人口的 80%，其中又有 1/3 的人经常当雇工。16 世纪初，萨克森农村居民的两极分化更为严重。据对那里 80 个村庄 4125 户居民进行的调查，完全失去土地的竟有 2689 户，占总户数的 65.2%，他们大多是流浪者或雇工。1478 年，纽伦堡市政会就颁布《行乞条例》，惩治不按规定行乞的人。条例规定：只有孩子多或体弱多病的人可以行乞，而且须事先申请经批准发给乞食证后才能行乞。[②] 16 世纪中叶，尼德兰的佛兰德尔约有 1/3 的农民丧失土地，沦为流浪者。从 1501 年起，尼德兰当局颁布法律惩治流浪者。

英国的圈地运动是原始积累的典型形态。15 世纪末起，由于佛兰德尔和英国毛纺织业空前繁荣，羊毛价格上涨；1 担羊毛由 1.5 先令涨到 3.4 先令。养羊业十分有利可图，其收益远远超过农业。地主开始用暴力把农民从土地上赶走，用栅栏、篱笆、沟渠把土地围起来作牧场，这就是"圈地运动"。起初圈占公有地，如牧场、森林、荒地，接着圈占耕地、园田，甚

---

① 恩格斯：《反杜林论》，见《马克思恩格斯选集》，2 版，第 3 卷，550 页，北京，人民出版社，1995。

② 北京师范大学历史系世界古代史教研室：《世界古代及中古史资料选集》，488～490 页，北京，北京师范大学出版社，1999。

至强行拆除或放火烧掉农民的小屋，逼得他们家破人亡，到处流浪。著名的英国空想社会主义者托马斯·莫尔在《乌托邦》里痛斥为"羊吃人"的过程。亨利八世推行的宗教改革，把圈地运动推向高潮。他将英国教会的土地和财富统统收归王室所有，然后分光卖净，不是送给宠臣，就是廉价卖给市民或农场主。他们同样赶走农民，将土地合并起来成为农牧场。马克思愤怒地说："所谓的预先积累或原始积累，实际上应该称作原始剥夺。"① 破产农民大多流离失所，沦为乞丐或盗贼。英国政府污蔑他们自愿犯罪，颁布一系列稀奇古怪的法律予以惩罚。马克思说："这样，被暴力剥夺了土地、被驱逐出来而变成了流浪者的农村居民，由于这些古怪的恐怖的法律，通过鞭打、烙印、酷刑，被迫习惯于雇佣劳动制度所必需的纪律。"② 圈地运动和血腥立法，引起广大农民的极端不满。他们被迫举行武装起义，其中规模最大的是 1549 年爆发的罗伯特·凯特起义。起义群众拆毁栅栏，填平沟渠，拟定准备送交国王的 29 条纲领。后因内部发生分裂，起义最终失败。

殖民掠夺是原始积累的另一种重要方式。新航路开辟以后，西班牙、葡萄牙、荷兰、英国和法国的贵族、商人、冒险家蜂拥到亚洲、非洲和美洲，残酷奴役和掠夺当地人民，甚至经营奴隶贸易，攫取大量财富，流入本国化为资本。马克思说："美洲金银产地的发现，土著居民的被剿灭、被奴役和被埋葬于矿井，对东印度开始进行的征服和掠夺，非洲变成商业性地猎获黑人的场所——这一切标志着资本主义生产时代的曙光。这些田园诗式的过程是原始积累的主要因素。"③

此外，国债制度、现代税收制度、保护关税制度和商业战争等，也是原始积累的不同方式。在英国，原始积累采用包括圈地运动、殖民掠夺在内的各种方法。法国的原始积累主要靠国债和重税，资产阶级往往用贷款给国家或包征国税的方法获取高额利润。无论上述哪种方式，都是利用国家权力来促进从封建生产方式向资本主义生产方式的转变。可见，"暴力是每一个孕育着新社会的旧社会的助产婆"④。在原始积累史上充满征服、奴

---

① 马克思：《工资、价格和利润》，见《马克思恩格斯选集》，2 版，第 2 卷，75 页，北京，人民出版社，1995。

② 《马克思恩格斯全集》，2 版，第 44 卷，846 页，北京，人民出版社，2001。

③ 《马克思恩格斯全集》，2 版，第 44 卷，860～861 页，北京，人民出版社，2001。

④ 《马克思恩格斯全集》，2 版，第 44 卷，861 页，北京，人民出版社，2001。

役、劫掠和杀戮，所以，"资本来到世间，从头到脚，每个毛孔都滴着血和肮脏的东西"①。然而，资本主义是比封建主义更高一级的社会，因而"在原始积累的历史中，对正在形成的资本家阶级起过推动作用的一切变革，都是历史上划时代的事情"②。

四、手工工场

简单协作是资本主义生产的起点，但它不是工业资本主义发展的独立阶段。③ 产业革命以前，西欧盛行手工工场。手工工场又称工场手工业，有分散和集中两种形式。分散的手工工场多存在于纺织业中。16 世纪的英国，毛纺织业发展迅速，被称为"英国的民族工业"。毛纺织业的发展使呢绒出口猛增、羊毛出口锐减。1534 年，出口羊毛 5.2 万包、呢绒 5000 匹；到 1547 年，出口羊毛减为 5000 包，呢绒增至 12.2 万匹。1564 年到 1565 年，呢绒和毛织品输出占英国出口总量的 81.6%，在欧洲市场上占有举足轻重的地位。在英国东部和西南部的许多郡里，富有的"布商"购买羊毛分给手工业者，由他们梳洗纺线和织成呢绒，然后集中起来进行加工（染色、包装）出售。这种由商人提供原料和收购产品，由生产者加工的企业，就是分散的手工工场。商人同时又是工场主；劳动者不再与市场发生关系，实际上变成了雇佣工人。

在法国的亚眠、马赛、拉瓦尔、普瓦提埃、里昂、布列塔尼和朗格多克，尼德兰的西兰、荷兰、佛兰德尔和布拉邦特，以及德国的威斯特伐利亚和奥格斯堡等地的毛、麻、丝纺织业中，都出现了大量分散的手工工场。16 世纪，有人这样报道尼德兰的纺织业："这些省挤满了从事各种手艺的人。他们大多数是织工。仅仅荷兰就生产了价值八十万克朗的亚麻布。在几个地区进行的壁挂制造，生产总值差不多一样多，各种布料的出口则更加多得多。"④ 科隆和奥格斯堡生产的丝绸、呢绒和亚麻制品，驰名欧洲。

① 《马克思恩格斯全集》，2 版，第 44 卷，871 页，北京，人民出版社，2001。

② 《马克思恩格斯全集》，2 版，第 44 卷，823 页，北京，人民出版社，2001。

③ 《马克思恩格斯全集》，2 版，第 44 卷，388～389 页，北京，人民出版社，2001。

④ 1557 年威尼斯大使对尼德兰的描述，见北京师范大学历史系世界古代史教研室：《世界古代及中古史资料选集》，629 页，北京，北京师范大学出版社，1999。

那里的资本主义生产往往披着行会的外衣：富裕的师傅（实际是资本家），迫使生活无着的穷人和学习期满不能晋升的学徒、帮工为他生产，付给他们的是产品而不是货币。这些人只好沿街叫卖，削价售出，往往只卖到作价的 1/3[1]，实际变成遭受层层盘剥的雇佣工人。

集中的手工工场多在采矿、冶金、造船和印刷等生产部门，在纺织业中很少见。在集中的手工工场里，资本家购买场房、原料和工具，把工人集中在一起，统一指挥进行分工协作的生产，是真正资本主义的企业。在萨克森和提罗尔的矿井里，使用先进的设备，集中戎百上千的工人（有的矿井有工人 7460 人），昼夜不停地生产。[2] 工人劳动强度大，又加上实行计件工资和包工制，中间剥削严重，磨洋工和罢工斗争经常发生。16 世纪，德国约有 1200 万人，竟有矿工 10～12 万人，不能算是一个小数字。从 15 世纪末起，德国的银产量逐年增加，到 16 世纪中叶达到高峰。1564 年，英王伊丽莎白成立皇家矿山公司，从德国引进先进的采矿和冶金设备以及数百名技术工人。恩格斯说："德国矿工在 15 世纪已经是世界上最熟练的矿工。"[3] 16 世纪初，伦敦有位名叫温契康伯的暴发户，据说拥有一个上千工人的集中型的纺织工场，是比较罕见的。

手工工场有两种不同的起源。一种是将生产不同产品的手工业者联合在一起，各自生产某种零件，最后装配成一种产品，称"混成的手工工场"，如制造马车，需把木匠、画匠、漆匠、马具匠等十多种手工业者联合起来，将他们之间的社会分工逐渐变为手工工场的内部分工。另一种是将生产同一产品的手工业者集中起来，按不同的工序分工生产，称"有机的手工工场"，如制针、造纸等。混成的和有机的两种形式有时互相交错存在。

手工工场以手工劳动为主，极少使用机器。然而，由于实行分工协作，有利于改进劳动方法、积累生产经验、改进和完善生产工具、节约生产资料和劳动时间，大大提高了生产力，并为使用机器生产创造了条件。以制针为例，一个熟练的手工业者每天最多生产 20 只，而拥有 10 人的手工工场

---

① 北京师范大学历史系世界古代史教研室：《世界古代及中古史资料选集》，482～484 页，北京，北京师范大学出版社，1999。

② 孔祥民：《德国宗教改革与农民战争》，68 页，北京，北京师范大学出版社，1992。

③ 恩格斯：《德国农民战争》，见《马克思恩格斯全集》，2 版，第 10 卷，469 页，北京，人民出版社，1998。

能日产 4800 只，提高生产率 20 多倍。手工工场为资本家带来了巨额利润，是资本增值的有效手段。但其代价是工人终生从事某种局部劳动，身体和智力畸形发展，劳动强度大大加强。马克思在论及资本主义手工工场时指出："一方面，它表现为社会的经济形成过程中的历史进步和必要的发展因素，另一方面，它表现为文明的和精巧的剥削手段。"①

五、资本主义农场

农业中资本主义关系的发展比工业中慢得多，因为农业生产力进步缓慢，商品经济相对薄弱。在 15 世纪的尼德兰、英国、法国和德国的某些地区，广泛存在分成制。农民或牧民本人参加劳动，同时雇用长工或短工，还提供一部分生产资料。地主提供土地和另一部分生产资料，如耕畜。双方订立契约（一般有效期为 3～4 年，后延长到 9～10 年），规定按比例分配收成。这里，农牧民没有足够的资本独立经营，他们在自己参加劳动的同时剥削雇工的劳动；地主得到的已不是纯粹的封建地租，而是预付资本的利息。马克思指出："分成制可以看成是由地租的原始形式到资本主义地租的过渡形式"②。这种租地农民剥削更多的雇佣劳动，不同于一般农民，有时被称作"半租地农场主"。

在英国，广泛开展的圈地运动和同时发生的价格革命（使农产品价格上涨、工人的实际工资降低），给租地农民带来千载难逢的致富良机。他们雇工经营资本主义农场，囊括工人创造的全部剩余价值（包括平均利润和资本主义地租），成为真正的农业资本家。在圈地运动中发家的中、小贵族，即乡绅，除将土地租给农场主经营、自己坐收地租外，有的也直接雇工经营开办农牧场。他们逐渐资产阶级化，与资产阶级有共同的利益和要求，被称为"新贵族"。马克思说："在 16 世纪末，英国有了一个就当时情况来说已很富有的'资本主义租地农场主'阶级。"③ 资本主义农场把分散的生产资料集中起来，使农民的小生产变成资本主义的大生产，再加上改进了耕作方法，大大提高了农业生产力。

---

① 《马克思恩格斯全集》，2 版，第 44 卷，422 页，北京，人民出版社，2001。
② 《马克思恩格斯全集》，2 版，第 46 卷，907 页，北京，人民出版社，2003。
③ 《马克思恩格斯全集》，2 版，第 44 卷，853～854 页，北京，人民出版社，2001。

六、资产阶级和无产阶级的产生

随着资本主义生产的出现，两个新的社会阶级，即资产阶级和无产阶级产生了。资产阶级是资本主义生产关系的代表，主要由资本主义工场主和农场主组成，也有一部分来自富裕农民和贵族。法国的资产阶级主要经营包税、贷款给国家或购买官职成为政府官员，他们有明显的贵族化倾向，被称为"穿袍贵族"，以便与出身封建世家的"佩剑贵族"相区别。被称作"乡绅"的英国中小贵族则逐渐资产阶级化，他们渐渐与封建贵族分道扬镳，而与资产阶级有共同的利益，是为"新贵族"。这种不同的特点，对英法两国的历史发展有深远的影响。无产阶级主要来自破产的农民、手工业者和平民，但他们还没有完全割断与农民的联系，还不具备近代工业无产阶级的优点，实际是近代工业无产阶级的前身。无产阶级从诞生起，就同资产阶级进行不调和的斗争，许多地方发生的罢工就是明证。无产阶级还与农民一道，对摇摇欲坠的封建制度进行了坚决的斗争，给后来的资产阶级革命打上自己的印记。

复习思考题

1. 简述新航路开辟的历史背景、过程及影响。
2. 试评价哥伦布。
3. 简述圈地运动的原因和影响。
4. 中古后期，西欧工场手工业有哪些主要特点？

第八章　西欧文化和文艺复兴

第一节　5—15 世纪的西欧文化

一、基督教会对文化教育的垄断

中古前期，天主教会在西欧处于"万流归宗"的地位，统治着整个西欧社会。它不仅在政治、经济方面控制着西欧，而且还控制着西欧的思想意识形态领域，垄断了西欧的文化和教育。在当时的西欧，人们只知道一种意识形态，那就是宗教和神学。因此，宗教信条成为人们思想的出发点和基础，宗教神学成为最主要的学问，获得了至尊无上的地位，而文学、艺术、政治、法律、哲学和自然科学等一切学科，都要为神学服务，成为神学的附属品和"婢女"。

教会为了控制人们的思想、垄断文化，极力宣扬蒙昧主义、禁欲主义和来世主义。首先教会大力推行蒙昧主义，即实行愚民政策。它千方百计地阻止与宗教无关的世俗文化的发展，把保存下来的古代科学文化视为"异端"而横加摧残，许多古代建筑、雕塑和历史文物遭到破坏，成千上万的古代典籍、珍贵的科学手稿化为灰烬，还有许多抄录在羊皮纸上的有价值的古典著作被僧侣用小刀刮去字迹，用来抄写《圣经》和神学教义。6 世纪时的罗马教皇格雷戈里一世（590—604 年在位）公开宣扬"不学无术是信仰虔诚之母"，下令烧掉罗马城巴拉丁山上藏书丰富的图书馆。教会在摧残古典文化的同时，却把《圣经》说成是正确无误的绝对真理，公开叫嚣在基督以后不需要任何研究，因为一切都在《圣经》里提出来了。它把自然科学以及一切进步思想都视为"异端"而横加扼杀，因而导致西欧中世纪文化的衰落。

同时，教会还宣扬禁欲主义和来世主义。鼓吹人生来就有罪，即所谓

"原罪"，因此人生在世必须禁欲和赎罪，死后才能升入天堂，享受来世的永恒幸福。教会的这套说教，目的是要人们抛弃现实物质生活的各种享受，忍耐、顺从封建剥削和压迫，安分守己，逆来顺受。

中古前期，特别是城市学校和大学兴起以前，天主教会完全垄断了西欧的教育。当时的学校都设在教堂和修道院里，学生主要是教士。初级学校主要讲授拉丁语和宗教仪式，中等学校则讲授文法、修辞、逻辑、算术、几何、天文和音乐，被称为"七艺"。七艺完全是根据宗教的需要而设置的，如文法是为了明确《圣经》的语法，修辞是为了训练传经布道的辩才等。这些学校主要是培养教士和封建统治需要的人员。

二、城市学校和大学的兴起

西欧的城市兴起以后，城市里的工商业者逐渐成为一个新阶级，即市民阶级。市民阶级为发展工商业，需要金钱计算、签订契约、商业及法律等方面的知识，因此他们强烈要求摆脱教会对文化教育的垄断，纷纷创办私立城市学校。11 世纪，意大利首先创办了博洛尼亚法律学校。城市学校是西欧封建时代兴起的第一批非教会学校，主要培养市民阶级的知识分子。

11 世纪末，在城市学校的基础上，开始出现西欧的大学。博洛尼亚法律学校后来发展为博洛尼亚大学，它是西欧第一所大学。12 世纪，法国和英国先后创办了巴黎大学和牛津大学，13 世纪时又建立了奥尔良大学和剑桥大学。到 14 世纪末，欧洲已有 40 余所大学，到 1500 年达到 65 所。

中世纪西欧的大学，一般都办在经济比较发达、交通比较方便的城市里。教师中有少数僧侣，主要是世俗学者。学生来自不同的社会阶层，有高级教士、贵族和富裕市民的子弟，也有极少数来自比较贫困的家庭。大学里一般设有 4 个学科，即文艺、神学、医学和法学。许多大学都有自己的特色，如博洛尼亚大学以法学著称，巴黎大学以神学著称，萨勒诺大学则以医学闻名等。大学从创办之日起就遭到天主教会的控制和排挤。教会不但干涉大学的行政管理，而且对师生的学术活动也横加限制，一些古典学术被禁止讲授，许多反对教会权威的学者被教会以"异端"的罪名处以火刑或终身监禁。但是这些并不能遏制"异端"思想在大学中的滋生和传播，大学仍是先进思想的摇篮。

三、经院哲学

中古时期，在西欧占统治地位的思想和官方哲学是经院哲学，因其产生于天主教会办的学院（经院）里，故而得名。经院哲学的基本内容就是神学思想，基本任务是以形式逻辑来进一步论证基督教教义和信条，使之更加理论化和思辨化，更好地为封建统治服务。经院哲学不研究自然和社会现实，轻视经验，反对实践，因而完全脱离实际，极其空洞和烦琐，所以又称"烦琐哲学"。

经院哲学由教父哲学发展而来，13世纪达到极盛。意大利多明我会僧侣托马斯·阿奎那（1225—1274年）最终完成了经院哲学的理论体系，因而被称为"神学之王"，其代表作《神学大全》是经院哲学的百科全书。在这部书里，他创立了"宇宙秩序论"。这个理论鼓吹：上帝将自然界和人类分成不同的等级，最低一级是无生命界，其上是植物界，再上是动物界，再按等级阶梯上升到人、圣徒、天使，最上面的是上帝；每一等级都有较高一级的目的，并力图达到各自的目的，上帝是宇宙的最终目的。这一理论认为，在宇宙等级中，下级从属于上级，上级统御下级，层层统御，层层归属，最后统属于上帝。阿奎那以此来论证，地上的秩序必须服从天上的秩序，现世的生活必须服从来世，政治必须隶属于宗教，国家必须服从教会，皇帝必须服从教皇，下等人只能听命于上等人的统治等。这一理论为封建剥削和等级制绕上了一层神圣的光圈，以维护教会权威和封建统治秩序。

在经院哲学内部，存在着唯名论和唯实论的长期斗争。在11世纪后半期至12世纪，有以洛色林（1050—1112年）和阿伯拉尔（1079—1142年）为代表的唯名论者反对以安瑟伦（1033—1109年）为代表的唯实论者的斗争；13世纪至14世纪，有以罗吉尔·培根（约1214—1294年）为代表的唯名论者反对托马斯·阿奎那的温和唯实论的斗争。唯实论者以正统派自居，视唯名论者为"异端"，禁止其思想传播，烧毁其著作，甚至将其投入监狱或处以火刑。唯名论和唯实论争论的焦点，是关于一般概念和个别事物的关系问题。唯名论认为，个别事物先于一般概念而存在，一般概念只是事物的名称，是个别事物的反映，显然具有唯物主义倾向。而唯实论则认为，一般概念是先于个别事物而存在的精神实体，是上帝创造个别事物时所依据的原型，是上帝的理念，属于客观唯心主义。因此，唯名论同唯实论的斗争跟唯物论同唯心论的斗争有相似之处，具有重要的社会意义。唯名论者比较注重事实和理性，对教会和宗教教条进行了猛烈抨击。如洛色林否定教会的"三位一体说"，阿伯拉尔对于神的存在、神的人格、本性、创世、原罪等教义提出疑问，贝伦迦尔对圣餐变体论的批判，罗吉尔·培根猛烈抨击基督教神学的虚伪、陈腐和愚昧无知等。唯名论对唯实论的有力批判，有时被教权派和"异端运动"用来进行反对天主教神学和封建制度的斗争，因而具有进步意义。

四、中古前期的文学

中古前期，文学也和其他学科一样，成为神学的"婢女"，成了宗教宣传的工具。因此，宗教文学一度成为西欧占主导地位的文学。与此同时，中古西欧也存在着世俗封建主和劳动人民的世俗文学。

宗教文学是宣传基督教神学和教义的文学，基本内容是宣扬上帝至高无上，歌颂基督的伟大，颂扬圣徒、苦行僧、朝圣香客及殉道者的光辉业绩。它的题材单调，内容荒诞，一般采用隐喻象征的表现手法，具有公式化和概念化特点。宗教文学有诗歌，也有戏剧。诗歌有赞美诗和叙事诗两种，如英国的《圣经诗译》《基督》和《安德雷亚斯》，法国的《圣女欧拉丽赞歌》《圣徒列瑞行传》和《阿列克西斯使徒行传》等。戏剧分瞻礼剧、神秘剧和奇迹剧三类，比较有名的作品有法国的《耶稣受难记》《亚当的故事》和《愚人节》等。宗教文学毒害人们的思想，麻痹人们的斗争意志，但它在客观上对后世文学的发展有一定作用，如宗教诗歌的押韵法对后世诗律有直接影响，宗教戏剧对后世世俗戏剧的发展也有促进作用。

世俗文学就其思想倾向而言，可分为英雄史诗、骑士文学和城市文学。

英雄史诗是在民间流传的英雄事迹和口头传说的基础上形成的。著名的作品有英国的《贝奥武甫》、法国的《罗兰之歌》、德国的《尼伯龙根之歌》和西班牙的《熙德之歌》。英雄史诗反映了西欧一定历史时期各民族的社会生活和时代精神，但它深受封建思想意识的影响，笼罩着浓厚的基督教色调。

骑士文学主要是歌颂骑士对封建主的忠诚和勇武，11世纪末至14世纪在西欧广泛流传。骑士文学分为骑士抒情诗和骑士传奇两类。骑士抒情诗最早兴起于11世纪末法国南部的普罗旺斯，所以又称"普罗旺斯抒情诗"，其主题大多是讴歌骑士对贵妇人的爱情，最著名的作品是《破晓歌》。骑士抒情诗追求技巧，格律严谨，对文艺复兴时期的抒情诗有一定影响。骑士传奇主要描写骑士荒诞不经的冒险故事和对贵妇人的爱情，有的也描写骑士锄强扶弱的侠义行为。它取材比较广泛，有的取材于希腊、罗马的故事，如法国的《特洛伊的故事》《亚历山大的故事》等；有的取材于古凯尔特王亚瑟的传说，如《亚瑟王》和他的圆桌骑士的故事；也有的取材于拜占庭的历史和传说，如《奥迦生与尼古莱特》。骑士传奇的内容大都没有什么社会意义，但它在艺术上以骑士冒险生涯为线索描写社会生活画面，注意刻画人物外表及内心思想感情，语言生动，对后来欧洲长篇小说的发展有一定影响。

城市文学是反映市民要求的文学，大多在民间创作的基础上发展起来，它包括具有强烈讽刺性与批判性的韵文小故事、讽刺叙事诗以及抒情诗和戏剧。最有名的作品是法国讽刺叙事诗《列那狐的故事》。城市文学动摇了天主教神学的精神统治，为近代现实主义文学的产生做了准备。

第二节　欧洲的文艺复兴

一、文艺复兴运动的背景

14、15 世纪以来，在西欧封建社会的母体内孕育了资本主义的萌芽。初生的资本主义关系需要新思想、新文化和新观念，于是欧洲的思想文化领域出现了一场反封建、反正统神学的新文化运动。另一方面，11、12 世纪以来伴随着经济，特别是城市经济的发展而出现的思想文化的世俗化，也为文艺复兴的发生奠定了重要基础。这场新文化运动是从复兴古典希腊、罗马文化开始的，因而被称为"文艺复兴"。文艺复兴运动最早发源于 14 世纪的意大利，后来逐渐扩大到西欧各国，一直持续到 17 世纪中期。

"文艺复兴"（Renaissance）一词，最早由 16 世纪意大利艺术史家乔治·奥·瓦萨里（1511—1574 年）在《意大利艺苑名人传》（又译《意大利绘画、雕刻、建筑名人传》）里提出的，原意为"再生""复活"或"复兴"，即古典文化艺术的复兴，后来逐渐被西欧各国学者沿用。其实，文艺复兴运动不是古典文化艺术的简单复兴，而是早期资产阶级新文化的萌芽，是新兴的资产阶级利用古典文化作为反封建、反正统神学的武器，吸收其有利于自己的因素并加以改造，从而创造出为自己利益服务的新文化。文艺复兴运动是一场新兴资产阶级的思想解放运动，是"人类以往从来没有经历过的一次最伟大的、进步的变革"①。它为欧洲早期资产阶级革命做了思想准备，也为欧洲近代资本主义文化奠定了基础。

文艺复兴运动最早发生在意大利。14 世纪，在意大利北部和中部一些发达的城市里，产生了资本主义的最初萌芽。资本主义关系的产生是资产阶级新文化运动发生的物质前提。因为随着资本主义的初步产生，新兴的资产阶级为摆脱天主教神学的束缚和发展资本主义经济，迫切需要建立和发展自己的新文化。例如，为了发展生产、改进技术、革新工具、改进运输和扩大市场，需要发展自然科学和新的经营管理学科；为了巩固资产阶级政权和扩大海外贸易，需要新的法律学；为了讴歌资本主义，需要新的文学和艺术作品等。此外，意大利还有适宜于新文化发展的政治环境和思想文化环境，在北部和中部一些发达的城市里，如佛罗伦萨和威尼斯等，新兴的资产阶级掌握了政权，建立了独立的城市共和国，形成比较宽松的政治环境。由于城市统治者的提倡和鼓励，世俗文化也比较繁荣。1302 年法王对教皇斗争的胜利和接着出现的近 70 年之久的"阿维尼翁之囚"，使教皇的威信扫地，动摇了罗马教廷的精神统治地位，从而有助于思想文化进一步冲破正统神学的禁锢。意大利是古罗马文化的中心和继承者，较多地保留了古罗马文化；它那优越的地理位置和在地中海贸易中的特殊地位，有利于直接吸收或通过拜占庭和阿拉伯人吸收希腊文化。这些都是意大利文艺复兴最早发生的有利条件。

文艺复兴运动是从复兴古典文化开始的。14 世纪，意大利的人文主义知识分子掀起了搜寻、整理、学习和研究古典文化的热潮。大量的古希腊、罗马的作品、手抄本和艺术品被重新发现，给人们展示了一个崭新的世界。"在它的光辉的形象面前，中世纪的幽灵消逝了。"② 人文主义者通过吸收古典文化，创造出符合早期资产阶级利益的新文化，也使意大利出现前所未有的文化繁荣，于是开始了"现代世界的曙光在那里升起的那个伟大时代"③。

---

① 恩格斯：《自然辩证法·导言》，见《马克思恩格斯选集》，2 版，第 4 卷，261 页，北京，人民出版社，1995。

② 恩格斯：《自然辩证法·导言》，见《马克思恩格斯选集》，2 版，第 4 卷，261 页，北京，人民出版社，1995。

③ 《马克思恩格斯全集》，2 版，第 46 卷，24 页，北京，人民出版社，2003。

二、人文主义思想

　　人文主义思想是欧洲文艺复兴运动时期出现的一种新思潮，是新兴资产阶级的世界观、价值观和人生观。它是文艺复兴运动的思想内核，也是资产阶级新文化的基本内容。人文主义又称"人道主义"或"人本主义"，其基本思想是提倡以人为中心，研究与人有关的世俗学问，如艺术、语言、历史、哲学等，主张与正统神学根本不同的人本文化，反对天主教会的蒙昧主义、禁欲主义和来世主义。

　　在中世纪的欧洲思想文化领域，"神"高于一切，主宰一切。天主教会宣扬：宇宙是上帝创造的，上帝是世界的主人，只有上帝才是全知全能的；而人生而有罪，卑微渺小，只能听从上帝的摆布，成为上帝驯服的奴仆和羔羊。人文主义者则明确指出：要以人为中心，认为人是自己的主人，是自己命运的主宰。他们颂扬人的权威、人的价值、人的高贵和人的伟大。例如，意大利人文主义的先驱但丁说：人的高贵，就其所完成的业绩而言，超过天神的高贵。人文主义者赞美"人性"，贬抑"神性"，反对禁欲主义，提倡世俗追求。他们认为，人是现实生活的创造者和享受者，现世的幸福高于一切，人生的目的就是要追求现世的幸福和自由。他们用诗歌、绘画等各种文艺形式来宣扬人的现世享受，并证明人所追求的个人幸福是出于"天赋人性"。人文主义者提倡"人权"，反对"神权"，主张自由平等。他们嘲笑贵族和僧侣的愚昧无知，蔑视贵族的世家出身，主张不能以出身和门第而应以智慧、品德和才能来决定人的社会地位。有的人进一步主张人应该发扬自己的自由意志和个性自由。人文主义者提倡理性，追求科学知识，反对蒙昧主义。他们号召人应该不断地学习知识，探索自然，寻求科学真理，甚至提出"知识就是力量"的战斗口号，努力把科学从神学的束缚下解放出来。

　　人文主义作为早期资产阶级的思想意识存在着明显的历史的和阶级的局限。例如，它所鼓吹的人权和人性，主要是资产阶级的人权和人性；它所主张的自由和平等，归根到底是资产阶级允许的自由和平等。人文主义者并不是无神论者，他们反对天主教会，却不否认宗教和上帝。他们揭露教会的黑暗与腐朽，却从不否认宗教信仰，而且努力调和人文主义与宗教的关系，这说明他们的思想观点和作品还深受宗教的影响。他们是历史唯心主义者，片面夸大帝王将相和英雄豪杰的作用，轻视甚至诬蔑人民大众。

三、意大利早期文艺复兴

意大利文艺复兴分为前后两个时期：14 世纪至 15 世纪中叶为早期（或前期），15 世纪后半期至 16 世纪为后期。意大利前期文艺复兴是文学的繁荣时期，涌现出一大批文学巨匠，其中最著名的代表人物是"文坛三杰"：但丁、彼特拉克和薄伽丘。

但丁·阿利格里（1265—1321 年）是意大利文艺复兴的先驱，恩格斯称他是"中世纪的最后一位诗人，同时又是新时代的最初一位诗人"①。

但丁的代表作《神曲》，标志着意大利文艺复兴运动的开始。

但丁出生在佛罗伦萨没落贵族家庭，受过良好的教育，从小熟读古希腊、罗马作品。青年时曾在帕多瓦大学、博洛尼亚大学和巴黎大学等大学深造，对美术、音乐、诗歌、修辞、文学、哲学、神学、天文、历史、地理都有很深的研究，为他的文学创作打下了坚实的基础。1300 年，但丁当选佛罗伦萨的执政官。1302 年，但丁在政治斗争中失败而被流放，此后近 20 年一直流落他乡，最后病逝于拉文那。

但丁一生写下了许多学术著作和诗歌，其中著名的文学作品是《新生》和《神曲》。《新生》是 1291—1292 年但丁为纪念女友贝德丽采而写的第一部诗歌集，包括 31 首抒情短诗。这些短诗以他对贝德丽采的爱恋为题材，表达了诗人对恋人的追求和对美好爱情的向往，虽有强烈的神秘色彩，却反映了市民阶级摆脱禁欲主义的强烈愿望。这是欧洲文学史上第一部向读者剖露作者隐秘思想感情的作品，具有人文主义和现实主义倾向。《神曲》是但丁在流放期间创作的不朽诗篇，共 100 首，分《地狱》《炼狱》和《天堂》3 篇。主要情节是描写诗人在维吉尔和贝德丽采的引导下，梦游"地狱""炼狱"和"天堂"三界的经过。作者以隐喻象征的手法，描写了当时的社会现实以及政治、思想、意识和文化等各方面的情况，深刻揭露了教会的黑暗腐败及教皇统治的罪恶，抨击了封建统治阶级的残暴专横以及封建割据给人们带来的灾难，同时也严厉谴责了某些人的贪婪自私、高利盘剥和追逐金钱。作者还提出政教分离、君主专制和统一意大利的政治主张，提出人应该充分享受现实生活，追求理性、自由和知识等具有人文主义倾

①　恩格斯：《〈共产党宣言〉1893 年意大利文版序言》，见《马克思恩格斯选集》，2 版，第 1 卷，269 页，北京，人民出版社，1995。

向的观点。因此，《神曲》是一部具有深刻社会意义和强烈政治倾向的伟大诗篇。《神曲》用托斯坎尼方言写成，开创了文艺复兴时代用民族语言写作的先河。

但丁是跨时代的诗人，思想具有明显的新旧两种倾向；《神曲》既有人文主义思想的萌芽，又没有完全摆脱中世纪宗教观的束缚。这表现在：他一面赞扬现实生活，同时又宣扬灵魂不灭和来世观念；一面抨击教皇和教会的罪恶，又未完全否定教皇和教会；既批判禁欲主义，又把殉情者打入地狱等。

弗兰齐斯科·彼特拉克（1304—1374 年）是人文主义的鼻祖，被誉为"人文主义之父"。他出身于佛罗伦萨的名门望族，小时候随父迁居阿维尼翁，后在阿维尼翁教廷长期任职，担任教皇秘书，目睹了教会的黑暗腐败。他大量阅读古典著作，漫游欧洲许多国家，逐渐形成人文主义世界观。他第一个发出复兴古典文化的号召，提出以"人学"反对"神学"，因而是第一位人文主义学者。14 世纪 40 年代初，他创作长篇叙事史诗《阿非利加》，荣获"桂冠诗人"称号。14 世纪 50 年代初，他应邀到佛罗伦萨大学讲学，一直定居意大利。

彼特拉克一生的主要成就是创作了许多优美的诗篇。代表作是抒情诗集《歌集》。《歌集》用意大利文写成，共有 366 首抒情诗，其中多数是爱情诗，歌颂诗人对女友劳拉的爱慕。彼特拉克的爱情诗冲破禁欲主义的羁绊，突破中世纪诗歌中隐晦寓意、神秘象征的手法，直接描写爱情，赞美人生，歌颂自然，刻画人物的美丽形象，格调清新，具有很强的艺术感染力。《歌集》中也有政治讽刺诗和爱国主义诗篇，抨击天主教会和罗马教廷，表达自己痛恨封建割据、渴望意大利统一的爱国主义思想。彼特拉克的抒情诗，创立了十四行诗这一欧洲诗歌中的重要诗体，为欧洲抒情诗的发展开辟了道路，被后人尊称为"诗圣"。

乔万尼·薄伽丘（1313—1375 年）是意大利民族文学的奠基者。他出生于佛罗伦萨的商人家庭，少年时曾随父经商，遍游法国和意大利。后到那不勒斯大学学习法律和文学，开始进行文学创作。从 1350 年起在佛罗伦萨政府任职，多次衔命出使意大利各邦和法国。晚年到佛罗伦萨大学主讲《神曲》。著有《但丁传》，此为研究但丁最初的学术著作。

薄伽丘创作了许多优秀的诗歌和小说。短篇小说集《十日谈》是他的代表作。该书用托斯坎尼方言写成，描写 1348 年佛罗伦萨鼠疫流行时，有10 名男女青年为躲避瘟疫，结伴来到乡村一所别墅。他们为消磨时光，每人每天轮流讲一个故事，10 天共讲 100 个故事。这些故事取材十分广泛，有民间传说、历史事件、宫廷传闻，也有真人真事。薄伽丘对这些材料进行加工，注入了人文主义的思想内容，使之成为一部反映意大利现实生活的杰作。《十日谈》首先把矛头指向罗马教廷和天主教会，大胆地揭露教会的腐化和贪婪，抨击教士的伪善和丑行，同时也无情地揭露和鞭挞统治阶级的昏庸和残暴。作者热情地称赞市民和下层群众的机智勇敢，赞美男女青年的爱情，歌颂现实生活，肯定人生、人的价值和人的尊严。《十日谈》完全描写世俗生活，因而有"人曲"之称。它是欧洲文学史上第一部现实主义文学巨著，对后世欧洲现实主义文学创作有很大影响，在体裁上也开创了欧洲近代短篇小说的先河。《十日谈》中也有许多消极和不健康的因素，如歌颂资产阶级个人主义，过分宣扬放纵情欲，有些描写流于低级和庸俗等。

意大利早期文艺复兴在艺术方面最著名的代表人物，是杰出的画家、雕刻家乔托·迪·邦多内（1266—1337 年）。乔托生于佛罗伦萨城郊一铁匠家庭，从小当牧童，但对绘画很感兴趣，常在放牧时用尖石和木棍练画。佛罗伦萨著名画家契马部埃发现了他，把他带到自己的画室学艺。乔托刻苦学习，不久超过业师，成为杰出的画家。

乔托一生的主要成就是壁画，其中以 1305—1308 年在帕多瓦的阿累那礼拜堂绘制的壁画最为有名，被称为"14 世纪意大利艺术的重要纪念碑"。这组壁画中最著名的有《金门相会》《逃亡埃及》《犹大之吻》和《哀悼基督》。乔托是意大利文艺复兴时期第一个探索用新方法创作的艺术家。他打破中世纪绘画的传统模式，用写实的方法描写人物，使人物形象有立体感，并注意作品的空间效果，开始采用自然景色取代中世纪绘画惯用的金色或蓝色背景。乔托是第一个人文主义画家，他用世俗的思想感情来描绘宗教人物，把神明刻画成有血有肉、有感情的普通人。他开创的人文主义思想内容和写实主义的创作方法，为欧洲近代现实主义绘画开辟了道路，被誉为"欧洲绘画之父"。

马萨乔（1401—1428 年）是意大利早期文艺复兴时期又一位著名画家。他继承并发展了乔托开创的人文主义思想内容和现实主义传统，奠定了文艺复兴时期的绘画基础。他是最先探索人体结构和透视法的画家，并发现了远近透视的一些规律。他的作品造型逼真、结构准确、比例匀称、立体感强，充满世俗气质，富于激情和生气。代表作有《失乐园》和《纳税钱》。

四、意大利后期文艺复兴

意大利后期文艺复兴是艺术空前繁荣的时期，涌现出一批杰出的艺术大师，特别是被称为"艺术三杰"的达·芬奇、米开朗琪罗和拉斐尔。这一时期，也出现了以马基雅维利和康帕内拉为代表的近代资产阶级政治思想家和空想社会主义者。

列奥那多·达·芬奇（1452—1519 年）是"文艺复兴时代最完美的代表人物"，杰出的艺术家、自然科学家、哲学家、文艺理论家和诗人。他出生在佛罗伦萨的公证人家庭，自幼勤奋好学，兴趣广泛，尤其酷爱绘画。从 14 岁起，从名师学画，进步迅速，不久被佛罗伦萨画家行会吸收为会员，很快成为最杰出的艺术大师。

达·芬奇的绘画把人文主义思想内容和现实主义的表现手法完美地结合起来，使绘画艺术达到了前所未有的高度。他精确地运用解剖学、透视法和明暗转移法，加之笔画细腻、造型准确、色彩调和、布局匀称，能生动地表现出人物的复杂性格和内心世界。他最有名的作品是《最后的晚餐》和《蒙娜丽莎》。《最后的晚餐》是 1495—1498 年为米兰圣玛丽亚修道院创作的一幅壁画。它取材于《圣经》故事中关于犹大出卖耶稣的传说，着重刻画耶稣在最后的晚餐上对众门徒宣布"你们当中有一人要出卖我"时，各个门徒不同的姿态、动作和表情。画家依据各人不同的年龄、身份、性格特征和内心活动，把每个人都刻画得惟妙惟肖。在这里，耶稣和圣徒都成了普普通通的人，他们的思想感情与常人无异，充分体现了作者的人文主义思想。这幅画构图新颖，画面和谐均衡，空间和远近法的处理十分恰当，无论是思想性还是艺术手法都达到空前的高度。《蒙娜丽莎》是达·芬奇在 1503—1506 年为佛罗伦萨银行家妻子创作的肖像画。它是文艺复兴时期最杰出的肖像画之一，标志着达·芬奇艺术的最高成就。画家描绘了新时代的青春女性形象，敏捷地抓住了人物的瞬间表情来揭示人物的内心活动。他把蒙娜丽莎的微笑刻画得极其含蓄、自然、生动、纯朴而又甜美，令人百看不厌，回味无穷。这幅画充分体现了达·芬奇赞美人生、歌颂人的美、把人体作为自然中最美的对象来讴歌的人文主义思想，同时在透视法、明暗转移法等方面也有更大发展。

达·芬奇不仅创作了大量的艺术杰作，而且还是一位卓越的艺术理论家。他的《绘画论》对解剖、透视、明暗和构图等艺术理论有很大发展。

他还是文艺复兴时代的自然科学的巨匠，在自然科学的很多部门以及工程技术的许多部门都有发现和发明。因此，他被誉为"万能巨子"和"人类智慧的象征"。

米开朗琪罗·博纳罗蒂（1475—1564 年）是著名的雕刻家、画家、建筑师和诗人。他出生在离佛罗伦萨不远的卡普莱斯镇，从 13 岁起投身到佛罗伦萨著名艺术家纪朗达约门下学艺，后来又到洛伦佐·美第奇创办的美术学校学习雕刻。他刻苦学习多年，不仅打下良好的艺术基础，而且接受了当时先进的人文主义思想。他先后到过威尼斯和罗马等地，进行学习和艺术创作。

米开朗琪罗的艺术作品具有雄浑、豪放、宏伟和充满激情的特点。他所刻画的人物形象雄伟庄严、刚劲有力，充满英雄气概，因此被誉为"市民英雄的创造者"。最有名的代表作是雕塑《大卫像》和《摩西像》。《大卫像》是米开朗琪罗在 1501—1504 年用大理石雕刻的，高 5.3 米。大卫是传说中的犹太国王，少年时就打败了巨人。《大卫像》刻画了大卫在即将与巨人决一死战时的英雄气概。作者为了表现人物的健美形象和坚强意志，把他雕成了裸体青年。他运用精确的解剖学知识，把人物的每一块肌肉都刻画得充满活力和力量，同时用夸张手法把人物的手和腿有意地拉长和拉大，给人以非凡的巨人形象，体现了作者的人文主义思想。《摩西像》是 1513—1516 年为罗马教皇朱理亚二世陵墓雕刻的大理石雕像，高 2.5 米。摩西也是传说中的犹太国王。作者以高超的技艺，刻画了摩西的英雄形象和英雄主义气概，把他塑造成为一个疾恶如仇、执法如山的理想化的民族英雄，反映了作者期望出现一个强有力的英雄人物来完成祖国统一的强烈愿望。

拉斐尔·桑西（1483—1520 年）是杰出的画家和建筑师，有"画圣"之称。他出生在意大利马尔宾诺城的一个艺术世家，从小跟父亲学画，从14 岁开始进入安布里亚画派最著名的艺术大师培鲁基奥的画室学习。经过多年努力，他把老师的技艺完全学到手。后来，他到了佛罗伦萨，精心研究佛罗伦萨画派诸大师的作品，吸收其精华，逐渐形成自己独特的艺术风格，即秀美、典雅、和谐的特点，成为意大利后期文艺复兴绘画中的一杰。

拉斐尔以擅长画圣母像著称。他所画的圣母年轻、美丽、端庄、温柔、恬静、安宁，眉宇间洋溢着母性的慈爱和幸福，丝毫没有禁欲主义和神秘主义的气味。代表作是《西斯廷圣母》。这幅作品是他在 1516—1519 年为比亚森萨的西斯廷教堂作的祭坛画。画面上，天幕徐徐启开，圣母玛丽亚怀抱婴儿耶稣缓慢地从云端降下，天边跪着两个迎接圣母的圣徒，下面有两个展翅前来的小天使。整幅画线条和色泽十分圆润、典雅，形象和构图非常生动、协调。画中圣母没有任何宗教神秘色彩，完全是一幅慈爱、温和的世俗母亲的形象，充分体现了作者的人文主义思想。作者通过圣母为了人类美好未来献出自己唯一爱子的宗教传说，歌颂了人世间的真善美，歌颂了人的伟大和人的崇高感情。

尼科洛·马基雅维利（1469—1527 年）是杰出的政治思想家、历史学家、文学家和军事家，近代资产阶级政治学的奠基人，被誉为近代"政治学之父"。他出生于佛罗伦萨的破落贵族家庭，1494 年参加了佛罗伦萨人民推翻美第奇家族专制统治的起义，胜利后开始踏入政界，在共和国政府中任职。1498 年，任政府的第二大法官兼国务秘书，主管外交和军事，曾多次出使意大利各邦和法、德等国。诸多的国务活动，大大开阔了他的眼界，丰富了他的阅历和政治经验，为他后来著书立说打下了基础。1512 年，美第奇家族重新夺取政权，他被捕入狱。出狱后专事著述，直至病逝。

马基雅维利著述颇多，最著名的有《君主论》（亦称《霸术》）、《论提图斯·李维的前十书》（又称《罗马史论》《李维历史注疏》）、《战争的艺术》（又名《兵法七卷》《军事艺术》）和《佛罗伦萨史》。《君主论》是他的代表作，书中完整地提出了资产阶级的国家学说，系统地阐述了君主统治的种种方式和君主夺权治国的策略思想与政治权术。作者认为，君主要夺取政权和巩固统治，必须制定有效的法律，建立强大的常备国民军，更重要的是为了达到目的可以不择手段。他认为，君主可以运用暴力和欺骗、高压和怀柔、刽子手和牧师相结合的软硬兼施手法来维护自己的统治。他用狮子和狐狸来做比喻，认为君主应当效法狮子和狐狸，要像狮子一样威严，使豺狼恐惧；要像狐狸一样狡黠，能识破诡计。马基雅维利这种为达目的不择手段的政治权术理论，后来被资产阶级学者称为"马基雅维利主义"，甚至被法西斯分子用作实行独裁统治的理论根据，所以"马基雅维利主义"逐渐变成政治上尔虞我诈、背信弃义和不择手段的同义语。其实，马基雅维利的政治理论同后来的"马基雅维利主义"是有严格区别的。前者是在西欧封建社会末期，作为新兴资产阶级反对封建腐朽势力而被提出来的，其主流是爱国的和进步的，反映了资产阶级建立统一强大中央集权国家的进步要求。马基雅维利从历史和现实的经验出发，以人的眼光来观察政治，使政治摆脱宗教和封建的束缚，对资产阶级政治学的发展具有重大影响。

托马索·康帕内拉（1568—1639 年）是杰出的思想家、空想社会主义的伟大先驱。他出生在意大利卡拉布里亚省的贫苦农民家庭，从 15 岁起进入修道院当修士。他潜心苦读，博览群书，成为一名学识渊博的学者。他曾多次遭到宗教裁判所的监禁，1597 年被开除教籍，勒令回乡。他积极组织和领导反抗西班牙侵略的人民起义，1599 年事泄被捕，被关进牢狱，受尽折磨，但仍坚贞不屈，并在极端艰苦的条件下，以惊人毅力写出光辉巨著《太阳城》。

《太阳城》通过叙述热那亚航海家与朝圣香客招待所管理员的对话，揭露和抨击了当时意大利的社会制度，并提出一种理想社会制度。作者大胆地指出，现实社会是一个罪恶的世界，到处充满暴行、淫乱、欺骗、懒惰和贫富对立，而造成这些的根源在于万恶的私有制。他认为，只有废除私有制，才能实现社会公正。他精心构思了一个理想国家——太阳城。在这里，没有私有财产，一切产品和财富均为公有；大家共同劳动、共同享受劳动成果，消费品按需分配；政治上人人平等，一般国家官员由民众选举产生或罢免；最高领导人"太阳"身兼祭司，由德高望重并精通神学和哲学的人担任；对儿童实行普遍义务教育，并与劳动相结合，等等。《太阳城》反映了意大利早期无产者和其他劳动人民的要求和愿望，对社会主义思潮的发展有重大影响。他提出的民主政治制度、注重发展生产和全面发展的教育思想，也具有重大的进步意义。由于时代的局限，作者不可能找到实现理想社会的阶级力量和现实途径，只能陷于空想，而且他的理论也有很多互相矛盾之处。

15 世纪中叶起，文艺复兴运动传播到德国、法国、英国、西班牙和尼德兰等地，在这些国家和地区，文艺复兴运动也蓬勃兴起，涌现出一批著名的人文主义思想家、文学家和艺术家。

五、德国文艺复兴

从 15 世纪中叶开始，在德国的许多大学里出现了人文主义思潮，到 16 世纪形成高潮，中心主要在大学和年轻的知识分子口。德国长期分裂割据，罗马教廷势力特别强大，因此德国的文艺复兴运动强烈要求国家统一和摆脱教皇控制。主要代表人物有伊拉斯谟和丢勒等。

德西迪里厄斯·伊拉斯谟（约 1466—1536 年）是西欧驰名的人文主义思想家，被誉为"思想之王""人文主义的泰斗"和"拉丁的伏尔泰"。他出生于鹿特丹的一个神甫家庭，从小就读于德文特"共济教友会"，学习拉丁文，并爱上了文学。18 岁时，他进入斯泰因奥古斯丁教团当修士。他刻苦学习，学业大有长进，几年后晋升为神父。1494年，在修道院院长的推荐下当了康布雷主教的秘书，第二年在主教的资助下进入巴黎大学攻读神学，获硕士学位。1499年进入英国牛津大学学习，结识包括托马斯·莫尔在内的许多人文主义学者，并在他们的影响下走上探索与传播人文主义思想的道路。他先后畅游法、意、英、德、瑞士和奥地利诸国，并于1506年在意大利都灵获博士学位。1514年后，一直定居在巴塞尔。

伊拉斯谟的主要功绩是：把《圣经》和早期教父的作品从希腊文译成拉丁文，并对原文做了人文主义解释，还翻译了许多古代希腊作家的作品，极大地推动了欧洲文艺复兴运动的发展。他创作了许多具有浓厚人文主义色彩的作品，其中著名的是《基督战士手册》和《愚人颂》。前者强调教徒要内心虔诚，反对只注意宗教仪式和口传教义，实际否定教士的中介作用。后者通过"愚人"登台演说和夸耀自己，对教皇、僧侣、经院哲学家和封建贵族的愚昧进行嘲笑和咒骂；对神职人员的贪婪腐化、虚伪堕落，封建贵族的寄生腐朽、野蛮好战进行揭露和批判；同时大力歌颂人性，赞美世俗生活，肯定人的欲望、感情和理性。《基督战士手册》和《愚人颂》进一步丰富和发展了人文主义思想，对西欧的反封建反正统神学斗争，特别是对德国的宗教改革运动，起了积极作用。《愚人颂》被译成许多国家的文字，几乎传遍整个欧洲。

阿尔布雷希特·丢勒（1471—1528年）是德国杰出的油画家、版画家、雕刻家和建筑师。他出生在纽伦堡一个金银首饰匠家庭，从小随父学艺，15岁起跟随纽伦堡画家沃尔革穆特学画3年。1490年，离开家乡游学，先后游遍法兰克福、巴塞尔、斯特拉斯堡和科隆等地，不仅提高了绘画技艺，而且对他人文主义世界观的形成有很大影响。1495年和1505年，他两次访问意大利，结识著名人文主义画家贝里尼和拉斐尔，颇受教益，同时又深入研究达·芬奇的作品和艺术理论，为他的艺术发展奠定了基础。

丢勒一生创作了大量木刻画、铜版画、油画和人物素描等，其中油画《四使徒》是杰出的代表作，享有世界声誉。这幅画创作于1526年，当时伟大的德国农民战争刚刚失败不久，德国人民再次陷于灾难之中。作者试图通过塑造耶稣四个门徒的形象，来抗议统治阶级对人民的屠杀，表达对正义和光明的追求。他把四使徒描绘成寻求正义的学者和捍卫正义的斗士。画面左边两个使徒是约翰和马可，他们正低头研读《圣经》，神情十分平稳沉着，像寻求正义的智者；右面是保罗和彼得：保罗一手紧握宝剑，一手捧着《圣经》，怒目斜视，表情十分刚毅；彼得站在保罗身后，充满战斗激情，似乎随时准备战斗。《四使徒》构图紧凑和谐，人物形象生动逼真，标志着德国文艺复兴时期艺术的最高水平。

六、法国文艺复兴

从 15 世纪中叶起，法国开始文艺复兴运动。法国的人文主义运动明显地形成两派，一是以"七星诗社"为代表的贵族派，二是以拉伯雷为代表的民主派。

"七星诗社"是 16 世纪著名的贵族派人文主义者团体，以龙萨（1524—1585 年）和杜·贝莱（1522—1560 年）为首，在语言和诗歌理论方面做出了突出的贡献。他们最早提出统一民族语言的主张，并借助希腊语和拉丁语词汇丰富法语，使法语作为民族语言取得了应有的声望。他们主张用民族语言写诗，要求诗歌韵律和谐，形式自然，反对浮夸。他们的这些主张，反映了法国民族意识的觉醒，促进了法国民族语言和民族文学的发展。然而他们排斥民间诗歌，脱离人民，因此只能为少数贵族服务。

弗朗索瓦·拉伯雷（约 1494—1553 年）是继薄伽丘之后享誉欧洲的杰出人文主义作家，是法国文艺复兴民主派的杰出代表。他出生于希农城一个富裕法官家庭，从小在教会学校接受经院教育，成年后入修道院当修士。他刻苦学习希腊文，潜心研读古希腊、古罗马作品，并和许多人文主义者来往密切，逐渐形成人文主义思想。后来，他邀游法国各大城市，走遍大半个法国，考察各地的法庭和高等学校，目睹封建法律的黑暗和经院教育的脱离实际，为日后创作《巨人传》做了思想和题材方面的准备。1530 年，他进入蒙彼利埃大学医学院学医。毕业后，他到里昂行医，偶然读到一本民间故事——《高大硕伟的巨人高康大大事记》，深受启迪，并以此为蓝本，费时 20 年创作出著名的《巨人传》。

《巨人传》（又名《高康大和庞大固埃》），是一部反映 16 世纪上半叶法国社会现实的长篇讽刺小说。它真实地反映了当时的社会生活，描绘了社会各阶层的人物形象，从国王、大臣、法官、教士、神学家、哲学家直到农民、手工业者、乞丐和流浪汉，内容十分丰富，并涉及法律、医学、政治、宗教、哲学和伦理等各方面知识。全书通过叙述高朗古杰、高康大和庞大固埃祖孙三代巨人国王的神奇故事，塑造了理想君主的形象，揭露了教会的黑暗腐败和荒淫贪婪，揭发了封建官僚贪赃枉法和鱼肉人民的罪行，旗帜鲜明地反对穷兵黩武和侵略战争。作者还抨击禁欲主义和蒙昧主义，提出培养"全知全能的人"的人文主义教育思想，以及人人平等、个性自由、个性解放的社会政治主张。《巨人传》是一部现实与幻想交织的现实主义作品，在欧洲文学史和教育史上占有重要地位。它确立了小说体裁在文学上的地位，其现实主义与浪漫主义相结合的讽刺艺术，对后来欧洲的许多作家都产生过不同程度的影响。

七、英国文艺复兴

英国文艺复兴运动稍晚于西欧大陆，16世纪才开始，16世纪末至17世纪初形成高潮，但取得的成就很高。主要代表人物有托马斯·莫尔和莎士比亚。

托马斯·莫尔（1478—1535年）是著名的人文主义思想家和空想社会主义的奠基人。他生于伦敦一个大官僚家庭，从小受到良好教育，14岁时进入牛津大学坎特伯雷学院学习古典文学和希腊文，深受人文主义思想影响。16岁又进入伦敦法律学校专攻法律，因成绩优异，很快转入林肯法律大学学习，毕业后成为一名优秀的律师。1504年，他年仅26岁就当选为国会议员，后来担任过财政大臣、下议院议长、大法官等职，成为英国政界的显赫人物。1532年，因反对亨利八世的离婚案被贬职。1534年，又因拒绝承认英王为英国教会的最高首脑而入狱，次年被处死。

托马斯·莫尔是一个虔诚的天主教徒，但又是一个激进的人文主义者和空想社会主义的鼻祖。1516年他用拉丁文写成的《乌托邦》（全名《关于最完美的国家制度和乌托邦新岛的既有益又有趣的全书》），是空想社会主义史上的第一部光辉杰作。莫尔在书中揭露和批判英国社会的黑暗，提出理想社会的方案：在理想社会里，没有私有制，一切公有，人人参加劳动，按需分配；社会生产分为农业和手工业，手工业以家庭为单位，农业实行义务劳动制，人们轮流下乡，从事两年农业劳动；人们每天工作6小时，其余时间从事文化娱乐、体育锻炼和科学研究；除国王外，一切公职人员均由选举产生，重大事务由集体决定；国家公职人员没有任何特权，其主要职责是调解民事、组织监督劳动和消费；乌托邦人信仰完全自由，教士不能干预世俗权力，其职责是主持礼拜、掌管宗教仪式、监督社会风尚、教育儿童和青年；儿童必须接受义务教育，教育要与生产劳动相结合。《乌托邦》揭露资本原始积累的罪恶，批判初生的资本主义关系，并第一次在理性的基础上提出消灭私有制、建立公有制和按需分配等主张，具有重大的意义，对社会主义思想的发展产生深远影响。由于时代和阶级的局限，莫尔的《乌托邦》还存在着许多缺陷，例如，还有宗教和奴隶制，甚至有终身制的国王。莫尔虽然批判了封建制度和资本主义制度的罪恶，但找不到也不可能找到实现自己理想的现实途径，他的理想只能是空想。

威廉·莎士比亚（1564—1616年）是天才的戏剧家和诗人，他同荷马、但丁、歌德一起被誉为欧洲划时代的四大作家。他出生在英国中部斯特拉福镇一个富裕市民家庭，少年时在当地有名的文法学校读书，打下了坚实的文化基础。15岁时由于家道中落，被迫辍学。1587年，因得罪一位公爵，遭官府追捕，逃到伦敦。经同乡介绍，他在一个剧团里当马夫、跑龙套，后来当过演员，甚至担任导演。大约在1588年之后，剧团要他负责改编剧本，他从此走上了创作的道路。

莎士比亚一生共撰写37部剧本、154首十四行诗、2部叙事长诗和其他诗歌。他的创作道路可分为三个时期。1590—1600年为第一时期。这是伊丽莎白女王的全盛时期，社会相对稳定，百姓生活安定，莎士比亚对人类社会的光明前途怀有很大希望。这时他以创作喜剧为主，热情歌颂生活，就连创作的悲剧也洋溢着乐观主义色彩。代表作有《威尼斯商人》和《罗密欧与朱丽叶》。1601—1607年为第二时期。这时社会发生急剧变化，王权危机日益突出，社会矛盾十分尖锐。莎士比亚转而以写悲剧为主，揭露社会黑暗，表达悲愤沉郁情绪。这时他共创作7部悲剧，其中的《哈姆雷特》《奥赛罗》《李尔王》和《麦克白》被称为"四大悲剧"。他偶尔也写喜剧，但已失去早期喜剧的乐观愉快色彩。1608—1612年为第三时期，也是莎士比亚创作的衰落时期。当时专制王权走向反动，莎士比亚陷于迷茫，希望凭借超自然的神奇力量来解决社会问题，因而主要创作一些稀奇古怪的传奇剧和神话剧，如《辛白林》《冬天的故事》和《暴风雨》等。莎士比亚的作品广泛而深刻地反映了16、17世纪英国社会的政治、经济、思想、文化和风俗习惯等各方面的现实，不但抨击了封建制度的腐朽和黑暗，而且揭露和批判了资本主义原始积累时期的种种罪恶，表达了人文主义者的思想感情和理想。他的作品在艺术上达到很高的成就，结构完整，情节生动，语言丰富精练，人物个性突出。莎士比亚的作品代表了欧洲文艺复兴文学的最高成就，对欧洲现实主义文学的发展有着深远的影响。

八、西班牙文艺复兴

西班牙文艺复兴运动始于 16 世纪初，16 世纪末进入全盛，最杰出的代表人物是塞万提斯和维加。

米盖尔·德·塞万提斯·萨阿维德拉（1547—1616 年）是伟大的现实主义作家、戏剧家和诗人。他出生在西班牙中部阿尔卡拉镇一个没落家庭，只在马德里念过中学。1569 年当他 22 岁时，他在红衣主教手下充当扈从，并随主教访问意大利，漫游罗马、威尼斯和佛罗伦萨等地，大开眼界，并深受意大利人文主义思想的影响。1570 年，他加入西班牙军队，在海军中服役，在一次战斗中负伤，失去左手。1575 年，他从意大利启程回国，途中被土耳其人掳到阿尔及利亚，在那里当了 5 年奴隶，后来被赎回。他的后半生处境悲惨，曾几次被诬入狱，最后在贫病交加中死去。

塞万提斯创作了大量的诗歌、戏剧和小说，其中以长篇讽刺小说《堂吉诃德》最著名。《堂吉诃德》（全名《奇情异想的绅士堂吉诃德·德·拉·曼却》）叙述拉·曼却地区一个名叫吉桑诺的破落小贵族，因读骑士小说入迷，失去理智，梦想当一名游侠骑士。于是，他找来一副破盔甲和生锈的长矛、盾牌，骑上匹瘦马，改名堂吉诃德，找到邻居桑丘·潘沙做侍从，出门游侠。他满脑子骑士传奇中的奇思怪想，竟把幻想当现实，闹出无数荒唐的笑话。他把风车当巨人、把旅店当城堡，以羊群为军队，奋不顾身地冲杀，以致遍体鳞伤，差些丧命，但仍执迷不悟。直至临终，才醒悟过来，大骂骑士小说荒唐，并立下遗嘱，由侄女继承家产，但就是不许她嫁给读过骑士小说的人。《堂吉诃德》描绘了 16、17 世纪西班牙社会的广阔画面，塑造了社会各阶层近 700 个人物形象，深刻揭露了西班牙社会的黑暗，抨击了贵族和教士的奢侈与专横，反映了人民群众的疾苦和愿望，同时也表达了作者反封建反正统神学，要求个性自由和个性解放的人文主义思想。小说成功地塑造了堂吉诃德和桑丘·潘沙两个不朽的艺术形象，他们已成为西方古典文学中家喻户晓的艺术典型。《堂吉诃德》是世界文学宝库中的珍品，为欧洲长篇小说的发展奠定了基础，对欧洲文学的发展产生了重大影响。

洛佩·德·维加（1562—1635 年）是伟大的戏剧家、小说家和诗人，西班牙民族戏剧的奠基人，被誉为"西班牙戏剧之父"。他出生于马德里的宫廷工匠家庭，自小就有"神童"之称，5 岁能写诗、读拉丁文，10 岁时开始创作剧本，14 岁时写出第一个剧本。后来在亲友的资助下，入阿尔卡拉—德埃纳雷斯大学学习。毕业后做过秘书、随从，参加过军队。1588 年，参加"无敌舰队"对英国的远征，失败后离开军界，先后定居瓦伦西亚和马德里。晚年为寻求精神解脱，遁入空门，出家当修士。

维加是世界上罕见的多产作家，他一生共创作了 2000 多个剧本，留传至今的有 600 多个，内容十分丰富，有宗教剧、历史剧、神话剧、袍剑剧、牧歌剧等多种形式，深刻反映了西班牙的社会现实，揭露了封建制度的黑暗腐朽，表达了人民的疾苦，深受广大群众的喜爱。他最杰出的代表作是《羊泉村》，根据 1476 年羊泉村农民起义的历史事件编写而成。剧本描述驻扎在羊泉村的骑士队长无恶不作，被群众处死的历史故事，揭露封建主阶级的专横，颂扬人民团结战斗的精神和不畏强暴的英雄气概，讴歌人民不屈不挠的正义斗争，大声疾呼铲除强暴是人民的权利，一直激励着西班牙人民争取自由的斗争。作品也流露出浓厚的忠君思想，说明作者的世界观还深受封建思想道德的束缚。

九、尼德兰文艺复兴

15 世纪中叶至 17 世纪，尼德兰发生文艺复兴运动，最著名的代表人物是勃鲁盖尔。

彼得·勃鲁盖尔（约 1525—1569 年）是伟大的爱国主义者和农民画家。他出生在尼德兰勃鲁盖尔村的农民家庭，早年师从彼得·科克和赫罗尼姆斯·考克学画，获益匪浅。1551 年，他学习期满，成为安特卫普画家行会会员，同年外出进行修业旅行，先后到过法国和意大利，一路饱览各种自然景观和风土人情，创作大量风景画。回国后不久迁居布鲁塞尔，开始独立创作，直至病逝。

勃鲁盖尔的艺术创作以塑造农民形象、反映农民生活为主。他的画风朴实，构图无拘无束，塑造的农民形象极其憨厚质朴，具有浓郁的泥土气息。他满怀激情地描写农民、平民的劳动和斗争，这在文艺复兴时代是极其难得的。他的《农民的舞蹈》和《农民的婚礼》是尼德兰农村社会的真实写照。《农民的舞蹈》描绘一群节日狂欢的农民尽情地舞蹈，虽然他们的服饰、举止和表情都令人忍俊不禁，却十分自然和真实。《农民的婚礼》描绘农村婚礼的场面，那里摆着丰富的筵宴，喧闹的人们正埋头大吃大喝。画面上破旧的房舍、粗糙的服饰、简陋的长凳以及人们贪婪的吃相等，形象地反映出生活在社会最底层的农民的真实生活。虽然这两幅画描绘的都是农民的欢乐场面，但画面上却看不到农民脸上有丝毫轻松的笑容，从侧面揭示了尼德兰农民的痛苦遭遇。他的《疯女格里特》《伯利恒的婴儿虐杀》和《施洗者约翰布道》，揭露西班牙对尼德兰的残暴统治，讴歌尼德兰人民在加尔文派领导下的英勇斗争，是尼德兰民族文化的珍品和骄傲。

第三节　中古后期的自然科学和新哲学

一、近代自然科学的兴起

从 15 世纪末起，近代自然科学开始产生。近代自然科学的兴起，既是文艺复兴运动的一项重大成就，也是文艺复兴运动的重要内容，它是科学技术史上一场重大的革命。

近代自然科学的产生，首先是社会生产长期发展的结果。恩格斯指出："如果说，在中世纪的黑夜之后，科学以意想不到的力量一下子重新兴起，并且以神奇的速度生长起来，那么，我们要再次把这个奇迹归功于生产。"[①]中古后期，欧洲各国的劳动人民在长期的生产实践中，积累了丰富的生产经验，不断改进工具和生产技术。资本主义手工工场的发展，扩大了生产规模，提高了生产率，推动了技术的进步与革新。新技术、新发明的不断出现，为科学的发展提供大量的素材；同时，它们在生产上的运用，又带来一些实际问题，需要加以理论上的说明，这就直接推动了近代自然科学的产生。航海事业的发展和新航路的开辟，大大丰富了人们在航海、天文、地理、气象、人类学和动植物学等领域的知识，不仅为自然科学的研究提供了丰富的实际材料，而且也为自然科学的研究提出了许多新课题。环球航行的成功证明地圆学说是正确的，从而促进了新宇宙观的形成，推动人们直接观察和研究大自然。人文主义者对天主教会和神学的攻击，提倡理性和科学，冲破神学的长期禁锢，为自然科学的发展开辟了道路。许多优秀的自然科学家，为坚持科学和真理，敢于向神学挑战，同神学决裂，在自然科学的研究上取得了突破性的进展和重大成果。

正如恩格斯所说，近代自然科学，"同古代人的天才的自然哲学的直觉

---

① 恩格斯：《自然辩证法》，见《马克思恩格斯选集》，2 版，第 4 卷，280 页，北京，人民出版社，1995。

相反，同阿拉伯人的非常重要的、但是零散的并且大部分已经毫无结果地消失了的发现相反，它唯一地达到了科学的、系统的和全面的发展"①。

二、天文学革命

近代自然科学的兴起是从天文学革命开始的。哥白尼的"日心说"，是天文学革命的开始，也是自然科学摆脱神学控制而独立发展的标志。

尼古拉·哥白尼（1473—1543 年）是波兰伟大的天文学家。他根据数十年对日月星辰的观察，吸收前人的研究成果，写成《天体运行论》一书，创立"太阳中心说"（"日心说"）。他认为，地球不是宇宙的中心，而是月亮轨道的中心；一切行星包括地球都以太阳为中心，并围绕太阳公转，地球又以地轴为中心自转。他以大量的事实，推翻了统治欧洲一千多年的"地心说"。"地心说"是公元 2 世纪古希腊天文学家托勒密创立的。它认为地球是一个静止的球体，处在宇宙的中心，日月星辰环绕地球运转。后来，天主教会把它与"上帝创世说"融为一体，鼓吹地球是上帝创造的，是宇宙的中心，而教皇是地球的中心，以维护封建统治。"太阳中心说"否定了"地心说"，动摇了天主教会的神权统治，使天文学从神学的束缚下解放出来。恩格斯指出："自然研究用来宣布其独立并且好像是重演了路德焚烧教谕行为的一个革命行动，便是哥白尼那本不朽著作的出版，他用这本书（虽然是怯懦地而且可说是只在临终时）来向自然事物方面的教会权威挑战。从此自然研究便开始从神学中解放出来……科学的发展从此便大踏步地前进……"② 哥白尼的学说引起天主教会的极端恐惧。1616 年，罗马教皇宣布《天体运行论》为禁书，并残酷迫害支持哥白尼学说的进步学者。但真理是扼杀不了的，哥白尼的学说仍继续流传并不断发展完善。在这方面做出突出贡献的是布鲁诺、伽利略和开普勒。

乔尔丹诺·布鲁诺（1548—1600 年）是意大利著名的天文学家和哲学家。他继承和发展了哥白尼的学说，提出新的宇宙理论。他认为，宇宙无论在空间上还是在时间上都是无限的，无边无际，也没有固定的中心；地

---

① 恩格斯：《自然辩证法·导言》，见《马克思恩格斯选集》，2 版，第 4 卷，260 页，北京，人民出版社，1995。

② 恩格斯：《自然辩证法·导言》，见《马克思恩格斯选集》，2 版，第 4 卷，263 页，北京，人民出版社，1995。

球不是宇宙的中心，而是环绕太阳运转的一颗行星，不过是宇宙中一粒微小的尘埃；太阳也不是宇宙的中心，只是一个星系的中心，太阳系之外还有无数个庞大的行星系。宇宙不会有开始，也不会有终结；宇宙中有无数的世界在产生和消灭，但宇宙本身却永恒存在，不生不灭，不增不减。宇宙还是统一的，统一的基础是物质，宇宙中所有星球都是由同一物质构成的。布鲁诺的天才论述，纠正了哥白尼日心说的缺陷，从而发展了哥白尼的学说，推动了天文学向前发展。布鲁诺的理论在哲学史上也有深远意义：它否定神的存在，证明宇宙是一个统一的物质世界，宇宙万物都处在普遍联系和不断运动变化之中，从而发展了古代朴素的唯物论和辩证法。布鲁诺的新宇宙观遭到教会的极端仇视，教会极端卑劣地对他进行迫害，1600年，他在被宗教裁判所囚禁 8 年以后被判处火刑，在罗马的鲜花广场被活活烧死，为捍卫科学真理献出了生命。

伽利略·伽利莱（1564—1642）是意大利伟大的天文学家、物理学家和力学家。他最先使用自制望远镜观察天体，从而揭开了天体中的许多奥秘，发现了一系列重要的天文现象，如月球表面凹凸不平，有高山和深谷；金星也和月球一样有盈亏现象；木星有 4 个运动着的卫星；太阳有黑子；太阳能自转，自转周期为 28 天；银河系由无数单个的恒星组成等。这些发现为哥白尼的学说提供了有力的证据。他还根据自己对天体运动的长期观测，写成《关于两大世界体系的对话》一书（又称《关于托勒密和哥白尼两大世界体系的对话》），进一步论证哥白尼学说的科学性，批判地心说的荒谬，从而从根本上动摇了天主教的神权统治，推动了天文学和唯物论思想的发展。

约翰·开普勒（1571—1630 年）是德国杰出的天文学家和数学家。他通过对天体的长期观测和研究，提出了行星运动的三大规律，即：行星沿椭圆形轨道绕太阳运转，太阳位于椭圆形轨道的一个焦点上；在相等的时间内，行星到太阳中心连接线所扫过的面积相等；行星绕太阳一周的时间平方与行星到太阳平均距离的立方成正比。开普勒的行星运动三大规律，大大丰富和发展了哥白尼的日心说，从数学和物理学角度证明哥白尼学说的正确性，从而使它更加接近真理。他还揭示了行星运转速度与轨道的相互关系，为后来牛顿发现万有引力定律打下基础，因而被誉为"天体力学的奠基人"。

三、唯物主义新哲学

随着自然科学的发展，新的唯物主义哲学也发展起来。当时自然科学还处在搜集整理材料、进行分门别类的研究阶段，普遍流行形而上学的思维方法，这不能不影响到新哲学，使它带有机械的、形而上学的特点。新哲学的主要代表人物有英国的弗朗西斯·培根、法国的笛卡尔和荷兰的斯宾诺莎。

弗朗西斯·培根（1561—1626年）是近代第一个唯物论哲学家，马克思称他为"英国唯物主义和整个现代实验科学的真正始祖"①。他著有《学术的进展》《新工具》和《论科学的价值与发展》等。培根继承和发展了古代原子论的唯物主义思想，认为世界是客观的、物质的，是由分子组成的，它不依人的意志独立存在，并按自己的规律运动着。他认为，自然界是可以认识的，人们应当客观地研究自然界，发现自然界的固有规律，以便征服自然，为人类谋福利。他提出"知识就是力量"的著名口号。培根非常重视感觉经验和归纳逻辑在认识过程中的作用，认为科学的任务就是占有大量感性材料，然后运用理性的归纳方法加以处理，从而得出公理与结论。他的实验和归纳方法为欧洲近代哲学和自然科学的发展开辟了道路，在哲学史上具有重要意义。由于时代和阶级的局限，培根的唯物论很不彻底，还是朴素的和形而上学的，甚至承认神的存在，主张"二重真理"。

勒内·笛卡尔（1596—1650年）是法国著名的哲学家、数学家和物理学家，著有《方法论》《形而上学的沉思》和《哲学原理》等。笛卡尔对一切事物采取怀疑态度，主张用"怀疑"的方法审查过去的一切，扫除传统偏见，以便重新认识世界。笛卡尔是唯理论的创始人之一。他认为，理性是知识的源泉，是检验真理的唯一标准；只有从正确的公理出发，通过理性演绎推理，才能建立系统的理论认识大厦。笛卡尔的理性主义打击了经院哲学，对推动数学和演绎逻辑学的发展有积极作用。但他否认理性认识依赖于感性认识，贬低感性认识，不可避免地陷入唯心主义唯理论的泥淖，认为理性认识来源于"天赋观念"。笛卡尔提出"二元论"哲学观点。他认为，世界万物的本原有两个，即物质和心灵；物质的根本属性是广延性

---

① 马克思、恩格斯：《神圣家族》，见《马克思恩格斯全集》，1版，第2卷，163页，北京，人民出版社，1957。

（即占有空间），心灵的根本属性是思维，二者互不依赖，独立存在，两者皆受上帝支配。他从二元论出发，建立自己的哲学体系，把哲学划分为"形而上学"和"物理学"两部分。他在"形而上学"中论证心灵与上帝，在"物理学"中则完全摒弃心灵与上帝，只把物质当作唯一实体，认为物质是认识和存在的唯一根据。笛卡尔在"物理学"中阐发的唯物主义思想，对后来法国机械唯物主义有直接影响，恩格斯称之为"真正的法国自然科学的财产"①。笛卡尔的二元论哲学思想在哲学史上产生了不同的影响，其唯心主义观点被法国神学家发展为僧侣主义，而唯物主义观点则为 18 世纪百科全书派奠定了基础。

　　巴鲁赫·斯宾诺莎（1632—1677 年）是荷兰伟大的唯物主义哲学家和无神论者，主要著作有《神学政治学论》《伦理学》和《知性改进论》等。他继承和发展了布鲁诺的自然哲学和笛卡尔的新哲学，提出"实体"概念和"自因说"。他认为，宇宙间只有一个实体，在空间和时间上都是无限的，这就是自然界。实体的存在完全由于自身的原因，对实体的认识也只能通过其自身才能得到。这种唯物主义观点包含着深刻的辩证法，否定了上帝创造世界的神学唯心主义。斯宾诺莎否定笛卡尔的二元论，认为"心"与"物"是实体的两个属性，而不是两个独立的实体。斯宾诺莎称自然界的种种具体事物是"样式"，认为样式存在于实体之中，实体与样式之间的关系为本质与现象、一般与个别、整体与局部、原因与结果、无限与有限的关系。这是他哲学中的辩证因素。他还认为，人是实体的"样式"，必须服从实体的必然性；只要认识实体的必然性，并顺其行事，就能获得自由。斯宾诺莎的认识论，肯定世界的可知性和人的认识能力，但他不了解主观能动性与客观规律性的关系，因而他的自由观是消极的。此外，他的认识论与笛卡尔的一样，只强调理性在认识中的作用，否定感性认识。斯宾诺莎的哲学思想对近代欧洲哲学产生了重大影响，费尔巴哈继承和发展了他的唯物主义观点，而黑格尔则吸取了他的辩证法思想。

---

　　①　马克思、恩格斯：《神圣家族》，见《马克思恩格斯全集》，1 版，第 2 卷，160页，北京，人民出版社，1957。

复习思考题

1. 试述经院哲学的主要内容及特点。
2. 试述文艺复兴的进步性与局限性。
3. 怎样评价人文主义？

第九章　宗教改革与德国农民战争

第一节　德国宗教改革与农民战争

一、马克思和恩格斯的研究

革命导师马克思和恩格斯，十分重视对 16 世纪德国宗教改革和农民战争的研究，认为这是有关德国革命与农民关系的重大问题。

早在 19 世纪 40 年代初，刚刚转变成马克思主义者的马克思和恩格斯就很注意这个问题。1843 年年底，马克思指出，"现在的革命"是"从哲学家的头脑开始"的，"正像当时的革命是从僧侣的头脑开始一样"；他还指出，农民战争是"德国历史上最彻底的事件"。[①] 恩格斯也对路德和闵采尔做出了很高的评价。[②]

1848 年的欧洲革命失败以后，马克思和恩格斯认为失败的原因之一是没有把农民吸引到工人阶级这方面来，从而提出了工农联盟的思想。1850 年夏，恩格斯在伦敦写成著名的《德国农民战争》一书，用历史唯物主义阐明农民战争的背景，各党派的立场和政治宗教理论、起义经过以及战争的后果，同时指出农民中蕴藏着无穷的革命精神，但由于阶级的局限，只有与其他等级联盟才有胜利的机会。所以，《德国农民战争》是第一次用唯物主义史观研究 16 世纪德国革命和阐述工农联盟思想的光辉著作，在马克思主义发展史和 16 世纪德国革命史的研究上具有划时代的意义。《德国农民

---

① 马克思：《黑格尔法哲学批判导言》，见《马克思恩格斯全集》，1 版，第 1 卷，461 页，北京，人民出版社，1956。

② 恩格斯：《大陆上社会改革运动的进展》，见《马克思恩格斯全集》，1 版，第 1 卷，584～585 页，北京，人民出版社，1956。

战争》一书也有不足之处，主要是"这部著作并不奢望提供独立研讨过的材料"，许多材料是从戚美尔曼的《伟大的德国农民战争》书里借用来的。① 材料有限也会影响到研究本身，这可能就是恩格斯后来一再表示要修改这部书的重要原因。

19世纪七八十年代，恩格斯又用很大精力研究德国史和农民问题，先后写出几个重要的手稿和通信。《关于德国的札记》是恩格斯研究德国史的新概括，也是《德国农民战争》一书的补充和发展。1884年年底，恩格斯为准备修改《德国农民战争》写了两篇文章，即《论封建制度的瓦解和民族国家的产生》和《关于"农民战争"》。前者是导言，后者可能是提纲。在《关于"农民战争"》中，恩格斯明确指出：路德的宗教改革和农民战争是"第一号资产阶级革命"，并且指出"在经济方面，德国完全处于当时各国的水平上"。② 它们与《关于德国的札记》一样，对于研究16世纪德国革命有非常重要的意义。1889年，恩格斯指出："德国在1470—1530年在经济方面处于欧洲的首位。"③

19世纪90年代，年事已高的恩格斯仍然很重视研究16世纪德国革命，并念念不忘修改《德国农民战争》。1892年4月，他明确指出：德国的宗教改革是欧洲"资产阶级反对封建制度的"第一次"大决战"；在路德的反教会的号召下，发生了两次政治性的起义，即骑士暴动和伟大的农民战争，但"这两次都失败了，主要是由于最有利害关系的集团即城市市民不坚决"；从此，"德国在200年中被排除于欧洲在政治上起积极作用的民族之列"。④

1895年8月，恩格斯在伦敦与世长辞了。遗憾的是，他多次表示的修改《德国农民战争》的愿望没有实现。然而，他在许多文章、通信和草稿中表达的光辉思想，将和《德国农民战争》一起，指导我们更深入地研究德国宗教改革与农民战争。

---

① 恩格斯：《〈德国农民战争〉序言·1870年第二版序言》，见《马克思恩格斯选集》，2版，第2卷，622页，北京，人民出版社，1995。参见［德］威廉·戚美尔曼：《伟大的德国农民战争》，北京，商务印书馆，1982。
② 恩格斯：《关于"农民战争"》，见《马克思恩格斯全集》，1版，第21卷，459、460页，北京，人民出版社，1965。
③ 恩格斯：《致卡·考茨基（1889年9月15日）》，见《马克思恩格斯全集》，1版，第37卷，267页，北京，人民出版社，1971。
④ 恩格斯：《社会主义从空想到科学的发展·1892年英文版导言》，见《马克思恩格斯选集》，2版，第3卷，706页，北京，人民出版社，1995。

二、阶级关系与阶级矛盾

15 世纪末和 16 世纪初，德国虽然仍是封建经济占支配地位，但工业、农业和商业进步很快，有些部门达到甚至超过当时西欧先进国家的水平。随着生产力的提高和商品货币经济的发展，开始出现资本主义生产，产生了最初的资产阶级。在政治上，没有形成集中统一的中央政权，分裂割据局面依然如故。皇帝马克西米连一世实行帝国改革和强化中央集权的努力，由于遭到诸侯的顽强抵制，最后以失败告终。政治上的分裂割据，以及皇帝、诸侯、骑士和城市之间经常的冲突和战争，严重地影响了经济的发展。上述情况，在第三章第二节和第七章第二节已有详细的阐述。因此，16 世纪德国资产阶级革命的基本任务是结束分裂割据局面、统一国家，从而为资本主义的经济发展扫清障碍。

在这样的经济和政治条件下，德国宗教改革前夕的阶级关系和阶级矛盾显得异常尖锐和复杂。

在封建统治阶级中，诸侯是最有实力的阶层。诸侯，特别是选侯，在自己的领地内享有收税、铸币、矿山开采、地产买卖和审判权，并且拥有常备军，可以自行宣战、媾和。他们对中央要求分权，对下则实行集权，迫使骑士和城市服从其统治，实际上享有独立国家君主的权力，是德国分裂割据的祸首，也是革命的对象。诸侯由于生活奢侈、宫廷耗费、常备军和政府的巨大支出，迫切需要金钱，于是千方百计地增加赋税和残酷剥削农民。德国的中等贵族几乎绝迹，不是上升为小诸侯，就是下降为骑士。德国的骑士，即低级贵族，与德国的皇权一样日趋没落，大部分靠为诸侯服务维持生活。军事技术的发展、步兵作用的增大、火药武器的改善，使骑士在军事上渐渐变成多余的阶层。骑士生活奢侈，入不敷出，于是拦路抢劫，或巧立名目榨干农民的血汗。一小部分直属帝国的骑士，即帝国骑士，由于其命运与帝国的强弱休戚与共，比较富有民族意识。他们不满诸侯的专权，嫉妒教会的富有，要求驱逐罗马教会势力，结束诸侯的割据，建立强有力的中央集权，统一国家。骑士的这种主张是积极的，正是 16 世纪德国革命所要解决的历史任务。然而，骑士主张实行过时的贵族民主制，要求提高骑士地位和保存农奴制度，这些要求又是落后的甚至是反动的。

骑士往往洗劫城市，抢掠商旅，不断与城市发生纠纷。[①] 这样，骑士的主张既得不到农民的支持，也不可能得到市民的赞同。骑士只能自己孤军奋战，到头来他们本身也无力把它付诸实施。

僧侣分成两个极不相同的集团。僧侣上层组成贵族集团，包括主教、大主教、修道院长及其他高级僧侣。他们是大地主，有的同时也是诸侯。他们除了像贵族和诸侯一样用政治经济手段压迫和剥削人民外，还利用宗教迷信压榨人民，如驱逐出教、朝拜圣徒圣物和贩卖赎罪券等；除剥削一般的地租贡赋外，还抽取什一税。他们奢侈腐朽的生活与满口的仁义道德形成鲜明的对照，因而是德国各阶级和阶层强烈痛恨的对象。僧侣下层组成平民集团，包括城乡传道士。他们收入微薄，生活困苦，不能分享教会的特权和财产，而与下层群众接触多，许多人还是平民、农民出身，得到群众的同情。许多传道士为农民、平民讲话，参加他们的反封建斗争，有的甚至成为农民运动的宣传家和领袖，为他们的革命事业献出了生命。

城市内的阶级关系有很大变化。城市贵族是城市的名门望族和最富有的人家，包括大商人、高利贷者和房产主。他们把持城市政权，控制城市收入，使城市公社的权利不起作用，用各种方法剥削城市劳动人民和属于城市的农民。一旦发生人民起义，他们总是站在诸侯一边，共同镇压起义。市民阶级人数较多，包括富裕的手工业者、商人和新兴的手工工场主，并且正在向资产阶级转化，是体现生产和社会政治制度进一步发展的阶级。然而，德国的市民阶级还不够成熟，多数只关心地方利益，强烈反对高级僧侣，要求惩处高级僧侣的放荡行为、废止其审判权和免税权；只有少数激进分子要求成立"廉俭教会"，实行中央集权和国家的统一。马丁·路德的宗教改革唤醒了德国，把市民阶级的地方性反封建斗争推进到民族的规模，并在德国农民战争中进一步提出市民统一国家的明确纲领。正如恩格斯所说："正如在西欧其他国家一样，从 15 世纪起，中间阶级的社会和政治

---

① 曾任农民军指挥官的骑士圭茨·冯·伯利辛根，曾生动地叙述他与纽伦堡的紧张关系。他经常袭击纽伦堡的商人。有一次，一个商人第三次被俘。商人划个十字说，我原想即使天塌下来，你今天也抓不到我，因为几天前大家还议论你可能在另一个地方抢劫货物，我很奇怪你能如此迅速赶到这里来。伯利辛根也很奇怪，他的行踪如此迅速地传到纽伦堡。见北京师范大学历史系世界古代史教研室：《世界古代及中古史资料选集》，540～542 页，北京，北京师范大学出版社，1999。

作用增长起来了。"① 因为在德国，城市平民的成分复杂，有破产的师傅和帮工，也有日工、奴仆和无业的流浪者。他们没有财产，没有任何特权，是不属于任何公认等级的下层民众，也是封建行会的没落成分和未发展起来的无产阶级成分的混合物。他们还没有形成独立的政治力量，农民战争爆发前往往追随市民反对派，为几桶葡萄酒就供人驱使，农民战争爆发以后他们积极支持或参加农民战争。在闵采尔直接影响的图林根，平民集团中萌芽的无产阶级成分暂居上风，形成整个农民战争的顶点，但只是昙花一现，很快就失败了。

农民是人数最多和受苦最深的阶级。诸侯、官吏、贵族、高级僧侣、城市贵族和市民等，整个社会（除平民外）的金字塔都压在农民的头上。本来 13、14 世纪，德国的农奴制度几乎全部消失，农民事实上成了只缴纳货币地租的自由人。但从 15 世纪起，羡慕城市贵族豪华生活的西南德意志封建主，开始了对农民新的压迫。他们除向农民勒索货币地租和名目繁多的苛捐杂税外，还竭力增加徭役，力图将自由农重新变为依附农，将依附农变成农奴，把公有的马尔克土地变成自己的土地。封建主可以任意蹂躏农民及其妻女，施以种种酷刑，如割耳、割鼻、挖眼、斩首、车裂、火焚、四马分尸等。告状是没有用的，法庭上坐的都是贵族、僧侣的人，他们深知拿了钱就该办什么事。15 世纪时，德国流行一首名叫《魔网》的民歌，形象地描述了农民的这种惨状：

上帝高居九重天，可怜农民苦无边。
若非地主剥净皮，苦干许能混人间。
耕田、播种、收割忙，惊看来了地方官。
宣布老爷一道令，一切工作扔一边。
立即套马上堡寨，那里有活要你干，
运柴运草运粪便，一车接着一车装。
农活未停犁在田，这和老爷何相干？
农民如果有怨言，皮鞭猛抽脊骨断。②

---

① 恩格斯：《德国的革命和反革命》，见《马克思恩格斯全集》，2 版，第 11 卷，51 页，北京，人民出版社，1995。

② ［苏］普里舍夫：《十五至十七世纪德国文学概论》，俄文版，147 页，莫斯科，1955。

在错综复杂的阶级矛盾中，教会封建主首先是大家痛恨的对象。罗马天主教会是最有势力的大地主，是西欧封建制度的国际中心，又给封建制度绕上一圈神圣的灵光，是封建统治的精神支柱。在这种情况下，"对宗教的批判是其他一切批判的前提"①。一切反封建的革命斗争，总是首先把斗争的矛头指向天主教会，以剥去它那神圣的外衣。德国的特殊之处是：由于政治分裂，罗马天主教会的势力特别大，经济上的搜刮花样翻新，每年从德国劫走大量财富。人称德国是"教皇的奶牛"。马克思说："宗教改革以前，官方德国是罗马最忠顺的奴隶。"② 在德国，反对罗马天主教会的斗争激发了民族意识，连诸侯也在一定程度上卷入反罗马的斗争中来，使革命时机较早成熟，终于爆发了资产阶级反对封建制度的第一次大决战，即马丁·路德领导的宗教改革和 1524—1525 年的伟大的农民战争。

农民是这次德国资产阶级革命的主力军，他们肩负着阶级的和民族的使命，英勇奋战，为德国和西欧历史谱写了光辉的新篇章。15 世纪末以后，德国的农民起义就此起彼伏。1476 年，法兰克尼亚数万农民在吹鼓手汉斯·贝海姆领导下准备起义，不幸事泄。1493 年，阿尔萨斯出现农民平民的秘密革命组织"鞋会"。"鞋会"成员的旗帜上画有一只农民穿的鞋，有一根长长的皮带。1502 年，天灾歉收，饿殍遍野。斯拜伊尔主教辖区的 7000 农民宣誓加入"鞋会"，并提出有重大意义的要求，即不向诸侯、贵族、僧侣缴纳各种租税，没收教产分给人民，除罗马皇帝外不承认任何其他君主。只承认皇帝的权力，那就必须消灭诸侯割据、统一国家。这是德国农民第一次提出消灭诸侯割据、建立以皇帝为首的德意志君主国的要求。农民以为统一后的德国应当消灭封建剥削，幻想皇帝能够保护农民的利益。可是，皇帝马克西米连一世却残酷迫害参加"鞋会"的农民。参加者本人处死，首领四马分尸，财产没收。尽管如此，农民的上述要求还是一再被提出，直到闵采尔把它变成没收教产、实行财产公有和普通人掌权的共和国。1503 年春，在士瓦本的雷姆斯河谷出现另一个农民平民的秘密组织"穷康拉德"。这个组织的旗帜上画着一个跪在耶稣面前的农民，四周写有

---

① 马克思：《黑格尔法哲学批判导言》，见《马克思恩格斯全集》，1 版，第 1 卷，452 页，北京，人民出版社，1956。

② 马克思：《黑格尔法哲学批判导言》，见《马克思恩格斯全集》，1 版，第 1 卷，461～462 页，北京，人民出版社，1956。

"穷康拉德"字样，其成员除本地农民外还有逃散的"鞋会"成员。1513年、1514年，"鞋会"和"穷康拉德"在巴登、符腾堡密谋发动新的起义，但被诸侯的联军镇压。跟以往农民起义不同的是，15世纪末以来的德国农民起义提出了很多不再囿于"古法"（即习惯法）范畴的要求，开始寻求"上帝的公道"，体现出"神法"意识。经过宗教改革家的大力阐发，"神法"终于成为德国农民战争的光辉旗帜。当农民的密谋一再失败的时候，马丁·路德在维滕堡发出震撼整个帝国的号召，一场轰轰烈烈的大革命终于像火山一样爆发了。

三、马丁·路德和宗教改革的开始

市民阶级宗教改革的最先发难者是马丁·路德（1483—1546年）。路德生于萨克森的艾斯莱本。他说自己是一个农民的儿子，其实并非完全如此。当他20多岁的时候，他的父亲已是一个资本家了。1501年4月，路德遵父命进入爱尔福特大学学习，准备攻读法律。这是德国最著名的一所大学，唯名论和人文主义思想十分活跃，还不时有人宣传胡斯的思想，这对路德的影响很大。1505年7月，他没有与父亲商量就加入奥古斯丁修会①，很快成为一名神甫。路德是一个虔诚的神甫，天天虔诚地念主祷文，求马利亚和圣安娜②保佑，履行圣礼，跪拜圣物，实行斋戒和鞭笞自己，有一次竟倒在地上失去知觉。1508年，路德被修会派往维滕堡修道院工作，并在与修会关系十分密切的维滕堡大学讲授哲学。一年后，他对僧侣的修道生活感到失望，觉得那一套"毫无裨益"，他"是世界上最痛苦的人，日日夜夜只有悲痛和失望"。1510年10月，路德因公去罗马，亲眼看到罗马教廷的腐败，决心从事改革。1512年10月，路德升任神学博士，并兼维滕堡大学神学教授，后又任图林根和迈森教区的副主教。他在讲授《圣经》的过程中，至迟到1515年年底，已从保罗的"因信称义说"中得出"唯信称义"思想，

①　奥古斯丁修会又译"奥斯定会"，系根据北非希波城主教奥古斯丁制定的会规成立的一个隐修会，后成为托钵修会。
②　据说圣安娜是圣母马利亚的母亲。在当时人的思想里，耶稣是一位严厉的审判官，而慈悲的圣母和其母亲可代为向耶稣求情。

基本完成了向新教观点的转变。① 路德讲的"信"不仅是一种认识形式，如相信上帝讲的一切都是正确的，而是指完全而充分地信赖上帝，自信能与上帝交往，不再需要中间人了。这样一来，以教皇为首的教阶制和复杂的圣礼一下子变成了毫无用处的废物，并且人与上帝之间不再是执法官与罪人的关系，而是拯救与被救的关系。路德把刚刚问世的资产阶级人道主义运用到宗教上，发展了市民阶级建立廉俭教会的要求，为宗教改革运动奠定了理论基础。

1517 年 10 月，教皇利奥十世派特使去德国兜售"赎罪券"，说只要购买赎罪券的钱币一敲响钱柜，罪人的灵魂就立刻从炼狱跳上天堂。② 这种敲诈勒索的伎俩，使本来已十分痛恨罗马教廷的德国人终于怒吼起来了。1517 年 10 月 31 日中午，路德把他的《关于赎罪券效能的辩论》（即《九十五条论纲》）贴在维滕堡万圣教堂的大门上，要求公开辩论赎罪券问题，同时把论纲送给美因茨大主教和勃兰登堡、梅泽堡等地的主教。他大胆地指出：当金钱投入钱柜叮当作响时，增加的只是贪婪爱财的欲望，所以出卖赎罪券是"欺骗""捏造"，"宣传的不是基督教的道理"。路德接着说：信徒得救一不靠教皇，二不靠圣礼，也不靠什么功库，只有靠终生"悔改"（即信仰上帝，与上帝直接交往）才是唯一的正道。人们一眼就能看出，这与天主教的传统说法截然相反，是对教皇和天主教会的沉重打击，极大地解放了人们的思想。《九十五条论纲》没有公开反对教皇，佯装教皇不知道发售赎罪券一事，甚至承认如果自愿购买赎罪券还是有用的。论纲不谈社会政治问题，更是重大缺陷。然而，在德国人民普遍不满的情况下，论纲像火花落入火药桶里那样立刻点燃起燎原大火。整个德意志民族都卷入运动里来了。农民和平民把路德的反教会号召看成是起义的信号，认为与一切压迫者算账的时候到了。农民起义连年不断。市民和骑士希望打破罗马

---

① 在基督教诞生的初期，受犹太教影响很深。犹太教认为上帝只降恩于犹太人，据说只有犹太人是上帝的选民。保罗提出：人称义与否不在于是不是犹太人，而在于是否信仰上帝。这就是基督教的"信仰得救论"，或译"因信称义"。路德主张人只有靠信仰才能得救，不能靠善功、圣礼和神职人员，故称"唯信称义"（Justification by Faith Alone，Sola Fide），或狭义的"因信称义"。

② 罗马教皇宣称：人死后灵魂洁白无瑕者升天堂，生前犯大罪者下地狱（永罚），犯小罪者应到炼狱（涤罪所）里接受暂罚，净炼后才能升天堂；基督、圣母和圣徒的功德无量，用不完剩下的归入功库里（Treasury of Merits，亦译"宝藏"），教皇、主教有权从中取出免除世人罪罚。14 世纪起，教皇公开发行赎罪券，进行搜刮。

教会的统治，结束诸侯的分裂割据，统一国家。一部分诸侯想没收教产、从中渔利。此时此地的马丁·路德是在人民支持下站在时代前列同敌人战斗的巨人，是德国各反对派大团结的核心和代表。《九十五条论纲》实际上是大家的共同纲领。出乎路德的意料，用拉丁文写的论纲竟被译成人人都懂的德文。人们争相传抄，论纲两星期内传遍德国，四星期内飞传基督教世界，好像是天使在传送一样。斯特拉斯堡市民激动得把《九十五条论纲》贴在每座教堂和每户人家的大门上，以资庆祝。

随着论纲的广泛传播和深入人心，罗马教廷的忧虑与日俱增。御用文人出来反驳了，叫嚷路德是异端，要烧死他。路德对攻击做了回答，并于1518 年 5 月上书教皇表示不能承认错误。接着，教皇传路德来罗马受审，交替使用软硬两种手段强迫路德承认错误。1519 年 1 月，路德再次写信给教皇，表示"决不能有承认错误的闪念"。1519 年 6 月底到 7 月中旬，教皇代表同路德及其支持者在莱比锡举行辩论会，企图引诱路德上当，承认自己是异端分子。这次辩论使以赎罪券为突破口的争论，深入教皇权这个核心问题上来。路德第一次公开说罗马教皇权是人为的或帝王任命的，不是神授的，不是教皇而是耶稣奠定了教会的基础，人们不服从教皇仍然是好基督教徒。他还不怕孤立，大义凛然地公开为胡斯翻案，说宗教会议和教皇并非一贯正确，也会犯错误，而被视为异端的人则可能手里掌握着真理，把被颠倒了的历史重新颠倒过来。从此，路德被称为"萨克森的胡斯"。这两个问题事关重大，为与教皇分手做好了舆论准备。路德的英勇斗争受到人民群众的热烈欢迎。人们热情地称赞他是"天使的化身""基督教世界之花"和"神学家中的凤凰"。路德著作的销售量猛增，他的思想家喻户晓。

四、五篇宗教改革名著

1520 年是路德著述最多的一年。他发表了《论善功》《罗马教皇权》《致德意志基督教贵族公开书》《教会被囚于巴比伦》和《基督徒的自由》5 篇名著，用火一般的革命热情和犀利的笔锋，痛斥教皇制和罗马教会，无拘无束地阐述自己的主张。

1520 年上半年，路德曾设想用暴力反抗罗马教廷。2 月，他在给朋友信里说：不能"想象福音事业能够没有骚乱、攻击和暴动而前进。你不能总是把剑铸成笔，也不能总是化干戈为玉帛。上帝之道就是一把剑，就是战争、破坏、攻击、毁灭和毒药"①。5 月，他号召人们"运用百般武器"讨伐教皇、红衣主教等"罗马罪恶城的蛇蝎之群，并且用他们的血来洗我们的手"。这话说得多好啊！可惜好景不长，到 6 月初他就改弦易辙，把刚讲过的话忘得一干二净。

1520 年 5 月，路德出版了《论善功》。他说善功是根据信产生的行动，没有信就没有善功，从而在这个根本问题上与天主教划清了界限。他认为，不能认为善功只是祈祷、斋戒、施舍，经商、交往、吃喝、睡觉、喝酒、头上擦油、与爱妻度日也都是善功。寥寥数笔，勾画出一幅适合资产阶级利益的新宗教的轮廓。路德还要求减少宗教节日、增加劳动时间，反映了原始积累时期资产阶级的普遍要求。

1520 年 6 月，路德出版《罗马教皇权》。他首先指出：罗马教皇权不是神授的，是人为的；它坏事做尽，却从来没干一点好事；反对它不仅不是异端分子，而且是好基督教徒。他接着说：罗马教皇、红衣主教、教堂都与教会没有必然联系，是否是真正的教会关键在有无真正的信仰，而这个教会的头只能是基督。这些思想对反对教皇权有重大意义。他最后号召诸侯和贵族把罗马来的恶棍驱逐出境，实际上发出了讨伐罗马教廷的战斗檄文。

8 月，路德发表名著《致德意志基督教贵族公开书》。这是路德的政治纲领，是德意志的独立宣言。他大声疾呼："让他（教皇）免除那难堪的租税和搜刮，并且将我们的自由，权柄，财富，荣誉，身体和灵魂交还给我们；让帝国成为名实相符的帝国……"② 为此他提出 27 条建议，主要内容是：不向罗马缴纳上任年贡和一切其他收入，取消罗马任命德国神职人员的权力，驱逐教皇使节，成立德国教会法院作为本国最高上诉法院，教皇没有凌驾于皇帝之上的权力（取消皇帝吻教皇脚、为他扶缰引马的污辱性规定），神甫可以自由结婚（或不结婚），废除圣职买卖，反对奇装艳服，取消礼拜天以外的所有节日等。他无情地揭露了罗马教廷的奢侈腐败，说那里"有买卖，交换，贸易，撒谎，欺骗，偷盗，奢侈，卖淫，奸诈，和

---

① E. Gordon Rupp, Benjamin Drewery, *Martin Luther*, London: Edward Arnold, 1970, p. 41.

② 《路德选集》，上册，233 页，香港，金陵神学院托事部、基督教辅侨出版社，1957。参见 [德] 威廉·戚美尔曼：《伟大的德国农民战争》，上册，175 页，北京，商务印书馆，1982。

其他各种亵渎上帝的事，甚至敌（反）基督者的统治也不能比这更无耻"①。路德的悲剧在于只强调反对教皇，而且还不许使用武力，却不反对割据势力的代表诸侯，有时还加以美化，抛弃运动中的下层人民。如此怎么能实现德国的中央集权和国家统一呢？这是软弱的德国资产阶级矛盾心理的真实写照。

路德在公开书里，揭露罗马伪造的神职人员是"属灵等级"、其他人是"属世等级"的谎言，指出凡是基督教徒都是真正的"属灵等级"，因为大家有共同的信仰。他接着说："一个皮匠、铁匠、农民，各有各的工作和职务，但都是被授予圣职的神甫和主教。"② 这是他对"基督教徒皆教士"思想的第一次明确表述。大家都是在上帝面前权利平等的教士，显然是资产阶级平等思想的反映，是进一步否定以教皇为首的教阶制和教会的传统伦理观念，具有深远的影响。

1520 年 10 月和 11 月，路德先后发表《教会被囚于巴比伦》和《基督徒的自由》。前者专论圣礼，后者论述"唯信称义"和"基督教徒皆教士"，合起来说是路德的宗教纲领。天主教会复杂的七项圣礼，被他否定五个：严格说来，"上帝的教会只有两个圣礼，即洗礼与圣餐礼"③。伊拉斯谟看到以后说，分裂不可挽回了。对于洗礼和圣餐礼的解释，路德也与天主教会不同。④ 路德对其他几项所谓圣礼做了深刻的批判。他说，拿婚配为例，古人有，非基督教徒也有，而且有些结过婚的基督教徒比非基督教徒还坏，算得上什么圣礼呢？"但是这种由神所定的生活方式，被人邪恶的法律所桎梏所拨弄，我们要说什么呢？天哪！罗马暴徒的卤莽真是可怕，他们任意拆散并配合婚姻。试问人类就是为着臭钱的缘故，供这些人任意百般戏弄的吗？"⑤ 路德认为《基督徒的自由》是基督徒生活的总纲。他在这部书里

---

① 《路德选集》，上册，185 页，香港，金陵神学院托事部、基督教辅侨出版社，1957。

② E. Gordon Rupp, Benjamin Drewery, *Martin Luther*, London：Edward Arnold, 1970, pp. 43-44.

③ E. Gordon Rupp, Benjamin Drewery, *Martin Luther*, London：Edward Arnold, 1970, p. 47.

④ 见孔祥民：《德国宗教改革与农民战争》，159～161 页，北京，北京师范大学出版社，1992。

⑤ 《路德选集》，上册，321 页，香港，金陵神学院托事部、基督教辅侨出版社，1957。

提出不再使用"教士"一词，因为一般信徒与教士没有区别，没有必要再将它用在少数人身上。

1520 年 6 月，教皇正式签署宣布路德学说为异端的训令，并罗列 41 条罪状，限期路德在 60 天内承认错误。① 然而，教皇完全打错了算盘，他低估了德国的民族情绪，而路德正是觉醒了的德意志民族的代表。人们撕毁训令，或借口错传圣旨，予以抵制。10 月，路德给教皇写了第三封信，称罗马教廷腐败不可救药，并第三次表示决不承认错误。12 月 20 日晨，路德当着几百名学生和市民的面，把教皇令、教令集等果断地投入火中烧掉。他边烧边说："正像你一心折磨上帝一样，让永恒之火也折磨你。"围观者高唱赞主歌，又为被烧毁的教皇令唱送葬曲。这件事对德国和欧洲震动很大。恩格斯给路德的行动以崇高的评价，称之为焚烧教谕的革命行为，并把它同哥白尼的《天体运行论》向教会的权威挑战从而解放自然研究相提并论。②

五、沃尔姆斯帝国议会和路德的思想发展

1521 年的沃尔姆斯帝国议会是对路德的严峻考验。他经受住了考验，并把宗教改革事业推向新高峰。

当时，德国的民族情绪极为高涨。有人说 9/10 的德国人支持路德，剩下 1/10 持中立态度的人高喊罗马教廷该死。教皇认为，要制服路德必须求助于德国的世俗权力。皇帝查理五世（1519—1556 年在位）是一个罗马正统天主教信仰的卫道士，而且在反对法国的斗争和西班牙的宗教法庭（专制统治的重要工具，但又受制于罗马）两个问题上有求于罗马；他有德国人的血统（皇帝马克西米连一世之孙），却没有德国的民族感情。经过一番秘密的接触，双方在 1520 年年底达成交易，决定第二年召开沃尔姆斯帝国议会，共同对路德施加压力，以便绞杀宗教改革运动。

教皇和皇帝原想不经正式审判就颁发一道谴责路德并焚毁其著作的敕令，但遭到帝国议会的抵制。议会在给皇帝的备忘录里表示，不经议会同

---

① 教皇训令的中译文，参见北京师范大学历史系世界古代史教研室：《世界古代及中古史资料选集》，556～572 页，北京，北京师范大学出版社，1999。

② 恩格斯：《自然辩证法·导言》，见《马克思恩格斯选集》，2 版，第 4 卷，263 页，北京，人民出版社，1995。

意就发布敕令谴责路德，后果不堪设想，应当发出安全通行证召路德来沃尔姆斯，听听他的申辩，最后再由议会做出决定。皇帝只好同意议会的要求，但又表示决不同意讨论教皇的权威，至于德国的委屈他将亲自向教皇转达。1521 年 3 月初，皇帝发出安全通行证，但又下令各地收缴路德的著作，制造恐怖气氛。路德清楚地知道，尽管有安全通行证，去沃尔姆斯仍有生命危险，胡斯就是带着皇帝的安全通行证被烧死的。经过一番思想斗争，路德决定前往。行前他给朋友写信表示，如果遇害，希望朋友继续传播与忠实捍卫真理，然后高唱他亲自创作的充满胜利信心的赞美诗前往。赞美诗有一段是这样的：

> 亲戚货财可舍，
> 渺小浮生可丧，
> 他虽残杀我身，
> 主道依然兴旺，
> 上主国度永久长。①

海涅正确地称马丁·路德是敢于同敌人勇敢战斗的宗教界的丹东，称他的赞美诗是"宗教革命的马赛曲"。恩格斯也称它是 16 世纪的《马赛曲》。②

1521 年 4 月 16 日上午，路德在近 2000 名沃尔姆斯人的簇拥下，乘一辆马车浩浩荡荡进入沃尔姆斯城。第二天，他面带微笑走进议会会场，站在皇帝面前。会议主持人大声叫喊，要路德承认错误。路德低声回答，要求宽限时间，以便认真考虑。18 日，路德说："除非用《圣经》里的箴言或明白的理性证明我错了，否则我是不可能放弃我的主张的（因为我不相信教皇，也不相信宗教会议，大家知道它们经常出错，而且互相矛盾）。我忠于我引证的《圣经》，我的良心向着上帝之道。我不愿也不能承认任何错误，因为违反一个人的良心行事既不诚实也不可靠。"③

---

① ［德］亨利希·海涅：《论德国》，242 页，北京，商务印书馆，1980。

② 恩格斯：《自然辩证法·导言》，见《马克思恩格斯选集》，2 版，第 4 卷，262 页，北京，人民出版社，1995。

③ E. Gordon Rupp, Benjamin Drewery, *Martin Luther*, London：Edward Arnold，1970,pp. 58-60.

路德的申辩多么好啊！他第四次，也是当着皇帝的面，在帝国议会这样隆重的场合，公开宣布决不承认错误。会场发生激烈争论，无法继续进行。路德返回住处，大批群众向他欢呼，并将双手举向头顶表示胜利。沃尔姆斯市民纷纷走上街头狂欢，庆祝胜利。1521 年 4 月 26 日，路德在萨克森选侯和著名的帝国骑士弗兰茨·冯·济金根的妥排下秘密离开沃尔姆斯，5 月 4 日抵达瓦特堡，并改名换姓，蓄起发须，过着"真正基督徒的自由生活"。5 月 26 日，皇帝正式签署剥夺路德政治权利的帝国敕令，即《沃尔姆斯敕令》，宣布路德是顽固不化的异端分子，限期捉拿，将其著作彻底焚毁。敕令像教皇令一样，根本无法执行，更无法阻挡路德思想的传播。

路德在瓦特堡做了一件很有意义的工作，即将《圣经》译成德文。他的译文严肃认真，含义准确，常为翻译一字用去几周时间，走访群众，反复琢磨。他是德国的语言大师，为德语的发展做出了贡献。在分裂割据的德国，语言的统一也是加强各地联系的纽带。恩格斯说："路德不但清扫了教会这个奥吉亚斯的牛圈，而且也清扫了德国语言这个奥吉亚斯的牛圈。"①

1523 年 1 月，路德写信给萨克森的莱斯尼格居民，要求他们按福音原则成立宗教公社，选举自己的牧师，着手建立比较尅三的路德教组织。

1523 年 3 月，路德发表《论世俗政权：对世俗政权服从的限度》，提出世俗政权只管生命财产，不得干涉宗教事务，为两者划定权力界限。这是政教分离思想，是近代主权国家观念的萌芽，在政治思想史上具有重要意义。

路德在《致德意志基督教贵族公开书》《论商业和高利贷》等著作中，主张政府干涉不正常的经济生活，限制某些商品进口（丝绸、香料、金器等贵重的商品）以防货币外流是符合国家根本利益的。马克思称他是"德国最早的国民经济学家"②。

路德还是一位有影响的教育家。他一再号召彻底改革教育制度、教学内容和方法，尊师重教，实行义务教育，办好图书馆，为国家和人民培养有用的人才。

沃尔姆斯会议以后，革命运动进一步深入。1520 年 12 月初，维滕堡的

---

① 恩格斯：《自然辩证法·导言》，见《马克思恩格斯选集》，2 版，第 4 卷，262 页，北京，人民出版社，1995。

② 马克思：《经济学手稿》，见《马克思恩格斯全集》，1 版，第 46 卷下册，450 页，北京，人民出版社，1980。

市民和学生带着刀冲进教堂，把神甫从讲坛上拉下来。路德化装潜回维滕堡观察，于第二年 1 月发表《劝基督徒勿从事叛乱书》，引证《圣经》说"上帝禁诫叛乱"，攻击有人"草率从事""违反福音"。维滕堡的革命群众不顾路德的刹车警告，继续走自己的路。1521 年 12 月底，一批闵采尔的追随者来到维滕堡多次讲道。1522 年 3 月初，路德回到维滕堡，接连八次讲道强调一个"爱"字，说维滕堡人太"激烈"了，"太过火"了，没有爱，上帝必降灾于此，使之变成罪恶城。害怕群众运动，把维滕堡说成是罪恶城，至少是自外于革命运动。至于他鼓吹的抽象的"爱"，在包括封建社会在内的阶级对立的社会里基本上是不存在的，它只能"表现在战争、争吵、诉讼、家庭纠纷、离婚以及一些人对另一些人的尽可能的剥削中"①。

骑士鉴于路德越走越远，便单独举行暴动，企图用武力实现自己统一德国的目标。

六、骑士暴动

乌尔利希·冯·胡登（1488—1523 年）是德国贵族的理论家，弗兰茨·冯·济金根（1481—1523 年）是德国贵族的军事家和政治家。二人共同领导了 1522—1523 年的骑士暴动。

1522 年 8 月 13 日，济金根召集莱茵、士瓦本和法兰克尼亚的贵族在兰都开会，结成"兄弟同盟"，宣誓互相帮助维持秩序，实现德国中部骑士的联合。济金根任盟主。8 月 27 日，他以触犯上帝和皇帝陛下为理由向特里尔大主教宣战。9 月初，济金根率领 6000 多雇佣兵从厄贝恩堡出发，向特里尔进军。9 月 7 日，济金根的部队包围特里尔，并向当地市民散发声明，说明这次行动不是封建内讧，是为了"把他们从反基督的统治下解放出来，带给他们福音和自由"。

济金根的军事行动，震动了德国。谣言不胫而走，有的说他想当选侯，也有的说他想当皇帝。皇帝查理五世不在国内，巴拉丁伯爵领导的帝国枢密院派人去劝诫济金根，同时号召邻邦诸侯出兵反击。济金根的答复是：他要在帝国实行一种新制度；他拒绝帝国法院的裁决，而要由一个士兵组成的正义法庭用枪炮去辩论。

---

① 恩格斯：《路德维希·费尔巴哈和德国古典哲学的终结》，见《马克思恩格斯选集》，2 版，第 4 卷，240 页，北京，人民出版社，1995。

骑士暴动有一个致命的弱点，即得不到市民和农民的支持。骑士争取不到同盟者，自己孤军暴动，必然被强大的诸侯击败。济金根连续猛攻坚固设防的特里尔不克，他派人招募的援军也没有到来，而巴拉丁伯爵和黑森伯爵的 3 万部队却迅速赶到。1522 年 9 月 14 日，济金根被迫撤兵，回到自己的城堡固守待援。诸侯联军先收拾济金根的盟友，甚至美因茨大主教因为许可济金根的人马通过也被罚款。1523 年 4 月，诸侯联军用重炮猛轰兰德施图尔，济金根身负重伤，不久死去。而他盼望的援军一个也没有到来，兰德施图尔只有投降。济金根的 27 个城堡被几个胜利的诸侯瓜分。胡登逃往瑞士，第二年病死在那里，年仅 35 岁，除一支笔外没有留下任何东西。

骑士暴动的主流是反对诸侯和教皇进而实现德国的统一，是进步的，是 16 世纪德国革命的组成部分。骑士暴动失败以后，骑士阶层只能更深地依赖诸侯，不再是一支独立的政治力量。伟大的农民战争爆发时，除个别骑士与农民一起坚持反对诸侯和教皇的斗争外，大多数骑士与诸侯一起镇压农民起义。马丁·路德起初给骑士暴动以崇高的评价，后来见势不妙，急忙与暴动脱离关系。

七、托马斯·闵采尔的初期革命活动

托马斯·闵采尔（约 1490—1525 年）是德国历史上最优秀和坚韧不拔的革命人物之一，是其理想和计划使后人惊惧的卓越的农民、平民革命领袖。

闵采尔生于德国矿业中心哈茨的施托尔堡，家世和出生年代所知寥寥。据说父亲是农民，在闵采尔童年时就被施托尔堡伯爵迫害致死。1506 年，闵采尔进入莱比锡大学，勤奋攻读哲学、神学。他精通《圣经》，懂拉丁文、希腊文和希伯来文，还会为人治病。1512 年，进入法兰克福（奥得）大学，获神学学士。有人说他曾在维滕堡大学读博士学位，但缺乏资料证明。1513—1515 年，闵采尔曾在哈勒和阿舍斯勒本任教师和见习神甫（弗罗泽修道院），并组织秘密团体从事反对马格德堡大主教的活动，开始攻击天主教的弥撒和仪式。1516 年，升任弗罗泽修道院院长，旋即又去不伦瑞克的马蒂尼中学任教。

1517 年 10 月，路德贴出《九十五条论纲》，点燃了宗教改革的熊熊烈火。闵采尔十分敬仰并积极支持路德，可能去过维滕堡。1519 年 4 月，路德派他去尤特博格进行反对教皇党徒的斗争，但遭敌人追捕；路德又安排他去奥拉明德暂住。1519 年的莱比锡辩论，他很可能参加了。闵采尔在奥拉明德期间，如饥似渴地阅读了著名的神秘主义者约阿希姆和陶勒的著作，获益匪浅。1519 年在波伊蒂茨任修道院忏悔神甫期间，又读了许多哲学和历史书籍，寻求宗教改革运动中提出的种种问题的答案，并在寻求和探索中逐渐形成自己的宗教政治观。

1520 年 4 月，闵采尔经路德介绍去茨维考，担任该城首任新教牧师。茨维考位于从纽伦堡到莱比锡和北方的商道上，工商业发达，盛产啤酒、呢绒、亚麻布，附近不远有著名的银矿，被誉为"萨克森的珍珠"。闵采尔到茨维考后，经常接触工人和下层群众，同在他们中间流传的再洗礼派关系密切。他们认为，既然路德讲过圣礼的核心是信，那么婴儿不可能有信，对他们施洗当然无效，应到成年时再施洗礼，故称"再洗礼派"。再洗礼派宣传"末日审判"即将到来，要消灭一切不敬上帝的人，建立只有洗礼和圣餐的人间天国，即"千年天国"。他们表面上与世无争，苦修苦行，实际上却反映下层群众对社会现状的不满。他们经常遭到搜捕和残酷迫害，到处流浪，但仍勇敢无畏，继续热情地宣传他们的主张。

起初，闵采尔与茨维考的路德派合作得很好，一起进行反对共同敌人的斗争。1520 年 7 月 13 日，他在给路德的信里还尊敬地称他是"上帝之友的典范和灯塔。争论，对我来说是痛心的。我确信，上帝会根据你的和全体基督徒的意见予以解决"①。当路德的调子越来越低并逐渐倒向诸侯的时候，闵采尔挺身而出，同下层群众一道进行反对路德及其追随者的斗争。闵采尔揭露路德在茨维考的亲信是"十足的金钱奴隶"，"只想生活在贵族中间"，"因为他们给你一杯葡萄酒"。对方反驳说，闵采尔派"宣传福音和权利却不顾财产和金钱"，站在"普通人"和"穷人派"一边，"到处煽风点火"，鼓动暴动，要"在一个早上杀人"。② 路德曾提议双方和好，遭到拒绝。1521 年 2 月，茨维考市长出面调停，也没有结果。事情越闹越大，市政当局决定镇压，逮捕了一些人。4 月，茨维考市当局准备逮捕闵采尔。因此，闵采尔和他的一些再洗礼派同伴离开了茨维考。

---

① ［苏］斯米林：《托马斯·闵采尔的人民宗教改革和伟大的德国农民战争》，俄文版，68、69 页，莫斯科，1955。

② ［苏］斯米林：《托马斯·闵采尔的人民宗教改革和伟大的德国农民战争》，俄文版，69 页，莫斯科，1955。

1521 年 6 月，闵采尔一行出现在布拉格。有人说他去那里是为了避难，这种说法是不对的。当时爱尔福特附近有个修道院请他去教拉丁文，月薪 30 佛罗林，完全可以过舒适的生活。为什么不去呢。捷克的空气紧张，市民和农民运动高涨。捷克又是塔波尔派的故乡，有光荣的革命传统。闵采尔去布拉格的真正目的是与捷克的革命运动建立联系，学习他们的经验，以促进德国和世界革命的高涨。11 月，他在《布拉格宣言》里明确表示："要继基督的卓越战士约翰·胡斯之后，使响亮的号角发出新的歌声"；"我所考虑的是至高无上的真理，我所咒骂的是不敬上帝的家伙，我来到你们美好的土地上，就是要认清并消灭这些家伙，亲爱的波希米亚弟兄们哟，容许我这样做，并且帮助我吧。我保证你们得到莫大的荣誉：革新使徒的教会将在这里创建，并将扩展到全世界"。①

在《布拉格宣言》里，闵采尔号召上帝的"特选子民"，不要"一味死背圣经"，要"根据理性加以确证"；"不要祈祷哑巴上帝，而要祈祷活的、会说话的上帝"②，以免上当受骗。强调理性，强调遵从活的、会说话的上帝，是闵采尔宗教观的核心。他认为，信仰，或者说圣灵，其实就是理性，就是活的、会说话的上帝，它存在于人的"心脏、皮肤、毛发、骨骼、脑髓、精华、力量和能力中"③。因此，人人可以有理性，包括非基督教徒在内；通过它，人人可以升天堂。在他看来，《圣经》对信仰来说是重要的，但不是最重要的，它可能有错误，所以不能一味死背《圣经》，应懂得"真正的圣经""活的上帝"，即理性。闵采尔也讲天堂，但它不在来世，就在今生，基督徒的使命就是建立人间的天堂。既然没有来世的天堂，当然也就没有来世的地狱。除人的邪念外，也没有魔鬼。基督就在这个世界上，他同我们一样也是人，只是先知和师表。上帝的意志就是不为自己而为社会谋福利，那些为私利而损害社会的富人和剥削者则是不敬上帝的人。信仰的神秘、天堂的欺骗、地狱的恐吓，这些基督教甚至一切宗教的骗人外衣，被闵采尔剥得精光。恩格斯说：闵采尔"利用基督教形式宣讲一种泛

---

① ［德］威廉·戚美尔曼：《伟大的德国农民战争》上册，204、205 页，北京，商务印书馆，1982。

② ［德］威廉·戚美尔曼：《伟大的德国农民战争》 上册，204、205 页，北京，商务印书馆，1982。

③ ［苏］斯米林：《宗教改革和伟大农民战争时期的德国》，俄文版，198 页，莫斯科，1955。

神论……有些地方，甚至已经接近无神论"，显然是"革命的宗教观"。①

闵采尔在《布拉格宣言》里还说："上天以日工资一戈罗什把我雇了来，我正在磨快镰刀，准备收割。"②这是公开号召暴力革命和由普通人掌握政权，它是闵采尔政治观的核心。后来，闵采尔从这种思想出发，要求建立一个没有阶级差别、没有私有财产、没有高高在上与社会成员作对的国家政权的一种社会，即接近共产主义的一种社会。他说：《旧约·但以理书》讲的"国度、权柄和天下诸国的大权，必赐给至高者的圣民"，其实"圣民就是普通人，他们是上帝事业的唯一代表"。他还说：在普通人掌权的国家里，"根据基督爱的要求，谁也不能高于别人，每人都是自由的，一切财产应当公有"；"一切应是公有的，每人应按需分配"。③

所以，闵采尔在《布拉格宣言》里第一次公开阐明自己的基本宗教、政治观点，同路德的宗教改革划清了界限。由于宣言的发表，闵采尔受到捷克当局的迫害，只好逃回德国。

八、阿尔斯特德牧师——带铁锤的闵采尔

闵采尔从捷克回来后，继续奔走于图林根和萨克森的城乡，积极从事革命活动。大约在1522年年底，他去阿尔斯特德镇当牧师。这时，他不仅大胆批判路德，毫无畏惧地攻击教会和诸侯，鼓吹暴力革命，而且着手建立秘密革命组织"基督教同盟"，为在地球上建立"千年天国"努力奋斗，终于变阿尔斯特德镇为下层人民运动的中心。

他在阿尔斯特德开始改革礼拜仪式，用德语做礼拜，举行圣餐不分僧俗人都可领取面包和酒，宣讲整本《圣经》而不是抽讲一部分。他接连发表许多小册子，吓得当局急忙封闭他的印刷所。他向四面八方派出密使组建"基督教同盟"，广泛吸收真正的基督徒入盟。许多地方的下层群众纷纷来阿尔斯特德听他布道，大街上挤得水泄不通。

---

①　恩格斯：《德国农民战争》，见《马克思恩格斯全集》，2版，第10卷，494、495页，北京，人民出版社，1998。

②　［德］威廉·戚美尔曼：《伟大的德国农民战争》，上册，205页，北京，商务印书馆，1982。

③　［苏］斯米林：《托马斯·闵采尔的人民宗教改革和伟大的农民战争》，俄文版，264、265页，莫斯科，1955。

1524 年 3 月，愤怒的群众放火烧掉著名朝圣中心梅伦巴赫（阿尔斯特德附近）的礼拜堂，打碎里面的神像。这件事惊动了萨克森选侯及其兄弟，他们要去阿尔斯特德亲自听听闵采尔的讲道。闵采尔当着他们的面毫无畏惧地说要"杀掉那些不敬上帝的统治者"。他还讲了古巴比伦国王做梦的故事，大意是：国王梦见一像，其头、胸、肚、腿、脚分别由金、银、铜、铁、泥做成；忽然飞来一块石头，把像砸得粉碎。闵采尔解释说：金、银、铜、铁、泥象征五大国，即巴比伦、米底波斯、希腊、罗马和德国交替的历史；我们德国是泥足大国，基础不牢，"大家都看得很清楚，蛇和鳗在一块作恶。教皇和所有的僧侣坏蛋是蛇，而世俗的领主和统治者是鳗"。那石头象征上帝之国，以雷霆万钧之势翻滚下来，消灭现存制度，建立上帝之国。贫苦的人民，对这块石头比统治者看得清楚，公爵应当知道，上帝之国将由劳动人民首先是农民建立起来，不识时务的统治者将被人民驱逐或者杀掉。[1]

闵采尔的这次讲道通俗而形象地阐述了自己的改治理想，并通过具体事例说明如何掌握《圣经》的精神实质，影响很大。公爵下令驱逐承印这篇布道稿的人，并禁止再刊印未经政府审查的任何稿件。闵采尔不理会这道禁令，立刻把一篇更激进的著作拿到缪尔豪森付印。他在这部书里说："整个世界必须经受一次大震荡；这是关乎不敬上帝的人垮台而卑贱的人翻身的一场戏。"封面上署名"带着铁锤的托马斯·闵采尔"，还有一段警句："上帝说，难道我的话不是象一团火，不是象打碎磐石的铁锤吗？"[2]

路德赶快发表《为反对叛逆的妖精致萨克森诸侯书》，公开要求诸侯把"撒旦的邪恶精灵"闵采尔驱逐出境，因为他鼓吹暴动，反对官厅。1524 年 8 月 1 日，萨克森公爵及其弟要以图谋叛乱罪审判闵采尔，并扬言把他驱逐出境。8 月 15 日，闵采尔急忙离开阿尔斯特德，前往缪尔豪森。可是，他在缪尔豪森停留的时间不长，也是由于路德的告密被驱逐出境。

10 月，闵采尔漂泊到南方的纽伦堡。他继续进行宣传鼓动，赢得群众的支持。路德又大叫："看吧，撒旦又在这里出现了，阿尔斯特德的幽灵！"闵采尔立刻付印答路德书，指出路德"用一种错误的信仰把基督教世界弄

---

① ［苏］普里舍夫：《十五至十七世纪德国文学概论》，俄文版，173、174 页，莫斯科，1955。

② ［德］威廉·戚美尔曼：《伟大的德国农民战争》，上册，212 页，北京，商务印书馆，1982。

得一片混乱，当危急临近时，你不能正确地作出解释。因此你就向诸侯献媚，反而说情况变好了，你就是这样骗取了盛名。你助长了不敬上帝的歹徒的权势……你的处境将如被擒之狐。人民将获得解放……"① 市当局下令没收该书，闵采尔被迫离开纽伦堡。

这时的闵采尔一文不名，没有钱吃饭，但他仍热情地为正义事业努力奋斗。他说：一定要"制裁不敬上帝的人……如果说上一次我用火枪谴责了他们，那么现在我则要在天上同上帝一起雷击他们，他们早已恶贯满盈了"②。

这"上帝"和"雷击"不是别的，正是士瓦本南方正在兴起的农民大起义。闵采尔离开纽伦堡后，径直向南士瓦本走去。

九、士瓦本和法兰克尼亚的农民战争

1524 年至 1525 年，德国爆发了声势浩大、波澜壮阔的农民战争。战争波及大部分地区，席卷 2/3 的农民，在德国和西欧历史上是空前的。这次农民战争主要发生在士瓦本、法兰克尼亚、图林根和萨克森，东部的提罗尔、萨尔茨堡和西部的阿尔萨斯等地也发生了起义。起义农民中流行着一首名为《穷康拉德》的战歌，充分反映他们的革命精神：

> 嗨！我穷康拉德！仍然健壮。
> 饥饿的山冈，哭泣的河流，
> 我持锤遍走！
> 奴隶般生活，何时得解救？
> 农民和领主，愿同法追究。
> 嗨！我穷康拉德！
> 猛刺吧，长矛！
> 横扫吧，棍棒！

---

① ［德］威廉·戚美尔曼：《伟大的德国农民战争》，上册，235、236 页，北京，商务印书馆，1982。

② ［德］威廉·戚美尔曼：《伟大的德国农民战争》，上册，237 页，北京，商务印书馆，1982。

　　我穷康拉德，我就在这里！

　　在田野，在林丛。

　　钢盔亮晶晶，盾牌清又净，

　　"鞋徽"伴英雄！

　　诸侯并教皇，一对瞎眼睛。

　　我自设法庭，判领主死刑。

　　圣经，就是我的命令！

　　我穷康拉德，我就在这里！

　　猛刺吧，长矛！

　　横扫吧，棍棒！

　　嗨！我穷康拉德！

　　教皇和贵族，靠战斧根除。

　　老爷皮鞭抽不住，剁成肉泥向谁诉？

　　活剥我们皮，还把妻子辱。

　　嗨！我穷康拉德！

　　猛刺吧，长矛！

　　横扫吧，棍棒！①

　　从1521年起，士瓦本的农民已经生活在水深火热之中，难以再继续容忍下去了。鼠疫猖獗，许多人染病死去；气候反常，暴风雨成灾；地震时有发生；粮价飞涨。人民群众陷入真正的困境。1524年夏，士瓦本南方施图林根伯爵领地上的农民，因为不满伯爵夫人强迫他们在节假日和收获季节去采草莓、野莓、樱桃和蜗牛壳（绕线用），首先揭竿而起。附近的几百农民群起响应，推举机敏而有军事经验的汉斯·米勒为首领。8月24日，米勒率领1000多农民开往瓦尔茨胡特，并与当地市民联合成立"新教兄弟会"，主张除皇帝一人外不承认任何其他君主。他们按帝国国旗的颜色做成黑、红、黄三色旗为盟旗，象征德国统一。10月，起义军发展到近5000人。就在这时，闵采尔来到这里，直到次年2月才离开。他一面进行革命的

---

　　① ［苏］普里舍夫：《十五至十七世纪德国文学概论》，俄文版，164页，莫斯科，1955。参见歌德等：《德国诗选》，钱春绮译，11～13页，上海，上海人民出版社，1990。

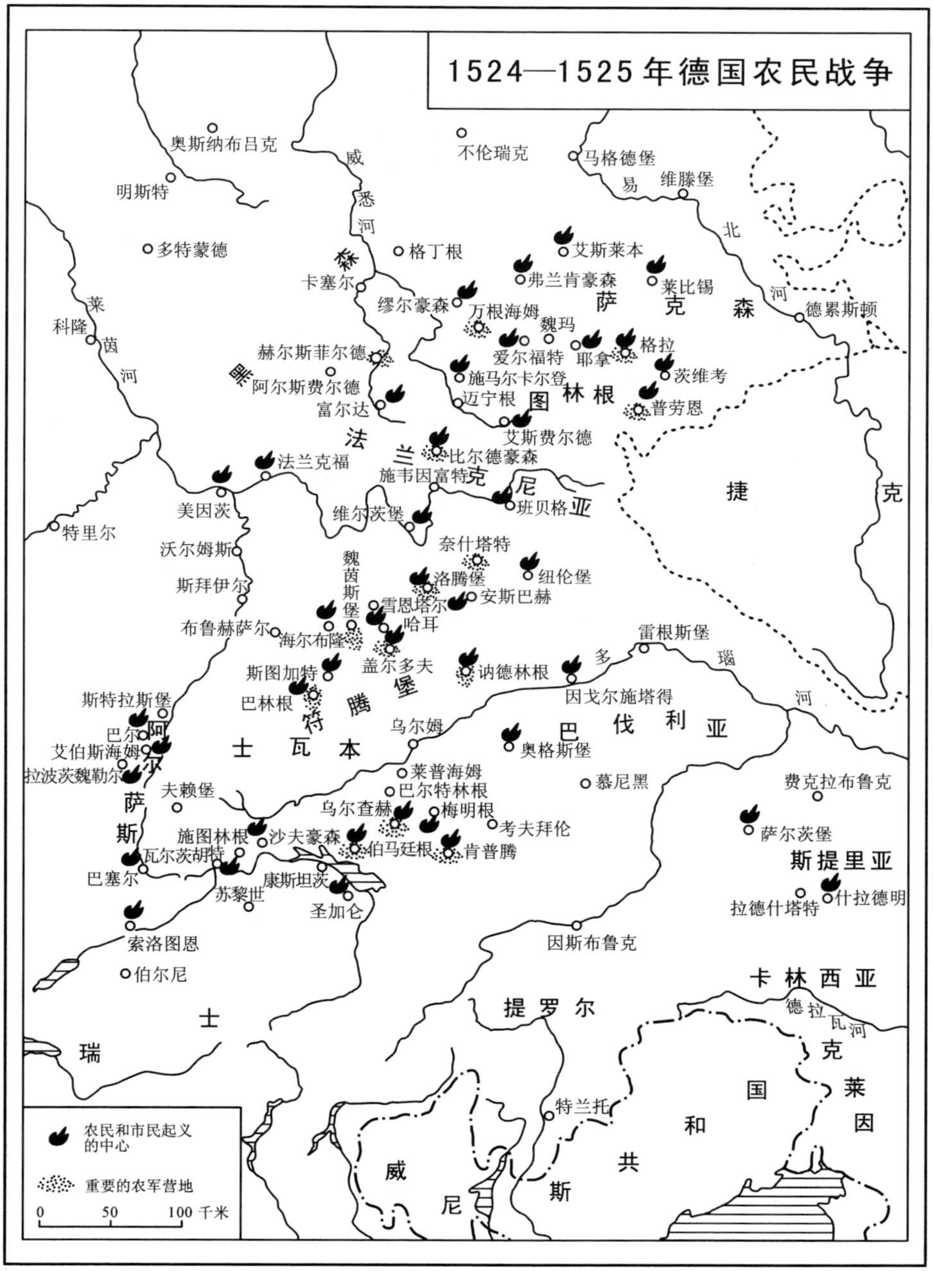

图 9-1　1524—1525 年德国农民战争

宣传，一面发展他的秘密组织。1525 年 3 月，士瓦本一共出现 6 支农军，约三四万人，形成一片燎原大火。

1524 年年底或 1525 年年初，一支农民军以《书简》形式提出一份纲领，明显地受到闵采尔的思想影响。《书简》开宗明义地指出：城乡贫苦百姓受政府和领主的沉重压迫，是违背上帝旨意的；为了"基督教的共同利益"（《书简》四次使用类似提法），贫苦人应当团结起来加入"基督教同盟"，与其他"兄弟同盟一道"，把自己和子孙后代从苦难世界解救出来。办法是在可能范围内用和平手段，如办不到则采用暴力。对叛徒和拒不投降的僧侣和贵族实行"世俗斥革"，断绝与他们的一切关系，使之虽生犹死。纲领的基本思想显然是打倒现存统治阶级，由普通人掌握政权。

面对如火如荼的农民起义，封建统治阶级一筹莫展。意大利战争正在激烈进行，德军主力陷在那里，国内空虚。到 1525 年 2 月底，士瓦本同盟才勉强拼凑3000多步骑兵。符腾堡公爵乌尔利希乘机积极进行复国活动，他纠集数千雇佣兵向斯图加特推进。农民军如能乘比千载难逢的良机主动进攻，士瓦本同盟就会完蛋。可惜他们没有这样做，温和妥协情绪帮了敌人大忙。2 月 26 日，士瓦本同盟派人与农民军谈判，以便集中兵力迎击乌尔利希，得手后再回击农民。农民上当了。士瓦本司盟司令官格·特鲁赫泽斯派兵抢占斯图加特。这时，法王在帕维亚战败被俘（2 月 24 日），瑞士各邦见风转舵召回支持乌尔利希的部队，迫使他撤兵。特鲁赫泽斯立即回师讨伐农民军。恩格斯写道："从此以后，开始出现了种种周密策划的叛变倒戈、背信食言和阴谋活动。贵族和诸侯在整个农民战争期间都以玩弄这一套手法而臭名昭著，而这一套手法也正是他们对付分散而难于组织起来的农民的最有力的武器。"[①]

农民严格遵守停战协议，几支农军的代表于 1525 年 3 月中旬在门明根开会，为谈判拟定他们的要求，即《十二条款》（或《门明根十二条款》）。《十二条款》要求废除小什一税、继承税和农奴制，限制地租、劳役，归还被霸占的草地和森林，有权任免牧师等，并强调《圣经》是农民全部要求的基础，如有违反愿立即取消。关于条款的作者是谁，历来说法不一。它可能是农民的具体要求与茨温利宗教改革思想相结合的产物，是资产阶级

---

① 恩格斯：《德国农民战争》，见《马克思恩格斯全集》，2 版，第 10 卷，524 页，北京，人民出版社，1998。

共和派企图把农民战争纳入自己政治轨道的表现。[①] 在实际斗争中,《十二条款》与《书简》一样在农民军中广泛传播。路德说:《十二条款》中有些要求是正确的,但有些要求"过高",如要求废除农奴制度,没有按照《圣经》和法律办事。

士瓦本农军没有统一领导,而且良将稀少,纪律松弛,士气不振,远不是诸侯军队的对手。4月底,各支农军分别被特鲁赫泽斯的军队击溃。

1525年3月底起,法兰克尼亚爆发声势浩大的农民起义。斗争十分激烈。农民军占领几百个城堡和修道院,惩办了他们最痛恨的恶霸。年轻的魏因斯贝格伯爵异常残暴,见到起义农民,不分青红皂白一律勒死。4月中旬,由骑士弗洛里安·盖尔率领的农民军精锐部队"黑军",活捉了那位伯爵,并将之判处死刑。伯爵请求用巨款赎免,农民说给两吨黄金也不行,血债要用血来还。农民一边击鼓,一边将他用梭镖乱刺而死。这件事震动全国,许多伯爵赶紧表面上归附农民军和宣誓遵守《十二条款》。"黑军"名震遐迩,敌人闻风丧胆,正如他们唱的革命歌曲那样:

> 我们盖尔黑军,暴君听见头晕。
> 长矛前进! 冲向敌人!
> 烈火,把修道院烧成灰烬!
> 亚当种田那阵,谁是贵族农民?
> 长矛前进! 冲向敌人!
> 烈火,把修道院烧成灰烬!
>
> 判处领主死刑,圣经是我命令!
> 长矛前进! 冲向敌人!
> 烈火,把修道院烧成灰烬!
>
> 盖尔率领着我们! 诸侯教皇是敌人!
> 农民战旗高,"鞋徽"迎风飘。
> 长矛前进! 冲向敌人!

---

　　① 孔祥民:《德国宗教改革与农民战争》,248~252页,北京,北京师范大学出版社,1992。

烈火，把修道院烧成灰烬！①

1525 年 5 月 9 日起，各支农军代表在海尔布隆开会，协商改革方案和下一步的行动计划。会议秘书长，反映资产阶级利益的文德尔·希普勒向大会提出 14 条改革方案，即《海尔布隆纲领》。纲领要求：取消诸侯的一切同盟，各地只由皇帝负责保护，就是说建立一个中央集权的君主国。为此，纲领规定：除"皇帝赋税"外，取消一切关税、杂税和赋税，统一法律、币制和度量衡，实行政教分离，取消地租。② 纲领作者是谁，还有不同意见，但希普勒无疑参与其事。他有丰富的经验，头脑敏锐，向往统一；虽是农军领导人，却深知不能只代表一个等级去反对其他等级，必须取得市民和贵族的支持，才能统一德国。他是一个正确认识到现状的进步势力的中间状态的代表人物。在统一立法、币制、度量衡和废除种种赋税方面纲领规定得十分仔细，显然是适应了资产阶级的要求。取消地租要给贵族以现金或其他补偿（优先当法官，将没收的教产转给贵族），说到底是要用类似近代赎买的办法，即有利于贵族的办法，变封建土地所有制为资产阶级土地所有制。政教分离的矛头是指向罗马教廷，目的也是为了德国的独立统一。至于农民的具体要求，像变戏法一样踪影全无。在农民战争时期，纲领无法立刻实现，但已经存在实现的物质条件，迟早是可以实现的。当起义者正在辩论这个方案的时候，特鲁赫泽斯的军队赶到。希普勒慌忙逃走，组织力量继续战斗。6 月，法兰克尼亚的农民起义失败。

十、其他各地的农民战争

农民战争的另一个中心是图林根和萨克森。这里是宗教改革的策源地，群众基础好。1525 年 3 月 17 日，缪尔豪森的平民和矿工推翻贵族政权，成立革命政权"永久市政会"（由一个团体永久执政）。闵采尔不是新政权负责人，但以牧师身份经常出席市政会议，在对外联系上发挥重要作用。起义的烈火以缪尔豪森为中心向四方蔓延。到 4 月初，各地起义的烈火汇成一

---

① ［苏］普里舍夫：《十五至十七世纪德国文学概论》，俄文版，165～166 页，莫斯科，1955。

② ［德］威廉·戚美尔曼：《伟大的德国农民战争》，下册，770～771 页，北京，商务印书馆，1982。

个通红的火圈，环绕着缪尔豪森，形成德国农民战争的顶点。

　　起初，诸侯们对突然爆发的起义束手无策。1525 年 4 月底，黑森伯爵菲利普纠集一支军队准备镇压。他的目标很明确，主要打击缪尔豪森。他写道："缪尔豪森是一切冲突和不满的根基和发源地，一切叛乱行动像泉水一样从那里涌出。"① 敌人的污蔑从反面证明这里的起义影响巨大，使他们感到恐惧。

　　1525 年 5 月 15 日，黑森伯爵、不伦瑞克公爵和萨克森公爵的联军 8000 多人，进抵弗兰肯豪森。萨克森选侯②亲自带领 3000 多人正在赶去。闵采尔组织一支 8000 人的武装，以车垒和壕沟为掩护据守俯瞰弗兰肯豪森的什利亚赫特山（战斗山）。农民军新兵多，缺乏武器和训练，没有良将的指挥，远不是诸侯军的对手。他们如果考虑到敌我力量悬殊的现实，撤到近在咫尺的哈茨山里去，局面可能完全改变。可惜，他们没有这样做。5 月 16 日，诸侯军用大炮轰击，突破车垒，然后攻入城里，逢人就杀，血流成河，战死和被杀的农民竟达 5000 多人。闵采尔受伤被俘，遭敌人严刑拷打，但坚贞不屈，壮烈就义。5 月 25 日，缪尔豪森投降，缴纳罚款，取消"永久市政会"，并入萨克森的领土，从自由城市降为诸侯城市。6 月，图林根和萨克森的农民起义失败。

　　1525 年 4 月，在斯特拉斯堡附近活跃着多支农民军，总称"下阿尔萨斯农军"。有趣的是，这里的农军提出自己的《十二条款》，要求"正确宣讲福音"，替"贫苦农民"说话。它除了提出农民的许多具体要求外，还提出除皇帝外，"其他诸侯和领主概不承认"，农民还有权"另选"官员。③ 这是要求建立以皇帝为首的、统一的德国，而其下属官员都是农民选举的。这种统一不同于"海尔布隆纲领式"的统一，因为它替"贫苦农民"说话，对他们的要求规定得很仔细，至少较多地保留了闵采尔的思想和主张。到 5 月中旬，起义军几乎控制了整个阿尔萨斯。法国的洛林公爵组织 3 万多人的雇佣兵，镇压了起义。

----

　　① ［苏］斯米林：《宗教改革和伟大农民战争时期的德国》，俄文版，245 页，莫斯科，1955。

　　② 从 1485 年起，萨克森的维丁家族分为两支：一支称埃内斯廷，袭选侯职，统治维滕堡和图根林大部分；另一支称阿尔贝廷，只任公爵，统治迈森、德累斯顿和图林根北部。

　　③ ［德］威廉·戚美尔曼：《伟大的德国农民战争》，下册，560 页，北京，商务印书馆，1982。

同样是 1525 年 4 月，萨尔茨堡爆发农民起义，并向南蔓延到施蒂里亚、克伦地亚和克莱纳。大致同时，米夏埃尔·盖斯迈尔领导的提罗尔农军，势力扩展到阿迪杰河畔的博岑（今意大利的博尔萨诺），在梅朗（梅拉诺）设立司令部，甚至把农军营寨设到特兰托近郊。1526 年年初，盖斯迈尔提出"新的邦国制度"设想，其主要内容是：消除"损害永生的圣经、压榨穷苦百姓和妨碍公共利益的不敬上帝的人"，"消除人间尊卑贵贱的区别，实现完全的平等"；"成立由本邦各区选举的中央政府"；"废除不合理的贡赋和关税"；取缔高利贷，矿山国有，巩固国防等。① 盖斯迈尔是一位优秀的军事家，1526 年上半年他指挥农军打了一系列的漂亮仗，把奥地利大公、巴伐利亚公爵和士瓦本同盟的军队打得落花流水。7 月，敌人凭优势兵力向他扑来，他率部杀出重围，退往威尼斯继续坚持斗争。不幸的是，这位德国人民的优秀儿子被大公收买的刺客刺死。自从盖斯迈尔退入威尼斯后，德国农民战争的最后一幕就结束了。

十一、农民战争失败的原因及其历史意义

伟大的德国农民战争以失败而告终，有 10 万以上的农民被杀。各地农民重新陷入领主的奴役之中，权利被践踏，公有地变成领主的土地，农奴制死灰复燃。然而，德国人民，特别是以再洗礼派为代表的下层群众，在困难的条件下仍然坚持斗争。1534 年至 1535 年，明斯特的再洗礼派奋勇起义，夺取政权，成立以一个面包师和一个裁缝为首的新市政府。他们把粮食、肉、衣服等生活必需品平均分给居民，没收富人财产以应公共之需，并严禁高利贷和投机经营。最后由于叛徒的出卖，明斯特城陷落。

农民战争沉重地打击了天主教会势力。在新教各邦，教产落入诸侯或城市贵族手里。农民战争也打击了贵族，使之日趋没落。

市民背叛了农民，也没有好下场。城市的特权被剥夺，城市贵族的统治到处恢复。市民反对派受到挫折，长期不能重振。由于农奴制的恢复和其他不利因素的影响，德国的工商业日渐衰落，资本主义发展受到严重阻碍。

诸侯是唯一从农民战争和宗教改革的失败中得到好处的集团。他们夺

---

① ［德］威廉·戚美尔曼：《伟大的德国农民战争》，下册，950～951 页，北京，商务印书馆，1982。

取了天主教会的财产，加强了对市民和农民的控制压榨。他们的竞争对手——贵族被大大削弱，不得不听凭诸侯的摆布。德国的分裂割据依然如故，从路德宗教改革开始的德国资产阶级革命以失败告终。

德国农民战争说明农民中蕴藏着大无畏的英雄气概和革命精神。农民是革命的主力军。他们高举革命的大旗，浴血奋战，沉重地打击了封建制度。农民战争的杰出领袖闵采尔，坚持革命，始终如一，视死如归，壮烈牺牲，表现了崇高的品质，至今仍受到敬仰。然而，由于阶级的局限，单靠农民自己不可能取得革命的胜利。他们无法克服自己的极端地方狭隘性，不能识破敌人的阴谋诡计。正如恩格斯所说，"农民只有同其他等级结成联盟才有胜利的机会"[①]。也就是说，农民只有在一个先进阶级的领导下并与之结成联盟才能完成革命的历史任务。平民不是一个独立的阶级，更不是现代无产阶级。他们不但不能领导农民，而且其行动往往根据农民的立场而改变。只有在闵采尔直接领导的图林根一带，平民中萌芽的无产阶级成分暂居上风，形成农民战争的顶点，但只是昙花一现，很快就失败了。骑士无意放弃或减轻对农民的剥削，根本不可能与农民结成联盟。资产阶级参加并一度领导了革命，但很不成熟，软弱动摇，革命稍一深入就投降敌人。当时德国的历史发展要求资产阶级担当领导革命的使命，但资产阶级却把自己出卖给诸侯。所以，恩格斯认为德国农民战争之所以失败，"主要是由于最有利害关系的集团即城市市民不坚决"[②]。血的历史经验说明，农民只有在无产阶级领导下并结成巩固的工农联盟，才能取得革命的胜利和农民阶级的彻底解放。

最后，应当谈谈闵采尔的理想和实践在 16 世纪德国革命中的意义。毋庸讳言，他要求立刻建立接近共产主义社会的理想超出了时代的要求，超出了当时的物质条件和大多数农民、平民的直接要求，缺乏实现的物质基础，必然与实践发生矛盾。对此，恩格斯做过严肃的批评。在他看来，这种超出最后还得回到当时条件容许的范围内，"事实上仅限于进行一种软弱而不自觉的尝试，其目的就是提前建立后来的资产阶级社会"。财产公有烟消云散，只是成立一些慈善团体和贫民救济机构；消灭阶级变成法律面前

①　恩格斯：《德国农民战争》，见《马克思恩格斯全集》，2 版，第 10 卷，479 页，北京，人民出版社，1998。

②　恩格斯：《社会主义从空想到科学的发展·英文版导言》，见《马克思恩格斯选集》，2 版，第 3 卷，706 页，北京，人民出版社，1995。

人人平等；普通人掌权，也不过是建立民选的共和政府。"这种靠幻想来对共产主义所作的预见，在实际上成了对现代资产阶级关系的预见。"① 这样讲，并不是否定闵采尔的理想和实践的意义。他的远大理想和他领导的农民战争，首先是对封建制度的猛烈抨击，是资产阶级革命的必需，虽然失败却丝毫未损其伟大贡献。它是用非资产阶级方式，即"平民方式"消灭封建制度和建立资本主义社会的不自觉尝试。② 由于资产阶级目光短浅，只有农民、平民的干预，才能埋葬已存在近千年之久的欧洲封建制度。另外。闵采尔是一个革命家，他既预言未来，又为农民的迫切要求和德国的统一英勇奋斗。在农民战争中，图林根的许多堡寨和修道院是根据他的命令毁掉的。农民要求没收地主土地分配给大家，他总是热情支持。总之，闵采尔是当之无愧的"真正的民主主义者"和"农民起义的杰出领袖"。③

十二、农民战争失败后的路德宗教改革

伟大的德国农民战争爆发以后，路德公开与诸侯和教皇站在一起，反对曾经同他并肩战斗过的农民、平民大众。他开创的资产阶级宗教改革运动，蜕变成诸侯官方的宗教改革，其标志就是 1530 年的《奥格斯堡告白》。

1525 年 3 月，士瓦本农民军制定《十二条款》纲领。路德发表《忠告和平》指出，诸侯和教皇的残暴统治是农民暴动的根源，农民的许多要求是正确的，如要求有权选举牧师；但是他又以"公允"的面目出现，指责农民的有些要求"过高"，如要废除农奴制度就"严重违反福音"，最后要求双方"和平磋商，调解争端"。在农民起义已经爆发的当时，鼓吹这些实质上是反对起义的农民，归根到底有利于诸侯的反动统治。4 月底 5 月初，他到处讲道号召农民安静，千万不能暴动。与此同时，他发表《反对杀人越货的农民暴徒》，与《忠告和平》一起散发。他完全撕掉公允的伪装，攻击农民像疯狗一样抢掠，他们打着福音旗号制定的《十二条款》不过是个

---

① 恩格斯：《德国农民战争》，见《马克思恩格斯全集》，2 版，第 10 卷，553、486 页，北京，人民出版社，1998。

② 马克思：《资产阶级和反革命》，见《马克思恩格斯选集》，2 版，第 1 卷，318 页，北京，人民出版社，1995。

③ 恩格斯：《德国状况》，见《马克思恩格斯全集》，1 版，第 2 卷，645 页，北京，人民出版社，1957。

骗局。他说起义农民犯了三重大罪，死有余辜：一是破坏忠于领主的誓言，用暴力反对上司；二是叛乱，抢劫并非属于他们的修道院和城堡；三是给他们的恐怖罪行披上福音的外衣。因此，"无论谁只要力所能及，无论是暗地还是公开，都应该把他们戳碎，扼死，刺杀，就象必须打死疯狗一样！你不打他，他就要咬你和你所在的整个世界"①。路德在通信和布道里，还讲了许多颠倒黑白、混淆是非的话。他的话令人作呕，不可卒读。无论如何，这是一个原则性的错误，是敌我关系的颠倒。他大骂起义群众是"疯狗"，号召"无论谁"，当然包括诸侯和教皇，都应像打死疯狗那样杀死起义的农民。恩格斯说："在革命面前，一切旧仇都抛到了九霄云外；同农民暴徒相比，罗马罪恶城的奴仆们都成了无罪的羔羊，成了上帝的温顺的孩子；市民和诸侯、贵族和僧侣、路德和教皇都联合起来'反对杀人越货的农民暴徒'。"②

1525 年 10 月 31 日，路德写信给萨克森选侯，请他视察和监督路德派教会的活动，把宗教权力又献给诸侯。由于路德派诸侯互不统属，德国没有全国性的路德教会。在各邦，诸侯是教会首脑，下设宗教法庭代表诸侯处理宗教案件。1526 年 10 月，黑森伯爵制订一个比较民主的新教方案，规定神职人员由信徒选举产生，但遭到路德的强烈反对，被迫取消。

1526 年夏，斯拜伊尔帝国议会开幕。人们普遍认为，教会的敲诈勒索造成农民起义爆发，因而反教会情绪高涨，许多教会诸侯不敢出席会议，造成路德派代表占多数的局面，通过了一系列支持宗教改革的决议。1529 年 2 月，帝国议会又在斯拜伊尔举行，天主教代表占多数，决定废除 1526 年斯拜伊尔帝国议会通过的有利于路德派的决议，继续贯彻 1521 年的《沃尔姆斯敕令》。路德派代表群众抗议，被称为"抗议者"（Protestant）。后来，这个称号泛指与罗马分裂抗衡的所有新教徒。

1530 年 6 月，皇帝查理五世召开奥格斯堡帝国议会，想利用自己的影响解决德国的宗教纷争，要求路德派提出他们的意见。6 月 25 日，路德派提出经路德审定的该派系统理论，称《奥格斯堡告白》。告白认为，路德派

---

①　E. Gordon Rupp，Benjamin Drewery，*Martin Luther*，London：Edward Arnold，1970，pp. 121-126. 参见［德］威廉·戚美尔曼：《伟大的德国农民战争》，下册，773 页，北京，商务印书馆，1982。

②　恩格斯：《德国农民战争》，见《马克思恩格斯全集》，2 版，第 10 卷，490 页，北京，人民出版社，1998。

与天主教有许多共同点，大家都是基督的战士，应当互相"宽容"与"协商"，以便"生活在一个基督教会里"。路德一再强调的唯信称义的"唯"字不翼而飞，以便天主教会也能接受。告白是路德派的改革从生气勃勃的资产阶级改革堕落成诸侯宗教改革的重要标志。恩格斯愤怒地指出：这是"一场施展权术、妥协变通、玩弄阴谋和握手成交的丑恶把戏，其结果就是奥格斯堡告白，也就是经过讨价还价而最终议定的改革后的市民教会的章程"；从此，路德的宗教改革蜕变成"市侩性质"的"官方宗教改革"。[1] 11月19日，议会里的天主教多数派通过决议，宣布从1531年4月15日起将用武力镇压路德派。路德派在萨克森的山城施马尔卡尔登开会商量对策，决定结成同盟，反击对他们的指控和袭击。1531年2月，同盟正式签订盟约，是为"施马尔卡尔登同盟"[2]。

皇帝查理五世知道，不可能用武力压服路德派，又适逢土耳其人进攻维也纳，所以决定改用和解政策。1532年7月，纽伦堡帝国议会正式宣布：在召开新宗教大会以前实行宗教和解，不得因宗教问题起诉一个邦。德国的宗教和解大致维持了十几年，路德派势力乘机发展，甚至丹麦、瑞典和挪威也先后建立路德派教会。1546年，查理五世与萨克森公爵莫里斯订立同盟，以他当选侯为条件，把他从施马尔卡尔登同盟里拉了出来。接着调动军队，于1547年4月在米尔堡全歼新教徒军队。皇帝的胜利，引起新旧教诸侯的广泛不满。1552年1月，莫里斯顺风转舵，与法国签订《尚贝密约》，共同反对查理五世，差一点把他活捉。5月，莫里斯在帕绍召开诸侯会议，决定另行召开有两派诸侯代表参加的会议解决分歧，在新会议召开前无限期延长宗教和解，是为《帕绍条约》。查理五世决定与法国人算账，带兵围攻梅斯不克，威信急剧下降，只好把处理德国内部事务的权力交给其弟费迪南德一世。1555年9月，费迪南德一世正式签署《奥格斯堡宗教和约》。和约规定："教随国定"，即诸侯有权决定臣民的信仰；路德教取得合法地位，不服从者迁走；《帕绍条约》前没收的教产合法。和约是欧洲第一个宽容新教的和约，当然是路德派的巨大胜利，但其他新教，如加尔文教等不包括在内。有人说和约确立了信仰自由，不过这种信仰自由是属于

---

① 恩格斯：《德国农民战争》，见《马克思恩格斯全集》，2版，第10卷，488～489页，北京，人民出版社，1998。

② 施马尔卡尔登同盟的势力很大，不仅德国的重要城市纷纷入盟，而且丹麦和英国也申请加入，迅速成为德国和西欧令人瞩目的重要政治力量。

诸侯的，群众没有份。和约签订的同时，查理五世宣布退位，帝国瓦解。

《奥格斯堡宗教和约》缔结以后十年左右，是路德派宗教改革势力最强大的时期，但其内部出现了严重分歧，彼此以异端对待，逐渐衰落。

第二节　宗教改革的发展和罗马天主教会的反扑

一、瑞士的宗教改革

马丁·路德的宗教改革半途而废，堕落成诸侯手里的工具。然而，历史发展的规律是不能改变的，封建制度的灭亡和资产阶级的兴起是不可避免的。芳林新叶催陈叶，流水前波让后波。路德失败后不久，在瑞士的苏黎世和日内瓦，先后由茨温利和加尔文继续倡导宗教改革。乌尔利希·茨温利（1484—1531 年）与路德一样，都主张《圣经》是信仰的基础，否认教皇是上帝的代表，谴责斋戒、炼狱、赎罪券和教士独身，力主简化宗教仪式以建立廉俭的教会。不同的是，他比路德更激进，主张组织民主，信徒有权选举牧师，还主张废除《圣经》没有规定的仪式。茨温利的宗教改革在罗马教廷和瑞士反动势力的镇压下以失败告终，没有建立独立的教会组织，许多成员后来加入加尔文教。加尔文则不同，他的宗教改革理论和实践突出地代表了资产阶级利益，并在日内瓦取得胜利，建立了政教合一的资产阶级共和国，对欧洲的资产阶级革命产生了极大的影响。

让·加尔文（1509—1564 年）生于法国北方皮卡迪的努瓦荣。父亲是主教的秘书，母亲是旅店主的女儿。他在巴黎大学和奥尔良大学读书期间，受到人文主义和路德宗教改革的影响，1534 年成为新教徒。1534 年 10 月，加尔文改名换姓逃到巴塞尔，以躲避政府的迫害。1536 年 3 月出版名著《基督教要义》4 卷，分别以圣父、圣子、圣灵和教会命名。该书附有给法王弗朗西斯一世的信，驳斥他对新教的诽谤。1559 年出版最后修订版，计80 章，为初版的 5 倍。《基督教要义》是加尔文毕生研究新教和在日内瓦从事宗教改革政治活动的总结，是影响极大的新教百科全书。同年 4 月，由于偶然的原因，加尔文来到日内瓦。日内瓦一带资本主义生产发展很快，市民阶级迫切要求宗教改革。加尔文来到后不久，日内瓦在伯尔尼支持下赢得了反对萨伏依公爵斗争的胜利，成为独立的共和国，十分有利于宗教改革运动的开展。

加尔文也主张人只有靠信仰才能得救，反对盲从天主教会，也攻击自由意志。他把信仰得救又解释成先定论，认为那是他整个宗教观的核心，否认先定论就是否认上帝。先定论又译"预定论""前定论"，在加尔文看来，就是"上帝的永恒旨意，就是神自己决定，他对世界的每一个人所要成就的。因为人类被创造的命运不都是一样的；永恒的生命是为某些人前定了的，对于另一些人，却是永远的罪刑"[①]。永生和永罚、成功和失败，甚至贫富荣辱，在加尔文看来都是上帝先定的，人的意志无法改变。用先定论否定对教皇的盲从以及封建主的出身和特权的意义，在宗教改革时期有积极意义。然而，把资产阶级的发家致富和劳动人民的受苦受难也说成是上帝的先定，却掩盖了资本主义剥削。先定论是资产阶级反对封建制度的理论，也是奴役劳动人民的工具。

加尔文把先定论说得玄而又玄，说它是上帝的最隐秘处，只能崇拜，不能了解，想在上帝教导以外去了解先定论是愚蠢的，就像钻进死胡同里一样；只能根据《圣经》去了解先定论，上帝住嘴我们也住嘴，不再追问。在16世纪，世界市场开始出现，商业和价格变动剧烈，殖民掠夺开始。那时候，发财或破产、成功或失败，不是人的意志所能决定得了的，而是取决于未知经济力量的摆布。人们不认识这种经济力量，只好把它说是神。其实，这位神就是商品生产和商品交换的规律，即"价值规律"。

加尔文主张大大简化教会组织及其仪式，规定神职人员由信徒民主选举产生，从而彻底改革了教会组织。天主教会的七礼被废除，只保留洗礼和圣餐礼，也不许望弥撒、崇拜偶像、朝圣和斋戒。除牧师、教师、长老和执事外，其他神职人员一律精减。牧师负责讲解《圣经》、施行圣礼、执行圣诫、发出规劝。教师是日内瓦学校领导人，负责对全体市民的宗教教育。执事经管捐款和教会收入，用以发放神职人员薪俸、维修教堂和济贫。长老是领导人，负责监视每个人的行为，又是权力很大的宗教法庭成员。加尔文还要求长老品德高尚、完美无缺，敬畏上帝高于一切，在精神上能深谋远虑。在加尔文教会里，长老的地位突出，人称"宗教改革的警察"，所以又称"加尔文教会"为"长老会"。牧师、教师、长老和执事均由信徒投票选举产生。加尔文说：古代教会就是这种民主和简单的组织，教皇制出现后遭到破坏，当务之急就是恢复古代的这种教会。他虽然高举恢复古代教会组织的旗帜，但并非原封不动地恢复古代教会。他精心描绘的古代

[①] ［法］加尔文：《基督教要义》，中册，350页，香港，金陵神学院托事部、基督教辅侨出版社，1957。

教会图景，实际是庞杂、腐朽的天主教会的对立物，是资产阶级中意的廉俭教会。民主选举也不是毫无限制的。组织简化和民主选举的结果，不过是建立一个资产阶级层层控制的加尔文教会。

加尔文的国家观是保守的。他与路德一样，神化一切国家政权和官吏，认为它（他们）代表神进行统治。群众对官吏，即使是对暴君，也只能尊敬服从，千万不能激起骚乱。遇到暴君，群众应先"省察自己"如何违背了神的旨意，对其命令最多"置若罔闻"，千万不能自己去纠正暴政。特殊情况下，三级会议可以出面反对暴政。用什么方法反对，他没有回答。加尔文的国家观比他的宗教观大为逊色。

1537 年 1 月，加尔文向日内瓦议会提出新市政府方案，未获批准。接着，反对派在议会选举中获胜，加尔文以异端罪被驱逐出境，暂居斯特拉斯堡。1541 年 9 月，改革派重新上台后加尔文回到日内瓦。11 月，加尔文对 1537 年的方案加以修改，制定《日内瓦教会条例》（又译《教会宪章》），要求成立由长老、牧师和市政官员组成的宗教法庭，监视人们的生活和行动。宗教法庭每星期四举行例会，称"星期四晨会"。加尔文经常出席法庭例会，是法庭实际负责人。他注意法治，强调以法治国。他说：法律是国家政治的神经，是无言的官吏，官吏则是发言的法律。他为日内瓦郊区农村制定的法规对群众的控制很严，动辄警告和罚款。对念玫瑰经、崇拜偶像、朝圣、望弥撒、斋戒、遵行宗教节日以及攻击上帝语言或渎神的人进行劝说、监禁、罚款和送法庭处理。不许唱歌、跳舞、醉酒、赌博、吵架，否则也照此处理。

加尔文为日内瓦的宗教改革和共和国的巩固做了大量工作，但也遭到反对派的仇恨。1555 年，加尔文镇压反对派，完全控制了日内瓦。日内瓦的宗教法庭取得开除教籍的权力。加尔文晚年越来越独断专行，听不进不同意见。1551 年，医生杰罗姆·波尔赛克在群众大会上公开批评先定论，被加尔文审判并驱逐出境。著名的西班牙学者米格尔·塞尔维特因批评《圣经》和三位一体，长期受天主教会迫害，逃到日内瓦后被加尔文逮捕。加尔文亲自审讯，以判死刑逼他承认错误。塞尔维特说："我的言行正确，不怕死；你们诽谤我的学说，但拿不出有分量的证据；我将为自己的学说和真理而勇敢地死去！"1553 年 10 月 23 日，他昂首挺胸走上刑场。有人劝他承认错误，为时未晚。塞尔维特不屈地摇摇头，英勇地死去。恩格斯愤怒地指出："值得注意的是，新教徒在迫害自由的自然研究方面超过了天主教徒。塞尔维特正要发现血液循环过程的时候，加尔文便烧死了他，而且还活活地把他烤了两个钟头。"① 对于此事,著名人文主义者、教师塞巴斯梯安·卡斯特里奥曾提出抗议,长期遭迫害,被迫离开日内瓦。一般的再洗礼派成员被驱逐或被迫害致死的就更多了。人称"加尔文"是"新教的教皇","日内瓦"是"新教的罗马",不是没有道理的。

1559 年,加尔文创立日内瓦学院,即后来的日内瓦大学,作为进行教育和培训干部的最高学府,培训的牧师接连不断地派往法国、英国、德国、尼德兰和意大利。加尔文的学说更越出日内瓦一隅,在西欧资本主义比较发达的国家和地区广泛传播,为 16 世纪的尼德兰革命和 17 世纪的英国资产阶级革命提供了意识形态的外衣,为消灭封建制度和资产阶级掌握政权立下了汗马功劳。

二、耶稣会的成立

宗教改革运动的发展和传播,沉重地打击了天主教会和摇摇欲坠的西欧封建制度。为了挽回败局,罗马天主教会猖狂反扑,最重要的举措就是成立耶稣会和召开特兰托会议,但再也无法恢复到宗教改革以前的状况了。

在天主教会的反动活动中,耶稣会是最重要的工具。耶稣会是伊格纳修·罗耀拉(1491—1556 年)创立的一个天主教修会,目的是反对宗教改革、保卫教皇和传播天主教。罗耀拉行伍出身,在战斗中炸伤腿部,终身跛足。他在养伤期间读了不少宗教书籍,变成一个狂热的天主教徒。他脱去贵族服,换上乞丐装,夜以继日地祈祷圣母马利亚。不久,他着手编写《精神训练》(又译《神操》),奠定了耶稣会的思想基础。罗耀拉曾赤足经意大利去耶路撒冷,回来后觉得需要学习,先后在巴塞罗那、萨拉曼加等地的学校攻读神学,最后进入巴黎大学。

1534 年 8 月,在巴黎大学学习的罗耀拉等人,在蒙特马特的圣马利亚教堂宣誓独身、清贫和献身上帝的事业,这就是耶稣会的雏形。1540 年 9月,教皇正式批准耶稣会成立。罗耀拉说,他们是"与上帝的敌人作战的军队,是把身心献给我主耶稣基督及其在世代表的人们",故名"耶稣会",或称"耶稣军"。

罗耀拉为耶稣会制定了严格的规章和军事化的组织原则。他在耶稣会

---

① 恩格斯:《自然辩证法·导言》,见《马克思恩格斯选集》,2 版,第 4 卷,262～263 页,北京,人民出版社,1995。

章程和《精神训练》中规定：会士除立一般修会所有的听命、贞洁和清贫（又称"三绝"，即绝财、绝色、绝意）三个誓愿外，还要立最重要的一个誓愿，即绝对服从教皇和上级。章程明文规定："下级应像对待基督本人那样对待上级。下级服从上级，应像死尸那样可以任意摆动，应像手杖那样随便使用，应像蜡团那样可以任意揉搓，应像钉在小十字架上那样能够随意移动。"耶稣会的理论家甚至说：如果教皇命令作恶和禁止修德，那就必须坚信作恶是好事，修德是坏事，否则就犯了违背良心的罪，因为教会必须服从教皇的判断，遵照教皇的指示办事；必须坚信，凡教皇指示的便是善，教皇禁止的便是恶。耶稣会按军事原则组织起来，最高领导人是总会长，又称"将军"，常驻罗马，人称"黑衣教皇"。罗耀拉是首任将军。将军由 7 名元老会士组成的参谋部辅佐，但不妨碍他独断专行。将军之下设省区，统辖若干国家耶稣会的活动，如有德国法国省区、葡萄牙西班牙省区、海外省区等。耶稣会成员分 4 等，即见习会士、教师、会士和核心分子，各级头目主要由后两种人充任。

耶稣会与一般修会不同，会士不必遁迹山林、独居苦修，不必穿僧衣，但要钻进宫廷、结交显贵，或办学校、开医院，用一切办法为天主教会服务。耶稣会主张为了达到目的不择手段，为了保卫教皇和天主教会，什么手段都可以用，如暗杀、投毒、收买和背信弃义等。在法国，它唆使狂热天主教徒刺死亨利四世（1610 年）。在英国，它阴谋暗杀詹姆斯一世（1605年）。17 世纪初，波兰立陶宛王国炮制两个伪底米特里（冒充沙皇伊凡四世的儿子）侵入莫斯科，都有耶稣会插手，而且第二个伪底米特里本人就是耶稣会士。耶稣会声名狼藉，许多国家先后下逐客令。1773 年教皇被迫解散耶稣会，但不久又予以恢复。

耶稣会很重视在亚洲、非洲和美洲活动，为西方殖民者效劳。1540 年，核心会士弗朗西斯·泽维尔（旧译方济格·沙勿略）受教皇和葡萄牙国王的派遣，先后到达印度的果阿和日本，后来病死在中国广东省珠江口外的上川岛。他是最早到达印度、日本和中国的耶稣会士。1581 年（明万历十一年），意大利籍耶稣会士罗明坚、利马窦先后到澳门，并在广东肇庆建堂传教。1603 年，利马窦在北京建堂传教（宣武门内之南堂），这是北京最早的天主教堂。他还结识进士徐光启、李之藻等，向神宗献自鸣钟、八音琴、三棱镜，介绍西方天文、历法、教学和军事方面的知识，对中西文化交流有积极意义。

三、特兰托会议

自路德发动宗教改革之日起，召开宗教会议以改革教会的呼声日益高涨。1544年1月，查理五世与弗朗西斯一世签订《克雷皮和约》，意大利战争暂时告一段落。在战争中获胜的查理五世与教皇商量召开一次新宗教会议，以扑灭新教与日益高涨的革命运动。经过反复磋商，最后确定在一个以意大利人为主的帝国城市特兰托召开。

1545年12月13日，特兰托会议正式开幕。会议分为三个阶段，断断续续开了18年之久。第一阶段从1545年12月13日到1547年6月2日，先在特兰托开会，后改到博洛尼亚，主要讨论《圣经》、原罪和称义问题。会议进行期间，查理五世伙同莫里斯在米尔堡全歼新教徒军队（1547年4月），教皇便以特兰托有瘟疫为理由，要求会议南迁博洛尼亚。查理五世十分恼火，命令西班牙主教不得离开特兰托。帝国议会拒绝承认南迁的代表资格，会议陷于分裂。

新教皇朱利叶斯三世登台后，与查理五世商妥再开特兰托会议，是为会议的第二阶段，从1551年5月1日到1552年4月28日，主要讨论圣礼问题。1559年，教皇庇护四世即位，妄图把仍然忠于罗马的国家和地区联合起来，抵挡蓬勃发展的宗教改革洪流。他与费迪南德、弗朗西斯二世等德国、法国头头商定重开特兰托会议。这是会议的第三阶段，从1562年1月18日到1563年12月3日。

天主教会称特兰托会议为"第19次公会议"，并认为它在教会历史上具有划时代的意义，称之为"代表罗马天主教的中兴"。1564年11月，庇护四世根据特兰托会议的决定发布《特兰托会议信纲》。天主教会说：信纲是继《使徒信经》《尼西亚信经》和《亚大纳西信经》①之后的最重要的文献，一切信徒必须服从。

特兰托会议针对新教提出的唯信称义和《圣经》是信仰的根据，做出决议：包括新旧约和外典（即《圣经》外传，指《圣经》未收入的公元前

---

① 《信经》是基督教的信仰纲要，受洗入教时必读。《使徒信经》传说出自使徒，约成书于公元2世纪。《尼西亚信经》是根据公元325年尼西亚会议的决定、由尚未入教的君士坦丁皇帝定稿的《信经》，内容稍详。《亚大纳西信经》传说由4世纪希腊教父亚大纳西写成，内容烦琐。

后的历史、传奇和启示著作）在内的《圣经》以及不成文的口传教义，都是权威性的，应当受到同等尊重。一些代表反对将口传教义置于同《圣经》同等的地位，质问口传教义包括哪些内容和哪些人的口传。尽管许多人认为是正确的，大会决议仍然重申天主教的传统观点。关于七礼，决议认为都是耶稣创立的，一个不能多，一个不能少，谴责不经圣礼只凭信仰就能称义和基督教徒皆教士的说法。决议坚持弥撒、变体论、炼狱，甚至坚持赎罪券是正确的，丝毫不让步。

特兰托会议的决议，连在天主教会内部也不能被无条件接受。威尼斯、西西里、那不勒斯、佛兰德尔、葡萄牙、西班牙，甚至德国的天主教诸侯，都有所保留。法国不满决议中不利于王权和民族教会的内容，拒绝以国王的名义公布。波兰国王愿意接受决议，但议会以特兰托会议没有波兰代表为理由加以拒绝。完全接受决议的只有瑞士的几个天主教州。可见罗马教皇和天主教会已经威信扫地到什么程度了。

罗马教廷除成立耶稣会和召开特兰托会议进行猖狂反扑外，还加强对思想文化领域里的控制，如一再开列禁书目录，迫害宗教改革家和进步作家。宗教裁判所，即异端裁判所的活动加强了。从1559年到1560年的两年里，西班牙的宗教裁判所进行了五次大屠杀，几乎杀尽了那里所有的新教徒。许多进步的科学家、哲学家横遭迫害，有的被迫害致死，为坚持真理和发展科学献出了宝贵的生命。

历史在前进，时代在前进，罗马天主教会的倒行逆施最后以失败而告终。西欧和北欧许多国家先后建立独立的民族教会，其形式因地而异。经过反复斗争，终于摧毁封建制度，首先在西欧建立资本主义制度，揭开了人类历史上新的一页。

复习思考题

1. 试评马丁·路德。
2. 试析德国农民战争的主要纲领。
3. 比较路德与加尔文的宗教改革。

第十章　封建制度解体时期的西欧诸国

15、16 世纪，资本主义关系在西欧诸国普遍产生，西欧封建社会进入解体阶段。在英国和法国，城乡资本主义关系迅速发展，社会结构和阶级结构出现重大变化，专制君主制逐渐确立，国家机器日益完备，政治制度上进入君主封建专制时期。在尼德兰，爆发了人类历史上第一次成功的资产阶级革命，建立了荷兰共和国。17 世纪初，爆发了欧洲第一次大规模的国际冲突——三十年战争。战后，德国被肢解，法国夺得欧洲霸权。

第一节　英国

一、都铎王朝的专制统治

英国封建专制君主制，始于都铎王朝（1485—1603 年）的统治。1485年，参与"玫瑰战争"的兰开斯特家族的支裔·里士满伯爵亨利·都铎，依靠法国和约克家族归兵降将的支持，在战争中获胜。同年夺取王位，称亨利七世（1485—1509 年在位），建立都铎王朝。他即位之初，英国秩序混乱，财政窘迫，尚存的大贵族势力仍对王权构成威胁，内战随时有可能再起。面对这种局面，亨利七世依靠新兴资产阶级和新贵族，采取一系列果断措施，迅速平稳局势，加强王权，初步建立起专制君主制度。为了彻底消除内战隐患，1486 年，亨利七世与约克家族爱德华四世的女儿伊丽莎白结婚，从而解决了兰开斯特家族与约克家族的长期对立和纷争，并把结合在一起的红白玫瑰定为自己的族徽，作为结束两大家族世仇的象征。亨利七世无情镇压贵族叛乱，多次战胜王位争夺者的挑战。1487 年和 1504 年，他先后颁布法令，解散大贵族的家臣私兵，平毁贵族堡垒，特设"星室法庭"。星室法庭可不受一般法律程序的束缚，专门惩治叛乱贵族。在政府用人政策上，亨利七世进一步抑制大贵族势力，加强国王内廷权力，由国王直

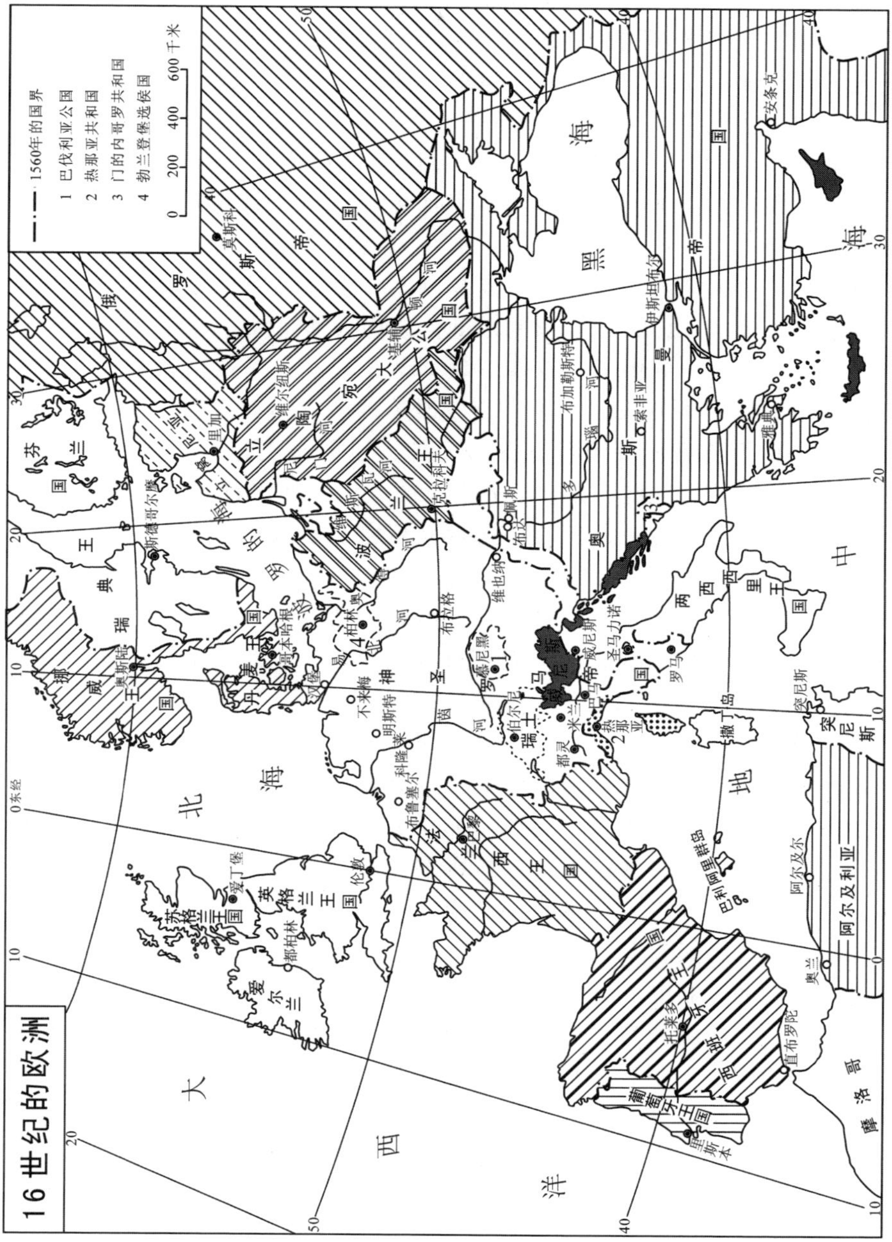

图10-1　16世纪的欧洲

接控制，同时重用被称为"乡绅"的"新贵族"和资产阶级分子。"新贵族"是资产阶级化的贵族，主要由被称为"乡绅"的中小贵族组成，也有一批商人和官吏。亨利七世在地方各郡多任命新贵族担任地方治安法官，掌管地方行政和治安工作。亨利七世的上述措施，为都铎王朝百余年的专制统治奠定了基础。

亨利八世（1509—1547 年在位）和伊丽莎白女王（1558—1603 年在位）统治时期，都铎王朝的专制统治更加稳固，国王的权力和尊严在英国史上达到顶峰。亨利八世统治初期，他在大臣托马斯·沃尔塞的大力扶持下，强化国王个人权力；后又在大臣托马斯·克伦威尔的辅佐下，实行宗教改革和行政改革。1534 年，亨利八世促使国会通过《至尊法案》①，确立了国王在英国宗教事务中的"至尊"领袖地位。从此，英国教会成为专制王权的御用工具。亨利八世还进行行政改革。一方面，亨利八世将原先的国王秘书提高为首席国务大臣，首席国务大臣上承王命，下辖专门官署，实为政府机构的首脑。担任首席国务大臣的人出身都比较低微，忠于国王，是国王的重要辅佐。另一方面，正式设立枢密院，其成员多为新贵族。枢密院为政府的行政中枢，主持星室法庭，掌握最高司法权，负责任命和监督地方治安法官。伊丽莎白即位后，重申国王的"至尊"地位，巩固枢密院作为政府行政中枢的权力，有效实行专制统治。至此，都铎王朝的专制统治达到顶峰。

都铎王朝统治时期，国会在都铎王朝专制统治的逐步强化中发挥了重要作用。这个时期大贵族在国会中的势力日益减弱，大量的新贵族进入国会，给专制王权以巨大支持。当然，都铎王朝的许多重大法令仍需通过国会这一传统政治机构的认可，这就是所谓"国会认可"的君主专制。这是英国封建专制制度在形式上的重要特点。另外，都铎王朝历代国王也试图控制国会，使国会成为专制王权工具。

都铎王朝的专制统治出现在英国由封建社会向资本主义社会过渡时期。那时，新兴资产阶级和新贵族正处于成长阶段，需要有强大的王权维持国家的统一和稳定，保护和扶持工商业的发展，因此支持专制王权。专制王权也需要资产阶级和新贵族的支持，以便经济上获得雄厚财力，政治上借新兴阶级的力量，消除当时专制王权面临的主要威胁——封建大贵族势力。

① 《至尊法案》译文，见北京师范大学历史系世界古代史教研室：《世界古代及中古史资料选集》，619 页，北京，北京师范大学出版社，1999。

这种特定的历史背景决定了都铎王朝的专制统治具有双重作用：一方面，都铎王朝推行重商主义的经济政策，扶持工商业的发展，从而保护并推动了资本主义关系的发展；另一方面，作为封建统治王朝，都铎王朝必然要维护封建剥削阶级的整体利益和贵族阶层的特权地位。因此，随着英国资产阶级力量的进一步强大，他们对专制王权的态度逐渐由过去的支持变为反对。都铎王朝统治末期，英国资产阶级已开始掀起反对专制制度的斗争。

二、宗教改革

在封建制度解体时期的西欧，资本主义关系的发展和专制王权的强化往往伴随着另一种发展趋势，即各国逐渐摆脱罗马天主教会这一中世纪西欧封建神权统治的巨大国际中心的控制，建立附属于王权和政府的民族教会。宗教改革前，英国教会仍属罗马教廷控制。15 世纪末 16 世纪初，教会掌握英国 1/3 左右的地产，教会封建主向耕种其土地的农民征收贡赋，并且还设立了各种名目的税项，巧取豪夺，聚敛财富。据估算，至 1500 年，教会和修道院的财富约占当时英国总财富的 1/5 左右。罗马教廷每年还以岁贡的形式从英国攫取大量钱财。不仅如此，罗马教皇在英国还享有政治特权，可派遣使节常驻英国，代表教皇的意志干预英国教俗事务。都铎王朝统治以来，随着人文主义和宗教改革思想的传播，英国社会各阶层的反教会情绪日益高涨。新兴资产阶级和新贵族对教会享有广泛的经济特权强烈不满，要求夺取教会的土地和其他财产；逐渐强大起来的专制王权也难以容忍罗马教廷对英国政治的干预和教会的政治特权，试图把教会改造成为专制王权的统治工具；日益增长的民族意识也要求国家在本国宗教事务中拥有自主权，排除外来势力的干涉。这些愿望在亨利八世进行的自上而下的宗教改革过程中不同程度地得以实现。

亨利八世本为正统的基督教徒。他曾热心维护罗马教廷和教皇的尊严，坚持天主教会正统教义，残酷镇压新教异端。他曾亲自出马，攻击路德的宗教改革思想，竭力遏制新教在英国的传播。1521 年，亨利八世撰写《述七圣礼斥马丁·路德》一文，驳斥路德的宗教改革主张，认为教皇是基督教徒的最高领袖，一切教会和教徒都应服从教皇的统治，并且表示愿以自己的身心，坚决捍卫教皇的领袖地位。为此，亨利八世还获得教皇利奥十世授予的"信仰卫士"的称号。但是，在 16 世纪，实行宗教改革已成为包括英国在内的西欧诸国社会各阶层的普遍要求。作为专制君主，亨利八世把宗教首先作为一种政治谋略和手段，使宗教服务于政治。当教权妨碍专制王权时，亨利八世就不能容忍了。正是出于加强专制王权的需要，当时机成熟时，亨利八世决定利用自己的婚姻问题，进行一场自上而下的宗教改革。

亨利七世曾执行婚姻外交政策。1497年，他与西班牙订立条约，规定：英王子亚瑟（亨利八世兄长）与西班牙公主凯瑟琳订婚，英西联姻，和德国一起共同对付法国。亨利八世即位后，继续执行这种政策，娶此时已成为神圣罗马帝国皇帝查理五世的姨母、自己的寡嫂、西班牙公主凯瑟琳为妻。随着英国国势的增长及国际形势的变化，英国与西班牙的关系逐渐恶化，亨利八世转而要与法国结盟。此时，凯瑟琳已年逾40，没有男嗣。因此，亨利八世决定离婚再娶。按照当时教会规定，此事要经罗马教皇批准，方为合法。亨利八世便向罗马教皇克莱门特七世提出离婚请求。当时的罗马教皇完全受制于查理五世，故教皇使用各种手段，一再拖延，拒不批准。亨利八世决定利用这一事件，与教皇断绝关系，使英国摆脱罗马教廷和教皇的控制，进一步强化专制王权。1529—1536年，亨利八世在托马斯·克伦威尔等改革派人士策划下，接连召开了八次国会，通过了一系列改革教会的法令，开始实行宗教改革。1529年11月，国会通过减少教会财富及其权力的法令。1531年1月，亨利八世又指控凡接受教皇驻英使节命令的人均属背叛国王，宣称只有认罪悔过并缴纳巨额赎罪金才可免受处罚。王室因此从教会手中获得了巨额罚金。1532年，国会又通过一项法案，规定教会立法必须经国王批准方可生效。次年，亨利八世利用国会向教会施加压力，迫使教会通过决议，承认这项法案，并且规定：教会向罗马教廷缴纳的年贡改交国库，禁止英国教、俗人员向罗马教廷上诉，取消教皇法庭在宗教方面的最高司法权和教皇任命英国主教及其他神职人员的权力。1533年，亨利八世任命改革派低级教士、忠于他的克雷默为坎特伯雷大主教，具体领导英国教会。为此，教皇克莱门特七世宣布革除亨利八世的教籍。1534年，英国国会通过著名的《至尊法案》，规定：国王为英国教会最高首脑，拥有处理英国教会事务的一切权力，教皇无权干涉英国教会事务；教会召开宗教会议，事先必须经过国王的同意；现行教规须经国王指定成立的"三十二人委员会"审查，凡与国家法令相抵触者一概废除；教会法庭的职权移交国王法庭，政府掌管惩治异端的权力；同时还宣布保留天主教主教制、基本教义和仪式。此项法案标志着英国教会与罗马教廷最终断绝关系，英国民族教会正式成立。1534年和1536年，国会又先后通过《继承法》和《叛逆法》，其中规定：凡反对国王对英国教会有至高权力、拒绝对《至尊法案》宣誓恪守者，均为叛逆，应以叛国罪处死。著名空想社会主义者托马斯·莫尔就因拒绝宣誓承认《至尊法案》被关进伦敦塔，后以叛国罪被处死。亨利八世为进一步打击教会势力，1536 年下令封闭修道院，没收修道院的房屋、土地、贵重物品及其他一切财产，转归王室所有。1536—1539 年间，英国共封闭男女修道院 630 余所，托钵僧院 200 所，遣散僧侣 8000 余人及在这些修道院服务的俗人 25000 人。这些修道院的总收入年值约 150 万镑。不久，王室将其中部分财产馈赠或廉价卖给国王的亲信和新贵族，从而造就了一批拥护宗教改革和都铎王朝专制统治的社会阶层，给英国社会经济的变革带来了深远的影响。

亨利八世统治末期，随着宗教改革的深入进行和新教思想的广泛传播，亨利八世日益感到，改革的深入会危及专制王朝自身的统治，因而开始惧怕改革，一再强调必须尊行天主教的基本教义和仪式，并迫害改革派。1543 年，亨利八世颁布法令，禁止妇女和广大下层民众阅读英文《圣经》。爱德华六世（1547—1553 年在位）进一步推行宗教改革政策。1553 年，克雷默主教主持制定《四十二条信纲》，阐明教义、教令与国家的关系。同年废后凯瑟琳的女儿玛丽即位（1553—1558 年在位），称玛丽一世。玛丽一世是虔诚的天主教徒，在她统治时期重用旧贵族和天主教高级教士，天主教势力在英国一度恢复。1554 年，国会下令全国恢复天主教信仰，英国教会重新归属罗马教廷，恭请教皇遣回大贵族波尔，作为教皇代表主管英国教会，并宣布新教各派均为非法。1554 年，玛丽一世嫁给西班牙国王菲利普二世，英国外交政策受西班牙操纵，并卷入了西班牙的对法战争。1555 年，玛丽一世在国内开始血腥镇压新教徒，设异端裁判法庭。在她统治期间，以"异端"罪名被烧死者达 300 余人，故有"血腥的玛丽"之称。玛丽一世的内外政策遭到国内各阶层的强烈反对。1558 年，亨利八世次女伊丽莎白即位。她恢复了亨利八世的宗教改革政策，重建英国国教会。1559 年，重申《至尊法案》，要求所有神职人员必须宣誓效忠国王。同时，下令制定英国国教会的信仰纲要。1571 年，国会通过《三十九条信纲》，确定英国国教会的信条。信纲标榜信仰得救，强调《圣经》是信仰的根据，否认教皇的权力，规定用英语礼拜，但同时保留主教制和天主教的某些仪式。

改革后的英国民族教会称"英国国教会"，又称"安立甘教会"或"英国圣公会"。国王为国教会最高首脑，国教会必须服从国王的意志和国家的法令，实为都铎王朝专制统治的工具。英国宗教改革是英国最高统治者为强化专制王权、适应资本主义关系的发展和民族意识的日益成长，自上而下进行的一场宗教改革。因此，这场改革对 16 世纪英国社会经济的发展和专制制度的确立起了重要作用。但是，英国宗教改革并不彻底，国教会内部保留了较多的天主教成分，国教会和高级神职人员成为专制王权的忠顺工具。当资产阶级的力量进一步壮大之后，进一步改革就成为必然。16 世纪 60 年代后，国教会内部出现要求用加尔文教精神改革国教会，"清洗"天主教影响的教派，形成清教运动，信徒称"清教徒"。清教徒主要代表资产阶级和新贵族的利益，分为"长老派"和"独立派"。他们要求建立廉俭教会，反对专制王权。在伊丽莎白和随后的斯图亚特王朝统治时期，清教徒屡遭封建国家残酷镇压和迫害，但是清教徒的势力继续扩大。17 世纪 40 年代，羽毛已丰的资产阶级终于打着清教的旗帜，掀起了一场反封建制度的资产阶级革命。

三、海外贸易的发展和反对西班牙的斗争

都铎王朝统治时期，英国资本主义原始积累急剧进行，海外贸易迅猛发展。都铎王朝采取"重商主义"经济政策，扶持工商业发展，保护本国市场，鼓励出口，推动了海外贸易的发展。亨利七世在位时期，就向全国性海外贸易商人团体颁发经营特许状，使英商与垄断北欧贸易的汉萨同盟的德国商人竞争，并且通过外交谈判，订立有助于英国海外贸易发展的商约。亨利七世还开创了给造大船或向国外购买大船者补以津贴的先例，以鼓励远航，规定：凡建造或从国外购买一艘吨位在 80 吨以上的船只，每吨可获 5 先令的津贴。亨利八世和伊丽莎白沿用这种措施，积极推动海外贸易的发展。16 世纪以来，英国商人经国王的特许，组建了许多享有经营海外贸易特权的团体——海外贸易公司。主要有：莫斯科公司（1554 年）、波罗的海公司（1579 年）、利凡特公司（1581 年）、非洲公司（1588 年）、东印度公司（1600 年）等。这些公司凭借王室的特许，垄断某些地区的贸易。例如，莫斯科公司的特权是专营俄国和中亚一带的贸易，东印度公司则控制好望角以东国家的贸易。公司的组织形式有两类：一类是带有封建行会色彩的"规章公司"，其成员独立经营，公司对入会资格和贸易活动有若干限制性规定；另一类是股份公司，其经营和管理带有近代资本主义性质。公司的经营项目均以出口呢绒为主，兼营其他项目。这些公司的出现反映了英国海外贸易规模的迅速扩展。

英国海外贸易的发展是与海盗、走私、贩奴和殖民扩张等罪恶活动联系在一起的。海外贸易公司同时也是英国进行海外扩张和殖民掠夺的工具。普利茅斯船主霍金斯是英国第一个奴隶贩子。1562 年，他从几内亚把奴隶贩运到西印度群岛，是为英国贩奴的开端。后来霍金斯又多次远航西印度群岛，贩卖奴隶，获取巨利。伊丽莎白对他大加奖赏，授予"贵族"称号，加封海军要职。1588 年，英国成立非洲公司，专营贩奴贸易。

1588 年以前，西班牙是欧洲海上霸主。16 世纪中叶以后，英国海外贸易的发展，导致英国与西班牙之间的矛盾日益尖锐。伊丽莎白统治初期，英国的海军力量还比较薄弱，不敢与西班牙的强大舰队公开较量。于是伊丽莎白在外交上巧妙利用西班牙与法国、尼德兰之间的矛盾，削弱西班牙的势力。同时鼓励英国的海盗和走私活动，扰乱西班牙的航线，劫掠西班牙的商船和西属殖民地。英国海盗头目德雷克，曾奉女王之命，多次出海，袭击西班牙商船，掳获大量财富。1577 年，德雷克率领英国船队作环球航行，沿南美海岸大肆抢劫西班牙商船，满载而归。伊丽莎白为此授予他"爵士"头衔，以示奖赏。尼德兰革命爆发后，英国公开支持尼德兰反对西班牙的统治。西班牙则扶持英国天主教势力，组织颠覆活动，企图刺杀伊丽莎白，拥立信奉天主教的前苏格兰女王玛丽·斯图亚特继承英国王位。伊丽莎白揭穿了西班牙策划的这一阴谋，并于 1587 年下令以谋反罪处决玛丽·斯图亚特。英西之间的矛盾更加激化。1588 年，西班牙国王菲利普二世派遣包括 130 余艘战船的"无敌舰队"进攻英国。英国也派出舰队应战，由德雷克等人指挥。7 月下旬，双方舰队在英吉利海峡相遇。英国舰队利用战船轻便高速、运转灵活等优势，采取机动战术，运用远射程大炮攻击"无敌舰队"。经过两周左右的海战，英军重创"无敌舰队"。"无敌舰队"余舰在回港途中遭风暴袭击，损失惨重，几乎全军覆没。"无敌舰队"的溃灭标志着西班牙海上霸权的丧失。此后，英国开始夺得海上霸权。

第二节　法国

一、意大利战争

法国的君主专制开始于路易十一时期（1461—1483 年在位），中经查理八世和路易十二，到弗朗西斯一世（1515—1547 年在位）统治的前期明显加强。弗朗西斯一世集大权于一身，他发布的诏书常以"此乃朕意"作为结尾。1539 年的《维雷—科特莱敕令》规定：在官方文书中必须使用法语，不得再用拉丁语。法国君主专制建立的过程比较曲折，它因意大利战争和胡格诺战争而几度动摇，16 世纪末以后重新恢复并逐渐巩固。

富庶而长期分裂割据的意大利，早就是法国觊觎的对象。1494 年 10 月，法王查理八世应米兰之请，率军长驱直入，侵入意大利，次年 2 月占领那不勒斯①，意大利战争（1494—1559 年）正式爆发。法国的胜利引起意大利各邦以及西班牙和神圣罗马帝国的不安。1495 年 3 月，教皇、威尼斯、米兰、西班牙和神圣罗马帝国结成"神圣同盟"（又称"威尼斯同盟"），于同年 7 月大败法军于福尔诺沃（帕尔马附近），迫使其撤军。法王路易十二上台以后，施展外交手腕把威尼斯拉到自己方面来，拆散"神圣同盟"，并与西班牙结盟，派兵先后再占米兰（1499 年）和那不勒斯（1501 年）。后因分赃不均，1503 年年底法军被西班牙逐出意大利。意大利战争第一阶段结束。

1509 年春，意大利战争第二阶段开始。神圣罗马帝国皇帝慑于威尼斯的强大，在教皇支持下，与法国缔结"康布雷同盟"。1509 年 5 月，法军在米兰附近的安杰洛大败威尼斯人，重新占领意大利北部。教皇翻手为云，覆手为雨，1511 年 10 月与西班牙、威尼斯、瑞士（后英国和神圣罗马帝国参加）重订"神圣同盟"，声言要从"野蛮人"（指法国）手里解放意大利。几经战斗后，法国又被挤出意大利。

1515 年 1 月，富于冒险精神的弗朗西斯一世上台，决定重启战端，意大利战争进入第三阶段。同年 9 月，法军击败瑞士雇佣兵于马里尼亚诺，重占米兰。1516 年，法国与教皇签订《博洛尼亚协定》，变法国教会为专制王权的支柱。1519 年，西班牙王查理一世当选神圣罗马帝国皇帝，称查理五世，统治西班牙、德国、尼德兰和那不勒斯等广大地区，形成三面包围法国之势，双方的矛盾日趋激化。1521 年 5 月，神圣罗马帝国皇帝和教皇缔结同盟，共同反对法国。翌年 4 月，德军攻占米兰。接着，查理五世伙同英王亨利八世和弗朗西斯一世的对头波旁公爵分三路攻打法国，企图予以肢解。弗朗西斯一世率部直扑帕维亚，意在一举拿下米兰。1525 年 4 月，法军防线被突破，弗朗西斯一世受伤被俘。1526 年 1 月，双方缔结《马德里和约》，法国被迫放弃对米兰和那不勒斯的领土要求，承认勃艮第、普罗旺

---

① 1492 年，那不勒斯与佛罗伦萨阴谋瓜分米兰，米兰向法国求援。1494 年 1 月，那不勒斯国王费迪南德死，查理八世声称有权继承其领地，遂出兵占领了那不勒斯。

斯和多菲内独立，诺曼底、安茹、加斯科涅和歧恩归英国。法国被肢解。然而，弗朗西斯一世获释后宣布和约无效，又与米兰、威尼斯、佛罗伦萨、教皇组成"科涅克同盟"（1526 年 5 月），反对查理五世。1527 年，德军攻陷罗马，恣意烧杀，许多艺术品被付之一炬。1529 年，双方签订《康布雷和约》，法国又被挤出意大利。为反对查理五世，弗朗西斯一世支持德国新教诸侯的"施马尔卡尔登同盟"，甚至联合不信基督教的土耳其人，鼓动阿拉伯人在西地中海闹事。1544 年，德军攻入法国，直逼巴黎，法方被迫签订《克雷皮和约》，重申《康布雷和约》有效。

1547 年，弗朗西斯一世死，其子亨利二世继位（1547—1559 年在位），意大利战争进入最后阶段。1552 年 1 月，亨利二世与萨克森公爵莫里斯签订《尚贝条约》，共同反对查理五世。同年 3 月，法军攻占图勒、梅斯和凡尔登。1558 年，两位国舅、洛林的吉斯公爵及其弟率领法军攻占卢森堡。

持续达 65 年之久的意大利战争使交战各方精疲力竭。1559 年 3 月 12 日，亨利二世与西班牙王菲利浦二世签订《卡托－坎布雷西和约》，正式结束了意大利战争。和约规定：法国收复加来，得到梅斯、图勒和凡尔登三个主教区，退出意大利；西班牙得到意大利大部地区，包括米兰、那不勒斯、西西里等。长期的战乱使意大利遭到严重破坏，经济衰落。查理五世的威信急剧下降，他的帝国在战争末期瓦解。法国战败后，国内矛盾加剧，爆发了长期内战，即胡格诺战争。

二、宗教改革的开始

百年战争末期，法国的王权日益强大。1438 年，查理七世颁布《布尔日国事诏书》。诏书根据巴塞尔宗教会议的决议①，宣布宗教会议的权力高于教皇，有权任命包括主教在内的高级神职人员和修道院长，除特殊情况外不向罗马缴纳上任年贡，任何未经初审的宗教案件不得上诉罗马。诏书虽未完全割断法国教会与罗马教廷的联系，却在一定程度上限制了教廷的人事、财政和司法权，向教会自主，即建立法国民族教会迈出了重要的一步。

---

①　1431 年，巴塞尔宗教会议通过决议，宣布教会议的权力高于教皇，有权任命各国的神职人员。教皇尤金四世拒绝承认，并于 1438 年在费拉拉另开会议。巴塞尔宗教会议将其废黜。

1516 年，弗朗西斯一世与教皇利奥十世签订《博洛尼亚协定》，取得任命法国高级神职人员的权力，但任命须经教皇批准，法国则部分恢复缴纳给罗马的上任年贡。法王往往推举亲信担任教会要职，或者把教职空起来占有其收益，实际上控制了法国的教会和教产，使之变成专制王权的支柱。① 由于法国的天主教会基本掌握在国王手里，所以法国没有进行广泛、深入的宗教改革。

1512 年，法国的人文主义者雅克·勒费弗尔·戴塔普尔提出接近后来路德的唯信称义思想。他认为称义完全是上帝白白的恩赐，与善功没有关系。1516 年，他与法莱尔等一批具有新思想的人前往莫城，与他的朋友、莫城主教威廉·布利松涅会合，人称"莫城小组"。莫城小组在弗朗西斯一世之妹昂古莱姆的玛格利特支持下积极活动，他们宣讲福音、撤去圣像，用法语做礼拜，影响很大。戴塔普尔并不否认教皇和教会的作用，他本人始终是天主教徒，但他的弟子中有不少人成为新教徒并为宗教改革运动做出了贡献。

1519 年，即马丁·路德贴出《九十五条论纲》、点燃宗教改革运动烈火后不久，巴黎街头公开出卖他的著作。弗朗西斯一世赞成路德政权高于教权的思想，同时也出于外交考虑，公开支持德国的新教诸侯，对法国的新教徒暂时采取容忍态度。1534 年 10 月，宣传宗教改革的传单贴满巴黎和奥尔良的大街小巷，甚至贴在王宫的大门上，史称"传单事件"。以勇敢著称的"骑士国王"弗朗西斯一世被群众运动吓破了胆，转而迫害新教徒，以维护封建统治。于是，300 多新教徒被捕，几十人被烧死。这时，加尔文受到迫害，难以立足，改名换姓逃往巴塞尔，继续从事宗教改革活动。

从 16 世纪 40 年代起，加尔文教在法国流传。在南方的普罗旺斯和朗格多克，有分立情绪的贵族和一部分资产阶级分子皈依加尔文教。法国南方并入王室较晚，仍保有中世纪某些特权，再加上国王常从北方贵族中选派人员去南方担任官吏，因而引起南方贵族对中央的不满。1544 年，弗朗西斯一世与查理五世签订新的和约后，变本加厉地迫害新教徒。根据 1545 年的敕令，有 3000 多人被杀，其中包括许多妇女和儿童。亨利二世上台后，设立专门法庭迫害新教徒，人称"火焰法庭"。进入 16 世纪 50 年代以后，巴黎、莫城、奥尔良、里昂等地的加尔文派开始建立独立的组织。加尔文

---

① ［英］托马斯·林赛：《宗教改革史》，上册，27、28 页，北京，商务印书馆，1992。

不断派遣经过培训的牧师从瑞士潜回国内，做了大量宣传和组织工作。1559 年 5 月，在加尔文的倡议下，法国的加尔文教徒在巴黎市郊的圣日耳曼举行首次代表大会，成立法国新教会。法国的加尔文派教徒称"胡格诺"，意思是"同盟者"。

1559 年 7 月，即《卡托—坎布雷西和约》签订后不久，亨利二世去世，年仅 15 岁的太子即位，称弗朗西斯二世（1559—1560 年在位）。弗朗西斯二世体弱多病，由两位外戚（王后的两位叔叔）掌握实权：一个是吉斯公爵、王国军队统帅弗朗西斯，另一个是其弟、负责内政的洛林红衣主教查理。吉斯集团得到东北部和中部贵族的支持，以天主教信仰捍卫者的面目出现。与吉斯集团对立的是纳瓦尔国王、弗朗西斯一世妹夫、波旁家族的安托万及其弟贡德亲王路易，还有海军上将、夏蒂隆家族的加斯帕德·科里尼。他们打着加尔文教的旗帜，称"胡格诺集团"，主要势力在南方。新旧教两派贵族集团争夺国家最高权力的斗争愈演愈烈，安托万公开表示要从吉斯集团的横暴中拯救国王。

1560 年 12 月，弗朗西斯二世死，10 岁的查理九世（1560—1574 年在位）继位，太后、美第奇家的凯瑟琳摄政。她想调和两派贵族集团之间的矛盾，或者拉一派打一派，以维护王权和已建立起来的君主专制。她任命主张和解的政治家米歇尔·德·洛斯比塔尔为首相，并在枫丹白露召集两派贵族开会，决定召开三级会议共商国是。1560 年 12 月，三级会议在奥尔良开幕。洛斯比塔尔向会议呼吁："让我们抛弃诸如党派、乱党和叛乱、路德派、胡格诺派以及教皇派这些恶意的字眼，只保留基督教徒的称呼。"[①]
1561 年 9 月，在太后授意下，新旧教神学家在普瓦西举行会议，加尔文选派具有和解精神的狄奥多尔·贝扎参加会议。1562 年 1 月，太后颁布敕令，允许胡格诺白天有在城外做礼拜的自由。然而，两派贵族集团之间的矛盾积重难返，终于爆发了旷日持久的宗教战争——胡格诺战争。实际上，宗教之争只是形式，在战争进程中不同集团的人物根据需要改变宗教信仰的事屡见不鲜。所谓"宗教战争"，不过是两派贵族集团争权夺利的一场大内战。

---

① 张芝联：《法国通史》，92 页，北京，北京大学出版社，1988。

三、胡格诺战争

1562年3月1日，吉斯公爵弗朗西斯率军突然袭击瓦西镇正在谷仓里做礼拜的胡格诺，杀死23人，伤100多人。图勒、桑斯和图鲁兹等地也发生类似屠杀事件。胡格诺战争（1562—1594年）正式爆发。贡德亲王向英国和德国路德派诸侯求援，并调动军队占领奥尔良、里昂一带。1562年12月德勒（巴黎附近）一仗，吉斯集团损兵折将，损失重大。不久，安托万和吉斯的弗朗西斯先后战死。1563年3月，一直搞平衡的太后凯瑟琳发布《安布瓦斯敕令》，允许胡格诺有信仰和在城外礼拜的自由，战火暂时中止。

1565年6月，太后携幼主查理九世巡行到巴约纳时，与西班牙王菲利普二世密谈。胡格诺怀疑双方密谋镇压新教徒，阴谋劫持，没有成功。1567年11月，贡德亲王在巴拉丁伯爵支援下，起兵包围巴黎，在北郊的圣德尼斯与吉斯集团发生血战。洛斯比塔尔出面斡旋，双方一度达成停战协议，但冲突仍时有发生。贡德亲王和科里尼在英国支援下，在拉罗舍尔训练军队，准备再战。1569年3月雅尔纳克一仗，贡德亲王战死，科里尼率部退往朗格多克。1570年8月，凯瑟琳签署《圣日耳曼和解敕令》，允许胡格诺信仰自由，有权控制拉罗舍尔、拉沙里特、科涅克和孟托班4个战略要塞。接着，得到查理九世信任的科里尼进入宫廷，着手执行联合英国、德意志新教诸侯和奥兰治亲王威廉以打击西班牙的外交政策。这引起了凯瑟琳的不安。

1572年8月，安托万之子、纳瓦尔新王亨利与公主的婚礼在巴黎隆重举行，许多胡格诺显贵从南方赶来庆贺。凯瑟琳与吉斯集团头目、弗朗西斯之子亨利商定，趁机除掉科里尼。8月22日，科里尼在罗浮宫前被刺伤手臂，胡格诺群情激愤。凯瑟琳说服国王同意，要一举杀尽除亨利和新贡德亲王之外的所有胡格诺首领。8月24日是圣巴托罗缪节，以凌晨钟声为信号开始大屠杀，一天之内杀死胡格诺2000多人，包括科里尼。住在罗浮宫里的亨利和贡德亲王宣布改宗天主教，保全了性命。根据国王命令，莫城、奥尔良、卢昂、波尔多等地也开始大屠杀。据估计，全国被杀的胡格诺约2万人。

圣巴托罗缪节的枪声，粉碎了胡格诺依靠国王的梦想。南方的胡格诺举行暴动，胡格诺战争进入第二阶段（1572—1576年）。他们公开提出"反对暴君"的口号。一个署名攸尼乌斯·布鲁图斯的小册子《控诉暴君》里说："只有上帝的统治不受限制，世上的君主则是上帝的附庸。如果这个附庸违反对人民的誓言，上帝可以推翻他。"① 类似的小册子很多。国王派兵攻打拉罗舍尔，遇到顽强抵抗。1573 年 6 月，查理九世只好签署《拉罗舍尔和约》，重申胡格诺信仰自由，战火暂时熄灭。

1574 年 5 月 30 日，查理九世死，其弟安茹公爵继位，称亨利三世（1574—1589 年在位）。王弟阿朗松公爵因夺权失败，倒向胡格诺。亨利三世派兵攻打，战火又起。德国巴拉丁伯爵派兵侵入香槟。凯瑟琳出面干预，劝说阿朗松公爵和平解决。1576 年 5 月，亨利三世签署有利于胡格诺的《博利厄敕令》（又称《王弟和约》）。和约谴责圣巴托罗缪节大屠杀，规定胡格诺可在巴黎以外的所有城市礼拜，有权据有 8 个要塞。

吉斯集团对《博利厄敕令》十分不满，又加上亨利三世无子，而波旁家族的纳瓦尔的亨利却可能继承王位，他会像胡格诺那样走上反对瓦洛亚王朝的道路。于是，1576 年 6 月，吉斯的亨利在西班牙和萨伏依的支持下，成立"天主教联盟"。这位亨利自称是加洛林王朝的后裔，其实是司马昭之心，路人皆知。同年同月，被软禁在罗浮宫的纳瓦尔的亨利逃离巴黎，回到南方，发誓要为科里尼将军等被害的胡格诺报仇。他很快重新赢得信任，成为胡格诺的领袖。在此期间，吉斯集团与胡格诺之间的冲突不断，胡格诺战争进入最后阶段（1576—1594 年）。1577 年 9 月，双方缔结《贝热拉克和约》，和约既要求解散天主教联盟，也限制《博利厄敕令》给予胡格诺的权利。

1584 年 6 月，阿朗松公爵去世，纳瓦尔的亨利成为王位的唯一继承人。1585 年，吉斯的亨利在西班牙支持下，重组天主教联盟，仍要继承亨利三世的王位。同年 7 月，亨利三世宣布参加天主教联盟，并利用联盟内部的矛盾戏剧性地改变其初衷，改名"王家联盟"，自任首领。为了安抚吉斯的亨利，1586 年 7 月亨利三世签署《那慕尔敕令》，废除纳瓦尔的亨利的王位继承权和以前颁布的一切和解性法令，限令胡格诺 6 个月内改宗天主教，否则离开法国。吉斯的亨利另立"巴黎联盟"，策划新的反国王阴谋，于是瓦洛亚、波旁和吉斯三大家族的三位亨利展开争夺王位的内战，史称"三亨利之战"。

1587 年 10 月，纳瓦尔的亨利在英国和德国新教诸侯的支持下，大败亨利三世于库特拉。1588 年 5 月，吉斯的亨利煽动巴黎群众筑街垒，包围罗

---

① ［苏］斯卡兹金等：《中世纪史》，俄文版，第 2 卷，299 页，莫斯科，1954。

浮宫反对亨利三世。亨利三世逃离巴黎，派人刺死吉斯的亨利。吉斯集团策动叛乱，立年迈的洛林红衣主教查理为国王，称查理十世，由著名的干将马延公爵任王国总监。亨利三世走投无路，只好联合纳瓦尔的亨利（1589 年 4 月）。纳瓦尔的亨利表示他的军队听从国王指挥，共同向巴黎进军。亨利三世感激涕零，决定将王位继承权交给这位胡格诺妹夫。这是对吉斯集团和西班牙的沉重打击，也使纳瓦尔的亨利的身价倍增。8 月 1 日，亨利三世被狂热的多明我会修士雅克·克勒芒刺伤，次日死去。三亨利只剩下一个亨利，三亨利之战结束。纳瓦尔的亨利登上王座，称亨利四世（1589—1610 年在位），开始了法国历史上的波旁王朝。

亨利四世即位之初，地位并不巩固。全国仅有 5 个城市承认他，信仰天主教的巴黎拒绝承认这位新教徒国王，教皇扬言要把这个异端国王开除出教。马延公爵在西班牙支持下围攻里昂，继续与他作战。亨利四世在英军支援下，先后在阿尔克（1589 年 9 月）和伊夫里（1590 年 3 月）重创马延公爵军队，但巴黎还是不向他打开城门。1591 年，西班牙军队进驻巴黎，要立菲利普二世的公主为法国国王。1586 年，处于水深火热的诺曼底农民发动起义。亨利四世审时度势，决定用和解方法结束战争。他认为，为了巴黎是值得做弥撒的。1593 年 7 月 25 日，他在巴黎郊区的圣德尼斯大教堂举行放弃新教皈依旧教的宣誓式，在一片"国王万岁"的欢呼声中，他发誓放弃异端信仰，领了圣体。1594 年 2 月 25 日，亨利四世在夏尔特加冕。3 月 22 日，巴黎打开城门欢迎亨利四世，当晚西班牙军撤离，法国各地纷纷归附，胡格诺战争结束。

四、《南特敕令》

旷日持久的胡格诺战争给法国带来了巨大的灾难。人心思定。亨利四世上台后，结束胡格诺战争，实现了国内和平，自然在群众中享有很高威信。恩格斯写道："在胡格诺教徒战争期间，作为民族代表的王权受到那样大的尊重，以致只有国王同外国订立的同盟和关于军事援助的条约才被认为是合法的并为舆论所承认。其他人在社会舆论看来总是叛乱者和叛徒。亨利三世逝世后这一点表现得最明显，那时亨利四世只是靠了国王称号的影响才获得了最后胜利。"①

亨利四世虽然取得了很大成就，但仍有许多内政、外交问题等待解决。例如，西班牙干涉军尚未完全撤走；国库空虚，债台高筑，加税又引起群众的不满。从 1593 年到 1595 年，西南方的普瓦提埃、桑通日、马尔什、里摩日和佩里格等地爆发了大规模的克洛堪起义。"克洛堪"意思是鼠类，是农民对税吏和贵族的蔑称。起义者十分痛恨税吏和贵族，要像打老鼠一样杀死他们，不管他们是天主教徒还是胡格诺。胡格诺问题仍未解决。就在亨利四世改宗天主教的那年冬天，愤怒的胡格诺在芒特集会，宣誓继续忠于自己的信仰。1594 年 5 月，即亨利四世进入巴黎后不久，他们在斯蒂福召开大会，发泄不满，并商定每年开一次大会商讨对策。在 1595 年的索米尔大会上，胡格诺要求有权与天主教徒一样担任官职，有权保有所占地区和在全国建立组织。有人还散发传单，扬言攻打图勒，卷土重来。

亨利四世没有拒绝胡格诺的要求，因为拒绝就要重燃战火，濒临毁灭边缘的法兰西无法再经受这种折磨。经过反复磋商，双方终于达成协议。1598 年四五月间，亨利颁布《南特敕令》，宣布：天主教为法国国教，全国实行天主教礼拜和仪式，恢复天主教僧侣的权利和财产，修复或重建被毁的教堂；加尔文教徒享有宗教自由，拥有与天主教徒相同的公民权，可以担任官职、举行宗教和政治集会（但地点、人数和形式均有限制）、兴办学校和医院，可以与天主教徒通婚。为担保敕令的执行，胡格诺在 8 年内仍可保有 2.5 万军队（当时国王只有 1 万军队）和 100 多个城堡，如拉罗舍尔、蒙彼利埃和孟托班等，但国王只负担官员的俸禄，所需军费须自理。在巴黎、波尔多、图鲁兹和格勒布诺尔，设专门法庭（在巴黎由 16 人组成，胡格诺占 6 人；在其他地方，双方各占一半）负责处理执行敕令过程中涉及胡格诺的案件。

1598 年 5 月 2 日，亨利四世与西班牙签订了《韦尔芬和约》，重申 1559 年《卡托—坎布雷西和约》规定的疆界，双方退出所占领土；法国收复加来，西班牙得到康布雷和意大利的萨鲁佐。西班牙的干涉正式结束。

经过几十年的战乱，法国又恢复了和平。《南特敕令》虽然没有彻底解决宗教两派问题，胡格诺还有相当的独立性，实际上是国中之国，仍是一支威胁王权的势力，但敕令毕竟结束了战乱，使法国复归统一。《南特敕

---

① 恩格斯：《关于德国的札记》，见《马克思恩格斯全集》，1 版，第 18 卷，653页，北京，人民出版社，1964。

令》是西欧历史上继 1555 年《奥格斯堡宗教和约》之后又一个宽容新教的敕令，对宗教改革运动的发展有一定的影响。

五、专制统治的确立

《南特敕令》初步解决胡格诺问题以后，亨利四世便把政策的重点放在强化专制王权和恢复生产上。他采取果断措施，清除决策机构里的大贵族反对派，另选 5 名亲信组成秘书处，为国王总揽大权。对于里通外国（西班牙、萨伏依）、阴谋叛乱的比龙元帅，他下令处决（1602 年）。1604 年，根据财政大臣布莱特的建议，发布敕令，允许缴纳收入 1/60 年税的官员世袭继承其官职。这样既增加政府的收入，又提高穿袍贵族的地位。亨利四世高度重视恢复和发展农业生产，下令降低人头税，豁免农民积欠的税款，禁止逼使农民以牲畜和农具抵债，同时引进桑树，推广玉米和甜菜种植，并从荷兰请来水利专家帮助兴修水利、排干沼泽、扩大耕地面积。他亲自推荐著名农学家奥利维·德·塞尔的专著《农业园圃和农业管理》。他的财政总监苏利强调，农耕和畜牧是滋养法兰西的双乳，是真正的宝藏。亨利四世实行保护关税政策，禁止羊毛、蚕丝等原料出口，限制进口外国商品，并发放手工工场津贴，改善交通，鼓励发展本国的工商业。1604 年，成立法国的东印度公司。1608 年，在今加拿大的圣劳伦斯河下游建立魁北克城。

1610 年 5 月，亨利四世被狂热的耶稣会士弗朗索瓦·拉瓦雅克用匕首刺死，其 9 岁幼儿继位，称路易十三（1610—1643 年在位），由母后美第奇家的玛丽摄政。1617 年，路易十三与心腹吕伊纳密谋，从玛丽手中夺权，并逐渐重用有卓越行政才能的黎塞留。黎塞留，贵族家庭出身，其父曾任亨利三世和亨利四世的卫队长。1606 年，黎塞留经亨利四世举荐任主教，后升红衣主教；1624 年 8 月任首相，控制大权 18 年，为巩固君主专制做出了重大贡献。他虽是红衣主教，却把国家利益放在教会之上。他在《政治遗嘱》中说："我的第一个目的是使国王崇高，我的第二个目的是使王国荣耀。"1620 年，一批聚集在太后玛丽周围的贵族阴谋勾结胡格诺发动叛乱，黎塞留说服路易十三坚决镇压。对于实行割据的胡格诺，黎塞留毫不留情。1621 年 4 月，他派兵攻占罗亚尔河两岸的胡格诺城堡，只允其据有拉罗舍尔和孟托班。1627 年年底，黎塞留亲率大军攻打拉罗舍尔，并下令修筑围堤使前来支援胡格诺的英舰无法入港。第二年底，该城被迫投降。1629 年 5 月，胡格诺最后一个据点孟托班陷落。同年 6 月，路易十三颁布《阿莱斯恩典赦令》，名义上仍然承认《南特赦令》，允许胡格诺信仰自由，但必须解散军队和拆除一切城堡。这种将政治与宗教分开的做法收到了积极效果，最终解决了法国的隐患，国中之国不复存在，从而大大巩固了法国的统一和君主专制制度。1626 年，黎塞留平定王弟奥尔良公爵的叛乱后，下令一切臣民非经朝廷允许不得召集军队、征收捐税和与外国（包括教皇）使节往来。不久，太后玛丽被流放，后逃往尼德兰。1631 年，奥尔良公爵策动功勋卓著的元帅、蒙莫朗西公爵讨伐黎塞留。阴谋被粉碎后，这位公爵被剥夺爵位，判处死刑。1642 年，路易十三的宠臣森·马尔斯侯爵与奥尔良公爵合谋反对黎塞留，阴谋败露后被处死，奥尔良公爵被削官为民。

为加强中央集权，黎塞留设立中央各部，选派权力很大的主计官监督地方的行政、司法和财政。这种官职不能买卖、转让和世袭，随时由中央任免。他实行重商主义政策，奖励工商业，支持海外贸易和殖民掠夺。为支持对外掠夺和提高法国的国防地位，黎塞留积极扩建陆海军，使之成为令人瞩目的强大武装。1626 年，法国陆军有 1.2 万人，到 1635 年增加到 13 万人。1636 年，法国的大西洋舰队和地中海舰队已拥有舰艇约 60 艘。

在对外政策方面，黎塞留立意打破哈布斯堡势力对法国的三面包围，进而夺取欧洲霸权。他要把法国的疆土扩张到莱茵河畔，恢复所谓"自然疆界"。他先后怂恿、资助丹麦、瑞典入侵德国，1635 年起直接参战，最终取得三十年战争的最后胜利，肢解德国，夺得欧洲霸权，大大提高了法国的国际地位。

为了支持内政外交政策，黎塞留一再加税。以人头税为例，1610 年为1150万里佛尔，1643 年增加到4400万里佛尔。黎塞留把人民比作忍辱负重的骡子，没有丝毫同情心。17 世纪 30 年代，在歧恩、加斯科涅、普瓦提埃、桑通日和诺曼底等地，到处发生反重税反暴政的人民起义，都被黎塞留残酷镇压。

第三节　尼德兰资产阶级革命

一、西班牙的反动统治

"尼德兰"意为"低地"，指莱茵河、斯海尔德河下游及北海沿岸地势低洼的地区，包括今荷兰、比利时、卢森堡和法国北部的一小部分。尼德兰资产阶级革命是人类历史上第一次成功的资产阶级革命，同时又是反对西班牙统治的民族解放战争。

尼德兰曾处于罗马帝国和法兰克王国的统治之下，11—14世纪分裂成许多狭小的封建领地，多属神圣罗马帝国皇帝和法国国王。1369年，佛兰德尔的女继承人与勃艮第公爵菲利普联姻，勃艮第势力开始渗入尼德兰。15世纪，尼德兰大部分地区属于勃艮第公国。百年战争结束以后，法国的王权日益强大。以圆滑、老练著称的法王路易十一（1461—1483年在位）上台后，联合英国和瑞士，向勃艮第宣战。1477年1月南锡一仗，瑞士步兵大获全胜，击毙勃艮第公爵大胆查理。法国乘机据有勃艮第公国大部分地区，基本实现了领土统一。同年8月，大胆查理的女儿玛丽同神圣罗马帝国皇帝弗里德里希三世之子马克西米连结婚，遂使帝国军队与法军发生正面冲突。1479年，法军被击败。1482年玛丽死后，尼德兰处于德国哈布斯堡王朝统治之下。16世纪初，马克西米连的孙子先后继承西班牙王位和当选神圣罗马帝国皇帝，称查理五世，尼德兰成为他的庞大帝国的一部分，派总督治理。

莱茵河和斯海尔德河下游一带，物产丰富，又处水陆交通的要冲，早在十三四世纪，农牧业和工商业就相当发达。布鲁日的繁荣驰名欧洲。新航路的开辟和欧洲国际贸易的中心西移大西洋岸，更加促进了那里的经济繁荣和资本主义关系的发展。与此同时，阶级关系发生了新的变化。贵族阶级发生分化：少数贵族渐渐资产阶级化，大部分贵族仍然从事封建剥削。尼德兰资产阶级正在形成，其中商业资产阶级占优势。手工工场主和主要经营国内贸易的商人激烈反对西班牙的统治。他们同爱国贵族结成联盟，以加尔文教为旗帜，在革命中起了领导作用。大商人，特别是经济上与西班牙联系密切的南方商人，虽然对西班牙的统治不满，却不愿与它完全割断联系。农民、雇佣工人和平民既受封建贵族和天主教会的压榨，又受资产阶级的剥削，他们是革命的主要力量。

早在16世纪20年代初，路德教已传入尼德兰。再洗礼派则在下层群众中流传。16世纪40年代，尼德兰侨民在伦敦成立自己的加尔文教组织，并在埃姆登建立基地，秘密派人回国传教。1559年，法国同西班牙签订《卡托—坎布雷西和约》结束意大利战争以后，变本加厉地迫害本国的加尔文教徒胡格诺，许多人被迫逃往尼德兰南方，又成立一批加尔文教组织。1561年，尼德兰加尔文教会拟定自己的信纲《比利时告白》，与德国加尔文派选侯巴拉丁伯爵制定的《海德堡教义问答》一同流传。《比利时告白》和《海德堡教义问答》重申加尔文教的主张，在革命过程中发挥了重大作用。

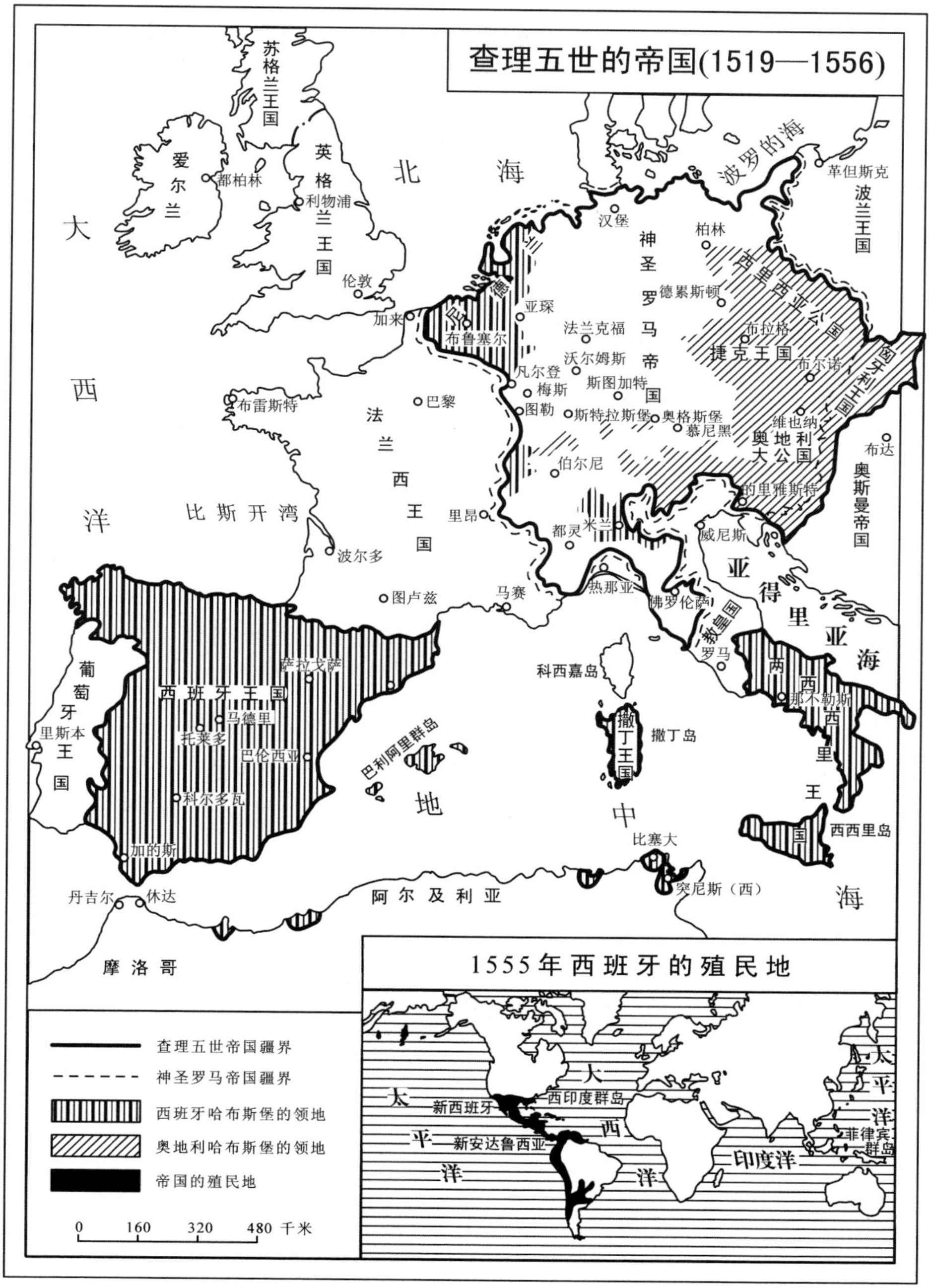

查理五世的帝国(1519—1556)

苏格兰王国

爱尔兰

英格兰王国

大西洋

北海

波罗的海

神圣罗马帝国

奥地利大公国

波兰王国

奥斯曼帝国

法兰西王国

比斯开湾

葡萄牙王国

西班牙王国

亚得里亚海

地中海

阿尔及利亚

摩洛哥

都柏林
利物浦
伦敦
加来
布鲁塞尔
凡尔登
梅斯
巴黎
布雷斯特
波尔多
图卢兹
里昂
马赛
汉堡
亚琛
法兰克福
沃尔姆斯
斯图加特
斯特拉斯堡
伯尔尼
都灵
米兰
热那亚
佛罗伦萨
罗马
柏林
德累斯顿
布拉格
慕尼黑
维也纳
纽伦堡
威尼斯
两西西里王国
那不勒斯
革但斯克
布达
里斯本
萨拉戈萨
马德里
托莱多
巴伦西亚
科尔多瓦
加的斯
丹吉尔
休达
科西嘉岛
撒丁岛
撒丁王国
比塞大
突尼斯(西)
西西里岛
巴利阿里群岛
捷克王国
布尔诺

1555年西班牙的殖民地

太平洋
大西洋
印度洋
太平洋

新西班牙
西印度群岛
新安达鲁西亚
菲律宾群岛

查理五世帝国疆界
神圣罗马帝国疆界
西班牙哈布斯堡的领地
奥地利哈布斯堡的领地
帝国的殖民地

0 160 320 480 千米

图 10-2　查理五世的帝国（1519—1556）

西班牙对尼德兰的反动统治严重阻碍了社会生产力的发展。天主教会站在西班牙统治阶级一边，疯狂镇压尼德兰人民的反抗。查理五世对尼德兰横征暴敛，暴戾恣睢，民不聊生。西班牙国库年收入 500 万佛罗林，其中半数来自尼德兰。尼德兰的异端裁判所残酷迫害新教徒。1550 年，查理五世颁布严厉惩治"异端"的法令（人称"血腥法令"），对于稍与路德教或加尔文教有接触的人，甚至阅读《圣经》的人，均以破坏社会治安论罪；男的杀头，女的活埋；如果坚强不屈则处以火刑，财产籍没国库，包庇"异端"者同罪。查理五世为与法国争霸称雄，把尼德兰看作三面包围法国的重要一环和战略基地，日益加紧对它的控制。

查理五世退位后，其子菲利普二世（1556—1598 年在位）继承西班牙王位并统治尼德兰。他强化对尼德兰的反动统治，任命其姐帕尔马公爵玛格丽特为尼德兰总督，由宠臣红衣主教格兰维尔等人辅政，利用天主教会残酷迫害革命者和一切对西班牙统治不满的人。菲利普二世严格执行 1550 年颁布的"血腥法令"。有人估计，到革命爆发前的 1566 年，被杀害或被驱逐的人竟达 5 万多。菲利普二世一再宣布国家破产，拒付国债，使尼德兰银行家蒙受重大损失。1560 年，他下令提高西班牙羊毛出口税，输往尼德兰的羊毛从每年 4 万包减至 2.5 万包，减少 40%。他还限制尼德兰商人前往西班牙，禁止他们与英国和西班牙殖民地直接贸易。菲利普二世的倒行逆施，使尼德兰蒙受极大损失，许多工场银行倒闭，成千上万的工人失业，民族经济面临破产的威胁。贫苦农民的生活日益贫困，不满情绪普遍高涨。阶级矛盾和民族矛盾急剧激化，革命形势日益成熟。

二、贵族同盟

在疯狂的屠杀和迫害面前，尼德兰的人民大众无所畏惧地同西班牙反动统治当局展开英勇的斗争。早在 1557 年，有人从尼德兰报道说："尽管寒冷的气候使居民胆小，但当判处死刑的时候，他们都以罕见的勇气蔑视命运，这是一件值得注意的事。"[1] 16 世纪 60 年代初起，加尔文派牧师在露天旷野公开布道，广大群众扶老携幼积极参加，有的甚至自带武器赴会。尼德兰著名画家彼得·勃鲁盖尔于 1565 年创作的名画《洗礼者约翰布道》，生

动地画出了这种情景。有些地方，愤怒的群众攻破监狱，拆除火刑柱，冲进修道院，勇敢地营救受迫害的新教徒。奥兰治亲王威廉、埃格蒙特伯爵和荷恩将军等一批知名大贵族，利用日益高涨的群众革命运动，要求撤走西班牙驻军，召回红衣主教格兰维尔。菲利普二世佯装答应他们的要求，却暗中策划镇压。消息传开，群情更加激愤。

1565 年 11 月，在奥兰治亲王威廉（1533—1584 年）支持下，一批贵族在布雷达集会，成立"贵族同盟"，公开抨击西班牙的统治违反法律和人性。威廉祖籍德国拿骚，因继承法国南部奥兰治公爵爵位，称奥兰治的威廉。他长期任职军队，为查理五世皇帝东征西讨，与哈布斯堡王朝的关系极深，后被菲利普二世任命为荷兰、西兰和乌特勒支等地的总督及尼德兰三级会议的成员。1551 年，由皇帝做媒，威廉与尼德兰名门闺秀结婚，领地又有增加。如他后来所说，德国是他的祖国，尼德兰也是他的祖国，他在尼德兰并不是外国人。① 然而，在尼德兰独立的关键时刻，他挺身而出，与西班牙当局进行坚决的斗争，成为受人景仰的爱国贵族的代表。

1566 年 4 月 5 日，贵族同盟代表向女总督玛格丽特递交数百人签名的请愿书，签名的人中有奥兰治亲王的弟弟路易。请愿书要求废除宗教裁判所，停止迫害新教徒，立即召开三级会议，讨论国内形势，但又表示忠于国王菲利普二世。女总督迟迟不做答复。有些官员嘲笑代表穿的衣服破烂，称之为"乞丐"。敌人的嘲笑和污蔑，更加激发了尼德兰人的民族情绪，许多人干脆接受挑战，穿乞丐服，系讨饭袋，戴讨饭徽章②，以乞丐自居。接着，加尔文派资产阶级领袖开始与同盟接触，商量合作贵族同盟派代表出访，寻求德国路德派诸侯和法国胡格诺的支援。广大群众义愤填膺，立刻掀起了一场轰轰烈烈的革命运动。

三、革命的爆发

1566 年 8 月中旬，一场声势浩大的人民起义像火山一样爆发。佛兰德尔的市民首先行动起来，他们手持棍棒、锤子和绳索，冲进教堂和修道院，

---

① Frederic Harrison,*William the Silent*,London:Macmillan and Co. Limited,1897,p. 4.威廉称德国是他的 Fatherland，尼德兰是他的 Motherland。

② 贵族同盟的徽章，一面绘有讨饭袋和两只紧握的手；另一面有菲利普二世浮雕像，刻有"一切忠于国王，直到讨饭袋"的字样。

捣毁圣像、圣骨之类的骗人的"圣物",或者打开监狱释放被囚的新教徒,强迫当局限制天主教僧侣的活动,允许新教徒信仰自由。有些地方的农民焚毁田契,建立革命的武装。8月底,运动波及安特卫普、阿姆斯特丹等大城市和荷兰、西兰等地,尼德兰17省中有12个卷入其中。运动一开始是自发的,但许多地方有加尔文派资产阶级和贵族同盟的成员参加。到10月底,约捣毁教堂和修道院5500多所。西班牙的统治陷于瘫痪。有些历史学家称这次起义为"圣像破坏运动",其实并不确切,没有说出它的革命本质,因为它是尼德兰资产阶级革命和独立战争的真正开端。

风起云涌的革命运动吓坏了西班牙当局。1566年8月23日,女总督玛格丽特发表声明,伪装答应停止宗教裁判所的活动,允许新教徒在指定地点礼拜,特赦贵族同盟的成员,同时希望发扬忠君感情,协助恢复国内秩序。有些被革命群众运动吓破了胆的贵族,如埃格蒙特伯爵和荷恩上将,毫无保留地接受女总督的条件,宣布解散贵族同盟,与西班牙当局一起镇压革命。奥兰治亲王威廉率领一批亲信逃往德国,坚持斗争。惊恐万状的加尔文派资产阶级矢口否认他们事先知道起义的事,并表示不同意武装起义,纷纷退出运动,号召人民安静下来停止暴动、先消除自己灵魂里的罪恶。一场轰轰烈烈的革命运动,由于贵族和资产阶级的动摇、叛变,处于严重的危机之中。

1567年春,安特卫普和瓦朗西安两个最大的起义城市平静下来,女总督立刻宣布1566年8月23日的宣言无效。接着,阿尔发公爵率领1.8万西班牙大军开到尼德兰,8月22日占领布鲁塞尔,并在许多大城市和战略要地布防。西班牙当局撕掉面纱,露出刽子手的狰狞面目。阿尔发公爵公然叫嚣:"宁把一个贫穷的尼德兰留给上帝,不把一个富庶的尼德兰留给魔鬼";"必须使每一个人经常生活在恐怖中,时刻担心屋顶会塌到他们头上"。9月,一个名叫"除暴委员会"的特别法庭成立了。全国布满绞刑架和断头台,火刑柱的浓烟弥漫大地。短短几年,起义者被杀害8000余人。1568年7月5日,前贵族同盟领导人埃格蒙特伯爵和荷恩将军经长期关押后在布鲁塞尔广场被公开处死。逃往德国的奥兰治亲王威廉,也以叛国罪被缺席审判。人们愤怒地称"除暴委员会"为"流血委员会"。阿尔发公爵又宣布征收新税:一切动产和不动产抽税1%,土地买卖抽税5%,贸易抽税10%。工商业纷纷倒闭,处处是失业和饥饿,几十万人逃往国外。尼德兰到处是白色恐怖,革命暂时处于低潮。这时,彼得·勃鲁盖尔又拿起画笔,创作《伯利恒的婴儿虐杀》,借用《圣经》希律王为杀死耶稣而把伯利

恒的婴儿全部杀光的故事，痛斥西班牙侵略军屠杀抢劫尼德兰人的残暴
行径。

四、游击战争和北方起义

尼德兰人民没有被敌人的嚣张气焰吓倒。农民、工人、手工业者和爱
国的贵族资产阶级鼓起勇气继续战斗。他们组织游击队，活跃在荷兰、西
兰和弗里斯兰的海面上（自称"海上乞丐"）以及佛兰德尔和海诺尔的森林
里（自称"森林乞丐"），机动灵活地打击敌人。农民积极支援游击队，供
给他们粮食、担任向导或报告敌人行踪，游击队撤退时则掩护他们。1570
年 12 月，布拉邦特商人盖尔曼·德·廖特率领一支 24 人的游击队，机智地
占领廖维斯坦城。阿尔发公爵调动 300 名官军反扑，用重炮轰城。游击战士
英勇奋战，宁死不屈，杀伤大量敌人后点燃火药，与敌人同归于尽。正是
人民群众的这种大无畏的英雄气概，才使得尼德兰最终打败西班牙反动派，
取得革命的胜利。

逃往国外的奥兰治亲王威廉，在德国新教诸侯和法国胡格诺的支持下，
不断组织雇佣军打回尼德兰。1568 年 4 月，威廉之弟路易指挥雇佣军攻入
哥罗宁根，但被敌人打得大败，全军覆没。路易及其随从跑到河边，被赶
来援助的"海上乞丐"救出。同年 10 月，威廉亲率 3 万雇佣兵攻入尼德兰
南方，但他不愿意联合游击队共同行动，也不发动群众起义，在布拉邦特、
林堡和海诺尔等地徘徊几个月后，不得不退往法国。

人民群众的反抗斗争，为革命高潮的到来做好了准备。1572 年 4 月 1
日，由让·拉·马克伯爵和柳默男爵率领的海上游击队，分乘 24 条船（估
计不超过 250 人），攻占西兰岛上的布里尔城，并且击退阿尔发军队的反扑。
布里尔的胜利不仅使海上游击队在尼德兰本土有了一个易守难攻的根据地，
而且吹响了北方起义的号角，推动了革命高潮的到来。胜利的消息传开以
后，弗里星根、恩克豪森、坎普菲尔等城也爆发起义，奥兰治派贵族在这
些起义中发挥了重要作用。到了夏天，除阿姆斯特丹几个城市外，荷兰、
西兰以至整个北方都从西班牙统治下解放出来。弗里斯兰的农民起来捣毁
教堂、修道院和庄园，停缴什一税，拒绝履行封建义务。在一片胜利声中，
资产阶级和爱国贵族组织军队，夺取北方各地的政权，没收叛国贵族的财
产，对反革命实行专政。

奥兰治亲王威廉发表声明支持北方革命，同时派连襟别尔格伯爵去盖

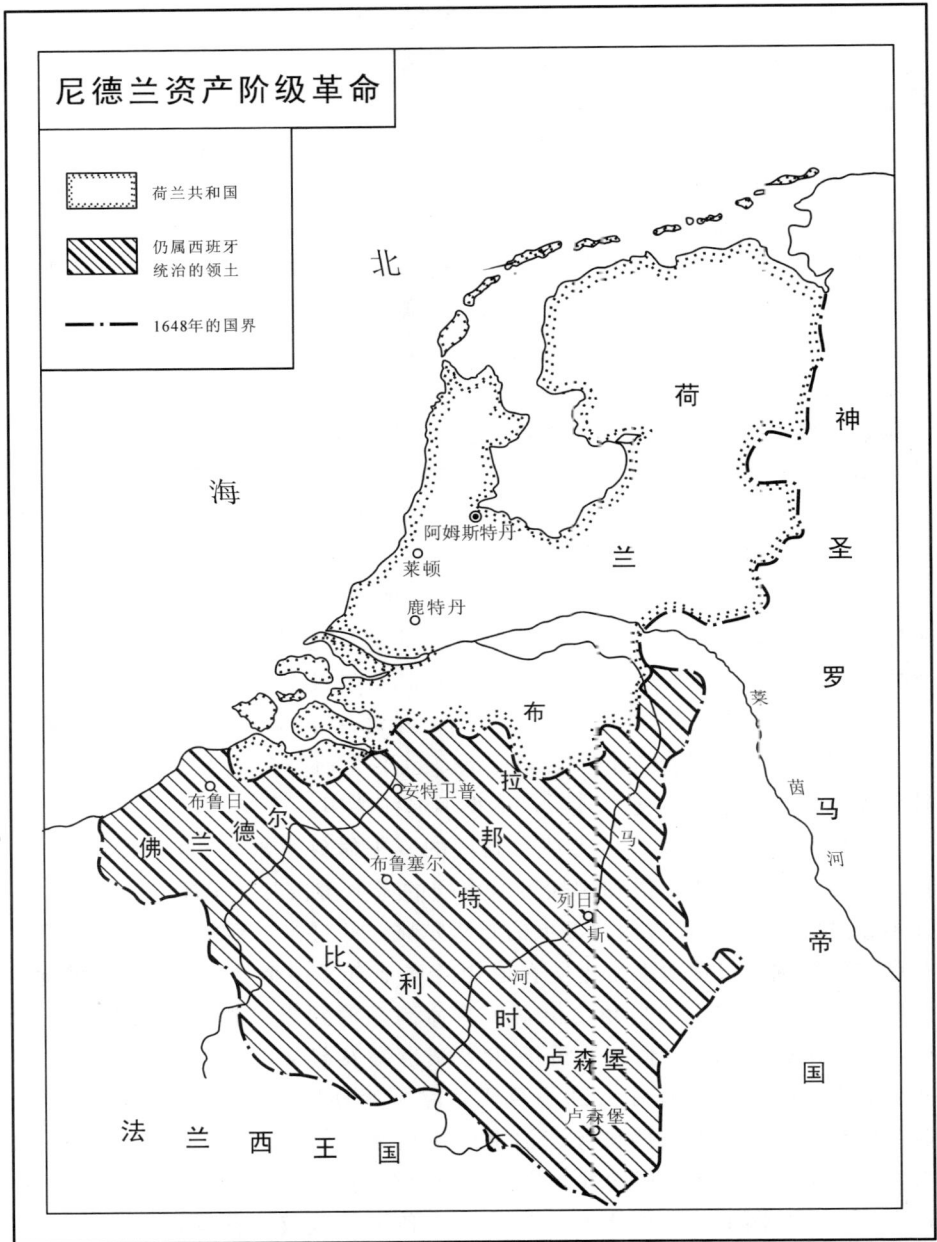

图 10-3 尼德兰资产阶级革命

尔德兰和奥味赖塞尔，派桑诺依去荷兰。劳动人民流血牺牲，奥兰治派贵族夺取政权。不过，威廉还是把主要希望寄托在英国、法国和德国新教徒的援助以及组织雇佣军打回尼德兰上，甚至认为北方的小胜利会妨碍他准备采取的主要措施。1572 年 5 月 24 日，威廉的弟弟路易在法国胡格诺的支援下领兵攻占海诺尔省会蒙斯。7 月，威廉率军西渡莱茵河，攻入林堡，连陷距蒙斯不远的卢文和梅克林，双方会师在望。然而，8 月 24 日，巴黎发生圣巴托罗缪节大屠杀，约定援助威廉的胡格诺将军科里尼遇害身亡。这件事犹如晴天霹雳，对威廉的打击很大。9 月 11 日夜，西班牙军突然袭击威廉的指挥部，熟睡中的威廉被犬吠声惊醒，只身纵马而逃，秘书和马夫遇害。9 月底，路易向阿尔发公爵投降，蒙斯陷落。走投无路的奥兰治亲王威廉，这时才去尼德兰北方，住在荷兰的德尔夫特。

1572 年 7 月，荷兰省 12 个城市的代表在多特勒支（又译多德雷赫特）举行会议，选举奥兰治亲王威廉为荷兰和西兰总督，授予他最高军政大权。会议宣布信仰自由，包括信仰天主教自由，并整顿立法、行政和诉讼程序，限制人民的自由。大会还建议其他各省共举威廉为尼德兰摄政。宣布信仰自由是正确的，这有利于在爱国的大前提下团结一切可以团结的人，以最大限度地孤立敌人，保证革命的胜利。10 月，威廉正式就任总督，改奉加尔文教。

1572 年年底，西班牙调动大军镇压北方起义。阿尔发公爵在荷兰与西兰之间发起楔形攻势，妄图隔开两省，然后各个击破。西班牙军先攻占苏特芬和那顿，杀光居民，放火烧城，接着包围哈连姆和莱顿。哈连姆严重缺粮，但哈连姆人英勇作战，城中妇女组成娘子军与男子并肩战斗，坚守达 7 个月之久。他们从城墙上扔下一个装有 11 颗奸细脑袋的桶，说这是要缴的什一税，表示守城的坚强决心。莱顿长期被围，也严重缺粮。敌人乘机劝降。莱顿人坚定地回答：只要听见城里还有猫狗的叫声，就不会投降，而且为了自由，每个人必要时都会吃掉左手来保卫右手。他们在奥兰治亲王威廉的指挥下决海堤 16 处，使城郊顿成泽国，迫使损失惨重的敌人撤兵。饥饿的人群拥向敌军阵地，发现残留的土豆、洋葱和胡萝卜，便高兴地烩熟大嚼起来。这种大杂烩，至今被荷兰人称作"国菜"。

五、《根特和解协定》和南方起义

在北方革命胜利的鼓舞下，南方各省的革命日益高涨。1576 年 9 月 4

日，布鲁塞尔爆发起义。德·勃路耶尔等人指挥的起义部队占领国务会议大厦，逮捕国务委员。从此，革命中心转移到南方。10月，尼德兰南北方的代表在根特举行三级会议。奥兰治亲王威廉没有与会，但他从安特卫普不断给会议写信、发备忘录，提出建议，实际上是会议的灵魂。他在信里要求代表们"维护国家的古老权利，从不堪忍受的西班牙人暴政下解放出来，但仍然是陛下合法君权的臣民"①。11月4日，正当会议议而不决的时候，西班牙士兵冲进安特卫普，杀死居民8000多人，烧毁房屋近千幢。消息传开以后，三级会议于11月8日公布《根特和解协定》。协定要求南北团结共同进行反西班牙的斗争，废除阿尔发公爵颁布的反对"异端"的法令，争取尼德兰独立，但又名义上承认西班牙国王及其政权的合法性。协定没有触及消灭封建土地所有制的问题，甚至同意南方恢复和保留天主教会的财产。协定规定奥兰治亲王威廉的特权、尊号和财产不受侵犯。《根特和解协定》是南方贵族在革命压力下同北方资产阶级和贵族暂时妥协的产物。

1577年2月12日，尼德兰三级会议里的大资产阶级和贵族的代表为了与西班牙当局妥协，同新总督、菲利普二世的弟弟唐·约翰缔结《永久法令》，承认他是尼德兰的合法总督，但对方必须承认《根特和解协定》，并于20天内撤走西班牙军队。6月，唐·约翰撕毁《永久法令》，在那慕尔纠集军队，准备对三级会议采取军事行动。奥兰治亲王威廉反对新总督和《永久法令》。在他的支持下，布鲁塞尔和布拉邦特、佛兰德尔等地的许多城市爆发新的起义，夺取城市政权。布鲁塞尔成立革命的"十八人委员会"，要求镇压反革命、全民武装和主动进攻那慕尔，争取英国和德国新教徒的支援。10月，布鲁塞尔的武装市民冲入三级会议会场，要求任命奥兰治亲王威廉为布拉邦特领导人（鲁瓦尔特）。11月12日，三级会议同意菲利普二世表弟马赛厄斯大公为尼德兰总督。但在布鲁塞尔"十八人委员会"的坚持下，翌年1月又任命奥兰治亲王威廉为副总督。1578年1月31日，唐·约翰率领西班牙军大败三级会议军于布拉邦特的占布鲁，形势急转。

六、南北分裂和联省共和国的诞生

当此紧急关头，奥兰治亲王威廉不愿依靠革命人民反击敌人的阴谋，

---

① Frederic Harrison, *William the Silent*, London: Macmillan and Co. Limited, 1897, p. 182.

仍然寄希望于外国援助上。他派密使去伦敦和巴黎。英国不愿与西班牙公开冲突，却说服德国新教诸侯巴拉丁伯爵出兵。1578 年 5 月和 8 月，法王亨利三世之弟安茹公爵率领的法军和巴拉丁的德军先后开进尼德兰。这些外国冒险家打着把尼德兰从西班牙统治下解救出来的旗号，干的却是奸淫妇女、杀人越货的勾当，甚至企图赶走奥兰治亲王威廉。10 月，阿多瓦和海诺尔贵族发动叛乱，公开攻击三级会议和布鲁塞尔革命政权，自称"不满现状者"。1579 年 1 月 6 日，两省叛乱贵族成立"阿拉斯联盟"，公开投降西班牙。南方形势骤变，西班牙得到南方连成一片的地区为立足点（除阿多瓦、海诺尔外，还有卢森堡、那慕尔、林堡等），以此为根据地对革命力量发起反扑。

阿拉斯联盟公开破坏了《根特和解协定》，于是北方 6 省（荷兰、西兰、盖尔德兰、乌特勒支、弗里斯兰和苏特芬）和南方安特卫普、布鲁塞尔和根特等城的代表于 1579 年 1 月 23 日在乌特勒支集会，商定"更加紧密地结成联盟"，永不分裂，是为"乌特勒支同盟"。同盟虽未宣布废黜菲利普二世，但规定各省代表组成的三级会议是同盟的最高权力机关，有权决定宣战媾和，制定统一的军事制度、法律、外交政策、货币和度量衡。乌特勒支同盟奠定了联省国家，即荷兰共和国的基础。5 月，奥兰治亲王威廉在盟约上签字。1580 年 6 月 15 日，菲利普二世发布剥夺威廉公民权的公告，称他是"破坏和平的主犯"和"人类的公敌"，永远剥夺他的公民权，悬赏 2.5 万金克朗巨款捉拿。1581 年 2 月 4 日，威廉用多种文字公布辩护书，指出对于一个为善良人争取自由伟大事业而献身的人来说，被敌人无耻地剥夺公民权，只能使人高兴，并表示为祖国的解放将不惜献出自己的一切，公开同西班牙决裂。[①] 1581 年 7 月 26 日，奥兰治亲王威廉在海牙签署《断绝关系法令》，宣布："众所周知，上帝命令君主珍爱其臣民，犹如牧人看管群羊。如果君主没有尽到职责，压迫其臣民，践踏他们的权利和自由并待之如奴隶，那他就不是君主而是暴君。这样，三级会议应依法废黜他，

---

① 剥夺奥兰治亲王威廉公民权的公告和威廉的辩护书，见北京师范大学历史系世界古代史教研室：《世界古代及中古史资料选集》，629～632 页，北京，北京师范大学出版社，1999。

而代之以别人。"① 于是，联省共和国宣布废黜菲利普二世，正式独立。奥兰治亲王威廉任国家的首任执政。西班牙一再密谋暗杀威廉。1584 年 7 月 14 日，威廉遭枪击逝世，由其子莫里斯继任执政。奥兰治亲王威廉为尼德兰革命和独立事业与西班牙反动当局做了几十年的斗争，最终献出了宝贵的性命，至今受到人们的景仰。

西班牙派大军集中力量镇压根特、布鲁塞尔和安特卫普的革命。他们收买根特革命的领导人，于 1584 年 9 月占领根特。1585 年 3 月，布鲁塞尔陷落。安特卫普的资产阶级狭隘自私，荷兰和西兰的掌权者视之为商业对手而拒绝援助。那里的革命派坚持抵抗一年多，于 1585 年 8 月被西班牙军攻陷。至此，南方革命失败，重新恢复了西班牙的统治，尼德兰南北分裂的大局已定。1588 年，西班牙的"无敌舰队"进攻英国，损失惨重，几乎全军覆没。1598 年，亨利四世颁布《南特敕令》，结束胡格诺战争。同年，西班牙被迫签订《韦尔芬条约》，退出所占法国土地。16 世纪末 17 世纪初，荷兰执政莫里斯多次领兵打败西班牙人，夺回许多地方。陷于内外交困的西班牙当局，从 1606 年起被迫与荷兰共和国谈判。1609 年 4 月 9 日，双方签订 12 年休战协定，事实上承认荷兰共和国的独立。尼德兰北方的革命至此胜利结束。1648 年的《威斯特伐利亚和约》，正式确认荷兰独立。尼德兰南方后来形成比利时和卢森堡国家。

尼德兰革命和荷兰共和国的建立，是近代史上新生力量战胜腐朽力量、弱国打败强国、小国打败大国的生动例证。尼德兰革命是历史上第一次成功的资产阶级革命，它在封建制占统治地位的欧洲打开一个缺口，建立了第一个资产阶级共和国，具有重大影响。尼德兰革命是在资产阶级领导（与爱国贵族结成联盟）下，依靠人民群众，主要是农民和平民的支持，最终推翻西班牙的统治，取得了革命的胜利。尼德兰的资产阶级主要是商业资产阶级，与封建制度有着千丝万缕的联系，还不够成熟。他们与西班牙的反动统治有尖锐的矛盾，但在斗争中软弱动摇，害怕群众，有时甚至妥协投降。资产阶级南北两个集团之间的利益不完全一致，有时互相拆台。农民和平民在斗争中发挥很大作用，但自发分散，常常受到资产阶级和贵族的有害影响。尼德兰资产阶级革命很不彻底，封建土地所有制没有彻底

① Henry Smith Williams, *The Historians' History of the World*, Vol. 13, London: The History Association, 1904, p. 487. 参见 Frederic Harrison, *William the Silent*, London: Macmillan and Co. Limited, 1897, p. 214.

废除，革命仅在北方取得胜利，而且政权落在大资产阶级和贵族手里，对后来荷兰的发展产生了不利的影响。

七、革命胜利后的荷兰

革命胜利后的荷兰是一个联邦国家，三级会议是最高权力机关，每省不论代表多少只有一票表决权，重要问题须全体一致通过，其他问题根据多数意见决定。国务会议是三级会议的常设机关，有委员 12 人。委员的名额分配按每省纳税的多少决定。荷兰和西兰两省纳税最多，有 5 名委员，实际把持国务会议。执政是国务会议的首脑，拥有最高军政大权，由奥兰治亲王威廉家族世袭担任。执政出缺，由荷兰省长代理。首都设在海牙。

荷兰资产阶级政权的建立，为资本主义经济发展创造了条件。17 世纪的荷兰，工商业和航运业突飞猛进。莱顿的呢绒、哈连姆的亚麻布驰名欧洲。莱顿年产呢绒 7～12 万匹。制糖、印刷、宝石加工、精密仪器的生产也进步很快。荷兰经济发展的特点是商业胜过工业、国际贸易胜过国内贸易。国家维护商业资产阶级利益，商业税和航海税很低。阿姆斯特丹是国内外贸易和工业生产的中心。荷兰的造船业最为发达，居当时世界首位，商船吨数占欧洲的 3/4。荷兰商船遍航世界各地，被称为"海上马车夫"。波罗的海的贸易、东方的香料贸易，大多控制在荷兰商人手里。资本主义生产发展了，劳动人民的状况却日益恶化。工人的劳动时间长达 12～14 小时，且工资微薄，生活困苦。农民仍受封建剥削，赋税有增无减，政治上没有权利。17 世纪初，荷兰已开始血腥的殖民掠夺。1602 年，成立东印度公司，排挤葡萄牙在印尼势力，垄断香料贸易；1621 年，成立西印度公司，垄断西非和美洲的贸易。在北美建立新阿姆斯特丹城，后被英国占领，改名"新约克"，即今纽约。

在荷兰共和国，阶级矛盾和中央与地方的矛盾有时很尖锐，并以加尔文教内的派别斗争形式表现出来。莱顿大学教授雅各布·阿明尼乌（1560—1609 年）认为，加尔文的先定论不合理，因为人得救与否取决于自己的自由意志，是否改恶从善，并非全由上帝决定；上帝本欲拯救每一个人，不幸出现亚当和夏娃的堕落，才决定谁得救谁沉沦。阿明尼乌的有条件先定论，称"堕落后先定论"。另一位神学家、莱顿大学教授弗兰茨·戈马尔（1563—1641 年）则认为，早在亚当和夏娃堕落以前，上帝早已决定谁得救谁沉沦，完全否定自由意志作用。这种无条件的先定论称"堕落前先定论"或"绝对先定论"。坚持地方分权的荷兰省长约翰·范·奥尔登巴内维德特支持阿明尼乌派,主张中央集权的荷兰共和国执政莫里斯支持戈马尔派。1610年和1611年,两派分别向三级会议提出自己的主张。莫里斯出面干预,于1618年11月召开多特勒支会议裁决。大会通过决议谴责阿明尼乌派,重申加尔文教的正统观点,并制定多特勒支宗教法规。这次会议被称为加尔文教的"特兰托会议"。1619年5月,奥尔登巴内维德特被处决。阿明尼乌派信徒纷纷逃往英国、法国和德国。1625年,莫里斯死后,迫害松弛。阿明尼乌派对英国17世纪的清教运动有一定影响。

第四节　三十年战争

一、战争的起因

三十年战争是欧洲第一次大规模的国际战争。这次战争的主要战场在德国,起初是德国诸侯之间、诸侯同皇帝之间以及德国封建统治阶级与被压迫民族之间的复杂冲突,后来西欧和北欧的一些主要国家先后卷入。这次战争断断续续地打了30年(1618—1648年)之久,对德国和欧洲有着深远的影响。

17世纪初年的德国仍然是一个滑稽的帝国,没有民族统一,分裂割据依然如故。在德国诸侯中间,新教和天主教的势力几乎相等。北方诸侯多信路德教,如萨克森、黑森、勃兰登堡、梅克伦堡、普鲁士、波美拉尼亚和荷尔斯泰因等。莱茵河上游的巴拉丁、符腾堡和巴登,则信加尔文教。天主教势力的大本营在南方的巴伐利亚和奥地利,同时在莱茵河下游的科隆、特里尔、美因茨三个大主教区以及明斯特主教区和尤利希公国也有很大势力。无论新教诸侯和天主教诸侯,都无意遵守1555年的《奥格斯堡宗教和约》,常常为扩大地盘和争夺教产,打着宗教的旗帜挑起武装冲突。加尔文教诸侯力图争得与路德教诸侯同等的合法地位,但是受到天主教方面的反对。德国皇室哈布斯堡家族控制着奥地利、捷克、士瓦本和阿尔萨斯一带,比任何诸侯的版图都大、势力都强。它的旁支还控制着西班牙。德皇依靠自己的实力,利用诸侯之间的矛盾,积极准行中央集权政策。他以反对新教为旗帜、限制新教诸侯为借口,力图取得天主教诸侯的支持,以加强皇权。教皇反对宗教改革和任何新教,自然站在皇帝一边。然而,德皇实行中央集权的条件已大不如前,因为这样不仅遭到新、旧教诸侯的拼命反抗，资产阶级已匍匐在诸侯的脚下无所作为，而且为国际上的大霸、小霸所不容，特别是已实现君主专制的邻邦法国和瑞典绝不允许一个强大的德国出现在自己的身旁。

德国皇帝、狂热的耶稣会士鲁道夫二世（1576—1612 年在位）上台以后，力图限制新教诸侯的势力。1606 年，他授权巴伐利亚公爵马克西米连派兵镇压帝国城市多瑙沃思的新教徒，引起路德派和加尔文派诸侯的一致反对。1608 年 5 月 14 日，巴拉丁、符腾堡、巴登、黑森、勃兰登堡等新教诸侯在法兰克尼亚的安豪森集会，决定成立以巴拉丁选侯弗里德里希为首领的"新教联盟"，宣布互通情报、在一方受到攻击时互相支援。对此，天主教方面迅速做出反应。1609 年 7 月 10 日，天主教诸侯在慕尼黑召开会议，成立以巴伐利亚公爵马克西米连为首的"天主教联盟"。两个军事集团的内部还有很大分歧：新教联盟中有路德派和加尔文派的矛盾，天主教联盟中有巴伐利亚公爵与德国皇帝争夺领导权的斗争。

德国内部的纷争有复杂的国际背景，两个军事集团分别得到国际上的支持。教皇、西班牙和波兰支持天主教联盟，丹麦、瑞典、荷兰、英国等信仰新教的国家与信仰天主教的法国则支持新教联盟。丹麦、瑞典与北德意志城市在波罗的海贸易上的争夺由来已久，两国都想充当霸主，都对北德意志怀有领土野心，以变波罗的海为自己的内湖。荷兰自革命成功后，一直与西班牙不和。法国自胡格诺战争结束后重建强大的王权，决心打破哈布斯堡势力的三面包围①，并进而夺取欧洲霸权。法国还以查理大帝帝国的合法继承人自居，要求占有帝国曾有的疆土直到莱茵河畔，就是说对德国怀有领土野心。路易十三的宰相黎塞留扬言莱茵河是法国的天然疆界，他秉政的目的就是要恢复法国的天然疆界："叫高卢国王回到高卢，把法国放到高卢位置上，在一切古代高卢所在地建立新的高卢。"② 德国还统治着西斯拉夫的地方，如捷克。捷克为反对德国封建统治阶级的剥削和压迫不断掀起争取民族独立的斗争。

---

① 法国的北、东、南方与尼德兰、德国、西班牙相邻，都是哈布斯堡家族的势力范围。法国的东南部与意大利接壤，但西班牙控制着从意大利通往尼德兰的陆上通道——西班牙大道。大道从热那亚或米兰起，北经瑞士、阿尔萨斯至洛林，或西经萨伏依、法兰斯康德至洛林，再北行至尼德兰。法国与哈布斯堡家族长期争夺西班牙大道。

② ［苏］鲍爵姆金：《世界外交史》，第 1 分册，193 页，北京，五十年代出版社，1949。

德国两个军事集团之间的矛盾，皇帝与诸侯的矛盾，德国封建统治阶级与被压迫民族之间的矛盾，德意志民族与大霸、小霸扩张势力之间的矛盾，哈布斯堡与反哈布斯堡势力之间的矛盾，错综复杂，互相交织。所以，马克思说：17 世纪前期，"德国是欧洲政治的中心"①。由于上述矛盾的发展和激化，德国上空乌云密布，终于酿成一场规模空前的三十年战争。

二、布拉格起义和三十年战争的开始

1618 年 5 月，布拉格爆发反对哈布斯堡王朝的起义，成为三十年战争的导火线。胡斯战争以后，捷克本已独立。1526 年，为了对付土耳其的侵略，捷克重新并入神圣罗马帝国，国王由德皇兼任，但仍保有自治权。1612 年，德皇马赛厄斯（1612—1619 年在位）任命耶稣会士、施蒂里亚大公费迪南德为捷克国王，公然违反诺言②，禁止布拉格新教徒举行集会，引起群众的强烈不满。1518 年 5 月初，捷克国会里的新教徒集会，拒绝承认新国王，并向马赛厄斯提出抗议。马赛厄斯不仅拒绝接受抗议，而且宣布捷克新教徒为暴民，要予以惩处。1618 年 5 月 23 日，当国会代表正与两位钦差进行谈判的时候，愤怒的布拉格群众冲进王宫，按照捷克惩治叛徒的惯例，把钦差从窗口掷入壕沟。这就是著名的"掷出窗外事件"，是为捷克独立战争和三十年战争的开端。

三十年战争分四个阶段：①捷克－巴拉丁时期（1618—1624 年）；②丹麦时期（1625—1629 年）；③瑞典时期（1630—1635 年）；④法国－瑞典时期（1636—1648 年）。

"掷出窗外事件"发生后，捷克成立以屠恩伯爵为首的 30 人临时政府。接着，奥地利和摩拉维亚发生起义，直逼维也纳，几乎活捉费迪南德。1619 年 7 月，捷克、西里西亚、摩拉维亚和奥地利的代表在布拉格举行会议，重申罢黜费迪南德和使捷克独立的决心，通过相应的独立纲领（100 条），并于 8 月 19 日选举德国新教联盟首领弗里德里希为捷克国王。③ 掌握起义领导权的捷克小贵族，从自己的狭隘私利出发，千方百计维护农奴制

---

① 马克思：《关于欧洲历史的笔记（十五至十八世纪）》，见《马克思恩格斯全集》，1 版，第 44 卷，386 页，北京，人民出版社，1982。

② 1608 年，德皇签署《庄严敕令》，允许捷克人民有信仰新教的自由。

③ 1619 年 11 月 29 日，弗里德里希在布拉格即位。

度和地主的权力，丝毫不关心农民和市民的利益，使起义带有很大的局限性。临时政府从来不敢发动群众，却把希望寄托在德国的"新教联盟"身上，指望通过它向英国、荷兰和法国乞援。这说明他们最关心的并不是捷克的民族利益。

1619 年 10 月 6 日，德皇与巴伐利亚公爵马克西米连签订《慕尼黑条约》，以把巴拉丁的选侯资格转让给巴伐利亚为条件，换得巴伐利亚公爵答应出兵捷克镇压起义。新教联盟内部矛盾重重，萨克森选侯拒绝出席讨论捷克事件的会议，更谈不上出兵。与哈布斯堡家矛盾很深的萨伏依公爵却派 3000 名雇佣兵由欧内斯特·冯·曼斯菲尔德伯爵率领前往捷克，驻防比尔森。1620 年，天主教联盟军队 2.4 万人在约翰·蒂利伯爵率领下，与波兰骑兵配合，于 11 月 8 日在白山战役中取得决定性胜利，很快占领布拉格。弗里德里希带着老婆仓皇出逃，先逃往柏林，后去海牙，被谑称"冬王"（意思是没有到夏天就下台了）。捷克又沦为奥地利的一个省，由维也纳直接管辖。差不多同时，西班牙派兵 3 万从尼德兰攻入巴拉丁，把战火烧到德国。1621 年 1 月，皇帝把巴拉丁的选侯资格转授给巴伐利亚公爵。同年 4 月，新教联盟自动解散。曼斯菲尔德伯爵被巴伐利亚公爵高价收买，离开捷克。接着，蒂利回师德国收拾弗里德里希的同党，1622 年 5 月 6 日在内卡河畔击败巴登－杜拉赫侯爵，9 月攻陷巴拉丁的海德堡（把那里的图书劫往巴伐利亚），占领曼海姆（11 月）和弗兰肯塔尔（1623 年 3 月）。1623 年 8 月 6 日，又在斯达德隆（明斯特附近）歼灭不伦瑞克公爵的部队。这样，巴伐利亚公爵不仅镇压了捷克起义，收拾了一批德国新教诸侯，取得选侯爵位，而且把扩展势力到北德意志，进入萨克森的势力范围。

对此，以萨克森选侯为代表的北德意志新教诸侯及其国际支持者感到严重不安。英国积极活动，使节接连不断地被派往丹麦、瑞典、荷兰和萨伏依，进行紧急磋商。法国正忙于对付国内的胡格诺，一时腾不出手来。丹麦国王克里斯廷四世又是帝国的石勒苏益格和荷尔斯泰因公爵，其子费尔登主教还想进一步夺取德国的哈尔勃施塔特、不来梅和马格德堡。克里斯廷四世得到英国出钱出兵支持的许诺（1625 年 2 月底），打着援助德国新教徒的旗号，于 5 月派兵侵入下萨克森的明登和卢特城。站在丹麦一方的有不伦瑞克、魏玛和曾援助过捷克起义的萨伏依的曼斯菲尔德伯爵。12 月 9 日，英国与荷兰、丹麦缔结《海牙条约》，正式组成反哈布斯堡同盟。战争国际化了。原来是德国的内部冲突变成一场内外勾结由丹麦打头阵的侵略战争。这样，三十年战争进入一个新阶段——丹麦入侵时期（1625—1630 年）。

三、瓦伦斯坦反击丹麦入侵的斗争

大敌当前，德国皇帝决定起用瓦伦斯坦。阿尔勃莱希特·冯·瓦伦斯坦（1583—1634 年），波希米亚贵族家庭出身，1604 年加入帝国军队，不久即因镇压匈牙利人有功升为军官。1609 年与富孀结婚，成为一个大地主。旋即任宫廷侍从，受到皇帝的器重。1618 年起，参与镇压捷克起义，利用低价大量购进逃亡贵族土地和发行劣质货币，大发国难财。瓦伦斯坦主张驱逐包括教皇在内的一切外国势力，结束诸侯的分裂局面，建立以皇帝为首的君主专制制度，进而实现德国的统一。他称教皇被"魔鬼和地狱之火迷住了心窍"。他痛恨诸侯割据，主张"应当消灭诸侯，不再需要他们。正如法国和西班牙只有一位国王，德国也应只由一位皇帝统治"。他还主张帝位世袭，废除选侯选皇帝制度。瓦伦斯坦的政治主张是正确的。弗兰茨·梅林写道："瓦伦斯坦（1583—1634 年）在德国所追求的目的，与当时的黎塞留在法国所追求的目的完全一样：建立这样一个纯粹世俗的君主国，它将摆脱一切宗教矛盾而使互相倾轧的诸侯处于其统治之下，缓和国内的阶级矛盾，并且集中全民族的力量一致对外。……他不是一位富于幻想的政治家，而有非常明确的目标。象法国的范例那样，他的目标不仅可以达到，而且也是符合历史进步的。"[1]

1625 年年初，瓦伦斯坦提议由他资助组建一支数万人的部队，反击丹麦的入侵。皇帝采纳他的意见，先后封他为军区司令、帝国武装部队总司令，并升为弗里德兰公爵。9 月，瓦伦斯坦率领新组成的军队离开捷克北上，与渡威悉河北进的蒂利的军队配合，共同反击丹麦的入侵。瓦伦斯坦采用布拉格荷籍银行家汉斯·德·威特的"以战养战"的策略，用对被征服地区征收特别税的方法供养军队。这支军队放肆地掠夺群众，曾经激起群众的不满。然而，这支军队训练有素，注意战略战术和从有能力的士兵中提拔军官，再加上瓦伦斯坦指挥有方，有很强的战斗力，在反侵略战争中发挥了重要作用。1626 年 4 月，瓦伦斯坦在德绍击败里通丹麦的曼斯菲尔德，次年占领西里西亚。8 月，与蒂利军队配合，在卢特之战中击败丹麦军队，迫使其退往易北河口。1627 年 9 月，两支军队直捣日德兰半岛之奥

---

[1] ［德］弗兰茨·梅林：《中世纪末期以来的德国史》，49 页，北京，生活·读书·新知三联书店，1980。

尔堡，丹麦国王惊慌失措地逃到一个海岛上。1628 年，瓦伦斯坦率军攻占梅克伦堡和波美拉尼亚，强攻要塞斯特拉尔松。他命令部下一定要攻下斯特拉尔松，"就是它用铁链锁在天上，也要拿下它"。军事上的胜利给瓦伦斯坦带来一系列的荣誉，1628 年 4 月，皇帝封他为梅克伦堡公爵，后来又封为"北海和波罗的海大元帅"，被誉为"皇冠上的第三颗宝石"①。1629 年 7 月 7 日，丹麦被迫签订《吕贝克和约》，赔款并退出所占德国土地，保证不再干涉德国事务，勉强保住了领土和王位。

在粉碎丹麦入侵的斗争中，德国皇权大大加强。皇帝不经帝国会议同意，可以剥夺巴拉丁的选侯资格转送给巴伐利亚公爵，可以任命一个梅克伦堡公爵，甚至可以任命一位统率十余万大军的大元帅，这在过去都是不可想象的。② 不幸的是，瓦伦斯坦与皇帝发生分歧。1629 年 3 月 6 日，皇帝颁布《归还敕令》，企图利用胜利来完全征服新教徒。敕令宣布"恢复所有大主教管区、主教管区、高级教士管区、修道院、慈善机关和天主教人士在签订帕绍条约〔1552 年〕时拥有、后来被非法剥夺的各种捐赠财产"③。敕令单方面废除《帕绍条约》，要求归还已被没收达 70 多年之久的天主教会财产，涉及 3 个主教区、约 30 个帝国城市和汉萨城市、近 100 个修道院和数不清的教区。这是一个愚蠢的敕令，它使新教诸侯与天主教诸侯之间的矛盾，特别是使新教诸侯与皇帝的矛盾趋于激化，理所当然地遭到瓦伦斯坦的反对。瓦伦斯坦加强皇权的努力，也遭到德国诸侯的强烈反对。1630 年 7 月，累根斯堡选侯会议开幕。选侯们发言集中攻击瓦伦斯坦，说他统率十几万大军和拥有前人不曾拥有的权力，而且军事苛捐杂税与日俱增，甚至造谣说他想当选侯和皇帝，要求罢他的官。皇帝为使他的儿子能够继续当选，需要取得选侯的支持。1630 年 8 月 13 日，皇帝下令撤销瓦伦斯坦的一切职务。

---

①　"斯坦"，德文意思是"石头"，转意为"宝石"。在瓦伦斯坦之前，还有两位著名的将军利希滕斯坦和迪特里希斯坦，故为第三颗宝石。

②　关于瓦伦斯坦的军队数目，1625 年有 6.19 万人（步兵 4.53 万人，骑兵 1.66 万人），1628 年为 13.02 万人（步兵 10.29 万人，骑兵 2.73 万人），1630 年时最多，达 15.09 万人（步兵 12.99 万人，骑兵 2.1 万人）。

③　北京师范大学历史系世界古代史教研室：《世界古代及中古史资料选集》，637 页，北京，北京师范大学出版社，1999。

四、瑞典入侵

北欧强国瑞典早就野心勃勃，要统治整个波罗的海。1617 年，瑞典与俄国缔结《斯托尔波夫和约》，虽把诺夫哥罗德归还俄国，但仍占有芬兰湾东岸土地，控制俄国通往波罗的海的道路。接着，又进攻波兰。瑞典无法容忍瓦伦斯坦的军事胜利和德国皇权的加强。1628 年，当瓦伦斯坦的部队进攻斯特拉尔松时，瑞典公开与丹麦缔结协定，派兵抵抗，干涉德国内政。1630 年 7 月 6 日，瑞典国王古斯塔夫·阿道夫带兵 1.5 万人悍然在奥得河口的乌泽多姆岛登陆，很快占领什切青一带。三十年战争进入一个新阶段——瑞典入侵时期（1630—1635 年）。

阿道夫踏上德国土地后，立即用拉丁、德、荷、英、法五种文字印发声明，希望得到德国新教徒的支持，但应者寥寥。1631 年 2 月，新教诸侯在莱比锡集会，4 月初发表宣言保持中立。5 月 20 日，蒂利军队攻陷马格德堡并大加蹂躏以后，萨克森和勃兰登堡转而支持瑞典，形势急转。同年 9 月 17 日，阿道夫率瑞典、萨克森联军近 5 万人，在莱比锡以北之布赖滕费尔德全歼蒂利军约 4 万人，蒂利本人负伤南逃，欧洲为之震动。瑞典军首次运用线式战术布阵，充分发挥火器威力，克敌制胜，说明旧式方阵战术①已经过时。北德沦陷，南德亦无险可守。1631 年冬，瑞典军连陷莱比锡、爱尔福特、法兰克福（美因），在美因茨过圣诞节，饮马莱茵河。同时，萨克森军攻陷布拉格。1632 年四五月间，瑞典军回师巴伐利亚，在莱茵河畔击伤（后死去）73 岁老将蒂利，连陷奥格斯堡、慕尼黑和纽伦堡。连瑞典的盟友法王路易十三也对瑞典的胜利感到吃惊，大叫"这是一个严重时刻，要为这些哥特人的前进划一个极限"，并赶忙派兵沿莱茵河沿线布防。

国难当头，德国皇帝于 1632 年 4 月重新起用瓦伦斯坦。第二次复出的瓦伦斯坦，权力超过第一次。根据与皇帝的协议，他拥有军权、政权和财

---

① 方阵战术是一种能抵抗敌人四面进攻的步兵密集纵队队形，机动性差，一旦被突破，则全盘皆输，流行于古罗马时期。15、16 世纪兴起线式战术，到瑞典王古斯塔夫·阿道夫统治时期完全形成。线式战术是采用一线式战斗队形实践战斗的理论，力求以射击实施战斗。它的出现是火药武器改善的结果，同时与雇佣兵士气低落有关，只能按死板方式排阵。

权，皇帝和帝国政府不得干预。① 瓦伦斯坦很快重整军队，重点先打击瑞典的盟友萨克森，于 5 月 22 日攻占布拉格。9 月，瑞典军向奥地利佯动，企图吸引瓦伦斯坦军离开，但瓦伦斯坦不为所动，却乘机进击萨克森，以切断其供应线，迫使瑞典军回援。11 月 16 日晨，双方在莱比锡以西之吕岑遭遇。身患严重风湿病的瓦伦斯坦虽然无法骑马，但仍坚持乘车指挥，终于击毙横行一时的阿道夫。魏玛公爵伯恩哈德指挥瑞典军继续战斗，毙伤瓦伦斯坦军约 6000 人，迫使其撤离萨克森，退回捷克。后来，瓦伦斯坦同萨克森和瑞典进行秘密谈判，谋求国内和解（废除《归还敕令》）和撤出外国军队，被皇室视为通敌。1634 年 1 月 24 日，瓦伦斯坦第二次被免职，2 月 25 日被皇帝收买的刺客刺死于埃格尔。

吕岑之战以后，德国的形势出现新的转机。萨克森拒绝参加继续同瑞典绑在一起的"海尔布隆同盟"（1633 年 4 月成立）②，并开始与德皇谈判。1634 年 9 月 6 日，德皇在西班牙军队支援下，大败瑞典军于乌尔姆附近之诺德林根，俘虏荷思元帅等 6000 余人。这次决战以后，瑞典溃不成军，无力再战，"海尔布隆同盟"瓦解。1635 年 5 月 30 日，萨克森与德皇签订《布拉格和约》。和约主要内容是：废除《归还敕令》，仍按 1555 年的《奥格斯堡宗教和约》处理教产；撤出一切外国武装力量，取消一切联盟和同盟。《布拉格和约》反映了久经战乱的德国人民渴望和平和祖国统一的善良愿望，在德国历史上有重大意义。9 月 6 日，勃兰登堡宣布接受《布拉格和约》。不幸的是，输红了眼的法国决定亲自出马，与瑞典一起继续进行侵略战争。三十年战争进入最后阶段——法国－瑞典时期（1636—1648 年）。

五、法国－瑞典入侵

17 世纪 30 年代前后，黎塞留解决了胡格诺问题并基本上平定了贵族的反叛，君主专制空前加强，于是由暗中资助瑞典入侵变为公开插手。1635 年初，法国在分别与荷兰（2 月 18 日）、瑞典（4 月 28 日）签订新的盟约

---

① 北京师范大学历史系世界古代史教研室：《世界古代及中古史资料选集》，635～636 页，北京，北京师范大学出版社，1999。

② 参加海尔布隆同盟的有纽伦堡、乌尔姆、奥格斯堡、沃尔姆斯、法兰克福（美因）、斯特拉斯堡等新教诸侯。盟约规定：瑞典政府是同盟的领导；非经瑞典政府和同盟同意，任何人不得与对方单独媾和。

后，公开向西班牙宣战（5月19日）。差不多同时，法军重占米兰附近的瓦尔特林纳要隘，切断西班牙与德国、尼德兰的陆上联系。10月27日，法国与魏玛的伯恩哈德缔结条约，介入德国的战争。1636年3月，德皇向法国宣战。瑞典军队乘机卷土重来，控制了北德意志（梅克伦堡和波美拉尼亚），并于1639年和1642年攻入波希米亚，在布赖滕尔德重创德军。1643年5月，法军采用瑞典军惯用的集中兵力、突击一翼的战术，在法国东北部的罗可鲁瓦一举歼灭西班牙的精锐部队1.8万人。1645年，法军和瑞典军又分别在诺德林根和扬科夫（布拉格附近）取得胜利，掌握了战争主动权。1648年5月，法军经美因茨攻入巴伐利亚。7月，瑞典军再陷布拉格，对维也纳形成钳形攻势。德国皇帝无力再战，被迫求和。这时，瑞典军中疾病流行，士气低落。法国对刚刚爆发的英国资产阶级革命深感不安，而且与瑞典有摩擦。他们虽然打了胜仗，也不得不同意停战。

早在1640年9月的雷根斯堡帝国议会上，德国方面已经发出和谈建议。1641年，德国皇帝与法国、瑞典的代表在汉堡接触，协商和谈的地点。1644年，和谈开始。由于教皇和西班牙的代表坚持不与新教代表坐在一起开会，和谈分别进行。皇帝、教皇、西班牙人与法国代表在明斯特谈判，德国天主教诸侯参加。皇帝与瑞典人之间的谈判在奥斯纳布吕克举行，德国新教诸侯参加。谈判期间，战争仍在进行，而上萨克森与瑞典（1645年9月）、巴伐利亚与法国（1647年3月）先后实现停战或签订和约。1648年八九月间，各方分别达成协议。10月24日，在明斯特正式签字，这就是《威斯特伐利亚和约》。

六、《威斯特伐利亚和约》

《威斯特伐利亚和约》规定：法国得到除斯特拉斯堡以外的大部分阿尔萨斯，疆界到达莱茵河，而且有权在莱茵河自由航行；追认法国在1552年占领的梅斯、图勒和凡尔登为法国领土。法国实现了黎塞留把疆界扩展到莱茵河的目的，一跃而为欧洲的霸主。

和约规定：瑞典获得西波美拉尼亚，包括鲁根岛、什切青和奥得河口地区，获得维斯马、不来梅和费尔登，还获得500万塔勒的赔款。瑞典夺去北德意志所有重要河口地区，并以这些地方领主的身份置身于德国诸侯之列，有权出席帝国议会，取得对德国内部事务的发言权。瑞典国王名义上要对德国皇帝宣誓效忠，但享有不受控告的特权。瑞典获得北欧和波罗的海的霸权。

和约规定：曾与法国、瑞典结盟的德国新教诸侯获得新的领土。获益最多的是勃兰登堡，它得到东波美拉尼亚以及哈尔勃斯塔特、卡明、明登等主教区，作为放弃西波美拉尼亚的补偿。条约规定，现任马格德堡大主教死后其辖区转归勃兰登堡（1680 年勃兰登堡得到此地）。这样，勃兰登堡成为仅次于哈布斯堡家的强大诸侯。萨克森得到鲁沙提亚。下巴拉丁由弗里德里希之子继承，仍为选侯，但巴伐利亚得到上巴拉丁，成为第八选侯。德国皇帝两手空空，未经诸侯同意仍然无权决定任何重大问题，如宣战、媾和、课税和征兵等。根据新的帝国宪法，帝国各等级（选侯、诸侯和自由城市）拥有完整的内政、外交权力，甚至有权与外国签订条约（条件是声明服从帝国）。宗教问题按《帕绍条约》和《奥格斯堡宗教和约》的规定解决，仍然是在谁的国家信谁的教，即诸侯有权决定臣民的信仰，不愿改宗者限期迁出。加尔文教取得与路德教的同等权利。教产的归属以 1624 年为标准年，凡在 1624 年 1 月 1 日以前占有的教产可以保留。在巴拉丁及其联盟地区，以 1619 年为标准年。教皇抗议，无人理睬。和约承认瑞士和荷兰独立。这样，哈布斯堡统一帝国的计划彻底破灭，德国的分裂割据依然如旧。马克思谈到《威斯特伐利亚和约》时说："德国的联邦制度（反联合的）被巩固下来。其实，这是一项支解德国的条约。"[①] 三十年战争对德国的破坏极大，德国人口锐减，农业衰落，工业降到 15 世纪以前的水平。两百年以后，德国的经济才恢复元气。恩格斯说：从三十年战争开始，"在整整一代的时间里，德意志到处都遭到历史上最没有纪律的暴兵的蹂躏。到处是焚烧，抢劫，鞭打，强奸和屠杀。有些地方，除大军之外，还有小股的义勇兵，或者干脆把他们叫做土匪，他们甘冒风险，为所欲为，这些地方的农民受苦最多。到处是一片人去地荒的景象。当和平到来的时候，德意志已经无望地倒在地下，被踩得稀烂，撕成了碎片，流着鲜血"[②]。

---

① 马克思：《关于欧洲历史的笔记（十五至十八世纪）》，见《马克思恩格斯全集》，1 版，第 44 卷，387 页，北京，人民出版社，1982。

② 恩格斯：《马尔克》，见《马克思恩格斯全集》，1 版，第 19 卷，366 页，北京，人民出版社，1963。

复习思考题

1. 简述英国都铎王朝的专制统治及经济政策。
2. 简述《南特敕令》的内容并分析其作用。
3. 分析尼德兰革命的特点和意义。
4. 分析三十年战争的性质和历史影响。

大事年表

419 年	西哥特王国建立
442 年	罗马从不列颠撤军
449 年	盎格鲁—撒克逊人入侵不列颠
476 年	西罗马帝国灭亡
486 年	克洛维称王，法兰克人国家建立
486—751 年	墨洛温王朝
490 年	东哥特国王狄奥多里克进攻意大利
493 年	狄奥多里克攻陷拉文那，奥多亚塞被杀
496 年	克洛维率众皈依基督教
507 年	西哥特人迁都托莱多
527—565 年	查士丁尼在位
529—533 年	《查士丁尼法典》编纂
532 年	尼卡起义
534 年	汪达尔王国灭亡
553 年	东哥特王国灭亡
568 年	伦巴德人建国
588 年	洛塔尔一世统一法兰克
596 年	奥古斯丁到英格兰传教
600—870 年	英国"七国时代"
630 年	征服麦加
646 年	日本大化改新开始
661—750 年	倭马亚王朝
673—735 年	"历史之父"比德生活的年代
677 年	新罗统一朝鲜半岛
687 年	奥斯特拉西亚宫相赫里斯塔尔·丕平成为唯一宫相

713 年	阿拉伯人征服西班牙
732 年	普瓦提埃战役
750—1258 年	阿拔斯王朝
751 年	矮子丕平称王
751—887 年	加洛林王朝
756 年	丕平献土
756—1031 年	后倭马亚王朝
768—814 年	查理曼在位
789 年	丹麦人入侵不列颠
800 年	查理曼加冕称帝
829 年	爱格伯特初步统一英格兰
843 年	《凡尔登条约》签订，加洛林帝国三分
911 年	诺曼底公国建立
919—1024 年	德意志萨克森王朝
936 年	王建重新统一朝鲜
955 年	奥格斯堡之战
962 年	奥托一世加冕称帝，神圣罗马帝国建立
962—1806 年	神圣罗马帝国
976 年	田柴科制度开始实行
980—1037 年	阿维森纳生活的年代
987—1328 年	法国卡佩王朝
988 年	基辅罗斯皈依基督教
1042 年	忏悔者爱德华成为英格兰国王
1054 年	基督教会分裂为东正教与天主教
1055 年	塞尔柱突厥人入侵巴格达
1066 年	黑斯廷斯战役，诺曼底公爵威廉征服英格兰
1066—1154 年	诺曼王朝
1071 年	曼西克特战役，塞尔柱突厥人击败拜占庭
1077 年	卡诺沙事件
1079—1142 年	阿伯拉尔生活的年代
1086 年	英国编制《土地赋役调查手册》（《末日审判书》）
1095 年	克勒芒宗教会议，教皇乌尔班二世鼓动十字军东征
1096—1099 年	第一次十字军东征

1122 年	《沃尔姆斯宗教和约》签订
1138—1254 年	霍亨斯陶芬王朝
1143 年	葡萄牙独立
1147—1149 年	第二次十字军东征
1154—1399 年	英国安茹王朝
1155 年	德皇弗里德里希一世称"神圣罗马帝国皇帝"
1170—1221 年	多明我生活的年代
1182—1226 年	方济各生活的年代
1189—1192 年	第三次十字军东征
1192—1333 年	日本镰仓幕府
1200 年	巴黎大学得到法王认可
1200—1280 年	大阿尔伯特生活的年代
1202—1204 年	第四次十字军东征
1204 年	十字军攻陷君士坦丁堡
1209 年	剑桥大学成立
1214—1292 年	罗吉尔·培根生活的年代
1215 年	约翰王签署《大宪章》
1215 年	教皇批准巴黎大学条例
1226—1254 年	莱茵同盟
1229 年	宗教裁判所建立
1254—1273 年	德国大空位时代
1254—1324 年	马可·波罗生活的年代
1256 年	英国颁布《牛津条例》
1258 年	蒙古人攻陷巴格达，阿拔斯王朝灭亡
1260—1669 年	汉萨同盟
1265 年	英国议会开端
1265—1321 年	但丁生活的年代
1265—1308 年	约翰·邓·司各脱生活的年代
1267—1337 年	乔托生活的年代
1267 年	托马斯·阿奎那开始写作《神学大全》
1285—1349 年	威廉·奥卡姆生活的年代
1291 年	十字军东征结束
1295 年	爱德华一世召开"模范议会"

1302 年	菲利普四世召开三级会议
1304—1374 年	彼特拉克生活的年代
1309—1378 年	阿维尼翁之囚
1313—1375 年	薄伽丘生活的年代
1328—1589 年	法国瓦洛亚王朝
1331—1389 年	士瓦本同盟
1337—1453 年	英法百年战争
1348 年	欧洲爆发黑死病
1356 年	《金玺诏书》颁布
1358 年	吉约姆·卡尔起义
1373—1415 年	胡斯生活的年代
1376 年	英国威克利夫宗教改革
1378—1418 年	天主教会大分裂
1379 年	威尼斯垄断东地中海贸易
1381 年	约翰·保尔、瓦特·泰勒起义
1392 年	朝鲜李朝建立
1401—1428 年	马萨乔生活的年代
1402 年	胡斯宣扬宗教改革
1415—1417 年	康斯坦茨会议，威克利夫被掘墓焚尸，胡斯被处火刑
1419—1434 年	胡斯战争
1429 年	贞德率军解除奥尔良之围
1431 年	贞德被处火刑
1447 年	尼古拉五世当选教皇，扶持文艺复兴，创建梵蒂冈图书馆
1450 年	德国古登堡改进印刷术
1452—1519 年	达·芬奇生活的年代
1453 年	英法百年战争结束
1453 年	土耳其人攻陷君士坦丁堡，拜占庭帝国灭亡
1460 年	葡萄牙王子"航海家"亨利去世
1466—1536 年	伊拉斯谟生活的年代
1467 年	德国汉斯·贝海姆起义
1469—1527 年	马基雅维利生活的年代

1471—1528 年	丢勒生活的年代
1473—1543 年	哥白尼生活的年代
1475—1564 年	米开朗琪罗生活的年代
1478—1535 年	托马斯·莫尔生活的年代
1483—1520 年	拉斐尔生活的年代
1483—1546 年	马丁·路德生活的年代
1484—1531 年	茨温利生活的年代
1485—1603 年	英国都铎王朝
1487—1488 年	巴尔托洛梅乌·迪亚士航海非洲，发现好望角
1490—1525 年	托马斯·闵采尔生活的年代
1491—1556 年	罗耀拉生活的年代
1492 年	西班牙收复失地运动结束
1492 年	哥伦布横渡大西洋，发现"新大陆"
1492 年	《圣大菲协定》签订
1494 年	教皇子午线划定
1494—1553 年	拉伯雷生活的年代
1494—1559 年	意大利战争
1495—1498 年	达·芬奇创作《最后的晚餐》
1497—1499 年	瓦斯科·达·伽马绕过好望角，成功远航印度
1501—1504 年	米开朗琪罗创作《大卫像》
1502 年	伊拉斯谟发表《基督战士手册》
1503—1506 年	达·芬奇创作《蒙娜丽莎》
1505 年	马丁·路德入奥古斯丁修会
1509—1564 年	加尔文生活的年代
1509 年	伊拉斯谟发表《愚人颂》
1513 年	马基雅维利完成《君主论》
约 1515 年	马丁·路德"唯信称义"思想形成
1516—1519 年	拉斐尔创作《西斯廷圣母》
1516 年	莫尔《乌托邦》问世
1517 年	教皇利奥十世发售赎罪券
1517 年	马丁·路德发表《九十五条论纲》，德国宗教改革开始
1519—1522 年	麦哲伦成功环球航行

1519—1521 年	西班牙征服墨西哥
1519 年	莱比锡论战
1519 年	西班牙国王查理一世当选神圣罗马帝国皇帝,称查理五世
1520 年	马丁·路德发表 5 篇宗教改革名著,焚毁教皇令
1521 年	闵采尔发表《布拉格宣言》
1522 年	马丁·路德翻译的德文版《圣经》出版
1522—1523 年	胡登、济金根领导骑士暴动
1522 年	茨温利在苏黎世开始宗教改革
1523 年	马丁·路德发表《论世俗政权》
1524—1525 年	德国农民战争
1525—1569 年	勃鲁盖尔生活的年代
1525 年	闵采尔被杀,德国农民战争失败
1527 年	德军攻陷罗马
1529 年	斯拜伊尔帝国议会,"新教"一词出现
1529 年	亨利八世发动英国宗教改革
1530 年	《奥格斯堡告白》发表
1531—1533 年	西班牙征服秘鲁
1531 年	施马尔卡尔登同盟成立
1533—1584 年	伊凡雷帝在位
1534 年	罗耀拉成立耶稣会
1534 年	英国通过《至尊法案》
1534 年	巴黎传单事件,新教徒遭迫害
1535 年	莫尔被处死
1536 年	加尔文《基督教要义》出版
1540 年	教皇认可耶稣会
1543 年	哥白尼《天体运行论》出版
1545—1564 年	特兰托宗教会议
1546—1642 年	伽利略生活的年代
1547 年	伊凡加冕为第一任沙皇
1547—1616 年	塞万提斯生活的年代
1548—1600 年	布鲁诺生活的年代
1549 年	伊凡雷帝开始改革

1554 年	玛丽女王恢复天主教信仰
1555 年	《奥格斯堡宗教和约》签订，"谁的领地，信奉谁的宗教"原则确立
1555 年	查理五世退位
1557 年	葡萄牙占领澳门
1558 年	伊丽莎白女王即位，继续宗教改革
1559 年	《卡托－坎布雷西条约》签订，意大利战争结束
1559 年	法国新教会（胡格诺）成立
1561—1626 年	弗朗西斯·培根生活的年代
1562—1594 年	胡格诺战争
1564—1616 年	莎士比亚生活的年代
1566 年	尼德兰革命爆发
1568—1639 年	康帕内拉生活的年代
1571—1630 年	开普勒生活的年代
1571 年	英国通过《三十九条信纲》
1572 年	圣巴托罗缪大屠杀
1576 年	《根特和解协定》签订
1579 年	乌特勒支同盟成立
1581 年	奥兰治亲王威廉签署与西班牙的《断绝关系法令》
1588 年	英国击败西班牙"无敌舰队"
1592 年	日本入侵朝鲜
1596—1650 年	笛卡尔生活的年代
1598 年	李舜臣、邓子龙战死
1598 年	《南特敕令》颁布
1600 年	布鲁诺被处火刑
1609 年	荷兰独立
1616 年	《天体运行论》被禁
1618—1648 年	三十年战争
1632 年	《关于两大世界体系的对话》出版
1632—1677 年	斯宾诺莎生活的年代
1633 年	日本颁布《锁国令》
1648 年	《威斯特伐利亚和约》签订，三十年战争结束

中英文译名对照表

A

阿伯拉尔，皮埃尔	Abélard，Pierre
阿尔比派	Albigensians
阿奎丹	Aquitaine
阿奎那，托马斯	Aquinas，Thomas
阿里乌斯	Arius
阿提拉	Attila
阿维尼翁	Avignon
安立甘教会	Anglicanism
安瑟伦	Anselmus
奥地利	Austria
盎格鲁人	Angles
盎格鲁—撒克逊人	Anglo-Saxons
《奥格斯堡告白》	*Confession of Augsburg*
《奥格斯堡宗教和约》	*Peace of Augsburg*
奥斯曼帝国	Ottoman Empire
奥托一世	Otto I

B

巴伐利亚	Bavaria
巴勒斯坦	Palestine
百年战争	Hundred Years' War
柏柏尔人	Berbers
拜占庭	Byzantium

贝利萨留	Belisarius
彼特拉克，弗兰齐斯科	Petrarch，Francesco
波伊尔人	Bojers
勃艮第	Burgundy
薄伽丘，乔万尼	Boccaccio，Giovanni
卜尼法斯八世	Bonifacius Ⅷ
《布尔日国事诏书》	*Praymatic Sanction of Bourges*
布拉格	Prague
布列吞人	Britons

C

采邑	benifice
查理大帝	Charlemagne
查士丁尼	Justinianus
《查士丁尼法典》	*The Code of Justinianus*

D

达·芬奇，列奥那多	da Vinci，Leonardo
达·伽马	Vasco da Gama
大化改新	Taika Reform
大议事会	Great Council
但丁·阿利格里	Dante Alighieri
德川幕府	Tokuyawa
笛卡尔，勒内	Descartes，René
帝国议会	Reichstag
帝国枢密院	Regency of Empire
佃户	tenant
丢勒，阿尔布雷希特	Dürer，Albrecht
都铎王朝	Tudor Dynasty
多明我修会	Dominican

E

俄罗斯	Russia

F

法兰克人	Franks
方济各修会	Franciscan
法兰克福	Frankfurt
法兰克尼亚	Franconia
梵蒂冈	Vatican
封土	feud, feod
弗里德里希一世（红胡子）	Friedrich Ⅰ, Barbarossa
佛罗伦萨	Florence

G

高句丽	Kogurgo
高丽	Koryo
哥白尼，尼古拉	Copernicus, Nicolaus
哥伦布，克里斯托弗	Columbus, Christopher
哥特人	Goths
《根特和解协定》	*Pacification of Ghent*
格雷戈里七世	Gregory Ⅶ
《古兰经》	*Koran*
国王法庭	Great Court

H

哈里发	Khalifa
汉堡	Hamburg
汉萨	Hansa
汉萨同盟	Hanseatic League
行会	guild
好望角	Cape of Good Hope
荷兰	Holland
亨利一世	Henry Ⅰ
亨利四世	Henry Ⅴ
亨利八世	Henry Ⅷ
枢机主教	cardinal

胡斯，约翰	Hus, John
胡登，乌尔利希·冯	Hutten, Ulrich von
霍亨斯陶芬家族	Hohenstaufen Family

J

加尔文，让	Calvin, Jean
加洛林帝国	Carolingian Empire
伽利略·伽利莱	Galileo Galilei
教皇	papacy
《教会法规》	*Canon Law*
基辅	Kiev
捷克	Czech
《金玺诏书》	*Golden Bull*
禁欲主义	asceticism
经院哲学	scholasticism
君士坦丁堡	Constantinople
君士坦丁的献礼	Donation of Constantine

K

卡佩，休	Capet，Hugh
卡佩王朝	Capetian
卡斯提	Castile
凯尔特人	Celts
坎特伯雷	Canterbury
康帕内拉，托马索	Campanella，Tommaso
科隆	Cologne
克洛维	Clovis
克吕尼	Clunny

L

拉伯雷，费朗索瓦	Rabelais，François
拉斐尔·桑西	Raffaello Sanzio
莱茵同盟	Confederation of the Rhine
黎塞留	Richelieu

理查一世（狮心王）	Richard I, the Lionheart
利奥九世	Leo IX
鲁道夫二世	Rudolf II
路德，马丁	Luther, Martin
路易（虔诚者）	Louis le Pieux
伦巴第	Lombardy
洛林	Lorraine

M

马可·波罗	Marco Polo
马克西米连一世	Maximilian I
马基雅维利，尼科洛	Machiavelli, Niccolò
马特，查理	Martel, Charles
麦地那	Medina
麦加	Mecca
麦哲伦，费尔南多	Magellan, Ferdinand
玫瑰战争	Wars of the Roses
美第奇，洛伦佐	Medici, Lorenzo de'
米开朗琪罗·博纳罗蒂	Michelangelo Buonarroti
米兰	Milan
闵采尔，托马斯	Münzer, Thomas
莫尔，托马斯	More, Thomas
莫斯科	Moscow
模范议会	Model Parliament
墨洛温王朝	Merovingians
《末日审判书》	*Domesday Book*
穆斯林	Muslim
穆罕默德	Muhammad

N

那不勒斯	Naples
《南特敕令》	*Edict of Nantes*
尼古拉二世	Nicholas II

尼德兰	Netherlands
农民战争	Peasants War
农奴制	Serfdom
诺曼人	Normans

P

棚户	cottier
培根，弗朗西斯	Bacon，Francis
丕平（矮子）	Pepin the Short
葡萄牙	Portugal
普鲁士	Prussia
普通法	Common Law

Q

清教运动	Puritanism
圈地运动	Enclosures

R

热那亚	Genoa
人文主义	Humanism
日本	Japan
日耳曼人	Germans

S

撒克逊人	Saxons
三十年战争	Thirty Years' War
塞万提斯·萨阿维德拉，米盖尔·德	Cervantes Saavedra，Miguel de
色路拉里乌	Cerularius
斯宾诺莎，巴鲁赫	Spinoza，Baruch de
斯拉夫人	Slavs
莎士比亚，威廉	Shakespeare，William
上院	House of Lords
《神曲》	*The Divine Comedy*

什叶派	Shiah
什一税	Tithe
圣巴罗缪惨案	St. Bartholomew's Day Massacre
圣德太子	Shotoku Taishi
《圣经》	*Bible*
《十日谈》	*Decameron*
十字军东征	Crusades
士瓦本	Schwaben
苏瓦松	Soissons
苏丹	sultan

T

塔西佗	Tacitus
《天方夜谭》（又名《一千零一夜》）	*One Thousand and One Nights*
天主教同盟	Catholic League
条顿人	Teutones
特兰托会议	Council of Trent
佟古累人	Tungris

W

瓦拉，洛伦佐	Valla, Lorenzo
汪达尔人	Vandals
威廉一世（征服者）	William Ⅰ, the Conquerer
威尼斯	Venice
威克利夫，约翰	Wycliffe, John
唯名论	nominalism
唯实论	realism
维兰	villein
维加，洛佩·德	Vega Carpio, Lope Félix de
文艺复兴	Renaissance
沃尔姆斯	Worms
武士	Samurai
乌尔班二世	Urban Ⅱ

乌特勒支	Utrecht

X

西班牙	Spain
希腊正教	Greek Orthodox Church
下院	House of Commons
贤人议事会	Witan
新罗	Silla
巡回法官	Circuit Judge
巡回法庭	Circuit Court
逊尼派	Sunnite

Y

亚琛	Aachen
耶稣会	Jesuit
伊拉斯谟，德西迪里厄斯	Erasmus von Rotterdam，Desiderius
伊凡四世	Ivan Ⅳ
议会	parliament
异端	heresy
伊斯兰教	Islam
异端法庭	Inquisition
印度教	Hinduism
英诺森三世	Innocentius Ⅲ

Z

再洗礼派	Anabaptism
贞德	Joan of Arc
种姓制度	Caste System
重商主义	Mercantilism
庄园	manor
茨温利，乌尔里希	Zwingli，Ulrich
宗教改革	Reformation
朱特人	Jutes

参考书目

一、经典著作

马克思恩格斯选集. 2 版. 北京：人民出版社，1995

马克思恩格斯全集. 1 版. 北京：人民出版社，1956

二、通史类

［美］斯塔夫里阿诺斯. 全球通史——1500 年以前的世界. 上海：上海社会科学院出版社，1988

［苏］科斯敏斯基，斯卡斯金. 中世纪史. 第 1 卷. 北京：生活·读书·新知三联书店，1957

马克垚. 世界文明史. 北京：北京大学出版社，2004

戚国淦，马克垚. 外国历史大事集·古代部分. 第 2 分册. 重庆：重庆出版社，1986

苏联科学院. 世界通史. 第 3 卷，第 4 卷. 北京：生活·读书·新知三联书店，1961，1962

吴于廑，齐世荣. 世界史·古代史编. 北京：高等教育出版社，1994

中国非洲史研究会《非洲通史》编写组. 非洲通史. 北京：北京师范大学出版社，1984

朱寰. 世界中古史. 长春：吉林人民出版社，1981

朱庭光. 外国历史名人传·古代部分. 北京：中国社会科学出版社，重庆：重庆出版社，1982，1983

三、教学参考资料集

北京师范大学历史系世界古代史教研室. 世界古代及中古史资料选集. 北京：北京师范大学出版社，1999

耿淡如，黄瑞章译注. 世界中世纪史原始资料选辑. 天津：天津人民出版社，1959

郭守田. 世界通史资料选辑·中古部分. 北京：商务印书馆，1974

刘启戈，李雅书选译. 中世纪中期的西欧. 北京：商务印书馆，1962

齐思和，耿淡如，寿纪瑜选译. 中世纪初期的西欧. 北京：生活·读书·新知三联书店，1958

齐思和，林幼琪选译. 中世纪晚期的西欧. 北京：商务印书馆，1962

朱寰. 世界上古中古史参考资料. 北京：高等教育出版社，1987

四、区域史

（一）欧洲

［比利时］亨利·皮朗. 中世纪欧洲经济社会史. 上海：上海人民出版社，2001

［比利时］亨利·皮雷纳. 中世纪的城市. 北京：商务印书馆，1985

［德］弗兰茨·梅林. 中世纪末期以来的德国史. 北京：生活·读书·新知三联书店，1980

［德］赫伯特·格隆德曼等. 德意志史. 第 1 卷. 北京：商务印书馆，1999

［德］亨利希·海涅. 论德国. 北京：商务印书馆，1980

［德］马克斯·布劳巴赫. 德意志史. 第 2 卷. 北京：商务印书馆，1998

［德］威廉·戚美尔曼. 伟大的德国农民战争. 北京：商务印书馆，1982

［俄］瓦·奥·克柳切夫斯基. 俄国史教程. 第 1 卷. 北京：商务印书馆，1992

［法］保罗·富尔. 文艺复兴. 北京：商务印书馆，1995

［法］P. 布瓦松纳. 中世纪欧洲生活和劳动（五至十五世纪）. 北京：商务印书馆，1985

［法］基佐. 法国文明史. 北京：商务印书馆，1995

［法］理查·斯托非. 宗教改革：1517—1564. 北京：商务印书馆，1995

［法］马克·布洛赫. 法国农村史. 北京：商务印书馆，1991

［法］马克·布洛赫. 封建社会. 北京：商务印书馆，2004

［法］皮埃尔·米盖尔. 法国史. 北京：商务印书馆，1985

［法］塞西尔·莫里松. 十字军东征. 北京：商务印书馆，2000

［法］G. 泰特. 十字军东征：以耶路撒冷之名. 上海：上海书店出版社，1998

［法］雅克·勒戈夫. 中世纪的知识分子. 北京：商务印书馆，1996

［法兰克］艾因哈德. 查理大帝传. 北京：商务印书馆，1985

［法兰克］格雷戈里. 法兰克人史. 北京：商务印书馆，1981

［古罗马］恺撒. 高卢战记. 北京：商务印书馆，1979

［古罗马］塔西佗. 阿古利可拉传·日尔曼尼亚志. 北京：商务印书馆，1959

［荷兰］约翰·赫伊津哈. 中世纪的衰落：对十四和十五世纪法兰西、尼德兰的生活方式、思想及艺术的研究. 杭州：中国美术学院出版社，1997

［捷克］约瑟夫·马策克. 捷克胡斯派运动史. 成都：四川大学出版社，1989

［美］哈罗德·J·伯尔曼. 法律与革命——西方法律传统的形成. 北京：中国大百科全书出版社，1993

［美］坚尼·布鲁克尔. 文艺复兴时期的佛罗伦萨. 北京：生活·读书·新知三联书店，1985

［美］P. O. 克利斯特勒. 意大利文艺复兴时期八个哲学家. 上海：上海译文出版社，1987

［美］塞·埃·莫里森. 哥伦布传. 北京：商务印书馆，1995

［美］C. 沃伦·霍莱斯特. 欧洲中世纪简史. 北京：商务印书馆，1988

［美］伊曼纽尔·沃勒斯坦. 现代世界体系. 北京：高等教育出版社，1998

［美］詹姆斯·W·汤普逊. 历史著作史. 北京：商务印书馆，1988—1992

［美］詹姆斯·W·汤普逊. 中世纪经济社会史（300—1300 年）. 北京：商务印书馆，1984

［美］詹姆斯·W·汤普逊. 中世纪晚期欧洲经济社会史. 北京：商务印书馆，1996

［瑞士］雅各布·布克哈特. 意大利文艺复兴时期的文化. 北京：商务

印书馆，1979

　　〔苏〕阿·齐斯托兹沃诺夫. 十六世纪尼德兰资产阶级革命. 北京：生活·读书·新知三联书店，1959

　　〔苏〕鲍爵姆金. 世界外交史. 第 1 分册. 北京：五十年代出版社，1949

　　〔苏〕波将金等. 外交史. 第 1 卷. 北京：生活·读书·新知三联书店，1979

　　〔苏〕波克罗夫斯基. 俄国历史概要. 北京：商务印书馆，1994

　　〔苏〕波梁斯基. 外国经济史：封建主义时代. 北京：生活·读书·新知三联书店，1958

　　〔苏〕古列维奇. 中世纪文化范畴. 杭州：浙江人民出版社，1992

　　〔苏〕M.B. 列夫钦柯. 拜占庭简史. 北京：生活·读书·新知三联书店，1959

　　〔苏〕鲁勃佐夫. 胡斯战争——15 世纪捷克伟大的农民战争. 北京：生活·读书·新知三联书店，1961

　　〔苏〕苏科院历史所列宁格勒分所. 俄国文化史纲：从远古至 1917 年. 北京：商务印书馆，1994

　　〔苏〕扎波罗夫. 十字军东征. 北京：生活·读书·新知三联书店，1959

　　〔西班牙〕萨尔瓦多·德·马达里亚加. 哥伦布评传. 北京：中国社会科学出版社，1991

　　〔意大利〕卡洛·M·奇波拉. 欧洲经济史. 北京：商务印书馆，1988

　　〔英〕G.R. 埃尔顿. 新编剑桥世界近代史（2）·宗教改革：1520—1559. 北京：中国社会科学出版社，2000

　　〔英〕爱德华·吉本. 罗马帝国衰亡史. 北京：商务印书馆，1997

　　〔英〕比德. 英吉利教会史. 北京：商务印书馆，1991

　　〔英〕G.R. 波特. 新编剑桥世界近代史（1）·文艺复兴：1493—1520. 北京：中国社会科学出版社，1999

　　〔英〕丹尼斯·哈伊. 意大利文艺复兴的历史背景. 北京：生活·读书·新知三联书店，1988

　　〔英〕菲利普·沃尔夫. 欧洲的觉醒. 北京：商务印书馆，1990

　　〔英〕弗雷泽. 历代英王生平. 武汉：湖北人民出版社，1985

　　〔英〕F.E. 霍利迪. 简明英国史. 南昌：江西人民出版社，1985

［英］克里斯托弗·道森. 宗教与西方文化的兴起. 成都：四川人民出版社，1989

［英］罗素. 西方哲学史. 北京：商务印书馆，1976

［英］史蒂芬·李. 三十年战争. 台北：麦田出版社，1999

［英］苏珊·伍德福特. 剑桥艺术史. 北京：中国青年出版社，1994

［英］托马斯·林赛. 宗教改革史. 北京：商务印书馆，1992

［英］温斯顿·丘吉尔. 英语国家史略. 北京：新华出版社，1985

［英］R.B. 沃纳姆. 新编剑桥世界近代史（3）·反宗教改革运动和价格革命. 北京：中国社会科学出版社，1999

［英］伊·拉蒙德，W·坎宁安. 亨莱的田庄管理. 北京：商务印书馆，1995

［英］詹姆斯·布赖斯. 神圣罗马帝国. 北京：商务印书馆，1998

陈志强. 拜占廷帝国史. 北京：商务印书馆，2003

陈志强. 拜占廷学研究. 北京：人民出版社，2001

丁建弘，陆世澄. 德国通史简编. 北京：人民出版社，1991

蒋孟引. 英国史. 北京：中国社会科学出版社，1988

孔祥民. 德国宗教改革与农民战争. 北京：北京师范大学出版社，1992

马克垚. 西欧封建经济形态研究. 北京：人民出版社，1985

马克垚. 英国封建社会研究. 北京：北京大学出版社，1992

马克垚. 中西封建社会比较研究. 上海：学林出版社，1997

孙成木，刘祖熙，李建. 俄国通史简编. 北京：人民出版社，1986

孙成木. 俄罗斯文化一千年. 北京：东方出版社，1995

文艺复兴书信集. 上海：学林出版社，2002

吴泽义等. 文艺复兴时代的巨人. 北京：人民出版社，1987

张芝联. 法国通史. 北京：北京大学出版社，1989

赵敦华. 基督教哲学1500年. 北京：人民出版社，1994

（二）亚洲

［埃及］艾哈迈德·爱敏. 阿拉伯－伊斯兰文化史. 北京：商务印书馆，1982—1999

［澳大利亚］A.L. 巴沙姆. 印度文化史. 北京：商务印书馆，1997

［美］希提. 阿拉伯通史. 北京：商务印书馆，1979

［日］坂本太郎. 日本史概说. 北京：商务印书馆，1992

〔日〕井上清. 日本历史. 天津：天津人民出版社，1976

〔印度〕恩·克·辛哈，阿·克·班纳吉. 印度通史. 北京：商务印书馆，1973

〔印度〕D.D. 高善必. 印度古代文化与文明史纲. 北京：商务印书馆，1998

〔印度〕R.C. 马宗达，H.C. 赖乔杜里，卡利金卡尔·达塔. 高级印度史. 北京：商务印书馆，1986

华中师范大学《简明印度史》编写组. 简明印度史. 长沙：湖南出版社，1991

季羡林. 中印文化交流史. 北京：新华出版社，1993

姜守明. 世界地理大发现. 济南：山东画报出版社，2004

林承节. 印度古代史纲. 北京：光明日报出版社，2000

纳忠，朱凯，史希同. 传承与交融：阿拉伯文化. 杭州：浙江人民出版社，1993

纳忠. 阿拉伯通史. 北京：商务印书馆，1997，1999

王金林. 简明日本古代史. 天津：天津人民出版社，1984

吴廷璆. 日本史. 天津：南开大学出版社，1994

后　记

为应历史学系本科教学的需要，北京师范大学历史学院世界中古史教研室编写了这部教材。本书初版于 1994 年，2004 年修订，2015 年再次修订。参加初版编写工作的有（以所写章的先后为序）以下几位。

孔祥民：前言，第一章，第三章第二节，第四章第一节，第六章，第七章，第九章，第十章第二、三、四节。

姜守明：第二章，第三章第一节，第五章。

王　新：第四章第二节。

王乃耀：第四章第三节，并对本书提出许多很好的修改意见。

魏艳春：参加编写第六章第二节。

易玲珠：第八章。

侯树栋：第十章第一节。

刘林海、侯树栋：复习思考题、插图、大事年表、参考书目。

本书的修订，主要由各章、节原撰稿人执笔。此外，周婕对第五章第一节阿拉伯帝国部分、侯树栋对第八章有关西欧文化内容以及第二节文艺复兴的部分内容做了修改。刘林海提出了许多宝贵的修改意见，并做了许多具体的工作。杨晶、张丽平、万双双、翁俊田、高铁军帮助编制了中英文译名对照表，并做了一些校对工作。

本书初版使用了辽宁大学历史系世界古代史教研室编的《世界古代中世纪史地图》（教学内部参考，1983 年 9 月修订版），并有所改动，谨向辽宁大学历史系的同志表示感谢。

由于时间仓促和水平所限，本书仍会有疏漏与错误，欢迎批评指正。

编　者

2015 年 7 月